普通高等教育系列教材

Haiyun Dili
海运地理
（第2版）

主　编　姜　伟

人民交通出版社股份有限公司
北　京

内 容 提 要

本书为普通高等教育系列教材。全书紧密结合世界航运发展现状，将地理学与航运相结合，介绍了航运发展与国际贸易地理格局的关系，主要介绍了中国及世界五大洲主要国家的地理环境、经济概况、主要海港现状、世界进出口主要干散货、液体货分布及运输。全书共九章，包括：总论、中国航运地理、亚洲海运地理、欧洲海运地理、美洲海运地理、大洋洲海运地理、非洲海运地理、世界大宗干散货运输、世界大宗液体货物运输。

本书可作为交通运输、交通管理、国际经济与贸易和贸易经济等与国际贸易和航运密切相关专业的教学用书，也可作为船运公司、港务公司、国际货代公司和国际船代公司等的继续教育培训教材。

本书配有多媒体助教课件，教师可加入交通工程教学研讨群（QQ 群号：185830343）获取。

图书在版编目（CIP）数据

海运地理 / 姜伟主编. — 2 版. — 北京：人民交通出版社股份有限公司，2020.7（2024.12 重印）
ISBN 978-7-114-16713-3

Ⅰ. ①海… Ⅱ. ①姜… Ⅲ. ①海上运输—运输地理—世界—教材 Ⅳ. ①F551.9

中国版本图书馆 CIP 数据核字（2020）第 121310 号

普通高等教育系列教材
书　　名：海运地理（第 2 版）
著　作　者：姜　伟
责任编辑：王　丹　司昌静
责任校对：席少楠
责任印制：刘高彤
出版发行：人民交通出版社股份有限公司
地　　址：（100011）北京市朝阳区安定门外外馆斜街 3 号
网　　址：http://www.ccpcl.com.cn
销售电话：(010)85285911
总　经　销：人民交通出版社股份有限公司发行部
经　　销：各地新华书店
印　　刷：北京印匠彩色印刷有限公司
开　　本：787×1092　1/16
印　　张：16.25
字　　数：406 千
版　　次：2013 年 9 月　第 1 版
　　　　　2020 年 7 月　第 2 版
印　　次：2024 年 12 月　第 2 版　第 6 次印刷　总第 14 次印刷
书　　号：ISBN 978-7-114-16713-3
定　　价：52.00 元

（有印刷、装订质量问题的图书由本公司负责调换）

前　言

本书是为满足交通运输、交通管理、国际经济与贸易和贸易经济等与航运密切相关专业的需要,编写的一本专业基础课程教材。自2013年首版出版以来,航运业与世界经贸形势发生了许多变化。其中,中国作为世界第二大经济体,在世界经济活动中的地位越来越重要。在国际经贸活动中,中国始终坚持区域经济一体化和世界经济一体化战略,积极倡导各种多边主义措施,如:提出了"一带一路"倡议,开设了亚洲基础设施投资银行,构建了中非合作论坛,积极参与"金砖国家"领导人会议等。在国际上,特别是美国在这一时期却秉承单边主义,使得中美两国在国际贸易中不断产生摩擦,对世界经贸形势产生了不良影响,但"合作、发展、共赢"是大势所趋,中国的国际贸易发展前途光明。作为国际贸易之派生的国际航运业也在曲折中不断前进,行业所关联的航运地理知识也在不断充实和变化。

在近年国际航运业发展中,硬件技术上取得了长足的进步,船舶向大型化、智能化发展,绿色船舶不断涌现;港口建设中,世界各地自动化码头纷纷建成;航运服务业要素也不断完善。中国在这些方面表现得尤其突出,造船能力和水平世界领先,港口建设遍布全球,邮轮经济繁荣兴盛。

基于上述分析,在本版的修订过程中,突出下列几个特点:第一,以最新的数据体现一个地区或者一个国家的地理环境和经贸发展的新情况,体现地理环境条件是航运发展的基础,使地理学与航运紧密结合,让学生领会航运发展与国际贸易地理格局的关系;第二,每章重点港口的选择原则是基于该港是否是某一国家或地区的重要港口或该港集装箱吞吐量排名是否位居世界排名前100名,增加或更新了各港的资料;第三,突出在世界经贸和航运业中的中国影响力,紧扣"一带一路"倡议在有关国家或地区的实施情况;在各港口介绍中,反映中国参与世界各地的港口建设、有关中国公司收购兼并或经营国外港口情况;第四,为增加本课程的知识性和趣味性,书中有不少相关的小知识、历史故事介绍,也鼓励任课教师以此为线索增加此类内容;第五,在习题中,注重培养学生的动手能力,鼓励任课教师采用探究式教学模式,提高课程的教学效果。

本书由广州航海学院姜伟老师主编。第2版中第二、四、八章由广州航海学院屠琳桓老师编写;第三、七、九章由浙江交通职业技术学院任松涛老师编写。本版所有章节的修订全部由姜伟老师完成。

教学中如需要使用地图用于辅助，可参考正规的地图出版物。

本书在编写过程中查阅和应用了国内外有关国际贸易地理、国际航运地理、航运管理相关的论著和资料以及各项统计数据，参考文献中未能一一列出，在此，对这些资料和文献的作者和译者表示由衷的感谢和诚挚的谢意。由于本人水平有限，以及国际经贸形势和航运业的发展迅速等原因，书中难免有不当之处，恳请各位专家和广大读者赐教指正。

编　者

2020 年 5 月

目 录

第一章　总论 ········· 1
　第一节　海运地理研究的对象和任务 ········· 2
　第二节　海运地理相关知识概述 ········· 3
　第三节　国际贸易地理环境 ········· 15
　思考题 ········· 21

第二章　中国航运地理 ········· 23
　第一节　长江水系航运地理 ········· 24
　第二节　珠江水系航运地理 ········· 34
　第三节　沿海海上运输地理 ········· 39
　思考题 ········· 49

第三章　亚洲海运地理 ········· 50
　第一节　概述 ········· 51
　第二节　东亚 ········· 56
　第三节　东南亚 ········· 66
　第四节　南亚 ········· 76
　第五节　西亚 ········· 80
　思考题 ········· 86

第四章　欧洲海运地理 ········· 87
　第一节　概述 ········· 88
　第二节　西欧 ········· 91
　第三节　东欧 ········· 103
　第四节　北欧 ········· 106
　第五节　南欧 ········· 110
　第六节　中欧 ········· 118
　思考题 ········· 122

第五章　美洲海运地理 124
  第一节　北美洲 125
  第二节　拉丁美洲 138
  思考题 149

第六章　大洋洲海运地理 151
  第一节　概述 152
  第二节　澳大利亚 154
  第三节　新西兰及太平洋岛屿 160
  思考题 165

第七章　非洲海运地理 166
  第一节　概述 167
  第二节　北非 172
  第三节　西非 177
  第四节　东非 184
  第五节　南部非洲 189
  思考题 197

第八章　世界大宗干散货运输 198
  第一节　煤炭生产、贸易、航线 199
  第二节　铁矿石生产、贸易、航线 203
  第三节　粮食生产、贸易、航线 207
  思考题 213

第九章　世界大宗液体货物运输 214
  第一节　石油生产、贸易、航线 215
  第二节　天然气生产、贸易、航线 226
  思考题 231

附录 1　世界港口及内陆点（按地名英文名称字母排序） 232

附录 2　2021 年世界港口集装箱吞吐量 100 强 250

参考文献 254

第一章 总 论

天有悬象而成文章,故称文也;地有山川原隰(xí),各有条理,故称理也。

——《周易正义》

【知识目标】

1. 解释海运地理研究的对象和任务。
2. 描述海运地理研究现状与发展趋势。
3. 识别时区的划分。

【能力目标】

1. 考虑时区因素,能计算起运港到目的港的船舶航行时间。
2. 区分各大洋的航线及主要特点。

【引 例】

海洋时代

当你打开世界交通地图时,你会看到,覆盖在蓝色海洋表面的是一条条长短不一、纵横交错的线条,这些线条从一个国家到另一个国家,从一个大陆到另一个大陆,是联系世界各国经济、贸易及友好往来的海洋交通运输航线。海洋交通运输也是海洋国土空间开发的方式之一,千百年来,一直是各国发展对外贸易和友好往来的重要方式,在推动人类社会前进方面做出了巨大贡献。

回溯世界航运史,我们可以发现一个个航海探险的里程碑,它们为世界大规模海洋交通运输奠定了基础。中国的祖先对此也做出了重大贡献。公元前4世纪,中国已在所有邻海之间航行。秦汉时代,海路已通日本、印度尼西亚,远至罗马帝国。1405—1433年,郑和先后7次下西洋,驰骋纵横于南海和印度洋上,南到爪哇,西抵非洲东南的马达加斯加岛,郑和把中国的文化传到各国,使中国同亚洲各国的友好关系发展到前所未有的高度。而此时,欧洲航海家们主要还是在地中海范围内航行。

文艺复兴时期,西欧的经济得到迅速发展,迫切需要开辟国外市场与殖民地,就在这时,1492年意大利人哥伦布横渡大西洋,发现了美洲新大陆,却误以为是"印度",但他开辟了从欧洲到美洲的航路。

1498年,葡萄牙人达·伽马开辟了从大西洋经过非洲南端好望角到达印度的新航路。1519—1522年,葡萄牙人麦哲伦率5艘西班牙军舰,首先横渡大西洋,沿巴西南下,穿过南美洲大陆与火地岛之间的海峡(此后称为麦哲伦海峡),横渡太平洋,到达菲律宾群岛,最后经印度洋回到西班牙,完成了人类首次环球航行。他们开辟的航路打通了西欧和东方的海上联系,促进了东西方之间的贸易,为世界海洋交通运输做出巨大的贡献。

从此以后,在火车、飞机等其他交通工具还没出现或不发达的情况下,海洋交通运输成为世界各国联系的重要方式,其运输量不断增长。即使有了其他更先进、更快捷的运输工具,由于海上运输本身所具有的优点,其发展仍然迅速,尤其是第二次世界大战以后,海运量平均每年递增9%,大约每10年增长1倍。据统计,海洋运输量占整个国际运输量的75%~80%。

第一节 海运地理研究的对象和任务

一、海运地理研究的对象

海运地理是经济地理学的分支学科,是研究世界各国和地区的产业分布、经济地域及其相互间经济贸易与海运关系的学科,是从国际海运的角度研究社会生产力分布规律及其对海运需求与影响的学科。

海运既是国际贸易实现货物空间位移的重要手段,也是人类经济活动的重要组成部分,是推动当今世界各国、各地区经济增长的手段之一。而生产力的发展、分布、变化与国际贸易的形成、发展是不可分割的统一体,亦即政治、经济地理环境(当然也包括自然地理环境)与国际贸易关系密切。目前,国际贸易中80%左右的货物是通过国际海运完成的,所以研究和分析海运地理十分必要。

海运地理环境对国际贸易有着广泛而深刻的影响,它直接关系到国际贸易是否能顺利地进行。

任何国家的双边贸易或多边贸易都是在具体的特定的地理环境下进行的。地理环境一般分为自然地理环境和人文地理环境两大类。自然地理环境中的自然资源直接影响一个国家在国际贸易中初级原料商品的构成。

一个国家和地区的纬度、海陆位置、地形、气候、水文等自然条件影响着这个国家的国际贸易。中纬度地区气候适中,沿海地区交通方便,这些都成为经济贸易发展迅速的有利条件。例如,日本以"贸易立国",这和它的岛国位置是分不开的。相反,高纬度和低纬度地区气候条件恶劣,内陆山区交通闭塞,都易造成经济贸易长期落后的局面。全球性气候变化,往往给国际经济、贸易造成冲击。因为气候可以影响农产品尤其是粮食的产量,由此而产生的价格波动直接影响粮食的交易。世界各海域的不同气候类型直接影响国际贸易中的商品运输。如世界各国的港口有的可全年通航,有的则冬季封冻,船舶不能停靠。在签订业务合同、决定装运期时,要根据商品的性质选择季节,如雨季不宜装运易潮、易霉变的商品,夏季不宜装运沥青、浸酸羊皮等易融化的物品,否则,会造成不必要的损失。

此外,人口的数量、年龄结构,不同民族的风俗习惯、宗教信仰、语言、消费习惯和消费水平及市场状况等也在不同程度上影响着国际贸易,影响着对外贸易进出口的商品结构。如许多国家对花卉、颜色、商标等都有不同的要求和偏好,如莲花和绿色是日本人的禁忌,德国人认为蓝色为最美色;东南亚国家喜爱大象,英国人却不喜欢。因而出口商品时,一定要注意其包装、商标、颜色等,否则会影响出口贸易。

总之,地理环境包括的内容异常丰富,它常常从不同方面,以不同方式和不同程度同时对国际贸易产生影响,也对航运业的布局和发展起到至关重要的作用。

二、海运地理研究的任务

①研究海运地理与自然地理、人文地理和经济地理的关系,把握国内外经济贸易发展的新情况、新问题,及时进行研究、总结和论证。

②研究各国各地区航运经济的地理分布和发展规律,理解合理布局运输生产力的意义。

③培养应用型人才。海运地理具备综合性、地域性以及实践性特点。从事航运业务和外贸工作的人员学习该课程可以了解世界各国各地区的自然资源、社会经济发展状况、世界主要港口、航线和大宗贸易货物的运输,对于工作的开展非常重要。

第二节 海运地理相关知识概述

一、地理

1. 理论时区和时区

由于地球自转造成了经度不同的地区时刻不同,当船舶跨越经度时,就产生了时刻上的不统一。正确地掌握时差换算,对于更好地安排航班和进行航运都是非常重要的。

1884年在华盛顿举行的国际经度会议上,确定了以平太阳时为基础的标准时刻度。平太阳时就是日常用的手表时间。这种标准时刻度规定,按经度线把全球划分为24个标准时区。每个时区跨经度15°,以 $\lambda = 15° \times n (n = 0, \pm 1, \pm 2, \pm 3, \pm 4, \cdots, \pm 11, \pm 12)$ 的经线为该时区的中央经线,它是所在时区的标准经线。中央经线的地方平太阳时,就是该时区的标准时间,也称为区时。本初子午线所在的时区,叫作零时区,也叫作中央时区,简称中时区。中央时区的中央经线所在的时区,是通过格林尼治天文台原址的0°经线,0°经线向东、向西各7.5°构成中央时区,再以180°经线为中央经线,各划出7.5°组成一个时区,称为东西十二区,中时区的区时被称为格林尼治标准时(Greenwich Mean Time,GMT)。现在世界通用的标准时间为协调世界时(Coordinated Universal Time,UTC),是由原子钟提供的。

标准时刻度的确立,是时间计量上的一大飞跃。它给现代社会生产、科学研究和国际大范围频繁交往带来了很大的方便。不过,上述区时制只是一种理论上的标准时刻度。这种理论区时,既不考虑海陆分布状况,也不考虑国家政区界线,完全是根据经线划分。实际上,时区的划分并不完全遵照理论区时制度的规定,各国所使用的标准时刻度,同理论上的标准时刻度是有区别的。

注:本书后续章节中有关各个港口的时差均为该港口与世界标准时之间的差别。

2. 法定时区和法定时

法定时区是各国根据本国具体情况自行规定的适用于本国的标准时区。法定时区的界线,一般不是依据经线,而是依据实际的政治疆界和社会经济发展状况来确定的。根据法定时区确定的标准时,称为法定时。法定时是目前世界各国实际使用的标准时。为了充分利用太阳光照,世界各国法定时区的标准经度,往往不是其适中经度,而是向东偏离。从世界范围看,法定时区系统几乎比理论上的时区系统向东偏离一个时区。

3. 东西半球划分

因为180°经线和0°经线会把许多国家分割在两个半球上,所以国际上用东经160°(160°E)、西经20°(20°W)来划分东西半球,即西经20°向东到东经160°为东半球,西经20°向西到东经160°为西半球。

亚洲、欧洲、非洲、大洋洲这四大洲的大部分在东半球,而北美洲、南美洲的大部分在西半球。各洲间的分界线为:亚欧两洲的分界线为乌拉尔山脉、乌拉尔河与高加索山脉;亚非两洲的分界线为苏伊士运河;北美洲与南美洲的分界线为巴拿马运河。

4. 时区、时差和区时的计算

(1)求时区

已知某地经度,求其所在的时区。如已知经度是东经,求出的就是东时区;已知经度是西经,求出的就是西时区。小数一律进整。

公式为:
$$\text{所求时区} = (\text{已知经度} - 7.5°)/15°$$

例1-1:已知北京的经度是116°E,求北京所在的时区。

解:所求时区 = (已知经度 - 7.5°)/15°
　　　　　　= (116°E - 7.5°)/15°
　　　　　　= 7.2

小数进整,进到8,因是东经,得出北京在东8区。

(2)求时区差

计算方法为:当两地同处于东时区或西时区(包括中时区)时,时区差等于两地时区序号之差(大数减小数)。当两地分处于东、西时区时,时区差等于两地时区序号之和。即都在同一边用减法,一东一西用加法。

如东 8 区与东 2 区的时区差为:8 - 2 = 6
东 8 区与西 8 区的时区差为:8 + 8 = 16
(3)求区时
公式为:
$$所求区时 = 已知区时 \pm 时区差 \times 1 小时$$
因为东边的时间早、西边的时间晚,所以当已知西边求东边时用加法,已知东边求西边时用减法。计算时应注意:

①按公式所求出的时间,如超过 24 小时,则应减去 24 小时,所剩余的时间为次日时间(即明天时间,日期要加一天);若所得的数为负数,则应加上 24 小时,但时间则应该改为前一天的时间(即昨天时间,日期要减去一天)。

②在计算日期时,要注意月份天数计算的不同,大月为 31 天,小月为 30 天,平年时 2 月是 28 天,闰年时 2 月是 29 天。

③如果是计算船舶到达时间的话,按公式计算后,还须加上航程的时间。

例 1-2:已知东 8 区的北京是 10 月 1 日上午 12 时,求东 9 区东京、东 2 区开罗、西 5 区纽约各是什么时间?

解:东 9 区东京的时间 = 12 时 + (9 - 8) × 1 小时
　　　　　　　　　　 = 13 时(10 月 1 日)
东 2 区开罗的时间 = 12 时 - (8 - 2) × 1 小时
　　　　　　　　 = 6 时(10 月 1 日)
西 5 区纽约的时间 = 12 时 - (8 + 5) × 1 小时
　　　　　　　　 = 12 时 - (8 + 5) × 1 小时 + 24 时
　　　　　　　　 = 23 时(9 月 30 日)

例 1-3:查中远海运集装箱有限公司的船期表,有一个航次的船预计 2019 年 5 月 3 日 10 时(当地时间)从中国广州南沙港(Nansha)(东 8 区)出发,预计 2019 年 5 月 19 日 19 时(当地时间,夏令时)到美国加利福尼亚州长滩港(Long Beach)(西 8 区),请计算此航次的总航行时间。

解:将两港的当地时间转换为 UTC/GMT 时间。
南沙港:1000 - 0800 = UTC/GMT 0200(5 月 3 日)
长滩港:(1900 - 0100) + 0800 - 24 时 = UTC/GMT 0200(5 月 20 日)
故此航次的总航行时间为 17 天。

注:有关世界各国夏令时及时差时区转换,可参考下列网址获得相关信息:
https://24timezones.com/,http://www.timeofdate.com/。

二、港口

港口是各国外贸物资进出口的门户,是海陆交通最重要的联系枢纽。《中华人民共和国港口法》将港口定义为:具有船舶进出、停泊、靠泊、旅客上下、货物装卸、驳运、储存等功能,具有相应的码头设施,由一定范围的水域和陆域组成的区域。港口可以由一个或者多个港区组成。

与之相关的概念有：①港界，是指港口范围的边界线。港界可根据地理环境、航道情况、港口设备以及港内工矿企业的需要进行规定。②码头，是指供船舶靠泊、货物装卸和旅客上下的水工建筑物。③泊位，是指供一艘船舶靠泊的码头长度。④港口设施，是指港口内为港口生产、经营而建造和设置的构造物和有关设备，分为港口公益性设施和港口经营性设施。港口公益性设施是指公共的非营利的港口设施，包括防波堤、导流堤、港口专用航道、护岸、港池、锚地、船闸、道路、浮筒、铁路、给排水、公共通信、供电和环保、助导航设施等。港口经营性设施是指在港口公益性设施以外的用于港口生产经营活动的设施，包括码头、趸船、栈桥、客运站、机械、设备、车辆、船舶、仓库、堆场、水上过驳平台等。

港口的分类有很多种方法，主要有以下 3 种。

1. 按照用途分

①商业港。
②工业港。
③军用港。
④避风港。

2. 按照地理条件分

①海港：位于海岸线上的港口。
②河口港：位于河流入海口处的港口。
③河港：位于河流沿岸的港口。
④湖港：位于湖泊岸壁的港口。
⑤水库港：建于水库岸壁的港口。

3. 从运输角度分

①支线港：这类港口拥有规模较小的码头或部分中型规模的码头，主要挂靠支线运输船舶和短程干线运输船舶。

②中转港：这类港口的地理位置优越，在水路运输发展的过程中已成为海上运输主要航线的连接点，同时又成为支线的汇集点。

③腹地港：这类港口是国际运输主要航线的端点港，与内陆发达的交通运输网相连接，是水陆交通的枢纽。它们的主要功能是服务于内陆腹地货物的集散运输，同时兼营海上转运业务。

世界港口共有 3000 多个，其中用于国际贸易的大小港口约占 80%。本书附录 1 中列出了其中 600 个。

世界上有些港口被定为自由港或在港口划定自由港区，凡进出自由港或自由港区的外国货物，可享受免税待遇，并可以在港内或区内自由将货物进行整理、改装、分拣、加工或长期储存等作业，海关不得干涉。有些港口对某些商品收税或实行不同程度的管制，而对其他商品则免税。

在我国由于多式联运的迅速发展，带动了内陆集装箱运输设施建设的发展，出现了延伸港口功能的无水港。无水港是一个由一种或多种高能力的运输方式与港口直接相连的具有沿海港口一切功能的集装箱中转站,顾客在这里可以像在港口一样托运或者提取标准运输单元,是在内陆地区建立的具有报关、报验和签发提单等港口服务功能的物流中心。在无水港内设置有海关、动植物检疫、商检、卫检等监督机构为客户通关提供服务。同时,货代、船代和船公司也在无水港设立分支机构,以便收货、还箱、签发以当地为起运港或终点港的多式联运提单。内陆的进出口商则可以在当地完成订舱、报关、报检等手续,将货物交给货代或船公司。我国无水港的模式有两种:一是沿海港港方为争取货源主动和内陆地区合建的无水港,例如:围绕宁波舟山港建立的金华、义乌、绍兴、余姚和衢州5个无水港;二是内陆地区为发展本地经济建立的无水港,例如:南昌和西安,通过"海铁联运"开通了无水港。

2017年统计数据表明,我国港口货物吞吐量和集装箱吞吐量连续14年位居世界第一。我国港口大型化、自动化和专业化程度已居世界领先水平。表1-1为2017年世界集装箱吞吐量20大港口及其2012—2016年数据一览表。

2017年世界集装箱吞吐量20大港口及其2012—2016年数据一览表(单位:万TEU)　　表1-1

排名	港口	所属国家	2017年	2016年	2015年	2014年	2013年	2012年
1	上海	中国	4023	3713	3654	3529	3362	3253
2	新加坡	新加坡	3367	3090	3092	3387	3258	3165
3	深圳	中国	2521	2398	2420	2404	2328	2294
4	宁波-舟山	中国	2461	2156	2063	1945	1735	1617
5	釜山	韩国	2047	1938	1943	1865	1769	1704
6	香港	中国	2076	1963	2088	2223	2235	2313
7	广州	中国	2017	1866	1740	1639	1531	1455
8	青岛	中国	1831	1805	1744	1658	1552	1450
9	迪拜	阿联酋	1540	1477	1559	1525	1364	1330
10	天津	中国	1507	1452	1411	1406	1301	1230
11	鹿特丹	荷兰	1370	1239	1223	1234	1166	1190
12	巴生	马来西亚	1198	1317	1187	1094	1035	1001
13	安特卫普	比利时	1045	1006	965	896	858	864
14	厦门	中国	1038	961	918	857	801	720
15	高雄	中国	1027	1047	1026	1059	994	978
16	大连	中国	971	958	945	1013	1001	806
17	洛杉矶	美国	934	886	816	834	787	808
18	汉堡	德国	900	880	880	973	926	886
19	丹戎帕拉帕斯	马来西亚	837	828	912	852	763	772
20	长滩	美国	755	678	719	682	677	—

资料来源:中华人民共和国交通运输部《2012—2017中国航运发展报告》。

我国对外贸易进出口货物海运港口按航行区域可以划分为近洋地区和远洋地区。

（1）近洋地区

包括：①越南；②朝鲜、韩国；③中国香港特别行政区和中国澳门特别行政区；④日本；⑤新马（包括新加坡、马来西亚各港口）；⑥北加里曼丹（包括沙巴、沙捞越、文莱各港口）；⑦菲律宾；⑧泰国湾（包括泰国、柬埔寨各港口）；⑨印度尼西亚；⑩孟加拉湾（包括印度东海岸、孟加拉国、缅甸各港口）；⑪斯里兰卡；⑫波斯湾（包括巴基斯坦、印度西海岸和波斯湾沿岸各港口）；⑬澳新（包括澳大利亚、新西兰、巴布亚新几内亚和大洋洲岛屿各港口）；⑭俄罗斯（远东部分港口）。

（2）远洋地区

包括：①东非（包括索马里以南的非洲东海岸和马达加斯加、毛里求斯各港口）；②西非（包括直布罗陀以西的非洲西海岸各港口）；③红海（包括亚丁和吉布提以西至苏伊士港的红海沿岸各港口）；④地中海（包括从塞得港至直布罗陀之间地中海、黑海沿岸和马耳他、塞浦路斯港口）；⑤西北欧（包括直布罗陀以北的欧洲大西洋沿岸和英国、爱尔兰、冰岛各港口）；⑥中南美（包括墨西哥以南的中南美洲各港口）；⑦加拿大东岸；⑧加拿大西岸；⑨美国东海岸；⑩美国西海岸。

三、航线

世界各地水域，在港湾、潮流、风向、水深及地球球面距离等自然条件限制下，可供船舶航行的一定径路，即称为航路。海上运输承运人在许多不同的航路中，在主客观的条件下，为达到最大经济效益所选定的营运通路称为航线。

海洋运输航线对沿海国家经济发展是非常重要的。在某些国家，经济的发展在很大程度上受制于海上交通运输，例如，日本四面环海，它的海上交通运输航线犹如它的工业大动脉，对本国经济发展有着举足轻重的影响。

从世界范围看，世界四大洋的运输航线各不相同，有疏有密，有忙有闲，分布不均匀。

太平洋沿岸有30多个国家，拥有众多港口，数量次于大西洋沿岸各国，位居第二。其中，亚洲到美洲，美洲到大洋洲，亚洲到大洋洲之间的航线比较繁忙，海运主要集中在这些航线上，这与沿岸国家的经济发展水平高有关。

大西洋是海上运输最繁忙的地区。由于它的两岸有许多发达国家，它们之间的海洋运输业比较发达。全世界75%的港口位于大西洋沿岸，它们之间来来往往的船只川流不息，尤其是北大西洋航线上。大西洋的海运量在几大洋中遥遥领先。

印度洋的港口是不冻港，一年四季都可通航。它的主要航线是亚欧航线，以及南亚、东南亚与大洋洲之间的航线。

北冰洋由于气候寒冷，大部分时间都是冰封雪盖的银色世界。在北冰洋上航行，必须有破冰船开路，它通航的时间只有100天左右，海运量只占世界海运量的1%。但北冰洋的航线大大缩短了东西方之间的距离，而且现在还开辟了水下航线，潜艇在这里一年四季都可以通航。

1. 太平洋航线组

①远东—北美西海岸各港航线。该航线指东南亚国家、中国、东北亚国家各港，沿大圆航

线横渡北太平洋至美国、加拿大西海岸各港。该航线随季节也有偏移,一般夏季偏北、冬季南移,以避开北太平洋的海雾和风暴。本航线是货运量增长最快、货运量最大的航线之一。

②远东—加勒比海、北美东海岸各港航线。该航线不仅要横渡北太平洋,还越过巴拿马运河,因此一般偏南,横渡大洋的距离也较长,夏威夷群岛的火奴鲁鲁港是其航站,船舶在此添加燃料和补给品等。本航线也是太平洋货运量最大的航线之一。

③远东—南美西海岸各港航线。该航线也要横渡大洋,航线长,要经过太平洋中的枢纽站;但不同的是不用过巴拿马运河。该航线也可先南行至南太平洋的枢纽港,后横渡南太平洋到达南美西海岸。

④远东—澳新及西南太平洋岛国各港航线。该航线不需要横跨太平洋,而是在西太平洋南北航行,离陆近,航线较短。但由于北部一些岛国(地区)工业发达而资源贫乏,而南部国家资源丰富,因而初级产品运输特别繁忙。

⑤东亚—东南亚各港航线。指日本、韩国、朝鲜、俄罗斯远东地区及中国各港西南行至东南亚各国港口。该航线短,但船舶往来频繁,地区间贸易兴旺,且发展迅速。

⑥远东—北印度洋、地中海、西北欧航线。该航线大多经马六甲海峡往西,也有许多初级产品运输经龙目海峡与北印度洋国家间往来。经苏伊士运河至地中海,西北欧的运输以集装箱运输为主。本航线货运繁忙。

⑦东亚—东南非、西非、南美东海岸航线。该航线大多经东南亚过马六甲海峡或过巽他海峡(位于苏门答腊岛和爪哇岛之间)西南行至东南非各港,或再过好望角去西非国家各港,或横越南大西洋至南美东海岸国家各港。该航线也以运输资源型货物为主。

⑧澳新—北美西、东海岸航线。澳新至北美西海岸各港船舶,一般都经过苏瓦和火奴鲁鲁等太平洋中的航运枢纽。船舶至北美东海岸各港及加勒比海国家各港,需经巴拿马运河。

⑨澳新—南美西海岸国家各港航线。该航线需横越南太平洋。由于两岸国家和人口均少,故贸易量最少,航船稀疏。

⑩北美东、西海岸—南美西海岸航线。该航线是在南北美洲大陆近洋航行,由于南美西岸国家人口少,面积小,南北美之间船舶往来较少。南北美西海岸至北美东海岸各港船舶要经巴拿马运河。

2. 印度洋航线组

①中东海湾—远东各国港口航线。该航线东行以石油运输为主,特别是通往中国、日本和韩国;西行以工业品、食品运输为主。

②中东海湾—欧洲、北美东海岸港口航线。该航线的超级油轮都经莫桑比克海峡、好望角绕行。由于苏伊士运河的不断开拓,通过运河的油轮日益增多,目前 25 万吨级满载油轮已能安全通过。

③远东—苏伊士运河航线。该航线多半为通过路径,连接远东与欧洲、地中海两大贸易区各港。该航线航船密度大,尤以集装箱船运输为主。

④澳大利亚—苏伊士运河、中东海湾航线。该航线把澳大利亚、新西兰与西欧原有"宗主国"间传统贸易连接在一起,也方便了海湾的石油与澳新的农牧产品之间的交换。

⑤南非—远东航线。该航线将巴西、南非的矿产输往中国、日本和韩国,同时也将工业品回流运输。

⑥南非—澳新航线。该航线横渡南印度洋，是印度洋中航船最少的航线。

3. 大西洋航线组

①西北欧—北美东岸各港航线。该航线连接北美和西北欧这两个经济发达地区，航运贸易的历史悠久，船舶往来频繁，客货运量大。

②西北欧—地中海、中东、远东、澳新各港航线。西北欧至地中海航线主要是欧洲西北部与欧洲南部国家之间的连线，距离较短。但该地区通过苏伊士运河至中东、远东、澳新地区航线距离就大大增长，然而它们是西北欧与亚太地区、中东海湾间最便捷的航线，货运量也大，是西北欧地区第二大航线。

③西北欧—加勒比海岸各港航线。该航线横渡北大西洋，过向风海峡和莫纳海峡，有的还与过巴拿马运河的太平洋航线连接。

④欧洲—南美东海岸或非洲西海岸各港航线。经该航线的船舶多在加纳利群岛或塞内加尔的达喀尔港补给，是欧洲发达国家与南大西洋两岸发展中国家的贸易航线。欧洲国家输出的大多是工业品，输入的以初级产品为多。

⑤北美东岸—地中海、中东、亚太地区航线。该航线与西北欧—地中海、中东、远东、澳新航线相似，但航线更长，需横渡北大西洋。该航线货物以石油、集装箱货为主。

⑥北美东海岸—加勒比海沿岸各国港口航线。该航线较短，但航船往来频繁，不仅有往来该地区各国港口间船只，还有过巴拿马运河至远东、南北美西海岸国家港口间的往来船只。

⑦北美东海岸—南美东海岸港口航线。该航线是南北美洲之间工业品与农矿产品对流航线。

⑧南北美洲东岸—好望角航线。北美东海岸港口经好望角至中东海湾航线是巨型油轮的运输线，25万吨级以上油轮及西北欧的巨型油轮需经此航线。南美洲东岸港口过好望角航线的船舶运输的商品不仅有原油，还有铁矿石等初级产品。中国、日本和韩国等进口巴西的铁矿石经过此航线运输。

4. 北冰洋航线

北冰洋为欧、亚、北美三洲的顶点，是联系三大洲的捷径。鉴于其地理位置的特殊性，目前，北冰洋已开辟从摩尔曼斯克经巴伦支海、喀拉海、拉普捷夫海、东西伯利亚海、楚科奇海、白令海峡至俄罗斯远东港口的季节性航线，以及从摩尔曼斯克直达斯瓦尔巴群岛、冰岛的雷克雅未克和英国等地的航线。随着航海技术的进一步发展和北冰洋地区经济的开发，北冰洋航线也将会有更大的发展。据挪威船级社预测，北冰洋航线2030年的通航量将达480航次左右。

通过北冰洋航线，鹿特丹—上海航线可比通过苏伊士运河航线缩短22%。而与途经苏伊士运河航线的12180n mile 相比，经过北冰洋航线从挪威北部的科肯内斯到中国连云港的航行距离则只有6500n mile。2013年，中远海运特运公司旗下"永盛"轮成为中国第一艘取道北极东北航道的商船；2013—2017年，该公司向北极东北航道共派出10艘船舶，完成了14个航次任务。

【历史故事】

现代航海图的起源

马修·方丹·莫里(Matthew Fontaine Maury)是一位很有前途的美国海军军官。1839年一场意外事故,致使他的腿留下了残疾,无法继续在海上工作。美国海军任命他为海图和仪器厂的负责人。然而,具有海上航行经历的莫里,曾经对船只在水上绕弯儿不走直线感到十分不解。当他向船长们问及这个问题时,他们回答说,走熟悉的路线比冒险走一条不熟悉而且可能充满危险的路线要好得多。他们认为,海洋是一个不可预知的世界,人随时都可能被意想不到的风浪困住。

但是从莫里的航行经验来看,他知道这并不完全正确。他经历过各种各样的风暴。莫里在海军军官学校上学时,就总是不断地向老船长学习经验知识(他从老船长那里学到了潮汐、风和洋流的知识),这些经验知识都是在军队发的书籍和地图中无法学到的。相反,海军依赖于陈旧的海图,有的都使用了上百年,其中大部分还有很重大的遗漏和离谱的错误。在他新上任海图和仪器厂负责人时,他确定的目标就是解决这些问题。

莫里整理了库房里破损的航海日志,并与其他人一起把航海日志里记录的数据绘制成了表格,这些数据显示出了价值,也提供了更有效的航海路线。

通过分析这些数据,莫里知道了一些良好的天然航线,这些航线上的风向和洋流都非常利于航行。他所绘制的海图帮助商人们节省了一大笔钱,因为航海路程减少了1/3左右。一个船长感激地说:"我在得到你的海图之前都是在盲目地航行,你的海图真的指引了我。"

四、我国的主要航线

我国主要海运航线以主要沿海海港为起点,可分为东、西、南、北四个方向,这些航线把我国与世界主要的经济区域联系起来。

1. 远洋航线

远洋航线包括东行航线和西行航线。

东行航线由我国沿海港口东行到日本,并经日本东渡太平洋抵达北美和南美西海岸,然后再通过巴拿马运河到达加勒比海地区和北美东海岸、拉美各国。

西行航线是一条非常重要的航线,经我国各港口先南行,再往西航行,穿过马六甲海峡进入印度洋,经红海,过苏伊士运河,入地中海,出直布罗陀海峡,进入大西洋。还有一条航线,经印度洋,绕过非洲南端的好望角,进入大西洋。西行航线可达南亚、西亚、非洲、欧洲各国以及南美东海岸的主要港口。

东行航线和西行航线有中国—地中海航线、中国—西北欧航线、中国—北美东海岸航线、中国—北美西海岸航线、中国—中美洲(加勒比海)航线、中国—南美西岸航线、中国—南美东海岸航线、中国—红海航线、中国—东非航线、中国—西非航线、中国—南非航线。

2. 近洋航线

近洋航线包括北行航线和南行航线。

北行航线的船舶由我国沿海港口出发向北行或向东行驶,主要抵达朝鲜、韩国、日本、俄罗斯等国家的海港。

南行航线的船舶由我国沿海港口出发向南行驶,主要到达我国港澳地区、部分东南亚国家、部分西亚国家、澳大利亚和新西兰等地。

其中,东南亚航线是远东—东南亚航线的分支。该航线的船舶均需向南或西南行至东南亚各国港口,经马六甲海峡去印度洋、大西洋沿岸各港。尽管航线距离短,但船只往来频繁。由于地区间贸易兴旺,因而发展迅速。东海、台湾海峡、巴士海峡、南海是该航线船只的必经之路,航线繁忙。

澳新航线是远东—澳大利亚、新西兰及西南太平洋岛国航线的分支。该航线上的船舶不需要横跨太平洋,而是在西太平洋南北航行,离陆近,航线较短。但由于航线北部的国家(地区)工业发达而资源贫乏,而南部国家资源丰富,因而初级产品运输特别繁忙。远东至澳大利亚东南海岸分两条航线。中国北方沿海港口经韩国、日本到澳大利亚东海岸和新西兰港口的船只需走琉球久米岛、加罗林群岛的雅浦岛进入所罗门海、珊瑚海;中澳之间的集装箱船需在中国香港加载或转船后经南海、苏拉威西海、班达海、阿拉弗拉海,再经托雷斯海峡进入珊瑚海。中、日两国去澳大利亚西海岸航线走菲律宾的民都洛海峡、印度尼西亚的望加锡海峡以及龙目海峡进入印度洋。

北行航线和南行航线有中国内地(大陆)—中国港澳台地区航线、中国—新马航线、中国—泰国湾航线、中国—科伦坡/孟加拉湾航线、中国—菲律宾航线、中国—印度尼西亚航线、中国—澳大利亚/新西兰航线、中国—巴布亚新几内亚航线、中国—日本航线、中国—朝鲜/韩国航线、中国—波斯湾航线、中国—北加里曼丹航线、中国—俄罗斯(远东)航线、中国—南太平洋群岛航线。

五、船期表

船期表是以表格形式反映班轮运行的时间和线路的计划文件。其作用有以下3点:

①从营销学的角度,船期表是船公司产品目录,每条航线的船期表实际上介绍了这条航线的各方面的特点,客户可以根据自己需要的交货期选择船期,有利于船公司揽取船期表中航线各个挂靠港的货载。

②使用船期表有利于船舶、港口和货物及时衔接,使船舶有可能在挂靠港口的短暂时间内取得尽可能高的工作效率。

③船公司是否能按照船期表公布的时间挂靠港口,是体现其服务质量的重要指标,也体现了船公司的航线经营管理质量水平。

船期表可以从各个船公司的网站、各种专业杂志(如:《中国远洋航务公报》《航运交易公报》《中国航务周刊》《广东船务周刊》等)获取;在船公司网站上的船期表的格式通常是PDF或Excel。其主要内容有航线名称、船名、航次编号、始发港、中途港及终点港的港口名称、预定到离各港的时间等。船期表上一般常见英文缩写有ETD(Estimated Time of Departure),船舶预定离港时间;ETA(Estimated Time of Arrival),船舶预定到港时间;T/T(Transit Time),航行时间;SI Cut off(Shipping Instruction Cut off),提交装船指示截止时间,俗称截补料时间。

六、船舶和船队

1. 船舶

船舶作为水路运输的重要工具,是构成水上运输的主要环节之一,船舶根据需要的不同可以划分为许多种类,本书采用按照船舶的用途分类,主要有以下几种类型:

(1) 货船

货船包括杂货船(General Cargo Vessel)、固体散货船(Solid Bulk Cargo Carrier)、液体散货船(Liquid Bulk Cargo Carrier)[油轮(Tanker)、液化天然气船(LNG)、液化石油气船(LPG)、液体化学品船(Liquid Chemical Tanker)]、集装箱船(Container Ship)、滚装船(Ro/Ro Ship)、特种货物运输船(Special Cargo Vessel)、多用途货船(Multi-purpose Vessel)。

(2) 辅助船

辅助船包括拖轮(Tug)、油/水供给船(Fuel/Water Supply Vessel)、消防船(Fire Boat, Fire Fighting Ship)、交通船(Commuter, Crew Boat)、破冰船(Icebreaking ship, Icebreaker)。

(3) 工程船

工程船包括起重船(Floating Crane)、挖泥船(Dredger)、布缆船(Cable Layer)、渔船(Fishing Vessel)、浮船坞(Floating Dock)、打桩船(Pile Driving Barge)、航标船(Buoy Tender)、浮油回收船(Oil Skimmer, Oil Recovery Ship)、救捞船(Salvage Ship)、深潜器(Deep Sea Vehicle)。

2. 船队

船队规模依据的是船型和载重吨。统计船型和载重吨变化可以从侧面反映世界经济和海运贸易发展的趋势和变化,表1-2是2000—2018年世界船队按船型统计表,表1-3是世界主要船队所属国家或地区统计表。

世界船队统计表(单位:百万DWT[①]) 表1-2

年份	散货船	油轮	兼用船	小计	集装箱船	多用途船	冷藏船	杂货船	滚装船	小计	液化气船		总计
											LPG	LNG	
2000	267.1	286.4	14.8	301.2	64.8	22.6	8.0	19.6	7.9	58.1	10.1	6.5	359.3
2001	274.8	293.2	14.2	582.2	70.4	23.0	7.9	18.1	8.0	57.0	10.5	7.5	639.2
2002	286.8	288.1	13.2	588.1	77.8	22.8	7.8	16.6	8.0	55.2	10.9	7.6	643.3
2003	294.3	293.3	11.8	599.4	84.9	22.8	7.7	15.5	8.1	54.1	10.7	8.3	653.5
2004	301.9	302.0	11.4	615.3	91.6	23.0	7.6	14.6	8.1	53.3	11.1	9.5	668.6
2005	322.3	319.0	10.0	651.3	99.9	23.7	7.4	14.3	8.1	53.5	11.1	11.0	704.8

续上表

年份	散货船	油轮	兼用船	小计	集装箱船	多用途船	冷藏船	杂货船	滚装船	小计	液化气船 LPG	液化气船 LNG	总计
2006	345.4	341.8	9.1	696.3	111.9	24.4	7.3	14.7	8.2	54.6	11.3	12.4	750.9
2007	368.4	361.0	8.5	737.9	128.5	25.5	7.2	15.0	8.2	55.9	11.8	14.7	793.8
2008	393.0	382.6	7.6	783.2	145.1	26.8	7.2	15.5	8.2	57.7	12.4	17.2	840.9
2009	419.8	401.5	7.3	828.6	162.1	28.0	6.9	15.9	8.3	59.1	13.9	22.0	887.7
2010	462.8	432.2	6.4	901.4	169.5	27.7	6.7	15.8	8.1	58.3	14.4	25.7	959.7
2011	541.7	448.9	8.0	998.6	184.0	28.6	6.2	16.1	7.5	58.4	14.9	28.0	1057
2012	621.9	474.9	6.8	1103.6	197.0	29.1	5.8	15.4	7.3	57.6	15.1	28.8	1161.2
2013	688.0	492.8	4.7	1185.5	206.7	29.5	5.1	14.6	7.2	56.4	15.3	28.9	1241.9
2014	727.4	501.1	4.4	1232.7	216.4	29.8	5.0	14.3	6.8	55.9	16.3	30.0	1288.6
2015	759.2	507.4	3.9	1270.5	228.7	29.7	4.9	13.8	6.6	55.0	17.1	32.7	1325.5
2016	777.0	523.8	2.8	1303.6	244.6	29.5	4.8	13.8	6.8	55.2	19.4	35.0	1358.8
2017	794.1	555.2	2.0	1351.3	245.9	29.7	4.8	13.8	6.8	55.1	22.4	37.6	1406.4
2018	817.6	582.0	1.4	1401.0	253.2	29.4	4.6	13.9	6.8	54.7	24.3	40.0	1455.7

资料来源:Clarkson SIN(克拉克森海运情报网)2019年5月。

注:①DWT:Deadweight Tonnage(船舶)载重吨。

世界主要船队所属国家或地区统计表   表1-3

排名（以DWT[②]计）	国家或地区	单位:船舶艘数 本国旗	方便旗	小计	单位:万DWT 本国旗	方便旗	小计
1	希腊	728	3408	4136	6470.4	22838.3	29308.7
2	日本	835	3134	3969	2877.4	20020.6	22898.0
3	中国	3045	1915	4960	7410.6	8477.8	15888.4
4	德国	240	3121	3361	1131.6	10786.6	11918.2
5	新加坡	1499	1054	2553	6176.4	3354.9	9531.3
6	中国香港	854	594	1448	6752.2	1985.3	8737.5
7	韩国	795	839	1634	1610.8	6272.7	7883.5
8	美国	782	1213	1995	815.6	5212.3	6027.9
9	英国	332	997	1329	524.7	4619.4	5144.1
10	百慕大	14	404	418	50.3	4795.0	4845.3

资料来源:联合国贸发会议《2016年世界海运述评》。

注:②DWT:Deadweight Tonnage(船舶)载重吨。

(1)我国集装箱船队

随着我国外贸结构调整和增长方式的转变,出口从数量扩张型转向数量和效益同步发展型,同时外贸商品结构不断优化,外贸增幅显著,目前已经成为全球货物贸易第一大国。据海关统计,2018年,我国外贸进出口总值30.51万亿元人民币,比2017年(下同)增长9.7%。其中,出口16.42万亿元,增长7.1%;进口14.09万亿元,增长12.9%;贸易顺差2.33万亿元,收窄18.3%;按美元计价,2018年,我国外贸进出口总值4.62万亿美元,增长12.6%。其中,出口 2.48 万亿美元,增长 9.9%;进口 2.14 万亿美元,增长 15.8%;贸易顺差 3517.6 亿美元,收窄 16.2%。

我国外贸的快速发展为我国集装箱船队的发展提供了良好的外部环境,"中国因素"在国际集装箱运输市场中影响力越来越大,根据 Alphaliner 网站最新运力统计数据显示,截至 2019 年 5 月 5 日,全球班轮公司运力 100 强中马士基航运排第一、地中海航运排第二、中远海集运排第三、达飞轮船排第四、赫伯罗特排第五。第六名到第十名分别是海洋网联船务、长荣海运、阳明海运、现代商船与太平船务。

中国内地的班轮公司在此排名前 100 位的还有安通控股第 15 位、中谷海运第 16 位、海丰国际第 18 位、中外运集运第 22 位、宁波远洋第 34 位、大连信风海运第 48 位、上海锦江航运第 53 位、上海海华轮船第 66 位、太仓港集运第 68 位、广西鸿翔船务第 84 位、日照海通第 96 位。

(2) 我国油轮船队

根据海关总署数据显示,中国 2018 年全年原油进口量达到创纪录的 4.619 亿 t,连续两年成为全球最大进口国。

为保障石油海运安全,经过多年的不懈努力,我国已经初步建立起了具有世界级水平的油轮船队,极大地保障了"国油国运"国家战略的实施。以中远海运能源运输股份有限公司和招商局能源运输股份有限公司的油轮运输船队为代表,其中,招商局能源运输股份有限公司旗下的超级油轮(VLCC)船队规模位居全球第一。

第三节 国际贸易地理环境

一、国际与区域组织

随着经济全球化的发展,各国经济的相互依赖性日益增强。在经济全球化的同时,各国经济发展是不平衡的,因此,各国为了提高自身在经济发展与经济交往中的竞争能力、获得更大的利益,都积极参与各种经济合作,实行区域经济一体化进程,因此区域经济一体化组织取得了迅速发展。

习近平总书记在深刻思考人类前途命运及中国和世界发展大势后提出了宏伟构想和中国方案,其中以"一带一路"倡议和亚洲基础设施投资银行为代表。

1. "一带一路"倡议

2013 年 9 月和 10 月,国家主席习近平在出访中亚和东南亚国家期间,先后提出共建丝绸之路经济带和 21 世纪海上丝绸之路的重大倡议,得到了国际社会的高度关注和积极回应。"一带一路"倡议旨在借用古代"丝绸之路"的历史符号,高举和平发展的旗帜,主动地发展与沿线国家的经济合作伙伴关系,共同打造政治互信、经济融合、文化包容的利益共同体、命运共同体和责任共同体。

中国秉持和平合作、开放包容、互学互鉴、互利共赢的理念,全方位推进务实合作,打造政治互信、经济融合、文化包容的利益共同体、命运共同体和责任共同体,以政策沟通、设施联通、贸易畅通、资金融通、民心相通为主要内容加强合作。2015年3月28日,国家发展改革委、外交部、商务部联合发布了《推动共建丝绸之路经济带和21世纪海上丝绸之路的愿景与行动》。

中国提出共建"一带一路"倡议以来,开展了积极行动,得到了全球140多个国家和80多个国际组织的积极支持和参与,联合国大会、联合国安理会等重要决议纳入相关内容。经贸合作扎实推进,"一带一路"金融合作初具规模,一大批互联互通项目规划实施,各领域人文合作深入开展。2017年5月首届"一带一路"国际合作高峰论坛成功举办,高峰论坛形成涵盖政策沟通、设施联通、贸易畅通、资金融通、民心相通5大类、共76大项、270多项具体成果,成为新时期推动全球发展合作的机制化平台。2019年4月在北京主办了第二届"一带一路"国际合作高峰论坛,形成了第二届高峰论坛成果清单,清单包括中方打出的举措或发起的合作倡议、在高峰论坛期间或前夕签署的多双边合作文件、在高峰论坛框架下建立的多边合作平台、投资类项目及项目清单、融资类项目、中外地方政府和企业开展的合作项目,共6大类283项。丰硕的成果表明,"一带一路"倡议顺应时代潮流,适应发展规律,符合各国人民利益,具有广阔前景。截至2019年8月底,已有136个国家和30个国际组织与中国签署了195份共建"一带一路"合作文件。

2. 亚洲基础设施投资银行

亚洲基础设施投资银行(Asian Infrastructure Investment Bank,AIIB)简称"亚投行",是一个政府间性质的亚洲区域多边开发机构。重点支持基础设施建设,成立宗旨是为了促进亚洲区域的建设互联互通化和经济一体化的进程,并且加强中国及其他亚洲国家和地区的合作,是首个由中国倡议设立的多边金融机构,总部设在北京,法定资本1000亿美元。截至2018年12月19日,亚投行有93个正式成员国。其具备以下职能:

①推动区域内发展领域的公共和私营资本投资,尤其是基础设施和其他生产性领域的发展。

②利用其可支配资金为本区域发展事业提供融资支持,包括能最有效支持本区域整体经济和谐发展的项目和规划,并特别关注本区域欠发达成员的需求。

③鼓励私营资本参与投资有利于区域经济发展,尤其是基础设施和其他生产性领域发展的项目、企业和活动,并在无法以合理条件获取私营资本融资时,对私营投资进行补充。

④为强化这些职能开展的其他活动和提供的其他服务。

3. 欧盟

欧洲联盟(European Union,EU),简称"欧盟",是由欧洲共同体(European Communities,又称欧洲共同市场)发展而来的,是一个集政治实体和经济实体于一身、在世界上具有重要影响的区域一体化组织。1991年12月,欧洲共同体马斯特里赫特首脑会议通过《欧洲联盟条约》,通称《马斯特里赫特条约》(简称《马约》)。1993年11月1日,《马约》正式生效,欧盟正式诞生。

欧盟现有27个成员国(它们是法国、德国、意大利、荷兰、比利时、卢森堡、丹麦、爱尔兰、希腊、葡萄牙、西班牙、奥地利、瑞典、芬兰、马耳他、塞浦路斯、波兰、匈牙利、捷克、斯洛伐克、斯洛文尼亚、爱沙尼亚、拉脱维亚、立陶宛、罗马尼亚、保加利亚、克罗地亚),成员国国土总面积432.6万 km^2,约5.13亿人口(据欧盟委员会2018年1月统计),总部设在比利时首都布鲁塞尔。欧盟的宗旨是"通过建立无内部边界的空间,加强经济、社会的协调发展和建立最终实行统一货币的经济货币联盟,促进成员国经济和社会的均衡发展","通过实行共同外交和安全政策,在国际舞台上弘扬联盟的个性"。

欧盟原成员国英国2016年6月29日举行了脱欧公投,决定退出欧盟,其与欧盟进行了为期近3年的漫长艰苦谈判,在当地时间2019年4月11日凌晨,欧洲理事会主席图斯克宣布,欧盟特别峰会同意将英国脱欧最后期限延长至2019年10月31日。

4. 美国—墨西哥—加拿大协定

2018年11月30日,美国、墨西哥、加拿大三国领导人在阿根廷首都布宜诺斯艾利斯签署《美国—墨西哥—加拿大协定》(United States-Mexico-Canada Agreement,USMCA),替代已经施行了24年的《北美自由贸易协定》(由美国、加拿大和墨西哥三国于1992年8月12日就《北美自由贸易协定》达成一致意见,并于同年12月17日由三国领导人分别在各自国家正式签署。1994年1月1日,协定正式生效)。该协议的条款涵盖范围广泛,包括农产品、制成品、劳动条件、数字贸易等。新版协定生效需要获得三国立法机构批准。

5. 亚太经合组织

亚太经合组织(APEC)成立于1989年,是亚太地区最重要的经济合作论坛之一,其宗旨和目标为"为本地区人民的共同利益保持经济的增长与发展;促进成员间经济的相互依存;加强开放的多边贸易体制;减少区域贸易和投资壁垒"。APEC自成立以来,在推动亚太地区贸易投资自由化和经济技术合作、促进地区经济发展和共同繁荣等方面发挥了积极的作用。

6. 世界贸易组织

1994年4月15日在摩洛哥的马拉喀什市举行的关贸总协定乌拉圭回合部长会议决定成立更具全球性的世界贸易组织(World Trade Organization,WTO),简称"世贸组织",以取代成立于1947年的关贸总协定(GATT)。

世贸组织是一个独立于联合国的永久性国际组织。1995年1月1日正式开始运作,负责管理世界经济和贸易秩序,总部设在瑞士日内瓦莱蒙湖畔。1996年1月1日,它正式取代关贸总协定临时机构。世贸组织是具有法人地位的国际组织,在调解成员争端方面具有更高的权威性。它的前身是1947年订立的关税及贸易总协定。与关贸总协定相比,世贸组织涵盖货物贸易、服务贸易以及知识产权贸易,而关贸总协定只适用于商品货物贸易。

世贸组织的主要职能是组织实施各项贸易协定;为各成员提供多边贸易谈判场所,并为多边谈判结果提供框架;解决成员间发生的贸易争端;对各成员的贸易政策与法规进行定期审议;协调与国际货币基金组织、世界银行的关系。

世贸组织的宗旨是提高生活水平,保证充分就业和大幅度、稳步提高实际收入和有效需求;扩大货物和服务的生产与贸易;坚持走可持续发展之路,各成员方应促进对世界资源的最优利用、保护和维护环境,并以符合不同经济发展水平下各成员需要的方式,加强采取各种相应的措施;积极努力确保发展中国家,尤其是最不发达国家在国际贸易增长中获得与其经济发展水平相适应的份额和利益。

世贸组织的目标是建立一个完整的,包括货物、服务、与贸易有关的投资及知识产权等内容的,更具活力、更持久的多边贸易体系,使之可以包括关贸总协定贸易自由化的成果和乌拉圭回合多边贸易谈判的所有成果。

7. 欧佩克

1960年9月,伊朗、伊拉克、科威特、沙特阿拉伯和委内瑞拉的代表在巴格达开会,决定联合起来共同对付西方石油公司,维护石油收入,五国宣告成立石油输出国组织(Organization of Petroleum Exporting Countries,OPEC),简称"欧佩克"。随着成员的增加,欧佩克发展成为亚洲、非洲和拉丁美洲一些主要石油生产国的国际性石油组织。欧佩克总部设在维也纳。现在,欧佩克旨在通过消除有害的、不必要的价格波动,确保国际石油市场上石油价格的稳定,保证各成员国在任何情况下都能获得稳定的石油收入,并为石油消费国提供足够、经济、长期的石油供应。

除上述介绍的组织外,其他重要的国际与区域组织还有东盟自由贸易区(AFTA)和非洲经济共同体(AEC)等,这些组织在推动世界和区域经济发展中都扮演了重要的角色。

二、国际大宗物资的资源分布

1. 粮食的分布

影响国际贸易的不是粮食的绝对产量,而是粮食的剩余量和需求量,因而北美洲和大洋洲在粮食贸易中占据了重要地位。北美洲、大洋洲大部分地区是温带草原区,人口密度较小,农业科技含量高,是世界主要的产粮区。其次是欧洲,粮食产量较高。拉美和亚洲粮食产量较低,非洲粮食产量最低。

粮食品种繁多,其中作为人类主食和畜牧业精饲料的是小麦、稻谷、玉米,三者约占世界粮食作物收获面积的70%、总产量的80%。

①小麦。小麦是一种世界性的粮食作物,种植遍布于各大洲,但主要集中于$27\sim57°N$和$25\sim40°S$的温带地区。

②水稻。水稻主要集中在东亚、东南亚、南亚,其次是地中海沿岸各国,美国和巴西也有部分分布。其中以东南亚地区的缅甸、泰国出口量最多。

③玉米。世界范围内,玉米有三大产区,详见第八章第三节。

2. 石油的分布

世界的石油储量呈现高度集中的特点,且多集中在亚、非、拉美的发展中国家,世界石油储量的80%分布于此,其中14个主要输出国占世界石油总储量的65%。主要储油区详见第九章第一节。

3. 煤炭的分布

煤炭在世界能源消费构成中仅次于石油，分布极广，但也具有一定的集中态势。大约92%的储量分布在北半球，而尤以30~70°N之间的地带为主。从中国北部向西横贯俄罗斯、波兰、德国、英国至北美中部，形成一个世界最丰富的含煤带，其资源总量占世界总储量的70%以上。各大洲中以亚洲与大洋洲最为丰富，截至2017年年底，在世界全部探明储量中亚太地区占41.0%，其次是北美洲、欧洲、非洲。就国家而言，美国最多，其次是俄罗斯、澳大利亚、中国，四国煤炭储量占世界总储量的53.1%。

4. 铁矿石的分布

世界铁矿石地质储量约为8000亿t，探明储量近4000亿t。目前，铁矿资源探明储量的90%主要集中于俄罗斯、巴西、中国、加拿大、澳大利亚、印度、美国、法国和瑞典。

2017年，世界铁矿石产量为21.67亿t。年产量超过1亿t的国家和地区有中国、巴西、俄罗斯、澳大利亚、印度。其他年产量较大的国家主要有美国、加拿大、南非、瑞典、利比里亚、委内瑞拉等国。

2017年，全球铁矿石的贸易量为32.17亿t。世界铁矿石贸易中，巴西和澳大利亚为两个最大输出国，出口量占世界出口量的60%，而铁矿石的主要采购国为中国、日本、韩国、德国。散货与大宗物资的海上流向、流量与航线详见第八章。

三、国际贸易地理格局

1. 贸易地理格局

当今世界贸易，除了具有其增长率远远超过世界生产增长率的特点外，还具有发达国家的贸易占绝大多数且贸易集中流向本地区和发达国家较为集中的地区的特点。形成了欧洲、美洲和亚洲三大板块。

①发达国家之间的贸易量大大增加。许多没有比较利益优势的国家之间（如资源类似、技术水平相近的发达国家之间）的贸易量很大。在20世纪50年代，发达国家与发展中国家之间的贸易在世界贸易总额中占60%，而发达国家之间的贸易仅占40%。到了20世纪60年代以后，发达国家之间的贸易量已上升到占世界贸易总量的2/3以上，成为国际贸易中的主要部分。

②行业部门内贸易也不断增长，同类产品之间的贸易量大为上升。许多国家不仅出口工业产品，也大量进口相似的工业品。发达国家传统的"进口初级产品—出口工业制成品"的模式逐渐改变，许多行业出现了既出口又进口的"双向贸易"或同类产品贸易。这说明国际分工更为细致。

③从贸易流向在地区间的分布情况看，地区贸易有相对集中在本地区和其他发达国家较为集中的地区的倾向或特点。

2. 贸易格局的决定因素

(1) 一国与世界其他各国在经济发展水平和发展方向上的差异

从静态的角度考虑，一国与世界其他各国在经济发展水平上的差异，首先是该国在国际分工体系中的阶梯，决定该国与其他国家在贸易结构上的互补或竞争关系。而国与国之间在贸易结构上的互补或竞争关系，直接决定该国与其他各国之间贸易流量规模。如果一国处于较低的经济发展水平和国际分工阶梯上，那么该国的贸易结构和发达国家的贸易结构之间相对容易形成互补关系，但与处于同等发展水平的国家则相对容易形成竞争关系。这就决定了发展中国家与发达国家以及发展中国家之间的贸易流量。在前一种情况下贸易流量较大，但在后一种情况下贸易流量则较小。反过来讲，如果一国处于较高的经济发展水平和国际分工的阶梯上，这时它与处于较低发展水平的国家在贸易结构上同样较容易形成互补关系，从而相互之间的贸易流量较大。但与上述情况不同的是，尽管该国与处于同等发展水平上的国家之间在贸易结构上很难形成互补关系，但由于它们之间的贸易更多的是依据规模经济的产业内的水平贸易，所以它们之间的贸易量仍会很大。

从动态的角度考虑，一国的经济将会得到发展，从而该国在国际分工阶梯上的地位也会得到提高，但这时可能会破坏原有的国际分工格局，从而可能改变与各国之间的互补或竞争关系。这种可能是否变为现实，取决于该国的经济发展方向。如果该国的经济仍按该国要素禀赋条件所决定的比较优势方向发展，那么上述的可能性就不会存在，从而原有的国际分工格局和与各国之间的互补或竞争关系也不会有根本性的改变。不过，由于该国收入水平的提高，存在互补关系的国家之间的贸易量将会比过去更大。但是，如果该国经济是向着打破或改变原有要素禀赋条件的方向发展，那么上述可能性将变为现实，从而改变贸易流向和对某一国的贸易流量规模。

(2) 各国国民收入水平及其增长率之间的差异

在形成一国与其他各国在贸易结构上的互补或竞争关系之后，贸易流向和贸易流量规模将取决于各国之间收入及其增长率之间的差异。因为一国的国民收入水平的大小决定着该国的贸易能力或该国市场的容量。假如一个发展中国家与某一发达国家和另一个发展中国家均在贸易结构上存在互补关系，但由于发展中国家和发达国家在收入上的差异，从发展中国家流向发达国家的贸易流量规模，将大大超过对其另一个发展中国家的贸易流量规模。实际上，在发展中国家之间也会形成在贸易结构上的互补关系。例如，正在实施工业化政策的国家和仍按本国要素禀赋条件优势发展经济的发展中国家之间，比较容易形成互补关系。即使这样，由于它们的国民收入水平较低而贸易能力弱，两国间贸易流量只能限定在较小规模上。

(3) 世界贸易市场的竞争程度

各国的贸易是在竞争激烈的国际市场上进行的。所以，一国贸易流向和贸易流量规模除了受上述因素的直接影响外，还受该国与其他国家在某一国市场上的竞争程度的影响。例如，中国对发达国家市场的劳动密集型商品的出口，往往受到来自处于同等发展水平而存在竞争关系的各个国家的竞争压力。这种竞争也会在较大的程度上影响中国对发达国家市场的贸易流向和贸易流量规模。

(4) 由地理上的邻近程度、政治关系和经济政策决定的政治经济上的"距离"

在贸易理论的分析上一般不考虑这些因素的影响。但在现实中,这些因素都在不同程度地影响着国际贸易。在其他条件一定的情况下,运输费用的大小或运输距离的远近在很大程度上决定着某一国在国际贸易中的贸易流向及其规模。因为在现实的国际贸易中存在着运输费用,并由此派生贸易商品。所以对于一国来说,它除了生产那些具有比较优势而能够出口的贸易商品外,还要生产那些由于运输费用的存在而抬高了国际价格的非贸易商品,以此来变相地"替代"理论上的进口商品。这在一定程度上影响着对方国家的出口贸易流量规模。另外对于一国来说,同一类贸易商品的进口来源国可能不止一个国家,所以在其他条件一定的情况下,该国最终选择哪一个同类贸易商品的进口来源国,还要看地理上的和政治经济关系上的距离。如果某一个发展中国家与发达国家之间存在着传统的政治经济关系,而且在地理位置上距离较近,那么这一发展中国家对该发达国家的贸易流量规模,相对于不存在这种关系的国家就可能大得多。

(5) 地区经济一体化对世界贸易的影响

①世界贸易地理结构板块化决定了无论是哪一层次的一体化组织,建立的第一个目标就是实现集团内的贸易自由化,而这种自由化又是以对外部世界高筑贸易壁垒为条件来实现的。经济一体化的发展使得集团内贸易在世界贸易中所占比重日益增大。

②贸易保护主义进一步加强。地区经济一体化天生具有排他性,可以说没有排他性就没有地区经济一体化。这种排他性具有双重性质:一方面它使集团内部的协调和统一,尤其是使贸易自由化得以实现,促进了各成员国的经济增长和贸易发展。然而,虽然有人把地区经济一体化看作走向全球贸易自由化的一个阶段,一体化的排他性毕竟是世界贸易发展的阻碍力量,它使贸易保护主义得到进一步强化。因为只有对外高筑壁垒才能使内部自由化成为可能。另一方面,一体化加强了该区域与外部世界抗衡的力量,致使贸易摩擦愈演愈烈。一体化将世界市场割裂成若干个相互缺乏联系的区域市场,世界市场的分割破坏了各区域间内在的经济联系,阻碍了世界资源配置的优化过程,而且使各区域市场形成对峙局面,严重影响到多边贸易体制的执行。

上述的各个因素交织在一起,对一国贸易流向和该国对某一国的贸易流量规模产生决定性的影响。但由于各个因素之间的作用方式和强度在不同的国家有所不同,因而形成各个国家的贸易流向和贸易流量规模上的不同特征。

思考题

1. 填空题

(1) 地球自转一圈是_____。
(2) 地球自转的周期为_____小时,即一昼夜为_____小时。
(3) 地球每自转_____即经历了1小时。
(4) 地球自转的方向为:自_____向_____。

2. 计算题

（1）广州某货代公司向伦敦（中时区）某贸易公司报价，要求在双方都上班的时间尽早发电子邮件。

已知伦敦的工作时间为上午9:00～12:00，下午14:00～17:00；广州的工作时间为上午8:00～12:00，下午13:30～17:30，问何时发电子邮件最好？

（2）查地中海航运公司的船期表，有一个航次的船预计2019年4月16日16时（当地时间）从中国深圳盐田港（Yantian）（东8区）出发，预计2019年5月20日9时（当地时间，夏令时）到英国费利克斯托港（Felixstowe）（中时区），请计算此航次的总航行时间。

3. 简答题

（1）按照港口的分类，港口可以分为哪几种类型？
（2）货船的主要类别有哪些？
（3）如何划分东西半球？
（4）各大洋的航线分别包括哪些？
（5）国际贸易中主要的国际与区域组织有哪些？

4. 小组讨论题

（1）搜索网络视频网站，观看中央电视台拍摄的《大国崛起》影片。分小组讨论片中所提到的在世界近现代发展历史上，先后出现的9个世界性大国：葡萄牙、西班牙、荷兰、英国、法国、德国、日本、俄罗斯和美国，指出这些国家中有哪些且是如何通过航运发展而推动国家兴旺的，并说明其具体做法。

（2）搜索相关材料，分小组讨论，哪些国家和地区的港口能够参与到"21世纪海上丝绸之路"的互联互通中？

第二章　中国航运地理

天下之多者水也,浮天载地,高下无所不至,万物无所不润。及其气流届石,精薄肤寸,不崇朝而泽合灵宇者,神莫与并矣。是以达者不能恻其渊冲,而尽其鸿深也。

——《玄中记》

【知识目标】

1. 了解中国水运资源、河运地理状况。
2. 掌握内河、沿海港口概况。
3. 熟悉中国航运港口、航线布局。

【能力目标】

1. 根据本地区经济贸易情况,掌握水运与其他运输方式间的衔接方式。
2. 根据给出的数据分析中国某港或某区域航运业发展趋势的能力。

【引　例】

京杭大运河

京杭大运河,古名"邗沟""运河",是世界上里程最长、工程量最大、最古老的运河。它是中国古代各族劳动人民创造的一项伟大工程,是祖先留给我们的珍贵物质和精神财富,是活着的、流动的重要人类遗产。

大运河南起余杭(今杭州),北到涿郡(今北京),途经今浙江、江苏、山东、河北四省及天津、北京两市,贯通海河、黄河、淮河、长江、钱塘江五大水系,全长约1794km。

京杭大运河作为历史上南北的交通大动脉,曾起过巨大作用。运河的通航,促进了沿岸城市的迅速发展。目前,京杭运河的通航里程为1442km,其中全年通航里程为877km,主要分布在黄河以南的山东、江苏和浙江三省。

中国是世界上航运资源比较丰富的国家之一,拥有众多的江河,流域面积在100km² 以上的河流有5万多条,流域面积在1000km² 以上的河流有1500多条;拥有漫长的海岸线,从最北的辽宁鸭绿江口至最南的广西北仑河口,总长1.8万多千米。如果加上6000多个岛屿与周围海域形成的岛屿岸线1.4万km,那么我国海岸线的总长度则超过3.2万km,在世界各国中名列前茅;另外,我国还拥有优良的港湾和辽阔的海域。

中国河流多向东注入太平洋,长江是中国第一大河,是中国内河航运中最发达的河流,被称为中国的"黄金水道";黄河长5464km,但黄河不具备通航条件;珠江由西江、北江、东江及珠江三角洲四部分组成,流域涉及六省区和越南部分地区,航运条件仅次于长江,位于全国第2位;黑龙江干流长达2820km,其中中俄界河自恩和哈达至伯力段长1890km,有较好的通航条件;此外还有海河、淮河、钱塘江等水系。这些水运网四通八达,为发展航运提供了优越的自然条件。

第一节　长江水系航运地理

一、长江水系航运地理

长江是中国的"黄金水道",中国境内全长6380km,是中国和亚洲第一大河流,也是世界第三大河流。它是横贯中国大陆东西走向的航运大动脉,自古对流域广大地区的经济、文化交流起着重要作用。

长江干支流通航里程达7万km。干流自四川宜宾至入海口,全长2800余千米,可全年通航,是中国全年昼夜通航最长的深水干线内河航道;其中,长江口至武汉航道可通5000吨级的船舶;汉口至重庆间航道可通3000吨级江轮,在枯水期千吨轮船亦可上溯到重庆;宜宾至重庆间航道可通航千吨以下轮船。长江的干流、支流、湖泊与人工运河相互贯通连接,组成了中国最大的水运网(图2-1、图2-2)。

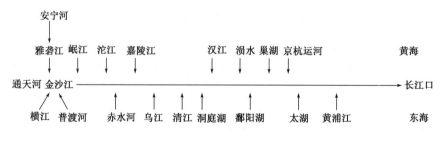

图2-1　长江支流示意图

长江支流流域面积1万km² 以上的支流有49条,流域面积5万km² 的支流为嘉陵江、汉江、岷江、雅砻江、湘江、沅江、乌江和赣江。

洞庭湖是中国第二大淡水湖,位于湖南省的北部,主要由东洞庭湖、万子湖、目平湖、大通湖、横岭湖、漉湖等湖泊组成,流域面积3968km²。湘江、资江、沅江、澧水——湖南四大河流都流入洞庭湖。

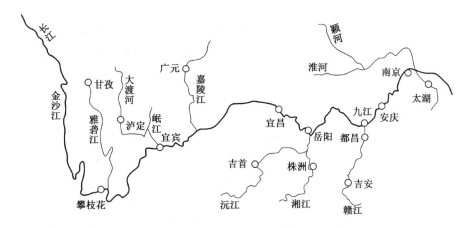

图 2-2 长江及沿线主要城市示意图

汉水又名汉江,是长江最长的支流。它发源于陕西省西南部秦岭与米仓山之间的宁强县冢山。向东南穿越秦巴山地,流经陕南和鄂西北丹江水库,出水库后继续向东南流,过襄阳,在武汉市汇入长江,全长 1532km,流域面积 15.1 万 km²。汉水是陕西省南部和湖北省的主要水运干线,流域工农业发达,联系产煤基地的焦枝、襄渝、汉丹等铁路与之相交。目前汉水通航能力已从 100 吨级提高到千吨级,年吞吐量已从 30 多万吨上升到 1000 多万吨。

雅砻江是长江宜宾以上最大的支流,干流全长 1637km,总落差 4420m,流域面积 12.8 万 km²,河口多年平均流量 $1914 m^3/s$,年径流量 $604 \times 10^8 m^3$。主要支流自上而下有鲜水河、力丘河、理塘河、九龙河、安宁河等。

嘉陵江是长江水系中流域面积最大的支流,古称阆水、渝水。因流经陕西省凤县东北嘉陵谷而得名,全长 1119km。昭化以上为上游,行经高山地区,多暴雨,有"一雨成灾"之说;昭化至合川为中游,有航运之利;合川以下为下游。流域面积 16 万 km²,超过汉江,居长江支流之首。河口流量 $2120 m^3/s$。嘉陵江切穿华蓥山南延支脉后,形成风光绮丽的沥鼻、温塘、观音峡谷,于重庆汇入长江。水运年货运量占四川内河航运年货运量的 1/4,是四川重要航道之一。

赣江是长江的支流,也是南北流贯江西省的最大河流,年流量比黄河大,但是由于年水量分布不均匀,河床浅平,航运并不方便。东源贡水为正源,出武夷山黄竹岭,由绵水和湘水汇合而成。西源章水出大庚岭。章、贡两水在赣州市汇合后始称赣江。曲折北流,经吉安市、樟树市、丰城市到南昌市,分四条支流注入鄱阳湖,全长 991km,其中干流长 751km,流域面积 8.35 万 km²。

二、长江水系货物运输

1. 货物运输总体发展概况

中华人民共和国成立以来,长江航运经历了从小到大、从弱到强、从慢到快、从曲折到平稳的发展过程。进入 21 世纪后,更得到了长足的进步和持续快速的发展。2018 年,长江干线货运量达 26.9 亿 t,稳居世界内河首位;同时,完成集装箱吞吐量 1750 万 TEU,三峡枢纽通过量

1.44 亿 t,超过设计能力四成。

长江干线自西向东,流经七省二市,以重庆、武汉、上海三大航运中心和沿江各大港口为节点,与公路、铁路、航空、管道等运输方式有机衔接。长江水运承担了沿江85%的煤炭和铁矿石、83%的石油、87%的外贸货物运输量。长江水系水运货运量和货物周转量分别占流域全社会货运量和货物周转量的20%和60%,年直接贡献国内生产总值(GDP)1200多亿元,提供就业岗位200多万个。

长江水系的水路货物运输量和港口吞吐量的发展呈现以下特点:

①货物运输总量增长,货运运距延长,外贸和集装箱运量快速增长。

②货流主要集中在下游地区,特别是长江干流下游沿江港口群成为长江水系港口发展的核心。该地区是长江航运货流密度最大的地区,形成了以苏州、南通、镇江、南京、芜湖等港为重点的沿江港口群和以杭州、苏州运河港、无锡等港口为重点的长江三角洲水网地区港口群,是我国目前水上运输最为繁忙的地区之一,在促进区域经济发展和承担长江中上游地区的江海物资转运中发挥着越来越重要的作用。

③货物运输主要集中在长江干线、京杭运河等高等级骨干航道上。长江干线凭借其突出的综合优势,在货物运输中发挥着运输大通道的骨架作用,且随着江海联运、铁水联运、支干运输的快速发展,长江干流的地位更加突出。以京杭运河(江南段)为核心的长江三角洲水网地区是全国内河航运最为发达的地区之一。该地区货流密度主要集中在江南运河、长湖申线、苏申外港线等高等级骨干航道上。成为东部地区南北物资交流,尤其是北煤南运和建材供应的黄金水道,在促进区域经济发展,特别是在沿运河产业带的发展中做出了重要贡献。

④港口生产集中度不断提高,主要港口吞吐能力不断增强,功能得到延伸和扩展。主要港口货物吞吐量主要集中在南京、南通、苏州、镇江、杭州、武汉、重庆等港口。外贸吞吐量主要集中在长江干线南京以下苏州、南通、镇江、南京等大型港口。长江干线主要港口货物吞吐量呈现较快的发展态势,外贸吞吐量和集装箱吞吐量在长江水系中占有极其重要的地位。沿江各地建设了以港口为依托的物流园区,如南京龙潭物流园区、武汉阳逻港物流园区等,港口进一步向区域性的储运、中转、分拨、包装、配送等规模化、多功能方向发展,部分港口功能得到延伸,竞争力得到提高,并已开始向物流中心方向发展。

⑤货物运输以大宗散货为主,集装箱、滚装等专业化运输方式得到快速发展。煤炭、石油、矿建材料和矿石等大宗散货仍是长江航运的主要货种。金属矿石、石油及其制品保持较快增长,非金属矿石增幅较缓。集装箱运输保持高速增长的势头,商品汽车滚装、液化气等专业化运输方式开始出现并得到进一步发展,成为长江航运新的增长点。

⑥长江干线专业化运输系统初步形成。长江干线南通、苏州、南京、芜湖、九江、武汉、重庆等主要港口建成了一批专业化码头,初步形成了煤炭、原油、矿石、集装箱等主要货种运输系统。以长江干线的枝城、汉口、裕溪口、浦口即"三口一枝",重庆市的万州和奉节、汉江的襄阳和舵落口、京杭运河的徐州等港为煤炭下水港,通过铁水联运、水水中转和干支直达等多种形式,及北方沿海的天津、秦皇岛等港为煤炭下水港的海进江运输,构成长江煤炭运输系统。原油运输中,鲁宁管线和海进江输入、沿江输出,形成了以宁波、舟山、南京为主的原油运输系统,涉及安庆、九江、武汉、岳阳、洪湖等主要港口。以宁波舟山港为中心,以上海、南通、镇江、南京等为海进江中转港,形成了服务于沿江各钢厂的铁矿石中转系统。重庆、宜昌、长沙、武汉、

南昌、九江、芜湖、南京、杭州等港口纷纷开辟了至上海的集装箱内支线运输,一批集装箱专用码头投入使用,形成了长江沿线对上海国际航运中心的集装箱喂给港的格局。

⑦以长江干线为核心的长距离大宗物资运输、干支直达、江海直达运输均有较大的发展,江南水网地区航道的跨区域交流量和过境量增长较快。跨区域的交流量,除长江中上游众多支流与长江干流的货物交流量外,主要集中在长江三角洲水网地区,该地区由于区域内产业结构具有原材料和产成品"两头在外"的特点,通过水路与周边地区的货物交流将继续保持稳步增长的态势。

2. 主要货类流量流向

在长江干线港口货物吞吐量中起主要作用的骨干货类是煤炭、石油、金属矿石和矿建材料,这四大货类占总量的70%～80%。其中煤炭、石油、金属矿石三大货类长期呈现"三足鼎立、轮流坐庄、纷争天下"的局面。除此之外,最近几年集装箱运输、汽车滚装运输也呈大幅增长趋势。

1) 大宗货物运输

(1) 煤炭

长江流域能源分布特点是"西多东少",长期以来形成了"西煤东运""北煤南运"的运输格局。主要是北方沿海的天津、秦皇岛、青岛等港口转运过来供应下游沿江电厂的电煤。

(2) 石油及其制品

在国内需求特别是投资需求的带动下,石油需求增势明显。随着长江沿江地区用油量大幅增加,中石化沿江炼厂原油加工量也相应大幅增加,部分炼厂进行了装置扩建或改造,产销量的大幅上升直接导致了该区域油品水运量的增加。

(3) 金属矿石

长江沿线地区钢铁企业众多,区内铁矿资源紧缺,是全国自产矿保证程度最低的地区,因此也是外贸进口矿石量最大的地区。铁矿石来源主要是海进江,一类是外贸进口铁矿石,占主要部分;另一类是内贸进江铁矿石,所占比重较小。由于大部分钢铁企业沿江建设的特点以及江海航道条件的差异,决定了本地区外贸进口矿石使用水水中转的运输方式。目前,长江沿线钢厂所需铁矿石大部分在宁波舟山港的北仑港区一程中转,上海、南通、镇江、南京等港接卸外贸一程海进江,再由江驳运至各钢厂。

(4) 非金属矿石

非金属矿石运输主要以磷矿石、硫铁矿、建材用矿和冶金辅矿为主。例如,磷矿石主要是云、贵、川、鄂四省通过长江干线重庆、宜昌、枝城等港,以及乌江、汉江发运至沿江湖南、江西、安徽、江苏、上海等地,或通过中下游港口经铁路中转。建材用矿、冶金辅料主要供长江干线钢铁、水泥企业,在非金属矿石运量中占有相当比重。

(5) 矿建材料

长江矿建材料的运量所占的比重较大,虽然长江干线禁采黄砂,但是由于需求旺盛,支流来砂增长较快,黄砂运输量继续保持上升。内河是矿建材料运输的主要运输方式,在运输线路上除各河流自身的区间运输外,跨区域的主要有浙江杭嘉湖地区通过长湖申线、平申线、杭申线等进入上海、江苏;苏锡常地区通过苏申内港线、苏申外港线和盐铁塘等进入上海,通过京杭运河进入苏北地区;长江沿线的黄沙主要集中在湖北、江西、安徽段,除满足长江中下游沿江地区的需求外,下行方向还从镇江等地经由江南运河到苏南、上海,或经浏河到吴淞、宝山等地,或直接从吴淞口进入黄浦江;上行方向主要是湖北巴河一带的黄沙通过汉江进入汉江中下游沿线。

(6)钢铁、水泥

主要是沿线各大钢厂的钢铁产品调往沿线地区,另有国外进口少量废钢,由于对钢材品种、质量需要的不同,外贸进出口钢材也保持稳定增长的势头。

2)集装箱运输

根据2014年《国务院关于依托黄金水道推动长江经济带发展的指导意见》,长江流域集装箱港口发展将形成以上海港为龙头,以长江上游重庆港、长江中游武汉港、长江下游南京港、苏州港为区域性中心,以各种类型的地区性喂给港口为补充的发展格局。外贸集装箱流向将主要是沿江下游港口和沿海港口,内贸集装箱则主要是区域内区间量和区域内外交流量。

目前,长江集装箱运营模式呈现以下特点:

①由"点到点"的运输模式逐步向"轴辐式"运输网络发展。

②采用规模化定制服务的运输模式。

③更多地使用"多式联运"的运输模式。

④长江干线、支流及运河的区间集装箱运输兴起。

3)汽车滚装运输

长江上游万州、重庆—湖北宜昌段载货汽车滚装船运输市场近年来有较快的发展,经过汽车滚装船专项治理整顿,更是得以健康、安全、有序发展,成为川江水运新的经济增长点。

在交通运输部制定的《水运"十三五"发展规划》中提出内河水运建设重点包括:

①长江干线。实施上游宜宾至重庆段重点浅滩、九龙坡至朝天门、三峡库区及库尾、两坝间等航道整治工程,中游宜昌至昌门溪二期、昌门溪至城陵矶、武汉至安庆段6m水深航道、鲤鱼山水道、蕲春水道、新洲至九江二期等航道整治工程,下游东北水道、安庆水道二期、土桥水道二期、黑沙洲水道二期、江心洲水道、芜裕河段等航道整治工程和南京以下12.5m深水航道建设工程,长江口深水航道减淤工程,研究长江口北港、南槽等航道综合整治开发。

②长江支流高等级航道。实施岷江、嘉陵江、乌江、湘江、沅水、汉江、赣江、合裕线等航道升级改造,研究建设岷江犍为、龙溪口、老木孔,嘉陵江利泽,汉江雅口,赣江井冈山等航电枢纽。

③京杭运河及长三角高等级航道网。实施京杭运河山东段、湖西段、浙江段航道扩能改造和连申线、芜申线、杭申线、苏申内港线、苏申外港线、长湖申线、通扬线、湖嘉申线、杭甬运河、杭平申线、钱塘江、大芦线等航道整治工程。

上述项目的实施对于落实习近平总书记分别于2016年1月和2018年4月在两次"深入推动长江经济带发展座谈会"上的有关讲话精神及国家发改委《长江经济带发展规划纲要》中确立的"一轴、两翼、三极、多点"的发展新格局具有重要意义。特别是其中的"一轴",是指以长江黄金水道为依托,发挥上海、武汉、重庆的核心作用,以沿江主要城镇为节点,构建沿江绿色发展轴。

三、长江水系主要港口分布

长江干流的主要港口有宜宾、泸州、江津、重庆、涪陵、巴东、宜昌、枝城、沙市、监利、城陵矶、洪湖、汉口、黄石、武穴、九江、安庆、贵池、铜陵、芜湖、马鞍山、南京、镇江、高港、江阴、张家港、上海等。

以下介绍部分港口。

1. 重庆港

重庆港代码、经纬度如表 2-1 所示。

重庆港代码、经纬度 表 2-1

港口名称(中文)	港口名称(英文)	港口代码	经纬度
重庆	CHONGQING	CNCKG	106°35′E 39°34′N

注:全书港口代码参照参考文献[1]和[2]。

重庆港地处我国中西接合部,水路可直达长江八省二市,是长江上游和西南地区最大的内河主枢纽港,现为全国内河主要港口。同时,重庆港也是国家一类口岸,主要从事港口装卸、客货运输、水陆中转、仓储服务、物流配送、酒店旅游等多种综合性经营服务。港口设有国际集装箱专用码头、汽车滚装码头和客运旅游码头等。重庆也设有航运交易所和中国(重庆)自由贸易试验区。

在水路交通方面,长江干线在四川境内长 987km,重庆以上终年可通 300~500 吨级船舶,重庆以下终年可通 1000~1500 吨级船舶。重庆港目前开辟的定期航线有重庆至上海、武汉、岳阳、宜昌以及四川的乐山、宜宾、泸州、合川、酉阳垄滩,贵州的赤水等。江海直达船型能在长江和海上航行,从而使重庆实现了外贸水陆运输"一船到港",可从重庆直达上海洋山港。在铁路交通方面,成渝线至成都接宝成、成昆线;川黔线至贵阳接贵昆、黔桂、湘黔线;襄渝线至襄阳接汉丹、焦枝线。重庆港的九龙坡、大渡口、蓝家沱港区有专线接成渝线;猫儿沱港区有专线接川黔线;还有 2010 年开通的"渝—新—欧"国际铁路通道,是重庆全球笔记本电脑基地产品、机电产品、汽车配件快速运往欧洲新的战略通道,其运行路线从重庆始发,经达州、安康、西安、兰州、乌鲁木齐,到达边境口岸阿拉山口,进入哈萨克斯坦,再转俄罗斯、白俄罗斯、波兰,至德国的杜伊斯堡,全程约 1.1 万 km,运行时间约为 13 天。该线路运行费比航空节省、运行时间比海运短、安全性高、通关更便捷。该线出口货物已实现"一次申报、一次查验、一次放行",为重庆惠普、富士康、英业达、广达等项目开拓欧洲市场搭建了重要平台。在公路交通方面,319 国道横贯东西,210 和 212 国道纵贯南北。省道可通往四川省各市县乡镇。在航空交通方面,重庆江北机场是全天候使用的机场,也是西部航空货运枢纽。目前开辟的有省外定期航线、国际航班和经我国港台中转美洲的空中航线。

重庆港的经济腹地主要包括重庆市辖九区十二县及四川、云南、贵州三省。腹地通过港口输出的物资有水果、烤烟、油菜籽、茶叶等及其制品;肉类、皮革、毛绒、禽蛋、蚕茧、蜂蜜等及其制品;木材及药材等,但都未单独形成大宗货源。上述地区矿产资源极为丰富,煤炭和磷矿是重庆港的骨干货源。冶金、机械工业的产品,化学、建材工业的产品也是重要的出口货物。近年来由于铁路和公路运输的发展,重庆市通过港口输出输入的物资数量相对减少。

2. 宜昌港

宜昌港代码、经纬度如表2-2所示。

宜昌港代码、经纬度　　　　　　　　　　　　　表2-2

港口名称(中文)	港口名称(英文)	港口代码	经纬度
宜昌	YICHANG	CNYIC	111°15′E　30°42′N

宜昌港位于长江中上游交界的西陵峡口,素有川鄂咽喉之称。宜昌港水陆交通便利,鸦宜铁路衔接焦柳干线。水路溯江而上652km抵重庆,顺江东下1728km抵上海。宜昌设有中国(湖北)自由贸易试验区宜昌片区。

宜昌港是全国内河出口磷矿石最大的港口。根据《宜昌港总体规划(2035年)》港口岸线长78.34km,共有码头泊位47个。仓库面积1.67万m^2,集装箱堆场面积15万m^2,客运码头5座,客运站面积8800m^2,年货运吞吐能力2300万t,集装箱年货运吞吐能力50万TEU。主要装卸货种为煤炭、石油、钢材、矿建材料、非金属矿石、化肥、农药、粮食等。

3. 武汉港

武汉港代码、经纬度如表2-3所示。

武汉港代码、经纬度　　　　　　　　　　　　　表2-3

港口名称(中文)	港口名称(英文)	港口代码	经纬度
武汉	WUHAN	CNWUH	30°34′N　114°17′E

武汉港是中国内河的重要港口,是长江中游航运中心,交通运输部定点的水铁联运主枢纽港。该港还是我国内河通往沿海、近洋最大的起运港和到达港,武汉至上海洋山港"江海直达"航线是长江中上游地区首条通江达海的优质航线。2018年,武汉新港货物吞吐量突破1亿t,其中集装箱吞吐量突破155万TEU。此外,武汉还是在长江流域和澜沧江以西(含澜沧江)区域内行使水行政主管职能的派出机构长江水利委员会的总部所在地,是中国内陆最大的船舶生产基地。武汉设有航运交易所和中国(湖北)自由贸易试验区武汉片区。

武汉素有"九省通衢"之称。港区铁路与京广、武大、汉丹铁路干线连接,与全国铁路联网。公路以国道和省级干道为主,形成以武汉为中心的公路网,可直通8省195个城镇。该城市有两个机场,民用航空线和过境航线可直达全国173个城市,并已开通直达香港特别行政区的航线。以长江为主的航运水系,连接我国中部的江河湖泊,构成庞大的水运网络:顺长江东至上海1125km,连接鄱阳湖、巢湖、太湖支流;溯长江而上,至重庆1370km,连接洞庭湖和湘、资、沅、澧支流,溯汉江西去襄阳532km,连接白河、唐河支流。

武汉港的主要经济腹地是武汉市、湖北省及长江上中游各省市。它还承担晋、陕、豫等省大宗煤炭中转和进口矿石装卸任务;长江沿线各钢铁基地每年经武汉中转及进出大量钢铁;经华东及南京进的石油经加工再销售湖北各地;云南、贵州及湖北荆、襄在武汉中转的磷矿;从湖北各地进口的矿建材料以及从澳大利亚、朝鲜及海南、湖北大冶等地调进的金属矿。进出武汉的还有木材、水泥、化肥；两湖、江西的粮食；上海、南京的工业品；湖北及云、贵各邻省的土特产。武汉港作为通海港口，对发展外向型经济，沟通沿海与内地、东部与西部、发达地区与不发达地区，促进腹地经济的繁荣，具有重要意义。目前，武汉在我国东部、中部、西部3个经济地带的发展格局中成为东西推进的接合部，南北交流的传递站，开发大西南、大西北的前沿阵地。武汉港具有遍及长江水系和东北、华中、华南、西南、华北等19个省（自治区、直辖市）的货源结构。

武汉港口由武汉港务局所辖港区、市属地方港区和物资部门专用码头三部分组成。

港区划分：武汉港口现有汉阳、江岸、汉口、青山、阳逻、舵落口、永安堂、大堤口、武钢工业港、武汉石化油港等19个港区。

4. 九江港

九江港代码、经纬度如表2-4所示。

九江港代码、经纬度　　　　　　　　　　表2-4

港口名称（中文）	港口名称（英文）	港口代码	经 纬 度
九江	JIUJIANG	CNJIU	29°46′N　115°56′E

九江港位于长江中下游南岸，背靠风景秀丽的庐山，东临烟波浩渺的鄱阳湖，地处赣、鄂、皖三省交界处，汉、宁两大港之间，属江西省九江市辖境。九江港西距汉口269km，东距上海858km，南距省会南昌135km，京九铁路横跨港区，105国道傍港区西行，可直达长江干线和支线以及内河一些港口。该港与泰国、日本、韩国、新加坡等国家有外贸运输往来。

九江港的经济腹地主要为江西省北部地区、湖北省南部地区及湖南省部分地区。腹地内矿产丰富，江西盛产钨、钽、铌等稀有金属，德兴铜矿储量丰富，此外还有铁、煤、锰、铝、锌等100多种矿藏。江西是我国商品粮基地，粮食作物以稻米为主，经济作物有棉花、油菜籽、茶叶、花生等。江西有富饶的森林资源，还是我国主要的淡水鱼产地。江西工业门类齐全，景德镇瓷器享誉中外。同时，九江港又是闽、浙、赣三省水陆联运物资中转的枢纽。

2008年九江市借实行"一城一港一政"管理体制的机会，对九江港口集团公司进行改制，引进上港集团作为战略合作伙伴，成立上港集团九江港务有限公司。

5. 芜湖港

芜湖港代码、经纬度如表2-5所示。

芜湖港代码、经纬度　　　　　　　　　　表2-5

港口名称（中文）	港口名称（英文）	港口代码	经 纬 度
芜湖	WUHU	CNWHI	31°22′N　118°22′E

芜湖港有淮南线、宁铜线、皖赣线、宣杭线铁路经过。公路以芜湖市为中心，有裕合（肥）线、宁芜线、芜屯（溪）线、芜南（陵、九华山、黄山）线等公路辐射至本省各市、县及邻省。芜湖航空港有航班通达北京、广州和厦门等地。水路溯江而上至铜陵、武汉、重庆，顺流而下至马鞍山、南京、吴淞口，经运楼河可达巢湖、合肥，往青弋江可达皖南各县市。目前江海直达航线有

芜湖—日本神户集装箱班轮航线,芜湖—日本货运班轮航线,并可办理北美、澳新线等国际外贸货运业务。

芜湖港经济腹地延伸到皖东西腹部,又以江北的无为、合山、巢湖等地区为依托。芜湖港所在地芜湖市,是全国"四大米市"之一,粮食是最早的传统大宗货源。来自淮南、淮北、山西、河南、山东的煤由铁路运到裕溪口中转。腹地内土特产、农产品、矿建材料货源充足,有茶、丝、木材、棉、钢铁、砂石、水泥、矿石等。

6. 南京港

南京港代码、经纬度如表2-6所示。

南京港代码、经纬度 表2-6

港口名称(中文)	港口名称(英文)	港 口 代 码	经 纬 度
南京	NANJING	CNNJG	32°05′44″N 118°43′50″E

南京港客货集疏运条件完备。津浦、沪宁、宁铜等铁路线在此交会;新生圩外贸港区疏港铁路专用线,经华东最大的尧化门铁路编组站与全国铁路网相通。疏港公路与沪宁、宁扬等省内外高等级公路网连成一体。南京空港国内航线通往国内各主要城市,国际航线可直通日本等国家和地区。水运可直通武汉、重庆等长江中上游流域的经济腹地,下游距长江入海口437km,可与世界各港直接通航。胜利、任丘、中原三大油田的原油经鲁宁输油管道在港口中转。南京港开辟的国际航线已通达五大洲40多个国家和地区。津浦、沪宁、宁皖赣三条铁路干线在此与港口铁路相接。四条国道以及沪宁高速公路、宁连、宁通等高等级公路网为南京港构造了一个辽远广阔、四通八达的辐射区域。已开通的禄口国际机场使南京成为华东地区重要的国际航空港。加上鲁宁输油管道,五种运输方式使南京港具有得天独厚的物资集散疏运条件和十分广阔的经济腹地。

南京港直接经济腹地为南京市,间接经济腹地为长江上、下游各地,辐射浙江、安徽、江西、湖北、湖南、四川、广东、福建、辽宁、山西、山东等省市。南京港装卸的主要货种有煤炭、石油、矿石、钢铁、木材、粮食、棉花、建材等,其中以石油、煤炭为大宗。原油来自胜利、任丘、中原三大油田,经鲁宁管道由港口中转至中下游各炼油厂和浙、粤各省,并有海进江的国外进口原油、海洋原油和大庆原油在港中转。煤炭来自晋、鲁、豫、皖等地煤矿,经津浦线从浦口中转至沿江六省一市和浙、闽沿海。

南京港辖区范围208km,其中北岸岸线长110km,南岸岸线98km,共拥有生产性泊位257个,其中万吨级泊位44个。南京港是长三角中唯一实现集装箱铁路与水路无缝对接的港口,12.5m深水航道延伸至南京,使其一跃成为最深入内陆的国际型深水港,变成长江中上游最快捷的出海口,也是中国连接全球的江海转运综合枢纽。2021年该港集装箱吞吐量为310.98万TEU,世界排名第67位。

7. 镇江港

镇江港代码、经纬度如表2-7所示。

镇江港代码、经纬度 表2-7

港口名称（中文）	港口名称（英文）	港口代码	经 纬 度
镇江	ZHENJIANG	CNZHE	32°18′N　119°28′E

镇江港交通便利。铁路有沪宁线穿过，市内在建的镇江至大港铁路支线可直达大港港区；港务处作业区及外运公司铺有铁路专用线。公路有宁沪、宁杭两条国道和宁沪高速公路穿越；港内上有镇扬汽车轮渡，下有大港汽车轮渡，沟通苏南、苏北的公路网。航空方面，东距常州机场45km，西距南京机场60余km。水路距南京87km，距吴淞279km；内河以京杭运河为南北主通道，北上船队可常年通航至山东济宁及苏皖鲁三省煤都，南下穿越江南工业走廊常州、无锡、苏州、嘉兴、湖州和杭州市，沟通太湖、钱塘江水系；海运经长江入海口，可与国内外各港通航，目前常年开有至我国香港地区的件杂货和集装箱、至宁波舟山港的北仑港区的矿石中转、至俄罗斯远东木材等货运航线及不定期的国际旅游航线。

镇江港经济腹地深广。直接经济腹地为镇江市和京杭运河沿岸的扬州、淮阴、盐城地区、常州西部地区。间接中转腹地是长江沿线六省市、淮河流域及太湖地区。工业以电力、纺织、机械、电子、造纸、化工、铝制品、建材、造船等加工工业为主。镇江境内已探明的矿藏有30多种，钢铁和建材工业原料亦很丰富。腹地内的经济特点，使所需煤炭、石油、钢铁、木材、糖等主要物资绝大部分靠外省输入。输出的主要产品有矿建材料、水泥、纺织品、纸、日用工业品、机械、粮食、棉花、冷冻制品等。

镇江港辖区北岸上自泗源沟，下至三江营；南岸上自大道河，下至落成洲洲头，拥有龙门港区、大港港区和大港三期3个港区。

8. 江阴港

江阴港代码、经纬度如表2-8所示。

江阴港代码、经纬度 表2-8

港口名称（中文）	港口名称（英文）	港口代码	经 纬 度
江阴	JIANGYIN	CNJIA	31°55′N　120°11′E

江阴港是江苏省商港，位于无锡市正北的长江南岸，东邻张家港，相距8n mile；距南通港34n mile，距上海港100n mile，距长江外引航站127n mile；上游距镇江港58n mile，距南京港103n mile。港区处在锡澄运河入口之西长江岸，自上而下顺岸排列。

江阴港主要疏运公路有锡澄、澄鹿、杨张澄、云顾等公路，内河有大小航道50条，通航里程383km，主要干支线26条，锡澄运河、新沟河、夏港、利港、东西横河、应天河、白屈港、洋泾河、张家港为港口集疏运的主要航道。

江阴港的经济腹地为江阴市和苏、锡、常地区以及浙江西北杭嘉湖地区和苏北部分县市。苏、锡、常地区经济实力雄厚，工农业发达，每年有大量物资通过江阴港运输中转。浙江杭嘉地区及苏北一些县市的物资，也有相当部分由江阴港中转。

9. 张家港港

张家港港代码、经纬度如表2-9所示。

张家港港代码、经纬度 表 2-9

港口名称(中文)	港口名称(英文)	港 口 代 码	经 纬 度
张家港	ZHANGJIAGANG	CNZJG	31°58′N 120°24′E

张家港港地处长江下游南岸,处在江苏省张家港市境内,东距上海吴淞口 144km,西离南京 222km,北峙福姜沙为天然屏障,南以苏、锡、常三市及所属 12 市县城镇群体为依托。港口后枕京沪铁路,已与无锡站建立了联运,沟通了铁水中转业务渠道。港口与苏南地区均有公路相通。距港口 57km 的无锡与常州,分别建有硕放机场和奔牛机场,空中运输便捷。水路溯江而上,可与皖、赣、湘、鄂、川沿江各港相通;顺流而下东出大海,可与我国南北沿海及世界各港通航;北经通扬运河连接苏北各地;南经京杭运河及太湖水系,贯通苏南,并与上海和浙江的杭州、嘉兴、湖州地区相连。

港口的直接经济腹地为江苏省内的苏州、无锡、常州三市和所辖的 12 个区县,以及与港口隔江相望的靖江、如皋、泰兴等市县,间接腹地为江苏的其他地区以及长江中上游的安徽、江西、湖南、湖北、四川等沿江省份。腹地通过港口进出的主要货种有煤炭、金属矿石、钢铁、矿建材料、水泥、木材、非金属矿石、化肥、农药、粮食和机械设备等。

张家港港口岸还是对外籍船舶开放的一类口岸,已建码头 28 座(其中万吨级 16 座),江心浮筒 12 个。具有集装箱、件杂货、散货、液体化工品、液化气、粮油等综合通过能力。该港与世界上 140 多个港口有货运往来。

第二节　珠江水系航运地理

一、珠江水系航运地理

1. 概述

珠江水系是华南第一大水系,是中国四大水系之一,水运发展仅次于长江。

珠江本指广州市南部的一段河道,形成的历史不太长,汉代还是海域,直到唐宋时,史籍还称对今广州市海珠桥附近为"小海",黄埔港附近水域为"大海"。这就是为什么至今民间仍称广州市渡江交通为"过海"。"珠江"地名的来历,一说是古代当地出产珍珠,故名。但一般说法是,由于城南的江中(在今工会大楼附近)有一小礁石叫"海珠石"而得名。随着海岸线的东移,现代地理学家把概念扩充,将整个水系总称为珠江水系,如图 2-3 所示。

珠江水系由西江、东江、北江三大分水系组成。它跨越广东、广西、云南、贵州、湖南、江西等省(自治区),以及越南的东北部。

珠江每年平均径流量 3380 亿 m^3,仅次于长江,居全国第 2 位。年平均降水量为 74 万 m^3/km^2,为全国各大江河之冠,充沛的水量对水运十分有利。

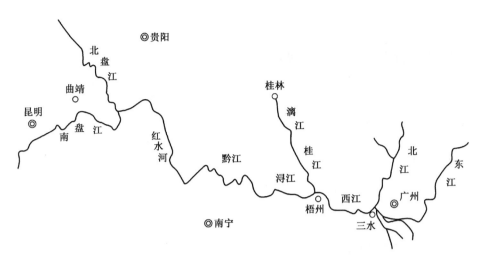

图 2-3　珠江水系及沿线主要城市示意图

珠江虽属少沙河流,每年平均含沙量仅为 0.27kg/m³,但由于上游径流量大,每年平均仍有 8615 万 t 泥沙流入珠江三角洲,是其不断延伸之源。目前,它仍以平均每年近百米的速度继续向外海造陆。

2. 珠江水系特点

①中国许多河流水系,如长江、黄河都独流入海,而珠江却以许多分汊入海,有所谓"八门入海",八门是虎门、虎跳门、蕉门、横门、崖门、磨刀门、鸡啼门、洪奇门,都在珠江三角洲。这种地理特色在世界上 100 多个河流三角洲中独一无二。它也使珠江水运具有一江多口通航的特色。

②珠江水系有一小部分跨出中国国境,但并不影响中国珠江水运的整体性。珠江流域是我国大流域之一,全流域的面积为 45.31 万 km²。国内部分占 44.15 万 km²,其中广西占 44.61%、广东占 24.52%、贵州占 13.31%、云南占 13.08%、湖南占 1.13%、江西占 0.79%;而国外部分为 1.16 万 km²,仅占 2.56%。

3. 珠江流域的优势

①珠江主要部分地处北回归线上下,下游则处在北回归线以南,属亚热带和热带湿润季风气候。全流域气温高,雨量多,每年平均降雨量 1484mm,最大可达 4000mm,使水系水量充沛。

②珠江三角洲目前还在继续发育,向海推进,流域面积不断扩大。三角洲前沿堵海围垦事业特别发达,在围垦中,一般都能留出或开辟航道,充分利用垦区水运。

③流域内水利、水电建设成就已成为促进流域经济发展的因素。著名水电站有东江的新丰江和枫树坝,西江的西津,红水河的大化,南盘江的鲁布格、天生桥等。其中西津枢纽设有船闸,连江已梯级渠化,依次设船闸。

④下游人口稠密,侨眷众多。

⑤经济发达,物产丰富。珠江流域除一般农产品外,盛产甘蔗、橡胶、油棕、可可、橙柚、香蕉、菠萝等热带经济作物和水果,运销区内和外地。已开发的矿业著名的有广西的锰矿、广东

的云浮硫铁矿、云南的个旧锡矿、贵州的六盘水煤矿等。云浮硫铁矿主要利用西江运至广州港输出。

⑥流域内有一批中心城市和重要城镇，诸如云南的个旧、开远，贵州的安顺、兴义，广西的南宁、柳州、桂林、梧州，广东的肇庆、江门、佛山、惠州、韶关、广州以及深圳、珠海，它们绝大多数与水运有密切的关系。

⑦交通发达，水陆空综合运输网初步形成。仅以铁路而论，就有京广、黔桂、湘桂、贵昆、枝柳和南昆等干线。

⑧流域内名胜多，旅游业特别发达，有桂林山水和漓江风光、贵州的黄果树大瀑布、云南石林、南粤名山西樵山、肇庆星湖七星岩等。有专门开辟的水上旅游航线或水陆联运航线。

4. 珠江水系的航道状况

珠江水系现有通航河流988条，通航里程1.3万km，主要分布在两广境内。广西境内通航河流29条，通航里程4000多千米；广东境内通航河流959条，通航里程8000多千米。主要河流通航情况如下：

(1) 珠江

珠江南水道至黄埔港，长25km，可通航1000~5000吨级船舶；黄埔港至虎门沙角47km，可通航15000~20000吨级船舶。

(2) 西江

西江是珠江水系的主流。西江干流各段有不同的专称。它发源于云南省曲靖市沾益区马雄山，称南盘江，长917km，流经贵州省蔗香汇合北盘江后称红水河。红水河长617km，流至广西象州石龙汇合柳江后称黔江。黔江长169km，流至桂平汇合郁江后称浔江；浔江长116km，流至梧州市汇合桂江，入广东省境后始称西江。西江流至佛山市三水区思贤窖与北江汇合后，进入珠江三角洲河网区，经八大口门入海，地理界和珠江水利部门一般以磨刀门作为入海主流，总长2214km。但是，水运部门从运输出发，特将南宁至桂平的郁江、桂平至梧州的浔江、梧州至思贤窖的西江和思贤窖至广州的东平水道统称为西江，即不从磨刀门计算，全长847km。自源头算起总长2152km。

西江干流的主要支流有郁江、柳江和桂江。

西江通航情况是郁江段通航120吨级船舶；浔江段通航150~200吨级船舶；梧州至思贤窖218km，可通航500~1000吨级船舶；思贤窖至广州港的东平水道，长68km，原通航300吨级船舶，正在开发为1000吨级船舶航道；思贤窖至磨刀门130km，可通航300~500吨级船舶。桂平以西的黔江段可通航120吨级船舶；红水河段可通航30~120吨级船舶，西江整治工程完成后广州到南宁可通1000吨级船舶。

(3) 北江

北江主流发源于江西省信丰县，称为浈水，流经广东省南雄市、始兴县，至韶关市汇合武水后始称北江，再经英德、清远等市，至佛山市三水区思贤窖与西江相通，思贤窖以上全长468km。北江的主要通航支流有连江和绥江。

(4) 东江

东江发源于江西省寻乌县大竹岭，流经广东省龙川、河源、惠阳、博罗等地，于东莞市石龙镇流入广州市黄埔新港汇于珠江,再经狮子洋出虎门注入南海,干流全长523km。东江通航里程429km,主要通航支流有西枝江。

5. 珠江三角洲水网

珠江三角洲河道纵横,现有通航河流823条,通航里程5000多千米,其中主要河流及其重要支流50多条,通航里程1490km。除了珠江正干、东平水道和磨刀门水道外,还有以下四条水道:

①陈村水道:位于广州市南郊,在三江口北与东平水道相接,南与顺德水道相接,是广州通往番禺、珠海、江门等地的经济航道,长24km,可通航150～200吨级船舶。

②莲沙蓉水道:自然条件优良,是广州至江门、肇庆、梧州较大拖驳船队航行的主要航道,长85km,可通航300～500吨级船舶。

③石岐水道:是珠江三角洲西侧的主要航道之一。北上广州,东走横门去香港,西出磨刀门去澳门。水道全长54km,可通航300吨级船舶。

④江门水道:是沟通西江与潭江水道的天然捷径,全长25km,可通航300吨级船舶。

除此以外,珠江三角洲内还有崖门水道、虎跳门水道、鸡啼门水道、小榄水道、焦门水道、顺德水道、甘竹溪、顺德支流、潭江、鸡邪水道、佛山水道、白泥水道、市桥水道、中堂水道、麻涌水道等通航河流。

目前,珠江三角洲"三纵三横三线"高等级航道网基本建成,西江航运干线扩能工程、右江航电枢纽工程已取得明显的成效。3000吨级海轮从珠海可直达肇庆,广州到南宁851km的1000吨级航道已建成,直达贵港的2000吨级航道也已基本建成,桂平二线船闸扩能工程正在推进,北江航道扩能项目即将完成,这些项目的建设从根本上改变了珠江航运的面貌,同时改善了中上游通航条件,促进珠江水运进一步发展。

珠江航道已实现5000吨级海轮航道66km,新增公共码头泊位204个。珠江三角洲平均船舶吨位达600载重吨。珠江中上游地区是资源富集地区,有适合水运的丰富矿产及其他资源,与下游的粤港澳地区经济互补性强。加快珠江航运建设的步伐,特别是加紧畅通中上游水运主通道,对实现区域优势互补,发挥珠江内河水路运输能耗小、占地少的比较优势,落实生态文明建设和应对土地资源稀缺有着重要意义。

二、珠江水系的港口

1. 东莞港

东莞港代码、经纬度如表2-10所示。

东莞港代码、经纬度　　　　　　　　　　表2-10

港口名称(中文)	港口名称(英文)	港口代码	经　纬　度
东莞	DONGGUAN	CNDGG	22°56′N　113°37′E

东莞港位于珠三角经济区中心位置,拥有珠江口53km深水岸线,海域面积79km²,航道水

深 13m,规划控制区 32km²,是国家一类口岸、广东省重要港口之一。根据总体布局规划,东莞港划分为麻涌、沙田、沙角、长安和内河五大港区。该港重点发展西大坦集装箱作业区、立沙岛石化基地、新沙南散杂货作业区、西大坦物流基地、东莞港中心服务区五大区域。东莞港将建成一个以信息化为中心的现代物流为主体,拥有集装箱、石化、煤炭、粮食、汽车五大运输系统,具备装卸储运、中转换装、物流中心、临港产业、区港联动、商贸服务、汽车滚装、信息服务、休闲旅游 9 项功能和服务本地、辐射华南的大型现代综合性港口园区。

东莞港内贸航线覆盖营口、天津、日照、太仓、上海、泉州和福州等主要港口。外贸集装箱航线已开通日韩及东南亚等近洋航线。2018 年该港集装箱吞吐量 350 万 TEU,世界排名第 46 位。

2. 肇庆港

肇庆港代码、经纬度如表 2-11 所示。

肇庆港代码、经纬度　　　表 2-11

港口名称(中文)	港口名称(英文)	港 口 代 码	经 纬 度
肇庆	ZHAOQING	CNZQG	23°02′N　112°27′E

肇庆港位于广东省中西部、珠江三角洲的西部,距广州不足 100km,距深圳 200 余千米,距澳门 180km,距香港水路 143n mile,地理位置优越,是沿海发达地区通往西南各省的重要交通枢纽。其港区范围包括北岸自龟顶山至羚羊峡口,南岸自青湾至新兴江口。肇庆港共规划了新港港区、高要港区、德庆港区、封开港区、四会港区、大旺港区、三榕港区等七个港区。而这七个港区又大致可分为两个聚集区,其中新港港区、高要港区、四会港区、大旺港区属于一个聚集区,德庆港区、封开港区属于另一聚集区。

3. 梧州港

梧州港代码、经纬度如表 2-12 所示。

梧州港代码、经纬度　　　表 2-12

港口名称(中文)	港口名称(英文)	港 口 代 码	经 纬 度
梧州	WUZHOU	CNWUZ	23°29′N　111°18′E

梧州港是广西最大的内河港口,位于梧州市桂江、浔江和西江的汇合处,扼广西内河水运咽喉,素有"水上门户"之称。往东下航可达广州、香港、澳门,溯浔江西上可通南宁、百色、柳州,沿桂江北上可至桂林。梧州港作为广西综合运输体系的重要枢纽,已逐步发展成为以集装箱、件杂货、能源和矿建材料运输为主,发展临港工业和现代物流,兼顾旅客运输,具有装卸存储、中转换装、临港工业、现代物流和旅游客运等功能的综合性港口。

梧州港分为三个港区,即中心港区、苍梧港区和藤县港区。

除了上述港口外,由于珠江三角洲水网密布,地区经济发达,对外贸易量巨大,区内众多生产厂家通过内河码头使用珠三角公共驳船航线,将集装箱货物运至广州南沙港、深圳盐田港、香港港等处后转集装箱班轮出口,形成了头程转二程的转运方式。区内主要的内河码头还有广州黄埔的乌冲、东江和大码头,中山的外贸码头,江门的外海、高沙码头,顺德的容奇、北窖和勒流,佛山的新港,新会的天马港,珠海的西域和加华码头等。

第三节 沿海海上运输地理

一、海上运输航线及概况

我国海上运输可分为沿海运输和远洋运输两大部分。

沿海运输习惯上以温州为界,划分为北方沿海和南方沿海两个航区。北方沿海航区指温州以北至丹东的海域,它以上海、大连为中心,包括上海—青岛—大连、上海—烟台—天津、上海—秦皇岛、上海—连云港、上海—温州、大连—石岛—青岛、大连—烟台、大连—龙口、大连—天津等航线。南方沿海航区指温州至北部湾的海域,以广州为中心,包括广州—汕头、广州—北海、广州—海口等航线。按所承担的货运量来看,以北方沿海航区占绝对优势。就货运的物资构成来看,北方沿海航区由北而南,以石油、煤炭运量最大,其次为钢铁、木材等,由南至北为金属矿石、粮食和工业产品;南方沿海航区则以农产品比重最大,其次为食盐、矿石和煤炭,其中除煤炭以外,其余物资大部分由各中小港口向广州、湛江集中转运内地。现在上海—福州、上海—厦门、上海—广州均有定期班轮航线。南、北两个沿海航区连成南北海运通道。

目前,我国已开辟远洋航线 90 多余条,通往亚、非、欧、美、大洋洲 150 多个国家和地区的 600 多个港口。这些航线大部分以上海、大连、天津、秦皇岛、青岛、厦门、广州、深圳、湛江等港口为起点,分为东行、西行、南行、北行四个方向,具体航线情况见第一章介绍。

二、主要港口概况

港口是水陆联运的重要枢纽,是国内外物资交流的重要场所,在我国漫长的海岸线上,有许多优良港口,对于发展沿海运输和远洋运输,特别是国际贸易,起着极大作用。

我国沿海港口北从丹东港,南到防城港,分布于 11 个省(自治区、直辖市)沿海的大、中、小港口几百处,沿海泊位有上千个,其中万吨级泊位 500 个左右。在我国数百个沿海港口中,主要大中型港口有 60 余个,按其分布,辽宁沿海 4 个(丹东、大连、营口、锦州港),河北沿海 3 个(秦皇岛、京唐、黄骅港),天津市 1 个(天津港),山东 11 个(东风、龙口、蓬莱、烟台、威海、俚岛、张家埠、青岛、日照、岚山头、羊口港),江苏沿海 1 个(连云港港),上海市 1 个(上海港),浙江沿海 4 个(宁波舟山、嘉兴、海门、温州港),福建沿海 6 个(福州、泉州、厦门、湄州、赛岐、东山港),广东沿海 18 个(汕头、汕尾、盐田、蛇口、赤湾、广州、中山、江门、珠海、九州、水东、太平、阳江、湛江、霞海、海安、南北台、石歧港),广西沿海 3 个(北海、钦州、防城港港),海南沿海 5 个(海口、洋浦、八所、三亚、海口新港),香港特别行政区的香港港,台湾省沿海有高雄、基隆、台中等港。

我国沿海港口形成了环渤海、长江三角洲、东南沿海、珠江三角洲和西南沿海 5 个港口群。
①环渤海地区港口群体,由辽宁、津冀和山东沿海港口群组成。辽宁沿海港口群以大连东

北亚国际航运中心和营口港为主,包括丹东、锦州等港口;津冀沿海港口群以天津北方国际航运中心和秦皇岛港为主,包括唐山、黄骅等港口;山东沿海港口群以青岛、烟台、日照港为主,包括威海等港口组成。

②长江三角洲地区港口群体,依托上海国际航运中心,以上海、宁波舟山、连云港港为主,充分发挥温州、南京、镇江、南通、苏州等沿海和长江下游港口的作用,服务于长江三角洲以及长江沿线地区的经济社会发展。

③东南沿海地区港口群体,以厦门、福州港为主,包括泉州、莆田、漳州等港口,服务于福建和江西等内陆省份部分地区的经济社会发展和对台"三通"的需要。

④珠江三角洲地区港口群体,由粤东和珠江三角洲地区港口组成。在巩固香港国际航运中心地位的同时,以广州、深圳、珠海、汕头港为主,发展汕尾、惠州、东莞、茂名、阳江等港口,服务于华南、西南部分地区,加强广东省和内陆地区与港澳地区的交流。

⑤西南沿海地区港口群体,由粤西、广西沿海和海南省的港口组成。以湛江、防城、海口港为主,发展北海、钦州、洋浦、八所、三亚等港口,服务于西部地区开发,为海南省扩大与岛外的物资交流提供运输保障。

以下介绍我国沿海重要海港的状况,其中港口世界排名是依据英国劳氏日报2021年港口集装箱吞吐量世界排名100强榜单(附录2),除下述港口中标识有世界排名外,中国属于此榜单的还有太仓、日照、烟台、唐山、泉州、珠海、海口、嘉兴、台中、台北港。

1. 大连港

大连港代码、经纬度如表2-13所示。

大连港代码、经纬度　　　　表2-13

港口名称(中文)	港口名称(英文)	港 口 代 码	经　纬　度
大连	DALIAN	CNDAG	38°55′44″N　121°39′17″E

大连港是中国东北地区及辽宁省沿海第一大港,位于辽东半岛南端东侧,黄海西岸的大连湾和大窑湾内,湾内外有大小三岛为屏障,是一个深水不冻天然良港,湾内2万t以下的远洋轮终年可以进出。2021年大连港货物吞吐量3.16亿t,其中集装箱吞吐量367.2万TEU,世界排名第51位,是中国北方主要外贸口岸之一,也是目前中国最大的原油输出港。大连设有中国(辽宁)自由贸易试验区大连片区。

大连港丘陵环绕,风浪较小且港阔水深,极少淤积。经济腹地为东北三省、内蒙古东部地区。腹地内资源丰富、经济发达,拥有全国最多的森林、最大的油田、最丰富的铁矿、最集中的宜农荒地,是全国重要的钢铁、重型机械和化工等重工业基地,以及商品粮基地。该港是东北地区重要的水陆运输枢纽,陆上有哈大铁路和哈大公路与东北铁路网、公路网相通,还有输油管道与港口相通,港内拥有10万吨级码头泊位和现代化装备。这些优越的自然经济条件使该港成为我国东北地区的门户和重要的国际贸易商港,吞吐货物主要是石油、钢铁、粮食、木材、杂货、矿石、集装箱等货种。

大连国际机场开通的国际航班可达日本、韩国、美国、加拿大、欧洲和俄罗斯等国家和地区。管道运输有输送大庆原油的专用管线,直通大连港鲇鱼湾码头。海上运输已开辟到欧洲、日本、东南亚等地的集装箱航线及国内客运航线、不定期的旅游船航线。通辽中欧班列业已开通运行。陆海空多种运输方式组成的主体运输网为大连港的发展提供了优越的集疏运条件。

大连港是一个天然深水良港，也是我国最大的散粮、石油进出口及对外贸易的口岸。具备装卸储存、中转换装、多式联运、运输代理、通信信息和生活服务等6项功能，在东北港口群体中处于枢纽和主导地位。该港拥有集装箱、原油、成品油、粮食、煤炭、散矿、化工产品、汽车、客货滚装等100多个现代化专业泊位，其中万吨级以上泊位70多个。近年港口邮轮挂靠航次数不断增长。

2. 营口港

营口港代码、经纬度如表2-14所示。

营口港代码、经纬度　　　　　　表2-14

港口名称(中文)	港口名称(英文)	港口代码	经　纬　度
营口	YINGKOU	CNYIK	40°39′N　122°13′E

营口港地处丝绸之路经济带和海上丝绸之路的交汇区及"京津冀协同发展"与"东北老工业基地振兴"两大战略区的接合部，是国家"一带一路"倡议中既在"带"上又在"路"上的港口，是丝绸之路经济带东线在中国境内的最近出海口，是承接中欧物流运输重要的中转港，也是沈阳经济区、环渤海经济区的重要枢纽港。该港现辖营口、鲅鱼圈、仙人岛、盘锦、绥中五个港区。拥有包括集装箱、汽车、煤炭、粮食、矿石、钢材、大件设备、成品油及液体化工品、原油等9类货种专用码头，其中矿石码头、原油码头分别为30万吨级，集装箱码头可靠泊第五代集装箱船。主要作业货种有铁矿石、钢材、煤炭、粮食、非矿、成品油及化工产品、化肥、原油、内贸商品汽车、集装箱等。2018年，营口港货物吞吐量达到2.93亿t，其中集装箱完成649万TEU，世界排名第26位。营口设有中国(辽宁)自由贸易试验区营口片区。

营口港水陆交通方便，海路可达国内外各港口，铁路与东北重要铁路干线长大线相连，公路通达省内外。鲅鱼圈港区陆路距沈阳216km、鞍山127km、大连184km，距哈大公路8km、沈大高速公路4.2km，港区铁路同长大铁路在沙岗站接轨，相距12.9km。水路距大连156n mile、秦皇岛130n mile。其经济腹地为辽宁、吉林、黑龙江三省和内蒙古自治区东部地区。腹地内的工农业生产发达，矿产资源丰富，每年有大量的非金属矿石、钢铁、木材、水泥、粮食、建筑材料、化工材料及其制品经由营口港运往全国各地或转外贸出口，同时营口港也大量进口金属材料、矿石、化肥、钢铁等物资。

营口港现有外贸直航航线4条，分别是东南亚航线、日本关东航线、韩国釜山航线、韩国仁川航线(国际客货班轮航线)。另有通过天津、大连、宁波、上海中转世界各地的外贸内支线4条。外贸直航航线和外贸内支线合计可达到每月50班次以上。内贸集装箱航线已覆盖中国沿海30个主要港口，航班密度达到每月420班次以上，运量占东北港口的2/3。其中广州、上海班期可达每天两班以上，宁波、福州、泉州班期可达每天一班以上。

营口港海铁联运网络已覆盖东北三省和内蒙古自治区东部地区，海铁联运量在中国沿海港口排名前列。

3. 天津港

天津港代码、经纬度如表2-15所示。

天津港代码、经纬度　　　　　表2-15

港口名称(中文)	港口名称(英文)	港 口 代 码	经 纬 度
天津	TIANJIN	CNTJN	38°56′20″N　117°58′47″E

　　天津港地处渤海湾西端,坐落于天津滨海新区,背靠国家新设立的雄安新区,辐射东北、华北、西北等内陆腹地,连接东北亚与中西亚,是京津冀的海上门户,是中、蒙、俄经济走廊东部起点、新亚欧大陆桥重要节点、21世纪海上丝绸之路战略支点。天津港是国际邮轮母港,码头位于天津港东疆港区南端。天津设有中国(天津)自由贸易试验区。

　　天津港水陆域面积广阔、岸线资源丰富。现主要由北疆、东疆、南疆、大沽口、高沙岭、大港、北塘和海河港区8个区域组成。东疆港区作为中国(天津)自由贸易试验区的重要组成部分,充分发挥北方国际航运中心核心功能区载体作用,大力推进国际航运、国际贸易、融资租赁、邮轮经济等创新发展,积极吸引航运金融、海事金融、航运交易、跨境电商等要素集聚,着力打造国际港航创新示范区。北疆港区和南疆港区依托传统大宗海运和基础设施、岸线等优势,加强公共港口基础设施建设,重点发展海运贸易、口岸代理、大宗产品交易、现代物流、工业配送、燃料供应、船舶服务等,着力打造港口转型升级示范区。临港经济区南部区域将逐步承接东疆港区和北疆港区内贸集装箱、滚装汽车、件杂货码头转移,以码头装卸与综合物流产业、高端装备制造产业、新健康新能源材料产业为重点,积极承接北京非首都功能产业,着力打造"港产一体"的临港产业聚集区。大港港区东部区域作为落实天津港"北集南散"港口布局的新空间载体,将加快推进散货通用码头及后方堆场规划建设,逐步承接大宗散货转移,着力打造安全、高效、绿色的散货物流升级版。

　　天津港对外联系广泛,同世界上180多个国家和地区的500多个港口有贸易往来,集装箱班轮航线达到120条,每月航班550余班,联通世界各主要港口。天津港对内辐射力强,腹地面积近500万 km^2,占全国总面积的52%。全港70%左右的货物吞吐量和50%以上的口岸进出口货值来自天津以外的各省、自治区、直辖市。2021年该港集装箱吞吐量为2026.94万TEU,世界排名第8位。

4. 青岛港

青岛港代码、经纬度如表2-16所示。

青岛港代码、经纬度　　　　　表2-16

港口名称(中文)	港口名称(英文)	港 口 代 码	经 纬 度
青岛	QINGDAO	CNTAO	36°04′N　120°19′05″E

　　青岛港位于山东半岛南部、胶州湾东南口北岸,青岛市境内。该港系海湾港口,港湾口小腹大,弯曲隐蔽,掩护条件好,胶州湾内水域深阔,正常年份不冻,很少淤积,是中国著名天然良港之一。港口有输油管道通胜利油田,港口后方有胶济铁路与津浦、石德、石太铁路相连,并有公路与山东省公路网相通,该港腹地为山东省大部以及山西、河北等省的部分地区,是晋中煤

炭外运和胜利油田原油的出海口,主要出口货种有原油、煤炭、海盐、矿建材料等,进口为小麦、化肥、木材、金属矿石等。2021年该港集装箱吞吐量2371万TEU,世界排名第6位。

青岛港是胶州湾的一部分。其水域原分外港和内港的范围,现已突破,向西南部前湾一带发展,港区有大港港区、前湾港区、黄岛油港区和青岛新港区(董家口港区)。其全自动化集装箱码头于2017年5月11日正式投入商业运营,是亚洲第一个真正意义的全自动化码头,整个码头上的作业全部智能化,实现了岸边装卸、水平运输、堆码提箱和闸口查验无人化操作。

青岛港是国际邮轮母港,其位于青岛港老港区6号码头,共建有3个邮轮泊位,码头配套建有邮轮母港客运中心。

5. 连云港

连云港代码、经纬度如表2-17所示。

连云港代码、经纬度　　　　　　　　　　　　　　　　　　　　　　表2-17

港口名称(中文)	港口名称(英文)	港 口 代 码	经 纬 度
连云港	LIANYUNGANG	CNLYG	34°45′N　119°27′E

连云港位于江苏省东北部、海州湾东南岸,陇海铁路和欧亚大陆桥的起端,是中国东部沿海脐部的重要海港和海陆转运站,也是江苏海岸唯一有基岩依托的港口,背倚云台山。区位优势明显,南连长三角,北接渤海湾,隔海东临东北亚,又通过陇海铁路西连中西部地区以至中亚、欧洲,是连接南北、沟通东西的纽带,在中国区域经济协调发展中具有重要战略地位。

港区各类专业化泊位齐备,最大泊位30万吨级,主航道已浚深至25万吨级;辟有集装箱、杂货、客货班轮航线近60条;依托完善的集疏运体系,开行散货、散粮直达列车以及集装箱国内班列、过境班列,布设十余个内陆"无水港",建成各类特色物流园区;拥有口岸"一站式"服务中心和现代信息平台,具备国内一流的通关环境。

连云港进出口主要货种有煤炭、盐、钢材、粮食、木材、化肥等。2021年该港集装箱吞吐量为509万TEU,世界排名第36位。

6. 上海港

上海港代码、经纬度如表2-18所示。

上海港代码、经纬度　　　　　　　　　　　　　　　　　　　　　　表2-18

港口名称(中文)	港口名称(英文)	港 口 代 码	经 纬 度
上海	SHANGHAI	CNSHA	31°23′N　121°30′18″E

上海港地处长江三角洲沿海与长江交汇处,上海设有国际航运交易所,定位国际航运中心。以上海港为中心,北起连云港,南至温州港,西溯南京港,已形成了规模大、功能全、辐射广的长江三角洲港口群,在我国东部经济发展中具有重要的战略意义。从广义上看,上海港及其相邻港口的吸引范围广及整个长江流域及陇海、浙赣铁路沿线地区,这些地方是长江三角洲港口群共有的腹地,对上海港来说,可谓是其第一层次的腹地。从狭义上分,江苏、浙江、安徽和江西四省是上海港及其相邻港口交叉的腹地,对上海港来说,这些地区可谓是其第二层次的腹地。上海港第三层次的腹地,也是直接的腹地,就是上海市。

上海港的交通发达便捷，集疏运条件良好。铁路干线有津沪线和沪杭线，港区的开平、北票、张华浜和军工路码头均有铁路专用线。公路通过国道，分别通往烟台、乌鲁木齐、拉萨和昆明，并与国内其他主要公路干线相通；通过国道连接的有沪嘉（上海至嘉定）高速公路和莘松（莘庄到松江）高速公路。上海的虹桥国际机场和浦东国际机场是我国最大的航空枢纽之一，后者为我国目前最大的货运航空港。国内航线遍及全国包括港澳台在内的 62 个大中城市，国际航线可通往美国、日本、加拿大、法国和新加坡等国家和地区的 90 余个城市。

上海内河航道共有 225 条，其中通往外省市的干线航道有 8 条；海上客、货运航线遍及沿海各主要港口，吴淞口已建有邮轮母港码头。

另外，上海港洋山港区（港区代码 CNYSA）位于距离上海市南汇区芦潮港 32km 的浙江省崎岖列岛海区的小洋山岛上，距国际远洋航道 104km，港区航道全长 67km，是离上海最近的具备 15m 以上水深的天然港址；通过东海跨海大桥与上海综合交通运输网络连接，可充分发挥上海经济腹地广阔、箱源充足的优势，已成为世界最大规模集装箱港区之一。其四期自动化码头于 2017 年 12 月 10 日开港投入运营，这座被称为"魔鬼码头"的无人码头是目前全球最大规模、自动化程度最高的集装箱码头，其特点是无人运营无人作业，海关也首次在无人码头使用自动化监管设备，实现通关验放自动化。

上海港主要进口货物有散粮、矿砂、钢材、设备、木材；主要出口货物有轻纺、化工产品、农副产品、成品油。2021 年该港集装箱吞吐量为 4703.03 万 TEU，世界排名第 1 位。

2013 年 8 月，国务院正式批准设立中国（上海）自由贸易试验区，2013 年 9 月 29 日，正式挂牌成立。其范围包括上海市外高桥保税区、外高桥保税物流园区、洋山保税港区和上海浦东机场综合保税区等 4 个海关特殊监管区域，总面积为 28.78km^2，为上海港未来发展提供了发展机遇。

7. 宁波舟山港

宁波舟山港代码、经纬度如表 2-19 所示。

宁波舟山港代码、经纬度   表 2-19

港口名称（中文）	港口名称（英文）	港 口 代 码	经 纬 度
宁波舟山	NINGBO-ZHOUSHAN	CNNBG	29°56′28.6″N 121°53′05″E

宁波舟山港自古以来就是我国对外贸易的主要港口和海运的中转枢纽。鸦片战争前，货物吞吐量居全国第 2 位，其后被辟为 5 个通商口岸之一。宁波舟山港位于浙江省东北部杭州湾南侧，甬江河口内外，有杭甬铁路与沪广铁路相接，经京杭大运河直达北京；有高速公路可从宁波经杭州、上海、苏州、无锡、南京等；是"丝绸之路经济带"和"21 世纪海上丝绸之路"的交汇点、"长江经济带"的南翼"龙眼"，也是我国重要的集装箱远洋干线港，重要的铁矿石中转基地和原油转运基地，重要的液体化工储运基地和华东地区重要的煤炭、粮食储运基地，是国家的主枢纽港之一，是国际邮轮母港，拥有舟山群岛国际邮轮港码头。舟山设有中国（浙江）自由贸易试验区。

宁波舟山港具有水路、公路、铁路和管道等多种运输方式，是国内运输方式很完备的港口。航线航班密集，截至 2018 年 6 月，宁波舟山港集装箱航线数近 250 条，其中远洋干线 120 余条,月均航班约1500班,连接着100多个国家和地区的600多个港口,勾画着港通天下的航运贸易网,是世界上最繁忙的港口之一。铁路直达港区,开通了12条海铁联运班列,并在国内建立了15个"无水港",港口辐射力明显提升,腹地不断向中西部地区延伸。

宁波舟山港由北仑(港区代码CNBLG)、洋山、六横、衢山、穿山、金塘、大榭(港区代码CNDAX)、岑港、梅山等19个港区组成,现有生产泊位620多座,其中万吨级以上大型泊位近160座,5万吨级以上的大型、特大型深水泊位90多座。

宁波舟山港进出口主要货种及业务有矿石、原油、液化化工产品、煤炭、件杂货和集装箱等。2021年该港集装箱吞吐量3107万TEU,世界排名第3位。

8. 厦门港

厦门港代码、经纬度如表2-20所示。

厦门港代码、经纬度 　　　表2-20

港口名称(中文)	港口名称(英文)	港口代码	经　纬　度
厦门	XIAMEN	CNXAM	24°29′20″N　118°04′15″E

厦门港是福建省最大的海港,位于台湾海峡西侧、厦门市境内。2021年该港集装箱吞吐量1205万TEU,世界排名第13位。

厦门海、陆、空交通方便。海路北距上海568n mile,南距广州389n mile,船出台湾海峡可至世界各港,内河船舶溯九龙江可达龙海。厦门市是鹰厦铁路的终端,通过公路可达省内各地和邻省。厦门设有中国(福建)自由贸易试验区。

厦门港经济腹地主要是闽南厦、漳、泉三角地区,还有闽西、粤东、江西、浙江通过铁路、公路联系的部分地区。该港水域范围较大,自厦门半岛南端与大担、二担、三担、四担、五担岛,青屿,塔角间连线以内均属该港。自然环境良好,水清淤积少,航道自然水深。

厦门港拥有集装箱泊位25个,岸线资源涵盖厦门港10万吨级以上的集装箱专用泊位,可接泊1.8万TEU以上的超大型集装箱船,年通过能力超过1000万TEU。集装箱班轮通达全球,向外覆盖欧洲、美西、美东、波斯湾、非洲、澳大利亚、南美、日韩、东南亚等50多个国家和地区的130余座港口,对内连接大连、上海、温州、福州、泉州、汕头、潮州等10余个港口。该港是国际邮轮母港,拥有邮轮中心厦鼓码头。

经交通运输部批复,厦门港在现有的8个港区基础上,将漳州市行政区划内的古雷、东山、云霄、诏安港区纳入厦门港,至此,厦门港和漳州港港区实现了全面资源整合。整合后的厦门港港区达到12个,深水岸线增加27km,将成为以发展国际外贸集装箱运输为主、散杂货为辅的国际航运枢纽港。整合之后,东渡港区将进行城市化改造,港口功能调整为以国际邮轮、对台客运、滚装、高端航运为主的服务业。

2008年12月,两岸实现了通邮、通航、通商,厦门港逐渐成为对台湾省运输的枢纽港和台湾省货物辐射大陆的中转港。

9. 广州港

广州港代码、经纬度如表2-21所示。

广州港代码、经纬度 表 2-21

港口名称(中文)	港口名称(英文)	港 口 代 码	经 纬 度
广州	GUANGZHOU	CNGZG/GZCAN	23°06′49″N 113°26′16″E

广州港濒临南海,毗邻香港、澳门,和深圳、珠海经济特区相邻,既是华南地区最大的国际贸易港,又是珠江三角洲水网运输中心和水陆运输枢纽。广州设有航运交易所,同时在中共中央、国务院 2019 年 2 月印发的《粤港澳大湾区发展规划纲要》中提出广州要全面增强国际商贸中心、综合交通枢纽功能,着力建设国际大都市。该港交通便利,铁路有京广、京九、广深和广三、广梅汕线与全国主干铁路相连,形成铁路运输网;公路与 105、106、107 国道,广深、广佛、广东沿江高速、京珠等高速公路,华南快速干线、南沙港快速路等相连,公路网络沟通闽、赣、湘、桂等省(自治区)。广州港北距汕头 276n mile,南距香港 70n mile,西距湛江 273n mile。经虎门出海可达沿海各港及世界 100 多个国家(地区)的 400 多个港口。内河可至珠江水系的东江、西江、北江各港。广州南沙邮轮母港于 2019 年下半年投入运营。港口部分区域位于中国(广东)自由贸易试验区的广州南沙新区片区之中。

广州港经济腹地辽阔,直接经济腹地为珠江三角洲(广州、东莞、中山、佛山等),间接腹地包括广东、广西、湖南、湖北、云南、贵州、四川以及河南、江西、福建的部分地区。该港是珠江三角洲以及中南、西南、赣南等地区物资的主要集散地,便利的海、陆、空交通,使其成为上述地区客、货运输的集散中心,担负着国内和外贸物资的转口任务。

广州港港区划分为内港、黄埔(港区代码 CNHUA)、新沙和南沙(港区代码 CNNSA)四大港区和珠江口锚地。2021 年该港集装箱吞吐量 2418 万 TEU,世界排名第 5 位。

10. 深圳港

深圳港代码、经纬度如表 2-22 所示。

深圳港代码、经纬度 表 2-22

港口名称(中文)	港口名称(英文)	港 口 代 码	经 纬 度
深圳	SHENZHEN	CNSZG	22°31′N 114°4′E

深圳港位于深圳市东、西两翼,东片濒临大鹏湾,西片靠珠江口伶仃洋矾石水道,水陆均与香港相连。深圳港有无比优越的地理位置和良好的深水港湾,建有太子湾邮轮母港。在中共中央、国务院 2019 年 2 月印发的《粤港澳大湾区发展规划纲要》中提出深圳要发挥作为经济特区、全国性经济中心城市和国家创新型城市的引领作用,加快建成现代化国际化城市,努力成为具有世界影响力的创新创意之都。

深圳是我国南方对内对外的交通枢纽。铁路有京九线、广深线接京广线与全国铁路联通;公路有广深、深汕高速公路通往广州、惠州、汕头;深圳南有文锦渡、罗湖、沙头角和皇岗路口岸直通香港。深圳国际机场距西部港区仅 22km,海空联运极为便利。深圳设有中国(广东)自由贸易试验区深圳前海蛇口片区。

深圳港口的直接腹地为深圳市、惠州市惠阳区、东莞市和珠江三角洲的部分地区,转运腹地范围包括京广和京九铁路沿线的湖北、湖南、江西、粤北、粤东、粤西和广西的西江两岸。货物以集装箱为主,兼营化肥、粮食、饲料、糖、钢材、水泥、木材、砂石、石油、煤炭、矿石等。

深圳港区主要有蛇口港区(港区代码 CNSHK)、赤湾港区(港区代码 CNCWN)、大铲湾港区(港区代码 CNDCB)、盐田港区(港区代码 CNYTN)、东角头港区(港区代码 CNDJT)、妈湾港区(港区代码 CNMWN)、福永港区、下洞港区及沙渔涌港区和内河港区。2021 年该港集装箱吞吐量为 2876.76 万 TEU，世界排名第 4 位。

11. 三亚港

三亚港代码、经纬度如表 2-23 所示。

表 2-23 三亚港代码、经纬度

港口名称(中文)	港口名称(英文)	港口代码	经纬度
三亚	SANYA	CNSYA	18°14′N　109°30′E

三亚港位于海南省南部著名的旅游胜地"天涯海角"东侧 25km 的海岸线上，三亚河在港口处入海，左隔鹿回头半岛与榆林港相毗邻，东南与西沙群岛隔海遥望。面临南海，属海南省三亚市辖境。三亚市是海南省南部重要的对外门户，三亚港有 3 条公路干线与省府海口市连接，铁路线经过莺歌海盐场、八所港，直达石碌铁矿，并建有三亚凤凰国际机场，形成了海陆空立体交通网。

中共中央、国务院 2020 年 6 月 1 日印发《海南自由贸易港建设总体方案》中提出，加快三亚向国际邮轮母港发展，支持建设邮轮旅游试验区，吸引国际邮轮注册。上述政策为未来三亚的旅游业，特别是邮轮旅游业的发展指明了方向。

12. 高雄港

高雄港代码、经纬度如表 2-24 所示。

表 2-24 高雄港代码、经纬度

港口名称(中文)	港口名称(英文)	港口代码	经纬度
高雄	KAOHSIUNG	TWKHH	22°37′N　120°16′E

高雄港是台湾省的最大商港，开港已有 120 多年历史，位于台湾省西南端。港口北为寿山，南为旗后山。两山夹峙，形势险要。整个港市处于一个天然的狭长海湾内，港外有一条长 11km、宽 200m 的沙坝，形成天然的大防波堤。该港每年 9 月、10 月、11 月 3 个月是风季，故有"风港"之称，但港内还是风平浪稳，现有码头 60 多座，其中深水码头 59 座，可停靠 10 万吨级货轮。

高雄港腹地广大，是重化工业基地和出口加工中心，又是台湾省最大的造船、钢铁、电子工业、石油提炼和石化工业中心。高雄处于远东到东南亚航线的中心和远东到欧洲的航运的要冲，吸引了大量过往近洋船舶到这里挂靠。进出口货物主要有石油、矿石、煤炭、钢铁、有色金属、杂粮、水泥、钢材、石油制品、电器、糖、食品、罐头等。2021 年该港集装箱吞吐量 1204.57 万 TEU，世界排名第 13 位。

13. 香港港

香港港代码、经纬度如表 2-25 所示。

香港港代码、经纬度 表 2-25

港口名称(中文)	港口名称(英文)	港口代码	经 纬 度
香港	HONGKONG	HKHKG	22°18′N 114°15′E

香港港位于广东省南端,处于珠江出口之东,西邻澳门,北接广东省深圳市。北岸与九龙半岛相对,中间为维多利亚港,吃水 12m,轮船可以自由进出,是世界天然良港之一。港口有 3 个出入口处:东边入港水道鲤鱼门、西边入港水道琉璜海峡、西北边入港水道为汲水门。2021 年该港集装箱吞吐量 1779.8 万 TEU,世界排名第 9 位。

香港地理位置适中,内地为其广阔腹地;北濒日本、韩国,与东南亚各国十分邻近,是远东与欧洲、地中海等地航运的必经之路,也是对北美、大洋洲等地航运的要冲。同时由于香港的海域面阔水深,群山屏障,是可供船只停泊的理想海港,所以一直以来香港港既是国际航运的主要通道,又是世界上最繁忙的港口之一。

香港港是迄今最自由、最开放的自由贸易港。自由港(Free Port)又称"自由口岸",是全部或绝大多数外国商品可以免税进出的港口。这种港口划在一国关税国境(即关境)以外,外国商品除进出港口时免缴关税外,且可在港内自由改装、加工、长期储存或销售。只有将货物转移到自由港所在国内消费者手中时才需缴纳关税,但外国船舶进出时仍须遵守有关卫生、移民等政策法令。

香港实行区港一体化,香港特区政府没有采取划设特定区域和制定特别法令的办法,而是致力于使香港特别行政区全区发展成为一个自由贸易港区。经过第二次世界大战后几十年的发展、演变,香港自由贸易港已由单一的转口贸易港发展成为经济结构多元化的自由港。

香港自由贸易港不仅功能多,而且结构完善。香港各种国际中心的功能,相互交融为一种合力,产生巨大的吸引力,使之能有效地从世界市场吸引自己发展所需要的各种经济资源,形成一种宛若核聚变般强大的生产力。这种巨大的能量,造就了香港现代化国际大都市的形象,对亚太地区经济产生推动作用。这一特点,也是目前世界各地传统自由贸易港所无法比拟的。

中共中央、国务院 2019 年 2 月印发的《粤港澳大湾区发展规划纲要》中指出,将强化香港的全球离岸人民币业务枢纽地位,巩固提升香港国际金融、航运、贸易中心地位。未来香港在大湾区建设中的作用可期。

【课外活动】

1. 请分小组,走访或考察学校周边有关与水运历史相关的名胜古迹或水运设施,撰写一篇考察日记,在课堂上谈论交流,体会水运的魅力。

2. 使用 bing 搜索引擎提供的地图,以本章提供的中国港口英文名称搜索查看港口所在位置。

3. 依据网址 http://portfocus.com/index.html 中所提供的中国港口的网址查看各港口的最新发展现状。

【阅读建议】

[1] 冷夏,晓笛.世界船王包玉刚传[M].广州:广东人民出版社,1995.

[2] 邹逸麟.中国历史地理概述[M].上海:上海教育出版社,2007.

思考题

1. 总结我国珠江水域港口现状,试找出一两个制约港口发展的因素。
2. 分析比较珠江三角洲港口群与长江三角洲港口群状况。
3. 考虑地理位置因素,评价建立上海航运中心的必要性。
4. 搜索一家国内航运公司沿海运输的航线情况。
5. 试分析自由港政策对于推动香港航运业发展起到哪些作用?
6. 我国沿海和远洋航线有哪些?
7. 我国主要的沿海和内河港口有哪些?
8. 在推动长江经济带建设中如何发挥长江"黄金水道"的作用?
9. 在粤港澳大湾区建设中广州港和深圳港与香港如何协同发展?
10. 根据本章所提供的材料及搜集的相关资料,分析我国各地邮轮母港的特点。
11. 为什么中国各自由贸易试验区中必包含当地的港口区域?

第三章　亚洲海运地理

美国人跨海而来,仿佛在我国人民的心头上燃起了一把烈火,这把烈火一经燃烧起来便不会熄灭。

——[日本]福泽谕吉

【知识目标】

1. 解释亚洲特别是东亚地区海运业迅速发展的原因。
2. 描述亚洲海运业发展的概况。
3. 识别亚洲海区及主要航线和港口。

【能力目标】

1. 根据给定的发货地和接货地选择最经济航线操作。
2. 具有根据给出的数据分析亚洲某国或某地区航运业发展趋势的能力。

【引　　例】

日本组建新集装箱航运公司"ONE"

日本三大航运公司川崎汽船、商船三井和日本邮船于2017年5月31日共同对外宣布,将整合三家公司的集装箱运输业务,以此巩固日本三大船公司的全球服务网络,并促进航线结构升级,有效提高服务质量和船公司的全球竞争力,以更好地满足客户需求,并将以"Ocean Network Express"作为合并后新公司的正式名称(简称ONE),定于2018年4月1日正式运营,其中商船三井及川崎汽船各占31%的股份,日本邮船占38%的股份。ONE船公司(中文名称:海洋网联船务有限公司)控股中心将设立在日本东京,在新加坡成立全球总部。

第一节 概述

一、概况

亚洲是世界上人口最多、陆地面积最大的洲,资源丰富,东南亚农林矿产品、西亚的石油在国际市场上占有重要地位。亚洲海运业发达,中国、韩国和日本是世界海运大国。

1. 位置和范围

亚洲位于东半球的东北部,东、北、南三面分别濒临太平洋、北冰洋和印度洋,西靠大西洋的属海地中海和黑海,总面积4400万 km^2(包括附近岛屿),约占世界陆地总面积的29.4%,是世界第一大洲。

亚洲大陆东至杰日尼奥夫角($66°05'N,169°40'W$),南至皮艾角($1°17'N,103°30'N$),西至巴巴角($39°27'N,026°03'E$),北至切柳斯金角($77°43'N,104°18'E$)。西北以乌拉尔山脉—乌拉尔河—里海—高加索山脉—博斯普鲁斯海峡—达达尼尔海峡与欧洲分界,西南隔苏伊士运河、红海与非洲相邻,东南有一系列与大洋洲接近的群岛环绕大陆,东北隔白令海峡与北美洲相望。

2. 地理区域

亚洲共有48个国家和地区。在地理上习惯分为东亚、东南亚、南亚、西亚、中亚和北亚。东亚包括中国、朝鲜、韩国、蒙古国和日本;东南亚包括越南、老挝、柬埔寨、缅甸、泰国、马来西亚、新加坡、印度尼西亚、菲律宾、文莱和东帝汶;南亚包括斯里兰卡、马尔代夫、巴基斯坦、印度、孟加拉国、尼泊尔、不丹;西亚包括阿富汗、伊朗、阿塞拜疆、亚美尼亚、格鲁吉亚、土耳其、塞浦路斯、叙利亚、黎巴嫩、巴勒斯坦、约旦、伊拉克、科威特、沙特阿拉伯、也门、阿曼、阿拉伯联合酋长国、卡塔尔和巴林;中亚包括哈萨克斯坦、土库曼斯坦、乌兹别克斯坦、吉尔吉斯斯坦和塔吉克斯坦;北亚指俄罗斯的西伯利亚地区和远东地区。

3. 人口与宗教

亚洲人口45.61亿(2018年统计),约占世界总人口的59.8%。世界上人口最多的10个国家中亚洲占了6个,分别为中国、印度、印度尼西亚、巴基斯坦、孟加拉国和日本。

亚洲的种族、民族构成比较复杂,尤以南亚地区为甚。亚洲是佛教、伊斯兰教和基督教三大宗教的发源地。中南半岛各国的居民多信仰佛教;马来半岛和马来群岛上的居民主要信仰伊斯兰教,部分居民信仰天主教和佛教;南亚各国的居民主要信仰印度教、伊斯兰教和佛教;西亚各国的居民主要信仰伊斯兰教。

4. 地形

亚洲地形的总特点是地势高、地表起伏大，中间高、周围低，东部有一列纵长的岛屿。平均海拔约950m，是除南极洲外世界上地势最高的洲，山地、高原和丘陵约占总面积的3/4，平原占总面积的1/4，大致以帕米尔高原为中心，一系列高大山脉向四方辐射伸延到大陆边缘，主要有天山山脉、昆仑山脉、喜马拉雅山脉、阿尔泰山脉等。亚洲既有世界上最高的高原（青藏高原）、山峰（珠穆朗玛峰），又有世界上著名的平原（西西伯利亚平原）和洼地（死海）。

亚洲有许多大河，大都源于中部高山地带，呈放射状向四面奔流，主要有长江、黄河、黑龙江、珠江、恒河、底格里斯河、幼发拉底河、叶尼塞河、勒拿河和鄂毕河等。

5. 气候

亚洲大陆跨寒、温、热三带，气候类型复杂多样，季风气候典型和大陆性气候显著。东亚东南部是湿润的温带和亚热带季风区，东南亚和南亚是湿润的热带季风区，中亚、西亚和东亚内陆为干旱地区，北亚的大部分为半湿润半干旱地区。亚洲大部分地区冬季气温甚低，最冷月平均气温在0℃以下的地区约占全洲面积的2/3；夏季普遍增温，最热月平均气温在20℃以上的地区约占全洲面积的1/2。降水分布的地区差异悬殊，主趋势是降水量从湿润的东南部向干燥的西北部递减。赤道带附近全年多雨，年降水2000mm以上。印度东北部的乞拉朋齐年平均降水量高达1.143万mm，为世界最多雨的地区之一。西南亚和中亚为终年少雨区，其他广大地区年降水多在200mm以下。

6. 自然资源

亚洲矿物种类多、储量大，主要有石油、煤、铁、锡、钨、锑、铜、铅、锌、锰、镍、钼、镁、铬、金、银、岩盐、硫磺、宝石等。石油、镁、铁、锡等的储量均居各洲首位，锡矿储量约占世界总储量60%以上。

亚洲森林总面积约占世界森林总面积的13%，主要分布在俄罗斯亚洲部分、中国的东北地区、朝鲜的北部及东南亚，亚洲草原总面积约占世界草原总面积的15%。

亚洲各国可开发的水力资源估计年可发电量达26000亿kW·h，占世界可开发水力资源量的27%。

亚洲沿海渔场面积约占世界沿海渔场总面积的40%，著名渔场有舟山群岛、台湾岛、西沙群岛、北海道岛、九州岛等岛屿的附近海域，以及鄂霍次克海等。

二、岛屿及重要海峡

亚洲的海岸线曲折而漫长，大陆海岸线长6.99万km，大陆周围有许多半岛、岛屿、边缘海和海峡。主要半岛有阿拉伯半岛、印度半岛、中南半岛、朝鲜半岛和堪察加半岛等，是全球半岛面积最大的洲，阿拉伯半岛为世界最大的半岛。东部和东南部太平洋中有星罗棋布的岛屿，呈弧形连续地环绕在大陆附近，自北向南有千岛群岛、日本列岛、台湾岛、马来群岛等，其中马来群岛中的加里曼丹岛为世界第三大岛。在大陆边缘还分布着许多边缘海，太平洋沿海自北向南有鄂霍次克海、日本海、黄海、东海、南海、苏禄海、苏拉威西海、班达海、爪哇海等。这些海都有海峡与大洋相通,自北而南有宗谷海峡、津轻海峡、朝鲜海峡、大隅海峡、台湾海峡、巴士海峡、巴林塘海峡、民都洛海峡、望加锡海峡、巽他海峡、龙目海峡等。这些海和海峡在世界航运中意义重大。印度洋沿岸有阿拉伯、孟加拉湾、安达曼海等边缘海及波斯湾、红海等内海。波斯湾、红海沿岸有丰富的石油资源。主要海峡有霍尔木兹海峡、曼德海峡、马六甲海峡等,在国际航运中地位十分重要,是繁忙的石油运输线。土耳其海峡由伊斯坦布尔海峡(博斯普鲁斯海峡)、马尔马拉海、恰纳卡莱海峡(达达尼尔海峡)组成,是黑海的唯一出海口,所以也叫黑海海峡。亚洲主要海峡基本情况如表3-1所示。

亚洲主要海峡　　　　　　　　　　表3-1

海峡名称	位置	沟通海域	长度(km)	宽度(km)	深度(m)	航运中的意义
宗谷海峡	北海道岛—萨哈林岛(库页岛)之间	日本海与鄂霍次克海	101	43(最窄处)	50～118	日本海出入太平洋的北部门户
津轻海峡	本州岛—北海道岛之间	日本海与太平洋	110	18.5～78	131～521	日本海通往太平洋的重要水道,建有青函海底隧道
朝鲜海峡	朝鲜半岛—九州岛之间	日本海与东海	390	180～200	80～230	日本海出入太平洋的南部门户
大隅海峡	九州岛—大隅群岛之间	东海与太平洋	24	28.2(最窄处)	117(最深处)	东海通往日本东南岸各港口的捷径
巴士海峡	台湾岛—菲律宾的巴坦群岛之间	南海与太平洋	222	95.4(最窄处)	2200～5126	太平洋石油航线的必经之路
巴林塘海峡	巴坦群岛—巴布延群岛之间	南海与太平洋	222	82(最窄处)	50～200	太平洋石油航线的必经之路
巽他海峡	苏门答腊岛—爪哇岛之间	爪哇海与印度洋	120	22～105	50～1080	南海、爪哇海、巴厘海与印度洋的重要通道
龙目海峡	巴厘岛—龙目岛之间	巴厘海与印度洋	80	32～64	164～1360	南海、爪哇海、巴厘海与印度洋的重要通道
马六甲海峡	马来半岛—苏门答腊岛之间	南海与印度洋安达曼海	1080	37～370	25～151	亚太地区联系印度洋、欧洲、非洲的重要通道
新加坡海峡	新加坡—廖内群岛之间	南海与马六甲海峡	110	4.6～37	22～157	亚太地区联系印度洋、欧洲、非洲的重要通道
霍尔木兹海峡	伊朗—阿曼之间	波斯湾与阿拉伯海	150	56～125	71～219	波斯湾至印度洋的出海口,石油运输线
曼德海峡	阿拉伯半岛西南角—吉布提东北岸之间	红海与阿拉伯海	50	26～43	30～323	红海出印度洋的门户,大西洋到印度洋的捷径
伊斯坦布尔(博斯普鲁斯)海峡	土耳其的伊斯坦布尔市	黑海与马尔马拉海	30	0.75～3.7	27.5～124	东欧出黑海的海上要道
恰纳卡莱(达达尼尔)海峡	土耳其	马尔马拉海与爱琴海	65	1.3～7.5	57～70	东欧出黑海的海上要道

资料来源:刘伉,等.《世界自然地理手册》,知识出版社,1984年。

三、经济与交通发展概况

亚洲的48个国家和地区的工业发展水平和部门、地域结构差异显著,不少国家工业基础薄弱,采矿和农产品加工及轻纺工业占主要地位。中国工业发展迅速,工业体系完整;日本是高度发达的世界经济大国;蒙古国工业以畜产品加工为主;新加坡、泰国、马来西亚工业发达;印度尼西亚和文莱以生产原油为主;印度工业较发达;除阿富汗、黎巴嫩和土耳其外,西亚多数国家工业均以生产原油和炼油为主,西亚能源在世界能源中占重要地位。

亚洲的交通各地发展不一。中国东半部、日本、爪哇岛、斯里兰卡西部、印度中部、土耳其西部交通发达,以铁路、公路运输为主;广大内陆地区和沙漠地区以畜力为主;东南部沿海海上运输发达,经济发达地区空运发展迅速。

四、海运业

亚洲东、北、南三面分别濒临太平洋、北冰洋和印度洋,西靠大西洋的属海地中海和黑海,海岸线占全球海岸线的24.6%。2017年,世界最大的20个集装箱港口中,16个港口属于亚洲,详见表1-1;2018年,世界前20位集装箱班轮公司中有16家位于亚洲,占世界集装箱总运力的31.8%,详见表3-2。因此,亚洲海运业发展在世界海运业中占有举足轻重的地位。

1. 集装箱运输

2018年世界前20位班轮公司,如表3-2所示。

2018年世界前20位班轮公司情况表　　表3-2

世界排名	公司名称	所属国家/地区	箱位数(万TEU)	箱位占世界集装箱总运力比(%)	船舶数量(艘)	现有船平均箱位数(TEU)
1	马士基航运公司	丹麦	387.9	15.3	700	5542
2	地中海航运公司	瑞士	311.8	12.3	473	6592
3	达飞航运集团	法国	255.4	10.1	476	5366
4	中国远洋运输集团	中国	197.2	7.8	330	5977
5	赫伯罗特航运集团	德国	155.1	6.1	217	7147
6	海洋网联船务有限公司	日本	153.6	6.1	228	6738
7	长荣海运公司	中国台湾	111.1	4.4	200	5554
8	东方海外海运集团	中国香港	69.0	2.7	99	6970
9	阳明海运公司	中国台湾	61.0	2.4	100	6097
10	太平洋船务公司	新加坡	41.3	1.6	132	3131
11	以星轮船公司	以色列	39.9	1.6	83	4806
12	现代商船公司	韩国	38.2	1.5	65	5879
13	万海航运有限公司	中国台湾	25.5	1.0	100	2551

续上表

世界排名	公司名称	所属国家/地区	箱位数（万TEU）	箱位占世界集装箱总运力比（%）	船舶数量（艘）	现有船平均箱位数（TEU）
14	X-Press Feeders	新加坡	12.7	0.5	89	1424
15	高丽海运株式会社	韩国	12.4	0.5	57	2184
16	伊朗伊斯兰共和国航运公司	伊朗	10.3	0.4	28	3661
17	海丰国际控股有限公司	中国香港	9.5	0.4	67	1413
18	森罗商船	韩国	7.8	0.3	20	3916
19	阿尔卡斯航运公司	土耳其	7.5	0.3	44	1711
20	德翔海运	中国台湾	7.4	0.3	33	2228

资料来源：联合国贸发会议《2018年世界海运评述》。

2. 石油运输

亚洲的中东地区是世界主要产油区，也是世界最大的原油出口区，据联合国贸发会议统计，2016年亚洲地区的原油、石油产品和天然气海上运量为28.881亿t，占世界此类货物海运量的46.0%，而北美、欧洲、东亚等三大世界工业基地，也是世界的核心经济区，成为世界原油消费最大的地区，在这些地区之间形成了相对固定的石油运输航线。

（1）中东波斯湾到东南亚和中国、日本航线

该航线是从波斯湾某一油港出发，经霍尔木兹海峡，进入阿拉伯海，到印度洋，向东沿印度半岛西海岸，经科伦坡和马六甲海峡或者龙目海峡到中国、日本、韩国等国的卸油港。该航线主要运营ULCC和VLCC（油轮船型见第九章解释，下同），日本进口原油的80%经由这条航线。

（2）中东波斯湾经好望角到西欧或美洲航线

从波斯湾某一油港出发，经霍尔木兹海峡，进入阿拉伯海，到印度洋，沿非洲东海岸南下，穿过莫桑比克海峡，绕过好望角进入大西洋，再沿非洲西岸北上，直到西欧沿海国家；若横渡大西洋，则可以到达北美东海岸港口。该航线主要运营VLCC和ULCC。

（3）中东波斯湾经苏伊士运河到西欧或美洲航线

该航线与中东波斯湾经好望角到西欧或美洲航线都是为实现中东与西欧或北美间的原油贸易运输，年运量为1亿t以上。从波斯湾某一油港出发，经霍尔木兹海峡到阿拉伯海，向西行经曼德海峡、红海、苏伊士运河、地中海、直布罗陀海峡进入大西洋。若沿大西洋东岸北上可达西欧各油港；若横渡大西洋，可达北美东海岸各油港。

3. 干散货运输

亚洲地区干散货的海运量也在世界上占有重要地位，据联合国贸发会议统计，2020年亚洲地区干散货运量为73.571亿t，占世界干散货运量的47.1%。

五、造船业

亚洲海运业的发展同时又有力地带动和支持了亚洲地区造船等相关产业的发展，为该地

区经济贸易的繁荣做出了重要贡献。目前,亚洲已成为全球最大的造船市场。据国际权威造船航运调研机构克拉克森 2018 年统计,中、日、韩三国船厂累计接单 903 艘,共 7384 万载重吨,占全球 96% 的市场份额。其中,韩国承揽了大量具有高附加价值的造船订单,近乎垄断大型原油轮与大型液化气船市场;接单多元化是中国船厂的市场竞争策略和优势,除巩固散货船市场和中小型船舶市场的主导地位外,2018 年,上海外高桥造船等船厂在豪华邮轮等高端船型领域实现了突破。亚洲主要的造船企业有韩国的三星重工、现代重工和大宇造船海洋,中国的中船集团和中船重工,日本的三菱重工等。

第二节 东 亚

一、概况

东亚指亚洲东部,包括中国、朝鲜、韩国、蒙古国和日本,面积约 1177 万 km^2,地势西高东低,分四个阶梯。东南半部为季风区,属温带阔叶林气候和亚热带森林气候;西北部属大陆性温带草原、沙漠气候;西南部属山地高原气候。矿物资源以煤、铁、石油、铜、锑、钨、钼、金、菱镁矿、石墨等最丰富。东亚是稻、薯蓣、糜子、荞麦、大豆、苎麻、茶、油桐、漆树、柑橘、桂圆、荔枝、人参等栽培植物的原产地,所产稻谷占世界稻谷总产量的 40% 以上,茶叶占世界总产量的 25% 以上,大豆占 20%,棉花、花生、玉米、甘蔗、芝麻、油菜籽、蚕丝等的产量在世界上占重要地位。东亚除蒙古国为内陆国家外,其余地区濒临太平洋,是世界上航运发达的地区之一。

二、日本

1. 地理位置与领土组成

日本位于太平洋西岸,是一个由东北向西南延伸的弧形岛国。北临鄂霍次克海,东临太平洋,西隔东海、黄海、朝鲜海峡、日本海与中国、朝鲜、韩国、俄罗斯相望。陆地面积 37.788 万 km^2,包括北海道、本州、四国、九州 4 个大岛和其他 6800 多个小岛屿,山地和丘陵占总面积的 71%。日本领海面积 31 万 km^2,与俄罗斯存在"北方四岛"(俄方名为"南千岛群岛")领土争端,与韩国存在竹岛(韩方名为"独岛")领土争端,与中国存在钓鱼岛领土争端。日本海岸线长约 3.39 万 km,领海定为 12n mile,沿岸向外 200n mile 定为专属渔业区。

日本列岛岛屿分散,海域较广,4 个大岛南北跨 14 个纬度,东西跨 16 个经度,地理位置十分优越。首先,日本居北半球中纬度地区,属温带海洋性季风气候,使日本有足够的水热资源;其次,海岛位置的经济意义十分重要,有利于海上活动,特别是有利于同海外的经济联系与文化交流,随着日本经济的发展,海洋成为日本与各国交往的通途,成为其输入原料、远销商品的重要运输线,促使日本形成了临海工业带。

2. 自然状况与人口

日本地形以山地、丘陵为主,山地、丘陵占全国总面积的75%。富士山为日本最高峰(3776m),是活火山,其地表崎岖,多火山、地震。山脉纵横是日本地形的基本特点。平原面积狭小,分布零散,仅占国土面积的13%,多分布于河流下游和沿海地区,利根川下游的关东平原为其最大平原。平原面积虽小,但对经济生活却有重大意义,是日本人口最集中、工厂林立、经济最发达的地区。

日本土地资源不够丰富,耕地面积仅占本国国土的12.3%,不过森林在国土中所占的面积较大。

日本气候属温带海洋性季风气候,以终年温和湿润、四季分明、冬无严寒、夏无酷暑为主要特征,但南北差异较大。

日本的矿物资源种类繁多,储量小,分布零散,可开采利用的极少,是一个矿产资源极其匮乏的国家。

日本人口1.26亿(日本统计局2019年统计),人口分布不均匀,主要集中在太平洋沿岸地带的大城市,主要民族为大和族,通用日语。

3. 当代经济发展概况

第二次世界大战后,日本巧妙地利用了国际、国内的政治、经济条件,赢得了经济的高速发展,1981年成为世界第二经济大国。主要工业部门的生产规模迅速扩大,许多工业产品的产量在世界名列前茅,如汽车、船舶、钢铁、石油制品、电子工业等产品。该国出口贸易也迅速发展,至20世纪70年代成为世界第三大贸易国。但日本是一个资源极其贫乏的国家,经济的高速发展使得资源的消耗率增长超过了国内生产总值的增长速度,国内资源严重不足,对外依赖严重。工业生产所需的主要原料、燃料大部分依靠进口,资源进口占全国进口总额的64.4%,是世界上资源进口最多的国家之一,其1/3以上的工业产品用于出口,因此日本在原、燃料进口和主要工业品出口方面对国际市场的依赖程度很高,任何世界性政治与经济的波动都会对日本的经济产生极大的影响。

20世纪90年代日本经济陷入长期低迷,2002年起出现缓慢恢复,复苏时间创战后最长纪录。2008年以来,其又先后受到国际金融危机和3·11特大地震冲击,经济复苏势头受挫。现任首相安倍晋三上台后推出"安倍经济学",实施了一系列刺激经济政策,一定程度上提振了日本经济。

2018年日本国内生产总值(GDP)约合4.97万亿美元,GDP增长率为0.6%,商品出口7378亿美元,商品进口7481亿美元。截至2018年12月底,日本外汇储备12709亿美元。现为世界第三大经济体。

下面介绍日本的主要产业。

(1) 农业、林业和渔业

2016年日本农业、林业和渔业产值在GDP中的比重占1.6%。其中,农业现代化程度高,生产成本高,农产品价格高;粮食自给率低,不能满足国内要求,需大量进口。粮食作物主要集中在本州岛的东北和中部的北陆地区;渔业资源丰富,年渔获量为1000~2000万t,约占世界的15%,居世界首位;森林资源丰富,覆盖面积占国土面积的67.7%,木材蓄积量达21.8亿 m³,但仍不能满足要求,需大量进口,这使日本成为世界上木材进口大国之一。

(2)工业

日本列岛自然资源匮乏,从粮食到煤炭、石油、铁矿石等各种工业原料都靠进口,但其工业发展迅速,主要体现在如下两个方面:

① 工业结构的扩展和升级。一大批新兴工业部门如石油化学、合成纤维、合成橡胶、家用电器、摩托车、汽车、电子计算机等都建立起了大批生产体系并完成了战后初期由军需为主向民用轻工业为主,轻的工业化向重化工业化及向知识技术集约型的转变。

② 工业在地域上的扩展。首先是"京滨工业区"(东京和横滨)、"阪神工业区"(大阪和神户)、"中京工业区"(京都和近畿一带)、"北九州工业区"四大老工业基地迅速向外扩展,继而又形成了"濑户内海工业区"。这五大工业区均位于日本列岛的太平洋沿岸一侧,由此形成了所谓"太平洋带状工业地带"。

第二次世界大战后日本的钢铁工业发展迅速,1982年钢铁产量超过美国,2017年粗钢产量达到1.05亿 t,居世界第2位,成为世界上唯一没有铁矿石资源的"钢铁王国"。钢铁工业产值约占日本工业总产值的10%左右,占对外贸易的15%以上。日本排名世界钢和钢材出口国第2位,输出地主要为东南亚、北美、中东、西北欧、拉丁美洲和非洲。日本钢铁工业的原料、燃料几乎完全依赖进口,铁矿石主要来自澳大利亚、印度、巴西、智利、南非、菲律宾、加拿大、俄罗斯、乌克兰等国,煤炭主要来自澳大利亚、美国、加拿大、俄罗斯和中国。钢铁工业多集中在太平洋带状工业地带。

日本的汽车工业是第二次世界大战后发展起来的,20世纪60年代后期发展迅速,成为日本的三大支柱产业之一,产量从1970年的528万辆到1980年的1104万辆,1983年超过美国成为世界第一并保持到1993年,2017年产量为969.4万辆;出口量从1970年的100万辆到1985年达到最高673万辆,2017年出口量为471万辆。日本主要汽车生产厂家有丰田、日产、本田、马自达和三菱五大公司,主要集中在京滨和中京两个工业区。

日本近代造船工业始于19世纪50年代并得到迅速发展,1955年日本超过英国成为世界第一大造船国,迄今为止一直保有全球最高水平的造船技术。2017年,在世界经济复苏势头强劲、国际航运市场回暖的背景下,全球新船市场出现一定程度反弹,日本造船业新船订单量也明显增加,共计100艘、757.8万载重吨。但国际造船市场竞争态势进一步加剧,日本新船订单量仅占全球总量的10%。日本造船业以出口为主。日本船舶工业以东京、横滨、大阪、神户和长崎为中心,分布在九州、四国等地区,主要有三菱重工业公司、三井造船公司、川崎重工业公司和住友重机工业公司等大型造船企业,可以建造各种类型的货船、客船、油船到技术复杂的液化气船等。

第二次世界大战后,日本电子工业发展迅速。20世纪50年代平均增长为36%,20世纪60年代平均增长为20.8%,日本的电子工业集中在京滨与阪神地区。

第二次世界大战后,日本的能源消费由煤炭为主转向以石油为主,石油加工业发展迅速。日本是个贫油国家,但炼油工业发达,目前日本是世界第三大石油消费国和第二大石油进口国。石油主要来自西亚、东南亚一些石油输出国。石油加工工业全部集中于沿海地区,特别是太平洋带状工业带,集中了全国炼油能力的88.2%,京滨工业区是全国最大的石油工业基地。煤炭多用于钢铁工业,主要从澳大利亚、美国、加拿大和中国进口。电力工业发展迅速,2017年日本总发电量已占世界总发电量的4%,以火力为主,火电站分布在五大工业区。近年来,也建立了一些核电站和地热电站。

日本的石化工业是20世纪50年代中期随石油加工业的发展而出现的新兴工业部门。石油化工产品占化工总产量的1/3以上,主要石油化工中心全部集中在太平洋带状工业带,其中规模较大的主要位于川崎、千叶、鹿岛、四日市和水岛等地。

纺织工业是日本的传统工业,第二次世界大战后纺织工业的地位日趋下降,但合成纤维发展迅速。

(3) 服务业

服务业在日本国民收入中的比重总体呈上升之势,1970年为54.4%,1990年为56.9%,1999年为66.39%,2012年为73%。在增加就业机会方面也一直发挥着重要作用,服务业在就业人口中所占比重不断提升。

(4) 对外贸易

第二次世界大战后日本把"贸易立国"作为它的"不变国策",把"出口第一"作为它的经济纲领,因此多年来日本一直是世界最大的"加工贸易国",与其有贸易关系的国家(地区)约200个。在20世纪80年代以前,日本对外贸易的基本格局是出口工业制成品,进口粮食、原材料、石油、煤炭等初级产品;20世纪80年代以后,日本出口产品进一步向高附加价值发展,进口产品中,劳动密集型的工业制成品所占比重逐渐上升。据日本海关统计,2018年日本货物进出口额为14865.7亿美元,比2017年(下同)增长8.5%。其中,出口7382.0亿美元,增长5.7%;进口7483.7亿美元,增长11.3%。贸易逆差101.7亿美元,下降138.8%。日本主要进口商品有原油、天然气、煤炭等一次能源,服装、半导体等电子零部件,医药品、金属及铁矿石原材料等;主要出口商品有汽车、钢铁、半导体等电子零部件,塑料,科学光学仪器,一般机械,化学制品等。2018年日本与主要贸易伙伴的贸易额如表3-3所示。

2018年日本与主要贸易伙伴的贸易额(单位:亿美元) 表3-3

贸易额	中国	美国	欧盟	澳大利亚	韩国	东盟
出口额	1439.92	1400.59	834.92	171.08	525.05	1144.52
进口额	1735.39	815.52	877.92	456.93	337.73	1122.02
合计	3175.31	2216.11	1712.84	628.01	862.78	2266.54

资料来源:中华人民共和国商务部国别数据网,2019。

近9年来,日本对外贸易额统计如表3-4所示。2018年度日本出口主要贸易伙伴是中国、美国、韩国等;进口主要贸易伙伴是中国、美国、澳大利亚、沙特阿拉伯和韩国等。其中,日本对中国出口的主要产品是机电产品、化工产品、运输设备和贱金属及制品等;日本自中国进口的主要商品为机电产品、纺织品及原料和家具、玩具等。

日本对外贸易年度统计表 表3-4

年份(年)	2010	2011	2012	2013	2014	2015	2016	2017	2018
贸易额(亿美元)	14643.43	16795.90	16842.85	15474.94	15037.79	12729.72	12527.81	13704.26	14865.69

资料来源:中华人民共和国商务部国别数据网,2019。

(5)交通运输业

日本交通运输发达,海运、铁路、公路、航空等运输门类齐全。近年来,日本铁路运输比重下降,公路运输比重提升,海运业是对外经济联系的重要运输方式。

日本的公路运输发展迅速,现有公路总长122万km,其中高速公路8428km,全国已经建立起了发达的公路网。日本是世界上铁路运输发达的国家之一,铁路营运里程2.73万km;空运在日本国内长距离客运和国际旅客运输中占重要地位,航空客运量居世界前列。

日本海岸线绵长,加之对外原料、燃料及市场的严重依赖,海运量极大,使日本的海运业在交通运输业中占有特殊重要的地位。2017年,日本拥有3901艘商船,总吨位为2.23亿载重吨,约占世界商船总吨位的12.1%,居全球第2位。主要海港集中在"三湾一海"地区(东京湾、伊势湾、大阪湾和濑户内海地区),横滨与神户是最著名的国际性港口。

日本的进口货物以原油、煤炭、铁矿石为主,出口货物以钢铁、水泥、机械类、电器为主,按各航线的具体流量计算,占首要地位的是波斯湾—马六甲(龙目)海峡—日本航线,每年通过该航线输入原油2亿多吨,输出汽车和高档消费品;其次是日本—大洋洲航线,主要输入澳大利亚的煤炭和铁矿石、新西兰的羊毛、巴布亚新几内亚的铜矿石;再次是日本—美国西海岸、日本—巴拿马运河—美国东海岸航线,由于美国是日本的最大贸易伙伴之一,因此这两条航线一直很兴旺,出入货物繁多,大批纺织品、汽车、家电产品等运往美国,回程则以煤炭、粮食、水果为主,也有部分工业品。

随着中国经济和中日间贸易的发展,中国已成为日本的第一大贸易伙伴,中日海运航线的货运量逐年增加,现在日本各主要港口同中国的许多港口都有直达航班。

【历史故事】

日本"黑船事件"

19世纪上半期,当日本在锁国政策下局限于东北亚一隅时,世界格局正在形成快速变革,英、法、俄、美等国成为新一波称霸世界的强国,它们在经历产业革命、交通革命的洗礼之后,开始为产业革命后所需要的原料、市场、殖民地与转运站积极经营远东。

1853年7月8日,美国东印度舰队司令佩里将军的舰队出现在扼守江户湾要冲的浦贺近海,警卫海岸的日本官兵被突如其来的黑色巨舰吓得目瞪口呆。随之而来的是佩里与300名全副武装的美国官兵登陆了,并以军事实力强迫幕府改变"闭关锁国"政策,接受美国的"开国"要求。此即日本史上著名的"黑船事件"。

4. 主要港口

日本港口现有1100多个,大多集中在太平洋沿岸一侧,已形成了以港口为依托的临海工业经济区域和内陆腹地经济圈。在全国近40多个国际集装箱港口中,日本政府以东京港、横滨港等5个港口和以清水港等3个新兴地方港口作为对外参与国际集装箱港口竞争的重要港口。据统计,这8个港口的集装箱吞吐量依然占据全国港口集装箱吞吐总量的85%~90%。

(1)千叶港

千叶港代码、经纬度如表3-5所示。

千叶港代码、经纬度　　　　　　　　　　　　　　　表3-5

港口名称(中文)	港口名称(英文)	港口代码	经纬度	时差
千叶	CHIBA	JPCHB	35°33′N　140°6′E	+9:00

千叶港位于东京湾东北岸,是日本最大的工业港口。该港出口货物主要有机械、钢铁、化学药品和重油,进口货物主要有石油产品、原油、铁矿石和煤炭。与千叶港有进出口往来的国家遍布世界各地。

(2)名古屋港

名古屋港代码、经纬度如表3-6所示。

名古屋港代码、经纬度　　　　　　　　　　　　　　表3-6

港口名称(中文)	港口名称(英文)	港口代码	经纬度	时差
名古屋	NAGOYA	JPNGO	34°59′N　136°48′E	+9:00

名古屋港位于日本本州岛的中部,在伊势湾最深处,通向太平洋,是日本具有代表性的国际贸易港口,与约150个国家和地区相连接,是日本中部地区最大的海洋门户。该港出口货物主要有汽车及相关零部件、电动机械、产业机械,进口货物以木材、矿石、粮食、棉花为主。

2021年该港集装箱吞吐量为272.56万TEU,世界排名第77位。

(3)横滨港

横滨港代码、经纬度如表3-7所示。

横滨港代码、经纬度　　　　　　　　　　　　　　表3-7

港口名称(中文)	港口名称(英文)	港口代码	经纬度	时差
横滨	YOKOHAMA	JPYOK	35°27′N　139°38′E	+9:00

横滨港位于东京西南、东京湾西岸,是日本的天然良港。横滨港的突出特点是以输出业务为主,出口额占贸易额的75.5%。出口商品主要是工业制成品,进口物品主要是工业原料和燃料。横滨已同世界上60多个国家和地区有贸易往来,主要贸易地区为美国、中国、东南亚和中东。2021年该港集装箱吞吐量为286.12万TEU,世界排名第72位。

(4)大阪港

大阪港代码、经纬度如表3-8所示。

大阪港代码、经纬度　　　　　　　　　　　　　　表3-8

港口名称(中文)	港口名称(英文)	港口代码	经纬度	时差
大阪	OSAKA	JPOSA	34°39′N　135°26′E	+9:00

大阪港位于本州西部大阪湾东北岸,进口货物以纺织品、家具、化工品为主,出口货物有钢铁、金属制品、家电产品、工艺品等,各种装卸设备齐全,是日本第五大集装箱港口。2021年该港集装箱吞吐量为242.56万TEU,世界排名第82位。

(5)川崎港

川崎港代码、经纬度如表3-9所示。

川崎港代码、经纬度　　　　　　　　　　　　　　　　表3-9

港口名称(中文)	港口名称(英文)	港口代码	经　纬　度	时　差
川崎	KAWASAKI	JPKWS	35°30′N　139°46′E	+9:00

川崎港位于东京与横滨之间,所在地川崎市是日本重要的工业城市,以沿海区为中心,形成了汽车、电气、机械、环境产业的集群。主要装卸石油、天然气、煤、矿石、钢材、化工产品等。

(6)神户港

神户港代码、经纬度如表3-10所示。

神户港代码、经纬度　　　　　　　　　　　　　　　　表3-10

港口名称(中文)	港口名称(英文)	港口代码	经　纬　度	时　差
神户	KOBE	JPUKB	34°40′N　135°12′E	+9:00

神户港位于日本本州濑户内海的东岸、大阪湾西北岸,所在地神户是阪神工业地区的重要区域,是日本的第六大城市。1981年建成的人工岛——港岛及随后建成的六甲岛解决了港口用地,神户港现有34个集装箱泊位,设有北美航线、欧洲航线、中南美航线、非洲航线、大洋洲航线、南亚航线及中国航线,以来往世界上130多个国家和地区、500多个港口。出口货物以机械、钢铁制品为主,进口货物以农产品、矿石、化学品为主。2021年该港集装箱吞吐量为282.38万TEU,世界排名第73位。

(7)东京港

东京港代码、经纬度如表3-11所示。

东京港代码、经纬度　　　　　　　　　　　　　　　　表3-11

港口名称(中文)	港口名称(英文)	港口代码	经　纬　度	时　差
东京	TOKYO	JPTKO	35°43′N　139°46′E	+9:00

东京港位于日本东京湾,是日本第一大集装箱港口,拥有国际先进的外贸集装箱码头,港口设备极端高科技化,包括栈桥在内的港口码头线总长2.38万m,各种船舶的泊位总数207个,其中集装箱船泊位15个,集装箱码头线长4479m。进口货物以纺织品、机械设备、仪器、家具等为主,出口货物以机械、汽车、家用电器及化工产品为主。2021年该港集装箱吞吐量为432.6万TEU,世界排名第46位。

三、韩国

1.地理位置和领土组成

韩国位于亚洲大陆东北,朝鲜半岛的南半部,是大陆连接的由北向南伸展的半岛国家,位于124~132°E之间,西临黄海,与中国山东省隔海相望,东濒日本海,东南隔朝鲜海峡与日本相对,北与朝鲜民主主义人民共和国接壤,面积9.96万km^2,占朝鲜半岛总面积的45%。半岛东部的海岸线较平直且水深,西部海岸线较曲折而水浅,南部海岸曲折多湾,分布着3400个大小岛屿。

2. 自然状况与人口

韩国国土的70%是山地和丘陵地带,丘陵大多位于南部和西部,西部和南部大陆坡平缓,东部大陆坡很陡,沿西海岸河流沿岸有辽阔的平原,主要分布在西海岸的河川流域及海岸地带,面积较大的平原有湖南平原、全南平原、金海平原、礼唐平原、内浦平原和平泽平原,土地肥沃,气候温和,为韩国的谷仓。

韩国的河流大多经过半岛的西部和南部,分别流入黄海和太平洋,重要的河流有汉江、锦江、洛东江等,洛东江是其最长的河流,全长525km。

韩国属温带的东亚季风气候,6月到9月的降雨量为全年的70%,年均降水量约为1500mm,降水量由南向北逐步减少,冬季平均气温为0℃以下,夏季8月份最热,气温为25℃,三四月份和夏初时易受台风侵袭。

森林资源在韩国占有很重要的地位,山林面积达6.596万km^2,占国土总面积的66.6%。

韩国矿产资源较少,已发现的矿物有280多种,有经济价值的为50多种,有开采利用价值的矿物有铁、无烟煤、铅、锌、钨等,但储藏量不大。

韩国总人口为5163万(2018年统计),民族组成单一,为朝鲜族,通用韩国语,50%左右的人口信奉佛教、基督教等宗教。

3. 当代韩国经济发展概况

韩国近几十年来经济发展迅速,已成为亚洲最为发达的国家之一,是一个工业、金融、商贸全面发展的工业型国家。

20世纪60年代,韩国经济开始起步。70年代以来,经济持续高速增长,人均国内生产总值从1962年的87美元增至1996年的10548美元,创造了"汉江奇迹"。1996年加入经济合作与发展组织(OECD),同年成为世界贸易组织(WTO)创始国之一。1997年,亚洲金融危机后,韩国经济进入中速增长期。产业以制造业和服务业为主,造船、汽车、电子、钢铁、纺织等产业产量均进入世界前10名。大企业集团在韩国经济中占有十分重要的地位,目前主要大企业集团有三星、现代汽车、SK、LG和KT(韩国电信)等。

2017年韩国国内生产总值为1530.75亿美元,人均为26152美元,经济增长率为1.7%;2018年韩国国内生产总值为1619.42亿美元,人均为26761.9美元,经济增长率为2.1%。

韩国工业主要有钢铁、电力、造船、化工、冶金、电子、纺织、食品等部门,浦项钢铁厂目前为世界第一大钢铁联合企业,汽车产量居于世界前列,电子工业以高技术密集型产品为主,造船能力亦居世界前列,商业、服务业发达;表3-12为韩国知名企业2018年的营业收入。

2018年韩国知名企业营业收入(单位:百万美元)　　　　表3-12

企业名称	世界500强排名	行业	营业收入
三星电子	12	电子	211940.2
现代汽车	78	汽车	85259.0
SK集团	84	炼油	83543.8
LG电子	178	电子电气设备	54314.2

续上表

企业名称	世界500强排名	行业	营业收入
浦项制铁	184	金属	53244.3
韩国电力公司	188	公用事业	52491.5
起亚汽车	219	汽车	47360.3
韩华集团	244	制造与建设	44590.3
现代摩比斯公司	380	汽车	31090.6
三星人寿保险	421	保险	28272.5
GS控股集团	438	炼油	26821.2
SK海力士公司	442	电子	26636.3

资料来源：2018《财富》杂志。

由于韩国国内资源有限，经济对外依赖度较高，对外贸易在国民经济中占有重要地位。目前，韩国与世界上170多个国家与地区有经济贸易关系，中国为其第一贸易伙伴，其次是美国、日本。主要出口商品为电气电子产品（半导体、家用电子产品、电脑及周边设备、手机）、汽车、船舶、石化产品、一般机械、钢材、纺织品等，主要进口商品为半导体等电子零部件、原油、农林水产品、电气电子产品、机器设备、钢铁、石化产品等。2018年韩国与主要贸易伙伴的贸易额如表3-13所示。近9年来，韩国对外贸易额统计如表3-14所示。

2018年韩国与主要贸易伙伴的贸易额（单位：亿美元） 表3-13

贸易额	中国	美国	欧盟	澳大利亚	日本	东盟
出口额	1621.58	727.36	576.81	96.26	305.74	1002.40
进口额	1064.79	588.71	622.78	206.99	546.05	596.17
合计	2686.37	1316.07	1199.59	303.25	851.79	1598.57

资料来源：中华人民共和国商务部国别数据网，2019。

韩国对外贸易年度统计表 表3-14

年份（年）	2010	2011	2012	2013	2014	2015	2016	2017	2018
贸易额（亿美元）	8915.96	10796.27	10674.54	10752.18	10981.79	9632.55	9016.19	10521.73	11403.42

资料来源：中华人民共和国商务部国别数据网，2019。

机电产品、化工产品和光学医疗设备是韩国对中国出口的主要产品，2018年出口额分别为880.36亿美元、223.27亿美元和136.18亿美元。韩国自中国进口排名前三位的商品为机电产品、贱金属及制品和化工产品，2018年进口额分别为504.13亿美元、121.69亿美元和114.63亿美元。

(1) 韩国三星集团

三星集团是韩国最大的企业集团，包括85个下属公司及若干其他法人机构，在近70个国家和地区建立了近300个法人及办事处，员工总数20余万人，业务涉及电子、金融、机械、化学等众多领域。

韩国三星电子成立于1969年,1992年中韩建交后进入中国市场,是对中国投资最大的韩资企业之一。2018年上半年三星电子在中国的销售额突破1673亿元,主要的产品为存储芯片、智能手机、显示器和平板电视。

(2) 韩国造船业

造船业是韩国出口贸易的主要业务之一,主要的造船企业有韩国三星重工、现代重工和大宇造船海洋等。韩国造船业面临中国的竞争,近年来转向生产高附加价值的海洋成套设备和船舶,如海上浮式生产储油装置(FPSO)、LNG船舶等。2018年全年,韩国造船企业LNG船订单占全球市场的86.8%。

4. 交通运输业

韩国交通运输业发达,全国已建成铁路网和高速公路网,截至2015年年末,铁路运营里程3874km,铁路货物周转量为94.8亿t·km;截至2018年年末,公路总长约11.07万km;航空公司7家,与85个国家和70个国际航空公司签有航空协定,开通国际航线86条(含外国航空公司航线),可飞往30多个国家、90多个城市,现有8个国际机场(仁川、金浦、金海、济州、清州、光州、大邱、襄阳)和16个国内航线机场;韩国海运业发达,与南美、北美、澳大利亚、中东和非洲的许多国家有客运、货运往来,现有28个贸易港。主要港口有釜山、浦项、仁川、群山、木浦、济州、丽水等。

5. 主要港口

(1) 釜山港

釜山港代码、经纬度如表3-15所示。

釜山港代码、经纬度　　　　　　　　　　　　　　　　表3-15

港口名称(中文)	港口名称(英文)	港口代码	经纬度	时差
釜山	BUSAN	KRPUS	35°07′N　129°02′E	+9:00

釜山港位于朝鲜半岛东南角、釜山湾内,面临朝鲜海峡,是韩国最大的港口,韩国40%的海运出口货物、73%的集装箱货物、42%的水产品都在该港完成。2021年该港集装箱吞吐量为2270.61万TEU,世界排名第7位。

(2) 仁川港

仁川港代码、经纬度如表3-16所示。

仁川港代码、经纬度　　　　　　　　　　　　　　　　表3-16

港口名称(中文)	港口名称(英文)	港口代码	经纬度	时差
仁川	INCHEON(INCHON)	KRICH	37°29′N　126°38′E	+9:00

仁川港位于朝鲜半岛西海岸中腰江华湾内,为首都首尔的外港,分为北港、南港、内港和新港港区。2015年开始运营的新港港区,扩大了货运服务范围。2021年该港集装箱吞吐量为335.38万TEU,世界排名第60位。

第三节 东南亚

一、概况

东南亚指亚洲东南部(93~141.5°E,25N°~10°S),跨越赤道,大部分为热带地区,北接中国大陆,南望澳大利亚,东濒太平洋,西临印度洋,并与孟加拉国、印度相毗邻,由中南半岛、马来群岛和伊里安岛东半部组成,包括越南、老挝、柬埔寨、缅甸、泰国、马来西亚、新加坡、印度尼西亚、菲律宾、文莱、东帝汶等 11 个国家,面积约 449 万 km^2,马来群岛是世界上最大的群岛,由印度尼西亚 1.3 万多个岛屿和菲律宾约 7000 个岛屿组成,主要有大巽他群岛、努沙登加拉群岛、菲律宾群岛、马鲁骨群岛、东南群岛、西南群岛,位于太平洋和印度洋之间,总面积约 243 万 km^2,西与亚洲大陆隔有马六甲海峡和南海,北与我国台湾省之间有巴士海峡,南与澳大利亚之间有托雷斯海峡。

东南亚人口约有 6.55 亿(2018 年数据),是世界上人口最稠密的地区之一。东南亚国家中面积最大、人口最多的国家是印度尼西亚,其陆地面积约为 190.44 万 km^2,人口约 2.4 亿(2017 年数据);人口最少的国家是文莱,其人口为 39.3 万(2017 年数据)。

东南亚各国都是多民族的国家,全区有 90 多个民族,是世界上华侨、华人最多的地区,语言复杂,中南半岛盛行佛教,其他地区居民多信奉伊斯兰教、天主教、基督教、印度教等。

东南亚海岸线绵长,海域被马来群岛分隔成许多不同的海,分布在太平洋的有班达海、爪哇海、苏拉威西海、马鲁古海、斯兰海、巴厘海、弗洛勒斯海等,分布在印度洋的有帝汶海、安达曼海、阿拉弗拉海。

东南亚群岛区和半岛的南部属热带雨林气候,半岛北部山地属亚热带森林气候,是柠檬、黄麻、丁香、豆蔻、胡椒、香蕉、槟榔、木菠萝、马尼拉麻等热带栽培植物的原产地,盛产稻米、橡胶、香料、柚木、木棉、奎宁及热带水果;矿物以锡、石油、天然气、煤、镍、铝土矿、钨、铬、金等为主。

东南亚地理位置非常重要,连接三洲(亚洲、非洲、大洋洲)、两大洋(太平洋和印度洋)。马来半岛与苏门答腊岛之间的马六甲海峡,长约 1080km,最窄处仅 37km,是东北亚经东南亚通往欧洲、非洲的海上最短航线和必经通道,在航运中的地位十分重要。

二、东南亚国家联盟

东南亚国家联盟(Association of Southeast Asian Nations, ASEAN),简称东盟,是 1967 年由印度尼西亚、马来西亚、菲律宾、新加坡、泰国为促进东南亚的和平、稳定和经济发展,在曼谷成立的区域性经济组织,总部设在印度尼西亚首都雅加达,后来文莱与越南加入,又吸收了缅甸、老挝及柬埔寨,使东盟由最初成立时的 5 个成员国发展到目前的 10 个成员国。东盟的宗旨是以平等和协作精神,共同努力促进本地区的经济增长、社会进步和文化发展;遵循正义、国家关系准则和《联合国宪章》,促进本地区的和平与稳定;同国际和地区组织进行紧密和互利的合作。东盟国家人口众多,自然条件良好,除新加坡以外,均资源丰富,发展经济的条件十分优越。第二次世界大战前都曾是帝国主义的殖民地和附属国,具有类似的经济结构,工业化水平低下,农业在国民经济中占重要地位。第二次世界大战后,这些国家独立,经济取得较快发展,成为全球经济最有活力、发展速度最快的地区之一。2002年1月又启动了东盟自由贸易区。

东盟各国可以分为以下几类:①高收入国家:新加坡(工业化国家)和文莱(石油输出国);②中等收入国家:马来西亚、泰国、印度尼西亚和菲律宾;③低收入国家:老挝、柬埔寨、缅甸和越南。

东盟国家大多实行开放型市场经济,国际市场的变化对其经济发展影响较大。在世界发展中国家中,东盟国家较早地设立了出口加工区,目前共有40多个,以新加坡为最多。出口加工区吸引外资、引进技术、扩大出口,促进了各国经济的发展。

对外贸易在东盟国家中占有重要的地位,主要出口劳动密集型产品和农矿初级产品,进口机械设备、技术及原材料,主要贸易伙伴为日本、美国、澳大利亚、新西兰、加拿大及欧盟。2010年中国与东盟建立了自由贸易区并签署了《全面经济合作框架协议》,2011年中国—东盟中心成立,成为促进双方经贸、教育、旅游、文化等领域交流合作的重要服务平台。截至2019年4月30日,所有东盟国家已同中国签订了共建"一带一路"合作文件。以上述协议为基础,未来中国与东盟间的贸易额将会继续快速增长。2009—2017年东盟与中国的双边贸易额如表3-17所示。

2009—2017年东盟与中国的双边贸易额(单位:亿美元)　　　　表3-17

年份(年)	贸易总额	对华出口	从华进口
2009	2130.0583	1062.5686	1067.4897
2010	2928.6053	1381.5981	1547.0072
2011	3630.8871	1700.7061	1930.1810
2012	4001.4620	2042.5459	1958.9161
2013	4435.9813	2440.3982	1995.5831
2014	4802.8614	2720.4567	2082.4047
2015	4717.6572	2772.9089	1944.7483
2016	4523.7555	2560.6841	1963.0714
2017	5154.5316	2795.0247	2359.5069

资料来源:中华人民共和国国家统计局。

三、新加坡

1. 地理位置和领土组成

新加坡位于东南亚,是马来半岛最南端的一个热带城市岛国,面积为704 km^2,北隔柔佛海峡与马来西亚为邻,有长堤与马来西亚的新山相通,南隔新加坡海峡与印度尼西亚相望,地处太平洋与印度洋航运要道——马六甲海峡的出入口,由新加坡岛及附近63个小岛组成,其中新加坡岛占全国面积的91.6%。

2. 自然状况与人口

新加坡岛地势平坦,最高海拔166m,地处热带,属典型的热带海洋性气候,常年高温多雨,年平均气温24~27℃,年平均降水量2400mm;资源匮乏,制造业的设备与原料绝大部分依靠进口;海岸线长,新加坡港为深水良港;植物资源丰富,已发现的多达2000多种,其中橡胶、椰子是经济价值较高的作物。

新加坡人口563.87万左右(2018年统计),是东南亚人口最少的国家之一,其中华人占74.34%,马来西亚人占13.38%,印度人占9.05%,其他占3.23%。

3. 当代新加坡经济发展概况

1)"出口主导型"经济

新加坡国土小,人口少,资源缺乏,国内市场有限。但是其地处马来半岛南端,马六甲海峡南口,地理位置优越。因此,从英属殖民地时代起,新加坡就成为一个国际都市,起着中转贸易和邻近地区商业中心的作用,并从此不断繁荣发展。1965年,新加坡脱离马来西亚联邦,推行了经济发展战略,实行全方位开放,积极参加国际分工,充分利用外国资源、市场、技术和资金以发展本国经济。

20世纪60年代初,新加坡重点发展进口替代和劳动密集型工业;60年代中期至70年代中期重点发展制造业并完成了由转口贸易为主的经济结构向多元化经济的转变;70年代中期至80年代中期完成了工业结构由劳动密集型向技术密集型的转变,电子工业得到了迅速发展,并形成了运输、通信、贸易、制造和金融5大支柱产业;80年代中期以后,将其外向型经济扩展至更广泛的国际服务领域,形成了以制造业为中心,交通运输、金融、旅游业发达的多元化经济;进入21世纪后,新加坡提出了包括"高科技战略""中国战略"和"扩大腹地战略"等三大经济发展战略。

1960—1984年,新加坡GDP年均增长9%。1997年受到亚洲金融危机冲击,但并不严重。2001年受全球经济放缓影响,经济出现2%的负增长,陷入独立之后最严重衰退。为刺激经济发展,政府提出"打造新的新加坡",努力向知识经济转型,并成立经济重组委员会,全面检讨经济发展政策,积极与世界主要经济体商签自由贸易协定。

2008年受国际金融危机影响,金融、贸易、制造、旅游等多个产业遭到冲击,海峡时报指数创五年内新低,经济增长为1.1%。2009年跌至-2.1%。新政府采取积极应对措施,加强金融市场监管,努力维护金融市场稳定,提升投资者信心并降低通胀率,推出新一轮刺激经济政策。2010年经济增长14.5%。2011年,受欧债危机负面影响,经济增长放缓。2012—2016年经济增长率介于1%~2%。2017年2月,新加坡"未来经济委员会"发布未来十年经济发展战略,提出经济年均增长2%~3%、实现包容发展、建设充满机遇的国家等目标,并制定深入拓展国际联系、推动并落实产业转型蓝图、打造互联互通城市等七大发展战略。2018年新加坡国内生产总值为3610亿美元,人均国内生产总值为6.4万美元,增长率为3.2%。

2）产业

（1）农业

农业在新加坡国民经济中所占比例不到1%，主要有园艺种植、家禽饲养、水产和蔬菜种植。农业拥有可耕地面积5900hm^2，占国土面积的9.5%。粮食全部靠进口，80%的蔬菜来自马来西亚、中国、印度尼西亚和澳大利亚。农业中保存高产值出口性农产品的生产，如种植热带兰花、饲养观赏用的热带鱼，种植一些传统的热带经济作物等。

（2）工业

自从1965年脱离马来联邦后，工业化推动了新加坡的经济转型。其工业主要有制造业，包括炼油、石化、修造船、电子电器、纺织、交通设备等部门。新加坡是世界第三大炼油中心。电子工业是增长最快的产业。

制造业是新加坡经济发展的一个重要组成部分，主要包括炼油、石油化工、修造船、电子电器、纺织、交通设备等。制造业的设备与原料绝大部分依靠进口，产品主要供出口，且外资比重大，主要来自美国、日本和欧盟。

电子工业是新加坡第一大产业，在制造业中占主导地位，是制造业中产值最大、人数最多的行业。主要生产电子计算机、雷达、导航设备、高级集成电路、彩电等，产品大部分外销欧美和日本等地。

石化工业是新加坡的第二大产业，其原油加工量占东南亚地区的40%，是东南亚地区的炼油、分销和储存中心，也是世界上仅次于鹿特丹和休斯敦的第三大炼油中心。原油主要来自于中东、马来西亚和文莱等地，石油产品的90%供出口。炼油工业全部分布在新加坡岛周围的小岛上，对新加坡岛没有造成污染。

精密工程业是新加坡的第三大产业，主要产品包括半导体引线焊接机和球焊机、自动卧式插件机、半导体与工业设备等。

（3）服务业

新加坡服务业发达，包括零售与批发贸易、饭店旅游、交通与电讯、金融服务、商业服务等，2017年产值为2663.34亿新元，占国内生产总值的50.1%。零售与批发贸易是最大的服务业部门。

①旅游业。

新加坡属热带海洋性气候，终年温暖湿润，新加坡政府利用其独特的地理位置和迷人的国家风貌，大力发展旅游业，其旅游收入已成为国家外汇的主要来源之一。2017年新加坡有中国游客323万人次，占外国游客总数的18.5%，消费额（不含观光、娱乐和博彩）占旅游业收入的19.1%，为旅游业收入第一大来源国。

②金融业。

金融业是新加坡经济至关重要的组成部分，是附加值最高的服务产业、国家税收的最大来源。目前，新加坡拥有1200多家金融机构，外汇交易量、跨国界贷款和柜面市场衍生交易量居全球前列。

（4）对外贸易

新加坡经济以贸易为主，经济对外贸的依存度很高，主要出口商品为电子元器件和精制石油产品，主要进口商品为电子元器件和原油。由于新加坡是东南亚最大的转口贸易基地，因此转口贸易在新加坡对外贸易中的比重很大。2017年度新加坡主要贸易伙伴按照出口额排名前六位的依次是中国、马来西亚、印度尼西亚、美国、日本、韩国;按照进口额排名前六位的依次是中国、马来西亚、美国、日本、韩国、印度尼西亚。最近9年新加坡对外贸易年度统计如表3-18所示。

新加坡对外贸易年度统计表　　　　　　　　　　　　　　表3-18

年份(年)	2010	2011	2012	2013	2014	2015	2016	2017	2018
贸易额(亿美元)	6667.12	7892.81	8018.79	8082.19	7933.32	6661.24	6302.52	7011.70	7822.65

资料来源:中华人民共和国商务部国别数据网,2019。

(5)交通运输业

新加坡交通发达,设施便利,是世界重要转口港及联系亚、欧、非、大洋洲的航空中心,空运航线连接世界50个国家的149个城市。在物流和运输方面,亚洲空运货物的16%以及亚洲航运的25%,都以新加坡为转运中心。新加坡政府已建成"港口网络""贸易网络"等公共电子平台,物流公司基本实现了整个运作过程的自动化,设有高技术仓储设备、全自动立体仓库、无线扫描设备、自动提存系统等现代信息技术设备。

四、马来西亚

1.地理位置和领土组成

马来西亚地处东南亚,由马来半岛南部的马来亚和位于加里曼丹岛北部的沙捞越、沙巴组成,位于太平洋和印度洋之间。全境被南中国海分成东马来西亚和西马来西亚两部分。西马来西亚位于马来半岛南部,北与泰国接壤,南与新加坡隔柔佛海峡相望,东临南中国海,西濒马六甲海峡;东马来西亚位于加里曼丹岛北部,与印度尼西亚、菲律宾、文莱相邻;西马和东马最近处相距600n mile。马来西亚国土总面积约33万 km^2,其中,西马来西亚13.2万 km^2,东马来西亚19.8万 km^2。海岸线长4192km。

马来半岛地形北高南低,山脉由北向南纵贯,将半岛分成东海岸和西海岸两部分,沿海为冲积平原,中部为山地。东马来西亚主要是森林覆盖的丘陵和山地。

2.自然状况与人口

马来西亚位于赤道附近,属于热带雨林气候和热带季风气候,终年高温多雨,无明显的四季之分。一年之中的温差变化极小,白天平均气温在31~33℃之间,夜间平均气温在23~28℃之间。全年雨量充沛,年均降雨量为2000~2500mm。每年10月至次年3月刮东北季风,为雨季,降雨较多;4~9月刮西南季风,为旱季,降雨较少。

马来西亚自然资源丰富。农产品主要有棕榈油、橡胶、可可、木材和胡椒等,是世界第二大棕榈油及相关制品的生产国和出口国、世界第三大天然橡胶出口国。马来西亚曾是世界产锡大国,但因过度开采,产量逐年减少。马来西亚石油和天然气储量丰富,在亚洲位列中国、印度、越南之后,排第4位,世界排名第27位。2017年,马来西亚石油产量3220万t,是东南亚仅次于印度尼西亚的第二大石油生产国;已探明天然气储量2.7万亿 m^3,在亚太地区排名第4

位,并且是南亚第二大天然气生产国,可满足国内消费及出口需求。此外,马来西亚铁、金、钨、煤、铝土、锰等矿产储量也很丰富。

马来西亚人口3238.5万(2018年统计),其中马来人占61.4%,华人占20.6%,印度人占6.2%,其他占11.8%。

3. 当代马来西亚的经济发展概况

1)宏观经济

20世纪70年代前,经济以农业为主,依赖初级产品出口。70年代以来不断调整产业结构,大力推行出口导向型经济,电子业、制造业、建筑业和服务业发展迅速。1987年起,经济连续10年保持8%以上的高速增长。1991年提出"2020宏愿"的跨世纪发展战略,旨在于2020年将马来西亚建成发达国家。重视发展高科技,启动了"多媒体超级走廊""生物谷"等项目。1998年受亚洲金融危机的冲击,经济出现负增长。政府采取稳定汇率、重组银行企业债务、扩大内需和出口等政策,使得经济逐步恢复并保持中速增长。2008年下半年以来,受国际金融危机影响,国内经济增长放缓,出口下降,政府为应对危机相继推出70亿林吉特和600亿林吉特刺激经济措施。2009年采取了多项刺激马来西亚经济和内需增长的措施,其经济逐步摆脱了金融危机影响,企稳回升势头明显。2015年公布了第十一个五年计划(2016—2020年),主题是"以人为本的成长",拟通过提高生产力、创新领域、扩大中产阶级人口、发展技能教育培训、发展绿色科技、投资有竞争力的城市等六大策略出发,增加国民收入,提升人民生活水平和培养具备先进国思维的国民。2016年马来西亚提出2050国家转型计划,为马来西亚2020—2050年发展规划前景。

2)中国与马来西亚的经济合作

在中国推进"一带一路"建设及国际产能合作过程中,马来西亚率先响应,积极参与,成为"21世纪海上丝绸之路"重要节点国家。当前,我国企业与马来西亚开展投资、工程、劳务合作步伐加快,互利合作项目不断涌现,呈现出"旗舰引领、百舸争流、西马升级、东马拓展"的态势。

重要合作项目有马中关丹产业园、广西北部湾国际港务集团关丹港项目、中广核Edra电站项目、中车轨道交通装备东盟制造中心项目等,我国各大银行在马来西亚设有分行,华为技术有限公司、中兴通讯设有马来西亚分公司等。同时,我国企业在马来西亚还承包有大型工程,在建项目主要有吉隆坡捷运地铁2号线、吉隆坡标志塔项目、马来西亚炼化一体化、巴林基安电站等,相关工程进展顺利。

3)产业

(1)农业

2017年,马来西亚农业产值为958.9亿马币,占GDP的8.17%。马来西亚农产品以经济作物为主,主要有棕榈油、橡胶、可可、稻米、胡椒、烟草、菠萝和茶叶等。马来西亚棕油产量和出口量都仅次于印度尼西亚,为世界第二大生产国和出口国。马来西亚橡胶委员会数据显示,2017年天然橡胶产量为74万t,进口量为109.5万t,其中40.3%来自泰国;出口119.4万t,其中73.3%出口到中国。

(2) 采矿业

2017年,马来西亚采矿业产值986.0亿马币,占GDP的8.4%。马来西亚采矿业以开采石油、天然气为主。马来西亚原油和液化天然气主要出口到日本、韩国和我国台湾省。马来西亚的石油和天然气行业管理及开采都掌握在马来西亚国家石油公司手中,2017年该公司在《财富》杂志世界500强企业中排名184位,全年营业收入494.8亿美元,实现利润40.9亿美元。

(3) 制造业

2017年,马来西亚制造业产值为2699.7亿马币,占GDP的23.0%。制造业是马来西亚国民经济发展的主要动力之一,主要产业部门包括电子、石油、机械、钢铁、化工及汽车制造等行业。

(4) 服务业

2017年,马来西亚服务业产值为6387.5亿马币,占GDP的54.4%。服务业是马来西亚经济中最大的产业部门,吸收就业人数占马来西亚雇用员工总数的60.3%。其中,旅游业是服务业的重要部门之一。游客主要来自新加坡、印尼、中国、文莱、泰国和韩国。2017年开始马来西亚约5000家各级酒店按照政府规定向外国旅客收取每房每晚10马币的旅游税,旅游税预计每年可为政府带来超过2.1亿马币的收入。

(5) 对外贸易

马来西亚出口前五大类产品分别是电子电器、石油产品、化学及化工产品、棕油及其制品和液化天然气;进口商品前五大类产品分别是电子电器、化学及化工产品、机械设备及零部件、石油产品和金属制品。2017年度马来西亚主要贸易伙伴按照出口额排名前三位的依次是新加坡、中国、美国;按照进口额排名前三位的依次是中国、新加坡、美国。中国为马来西亚最大贸易伙伴国、第一大进口来源地及第二大出口目的地。近9年马来西亚对外贸易年度统计如表3-19所示。

马来西亚对外贸易年度统计表 表3-19

年份(年)	2010	2011	2012	2013	2014	2015	2016	2017	2018
贸易额(亿美元)	3634.84	4159.30	4243.60	434.51	4429.89	3753.37	3587.10	4131.86	4651.24

资料来源:中华人民共和国商务部国别数据网,2019。

(6) 交通运输业

马来西亚全国有良好的公路网,公路和铁路主要干线贯穿马来半岛南北,航空业发达。铁路营运里程1851km,铁路网贯穿半岛南北,北面连接泰国铁路,南端可通往新加坡;公路里程20.4万km。

水运:内河运输不发达,95%的贸易通过海运完成。共有各类船只1704艘,其中100t以上的注册商船508艘,注册总吨位175.5万t;远洋船只50艘,共有19个港口。近年来马来西亚大力发展远洋运输和港口建设,主要航运公司为马来西亚国际船务公司,主要港口有槟城、巴生、巴西古单、丹戎帕拉帕斯、关丹、新山、古晋和纳闽等。

空运:民航主要由马来西亚航空公司和亚洲航空公司经营。全国共有主要机场25个,其中有8个国际机场,分别为吉隆坡、槟城、兰卡威、亚庇、古晋、马六甲、柔佛士乃和瓜拉登嘉楼苏丹马穆德机场。

五、东南亚地区的主要港口

东南亚的主要港口现分别介绍如下。

1. 新加坡港

新加坡港代码、经纬度如表 3-20 所示。

新加坡港代码、经纬度　　　　　表 3-20

港口名称(中文)	港口名称(英文)	港口代码	经纬度	时差
新加坡	SINGAPORE	SGSIN	1°16′N 103°50′E	+8:00

新加坡港位于新加坡,地理位置极为优越,其地处国际海运洲际航线上,是全球海运中心,也是世界最繁忙的港口和亚洲主要转口枢纽港之一。新加坡致力于不断提升科技水平,采用的综合码头营运系统和全国性海港网络电子商务系统,能每天 24 小时顺畅有效地运作,使码头的营运效率大大提高。新加坡港 2021 年集装箱年吞吐量达 3747 万 TEU,居世界第 2 位。

2. 林查班港

林查班港代码、经纬度如表 3-21 所示。

林查班港代码、经纬度　　　　　表 3-21

港口名称(中文)	港口名称(英文)	港口代码	经纬度	时差
林查班	LAEM CHABANG	THLCH	13°5′N 100°53′E	+7:00

林查班港位于泰国中部曼谷湾东岸,曼谷市东南方。港外,海路北距是拉差港约 5n mile,距曼谷港约 60n mile,南距梭桃邑港约 50n mile,至宋卡港 376n mile,至新加坡港 791n mile,东北至我国香港港约 1450n mile。该港后方有曼谷廊曼国际机场。该港原为曼谷港的集装箱中转港区,但曼谷港的湄南河水道因曲折,水深不足,长 173m 以上,集装箱船难以进港,随着曼谷港集装箱装卸量日益增长,也为满足更大集装箱船来曼谷的需要,港方 1987 年年底开始在此投资建立集装箱中转港区。港外有锡昌岛阻挡风浪,自然条件优越。1992 年 2 月泰国政府决定批准该港区独立成港,成为泰国第一个国际集装箱专用装卸港,现在是该国最大的集装箱港口。2021 年该港集装箱吞吐量约为 833.54 万 TEU,世界排名第 21 位。

3. 巴生港

巴生港代码、经纬度如表 3-22 所示。

巴生港代码、经纬度　　　　　表 3-22

港口名称(中文)	港口名称(英文)	港口代码	经纬度	时差
巴生港	PORT KLANG	MYPKG	03°00′N 101°24′E	+8:00

巴生港位于马来西亚的马来半岛西部沿海巴生河口南岸,濒临马六甲海峡的东侧,是马来西亚的最大港口,也是首都吉隆坡的外港。已与超过 120 个国家的 500 多个港口有贸易往来,优良的地理位置使之成为远东—欧洲航线必挂的港口。该港有北港和西港,并设有自由贸易区。

装卸设备有各种岸吊、可移式吊、集装箱吊、铲车、卸货机、拖船等。主要出口货物为木材、胶合板、棕榈油、橡胶及农产品等,进口货物主要有钢铁、大米、纸张、糖、小麦、机械、石油、化肥及化工产品等。2021 年该港集装箱吞吐量约为 1372.45 万 TEU,世界排名第 12 位。

4. 丹戎帕拉帕斯港

丹戎帕拉帕斯港代码、经纬度如表 3-23 所示。

丹戎帕拉帕斯港代码、经纬度 表 3-23

港口名称(中文)	港口名称(英文)	港 口 代 码	经 纬 度	时 差
丹戎帕拉帕斯	TANJUNG PELEPAS	MYTPP	01°20′N 103°33′E	+8:00

丹戎帕拉帕斯港位于马来西亚半岛西南端的普拉宜河口,十分接近马六甲海峡,是马来西亚于 1999 年新建的集装箱港。2021 年该港集装箱吞吐量约为 1120 万 TEU,世界排名第 15 位。

5. 丹戎不碌港

丹戎不碌港代码、经纬度如表 3-24 所示。

丹戎不碌港代码、经纬度 表 3-24

港口名称(中文)	港口名称(英文)	港 口 代 码	经 纬 度	时 差
丹戎不碌	TANJUNG PRIOK	IDTPP	06°5′S 106°53′E	+7:00

丹戎不碌港位于印度尼西亚的爪哇岛的西北沿海雅加达湾的南岸,濒临爪哇海的西南侧,是印度尼西亚首都雅加达的外港,也是印度尼西亚最大的货运港口,主要输出橡胶、咖啡等热带作物,进口杂货。2021 年该港集装箱吞吐量约为 684.92 万 TEU,世界排名第 26 位。

6. 泗水(苏腊巴亚)港

泗水(苏腊巴亚)港代码、经纬度如表 3-25 所示。

泗水(苏腊巴亚)港代码、经纬度 表 3-25

港口名称(中文)	港口名称(英文)	港 口 代 码	经 纬 度	时 差
泗水(苏腊巴亚)	SURABAYA	IDSUB	07°13′S 112°44′E	+7:00

泗水(苏腊巴亚)港位于印度尼西亚的爪哇岛东北沿海的泗水海峡西南侧,是印度尼西亚的第二大海港,也是爪哇岛东部和马都拉岛农产品的集散地。泗水(苏腊巴亚)港装卸设备有各种可移式吊、浮吊、手扳拖车、铲车、皮带输送机及拖船等,主要出口货物为糖、棉花、咖啡、橡胶、椰子、皮革、油类、木薯粉及胡椒等,进口货物主要有电气设备、玻璃器皿、纺织品、化工产品、陶瓷器、机械设备、煤及水泥等。2021 年该港集装箱吞吐量为 390.12 万 TEU,世界排名第

43位。

另外,该港的英文名称也称为 TANJUNG PERAK,中文译为丹戎佩拉。

7. 雅加达港

雅加达港代码、经纬度如表3-26所示。

雅加达港代码、经纬度　　　　　　　　　表3-26

港口名称(中文)	港口名称(英文)	港口代码	经纬度	时差
雅加达	JAKARTA	IDJKT	06°06′S　106°52′E	+7:00

雅加达港位于印度尼西亚爪哇岛的西北沿海雅加达湾的南岸,濒临爪哇海的西南侧,是印度尼西亚有名的胡椒输出港。主要出口货物为橡胶、茶叶、胡椒、咖啡、木材、锌、奎宁、石油及烟草等,进口货物主要有机械、钢铁、大米、药品、家电、牛及食糖等。主要贸易对象为日本、美国及新加坡等。

8. 勿拉湾港

勿拉湾港代码、经纬度如表3-27所示。

勿拉湾港代码、经纬度　　　　　　　　　表3-27

港口名称(中文)	港口名称(英文)	港口代码	经纬度	时差
勿拉湾	BELAWAN	IDBLW	03°47′S　98°42′E	+7:00

勿拉湾港位于印度尼西亚西北部苏门答腊岛东北,濒临马六甲海峡西北侧,是苏门答腊的主要港口之一,也是印度尼西亚棕榈油、橡胶及咖啡的第二大输出港。主要出口货物有橡胶、棕榈油、咖啡、烟草及茶叶等,进口货物主要有大米、面粉、化肥、石油和水泥等。

9. 马尼拉港

马尼拉港代码、经纬度如表3-28所示。

马尼拉港代码、经纬度　　　　　　　　　表3-28

港口名称(中文)	港口名称(英文)	港口代码	经纬度	时差
马尼拉	MANILA	PHMNL	14°35′N　121°00′E	+8:00

马尼拉港位于菲律宾的吕宋岛西南沿海巴石河口两岸,濒临马尼拉湾的东侧,是菲律宾最大的海港。马尼拉港有南港、北港及国际集装箱3个港区,装卸设备有各种岸吊、龙门吊、浮吊、集装箱吊及滚装设施等,国际集装箱码头为外贸专用码头,港口设施现代化。主要出口货物为食糖、椰油、烟叶、椰干、皮张、菜油、木材及三合板等,进口货物主要有机械、纺织品、食品、药品、石油、水泥、大米及杂货等。马尼拉的进口货物约占菲律宾全国进口货物的4/5。

10. 胡志明市港

胡志明市港代码、经纬度如表3-29所示。

胡志明市港代码、经纬度　　　　　　表 3-29

港口名称(中文)	港口名称(英文)	港口代码	经纬度	时差
胡志明市	HO CHI MINH CITY	VNSGN	10°46′S　106°43′E	+7:00

胡志明市港位于越南南部湄公河三角洲之东北,同奈河支流西贡河下游,是越南南部最大港口。近年越南承接中国产业转移,出口贸易增长迅速,为该港提供了大量货源。2021 年该港集装箱吞吐量为 795.61 万 TEU,世界排名第 22 位。

第四节　南　亚

一、概况

南亚是指亚洲南部喜马拉雅山脉南侧直至印度洋的大陆地区,面积 437 万 km^2,南北长度与东西宽度各为 3000 多千米,东、西、南方向分别临孟加拉湾、阿拉伯海、印度洋。南亚北部为喜马拉雅山脉南麓的山地区,南部印度半岛为德干高原,北部山地与德干高原之间为印度河—恒河平原。北部和中部平原基本上属亚热带森林气候,德干高原及斯里兰卡北部属热带草原气候,印度半岛的西南端、斯里兰卡南部和马尔代夫属热带雨林气候,印度河平原属亚热带草原、沙漠气候。矿物资源以铁、锰、煤最为丰富。南亚是杧果、蓖麻、茄子、香蕉、甘蔗及莲藕等栽培植物的原产地,黄麻、茶叶约占世界总产量的 50%,稻米、花生、芝麻、油菜籽、甘蔗、棉花、橡胶、小麦和椰干等产品的产量在世界上也占重要地位。全区包括斯里兰卡、马尔代夫、巴基斯坦、印度、孟加拉国、尼泊尔和不丹等国家。全区总人口 19.7 亿(2018 年数据),占世界人口的 25% 左右,是世界上人口密度最稠密的地区之一;人种兼有白、黄、黑 3 个种族,语言繁多。南亚是婆罗门教和佛教的发源地。

二、当代南亚经济发展概况

南亚历史悠久,印度河流域是古代世界四大文明发祥地之一。很早以前,这里已有发达的农业和手工业。15 世纪以前,南亚一直是世界上经济文化发展水平较高的地区之一。15 世纪后,西欧殖民者开辟东方航线后,对南亚进行了殖民统治,使南亚的经济一直处于落后状态。独立后,南亚各国发展缓慢。南亚经济近几年不断发展,但仍赶不上世界平均水平,南亚沿海国家 2017 年经济数据统计如表 3-30 所示。

农业是南亚的经济主导产业,农业人口占总人口的 2/3 以上,近几年农业产值在国内生产总值中的比重有所下降,但农产品的出口占出口商品的 1/3 以上,是世界重要的农产品出口地区。印度是世界第一大产奶国,也是世界重要的产棉国和产茶国;巴基斯坦主要农产品有小麦、大米、棉花、甘蔗等;孟加拉国主要的农产品有稻米、黄麻、小麦等;斯里兰卡主要农作物为茶叶、橡胶、椰子等;马尔代夫主要农作物有椰子、小米、玉米、香蕉和木薯,渔业资源丰富,是马尔代夫国民经济的重要组成部分,主要出口日本、斯里兰卡、新加坡等。

南亚沿海国家2017年经济数据统计　　　　　表3-30

国　别	国土面积（万 km²）	人口（亿）	国内生产总值（亿美元）	人均国内生产总值（美元）	国内生产总值增长率（%）	外贸出口总额（亿美元）	外贸进口总额（亿美元）
印度	298	13.26	25800	1946	6.6	2965.54	4469.38
巴基斯坦	79.61	2.08	3130	1641	5.8	204.48	530.26
孟加拉国	14.76	1.62	1197	1544	7.3	340.19	434.91
斯里兰卡	6.56	2.14	872	4065	3.1	114.63	213.37
马尔代夫	0.0298	0.0044	46	9671	6.9	3.18	23.6

资料来源:中华人民共和国商务部国别数据网,2019。

南亚矿产、水力、森林等资源丰富,有利于工业的发展。印度主要有煤、铁矿石、铝土、铬铁矿、锰矿石、锌、铜、铅、石灰石、磷酸盐、黄金、石油、天然气、石膏、钻石及钛、钍、铀等矿藏,其中铝土储量和煤产量均占世界第5位,云母出口量占世界出口量的60%;巴基斯坦主要有天然气、石油、煤、铁、铝土、铬矿、大理石和宝石等矿藏;孟加拉国主要有天然气、煤等矿藏;斯里兰卡主要有石墨、宝石、钛铁、锆石、云母等矿藏。森林覆盖率印度为20%、巴基斯坦为4.8%、孟加拉国为13.4%。由于长期受殖民统治,使南亚各国成为宗主国的原料供应地和产品销售市场,民族工业得不到发展。第二次世界大战后,其工业发展缓慢,工业产值占国内生产总值比例较低。印度在南亚各国中重工业规模较大,近年来,印度纺织、食品、精密仪器、汽车、软件制造、航空和空间等新兴工业发展迅速。能源工业是南亚各国工业中突出的薄弱环节,进口石油成为南亚各国的经济负担,制约了其他工业的发展。

南亚各国虽然人口多,但各国农业产品大都能满足国内市场的需求。出口品种多,但数量少,且多为农副产品和劳动密集型产品,因而对外贸易额较小。各国在进出口比例中,长期处于逆差状态,多数通过借外债及劳务出口等手段来弥补,所有国家都依赖外援。

印度是南亚地区第一经济大国,也是重要的新兴经济体,与中国、巴西、俄罗斯和南非并称为"金砖国家"。近年来,南亚各国与中国经济合作不断得以发展。截至2019年4月30日,已同中国签订共建"一带一路"合作文件的南亚国家有巴基斯坦、斯里兰卡、孟加拉国、尼泊尔和马尔代夫。

三、交通运输业

南亚交通运输比较发达,但内部差异较大。印度是世界上交通运输比较发达的国家之一,拥有世界第四大铁路网,至2017年年底,铁路总长6.6万km;公路运输发展较快,是世界第二大公路网,至2017年年底,公路总长490万km;印度海岸线长7517km,沿海主要港口有12个。巴基斯坦客货运输以公路为主,公路总里程为26.89万km,公路客运占客运总量的90%,公路货运占货运总量的96%;卡拉奇、卡西姆和瓜达尔港是巴基斯坦的三大海港,承担巴基斯坦95%的国际货运量。中国援建的瓜达尔港是一个温水深海港,随着其不断完善,预计到2055年,瓜达尔港将成为巴基斯坦最大的港口。

四、南亚地区的主要港口

1. 孟买港

孟买港代码、经纬度如表3-31所示。

孟买港代码、经纬度　　　　　　　　　　　　　表3-31

港口名称(中文)	港口名称(英文)	港口代码	经纬度	时差
孟买	BOMBAY	INBOM	18°56′N　72°49′E	+5:30

孟买港位于印度西海岸外的孟买岛上,西濒阿拉伯海。装卸设备有各种岸吊、可移式吊、集装箱吊、浮吊及滚装设施等,干散货码头最大可停靠7万t的船舶,集装箱码头能停靠第三代集装箱船。主要出口货物为纺织品、黄麻、矿石、面粉、花生、棉花、煤、糖、植物油及杂货等,进口货物主要有石油、钢铁、粮谷、水泥、木材、机械、橡胶及化工品等。

孟买港的陆路、水路都比较方便。有多条航线通往世界各大城市,国内有豪拉—孟买港线、孟买港—马德拉斯线、德里—孟买港线、加尔各答—孟买港线等多条铁路干线和多条公路干线通往内陆各地。

2. 加尔各答港

加尔各答港代码、经纬度如表3-32所示。

加尔各答港代码、经纬度　　　　　　　　　　　　　表3-32

港口名称(中文)	港口名称(英文)	港口代码	经纬度	时差
加尔各答	CALCUTTA	INCCU	22°34′N　88°22′E	+5:30

加尔各答港位于印度东北部恒河三角洲胡格里河左岸,濒临孟加拉湾的北侧,是印度东部的最大港口。装卸设备有各种岸吊、抓斗吊、重吊、集装箱吊、装船机及拖船等,集装箱码头堆场面积达1.6万m^2,并配有高速装卸集装箱吊。该港主要出口货物除黄麻外,还有煤、矿石、茶叶、废钢、皮张、棉花及糖等,进口货物主要有石油、盐、面粉、水泥、钢铁、谷物、橡胶、机械、化工品、木材及烟草等。

3. 哈瓦舍瓦(加瓦拉尔·尼赫鲁)港

哈瓦舍瓦(加瓦拉尔·尼赫鲁)港代码、经纬度如表3-33所示。

哈瓦舍瓦(加瓦拉尔·尼赫鲁)港代码、经纬度　　　　　表3-33

港口名称(中文)	港口名称(英文)	港口代码	经纬度	时差
哈瓦舍瓦(加瓦拉尔·尼赫鲁)	NHAVA SHEVA (JAWAHARLAL NEHRU)	INNSA	18°57′N　72°58′E	+5:30

哈瓦舍瓦(加瓦拉尔·尼赫鲁)港是印度1989年在孟买以南70km处兴建的所谓孟买新港，习惯上称为"NHAVA SHEVA"港，仅供集装箱船停靠，是印度最大的集装箱港。2021年该港集装箱吞吐量为563万TEU，世界排名第29位。

4. 蒙德拉港

蒙德拉港代码、经纬度如表3-34所示。

蒙德拉港代码、经纬度　　　　　　　　　表3-34

港口名称(中文)	港口名称(英文)	港口代码	经纬度	时差
蒙德拉	MUNDRA	INMUN	22°54′N　69°42′E	+5:30

蒙德拉港位于印度西岸卡奇湾北部，有西海岸最深的码头设施，可供满载15万t的集装箱船和最大的巴拿马型船舶靠泊，建有散货、集装箱、液货、滚装和木材码头。2021年该港集装箱吞吐量为390.12万TEU，世界排名第47位。

5. 卡拉奇港

卡拉奇港代码、经纬度如表3-35所示。

卡拉奇港代码、经纬度　　　　　　　　　表3-35

港口名称(中文)	港口名称(英文)	港口代码	经纬度	时差
卡拉奇	KARACHI	PKKHI	24°50′N　66°59′E	+5:00

卡拉奇港位于巴基斯坦阿拉伯海北岸、印度河口西侧，是巴基斯坦最大的港口，担负巴基斯坦95%和阿富汗部分货物的进出口任务，主要输出棉花、粮食、羊毛、皮革等，输入燃料油、机械、化工产品和钢铁等。2018年该港集装箱吞吐量为219.9万TEU，世界排名第83位。

6. 科伦坡港

科伦坡港代码、经纬度如表3-36所示。

科伦坡港代码、经纬度　　　　　　　　　表3-36

港口名称(中文)	港口名称(英文)	港口代码	经纬度	时差
科伦坡	COLOMBO	LKCMB	6°56′N　79°50′E	+6:00

科伦坡港位于斯里兰卡西海岸、凯拉尼河口，是斯里兰卡的人工港，也是欧洲、非洲和西亚各国与东亚、太平洋地区航运的必经之处，是世界航海线上重要的中途港之一，因而被称为"东方的十字路口"，承担着斯里兰卡90%以上的货物进出口任务，是印度洋航运的中转站。2021年该港集装箱吞吐量为725万TEU，世界排名第23位。

7. 吉大港

吉大港代码、经纬度如表3-37所示。

吉大港代码、经纬度 表 3-37

港口名称(中文)	港口名称(英文)	港口代码	经纬度	时差
吉大港	CHITTAGONG	BDCGP	22°20′N 91°50′E	+6:00

吉大港是孟加拉国最大港口,位于孟加拉湾东北岸,距戈尔诺普利河下游右岸的希达贡达丘陵脊上河口 16km,属于天然良港,建于 16 世纪。有现代化装卸设备,海轮可沿卡纳富利河入港。2021 年该港集装箱吞吐量为 321.45 万 TEU,世界排名第 64 位。

2018 年 4 月 2 日起,孟加拉国政府决定更改 CHITTAGONG 英文名称为 CHATTOGRAM,以便符合孟加拉国本土语言,但相关船公司的船期表和书籍杂志中还未完全更改。

第五节 西 亚

一、概况

西亚指东起阿富汗、西至土耳其的亚洲西南部,包括伊朗高原、阿拉伯半岛、美索不达米亚平原和小亚细亚半岛,地处亚、非、欧三洲交界处,位于阿拉伯海、红海、地中海、黑海、里海之间,所以被称为"三洲五海之地"。西亚面积 728.5 万 km^2(不包括土耳其在欧洲的部分),共有 20 个国家和地区,分别为伊朗、阿富汗、沙特阿拉伯、科威特、巴林、卡塔尔、阿拉伯联合酋长国、阿曼、也门、土耳其、叙利亚、伊拉克、塞浦路斯、黎巴嫩、约旦、巴勒斯坦、以色列、格鲁吉亚、亚美尼亚、阿塞拜疆,除阿富汗、亚美尼亚、阿塞拜疆外,其余都是临海国家。

西亚人口约 3.6 亿(2018 年统计数据),是世界上人口最稀少的地区之一,平均人口密度 50 人/km^2,但人口分布极不平衡,巴林平均人口密度达 1016 人/km^2,而沙特阿拉伯平均人口密度只有 12 人/km^2。西亚还是人口增长最迅速的地区,尤其是海湾国家。西亚民族构成比较复杂,阿拉伯人占 50% 以上,是世界上阿拉伯人聚居地区,集中分布在南部和中部,称阿拉伯国家,北部为非阿拉伯国家。

西亚是伊斯兰教、基督教、犹太教等宗教的发源地,居民大多信仰伊斯兰教,宗教在其社会生活中有着巨大而深刻的影响。

西亚有重要的海峡和运河,苏伊士运河沟通了地中海和红海,连接了大西洋和印度洋。土耳其海峡(包括博斯普鲁斯海峡、马尔马拉海峡、达达尼尔海峡)是黑海通向地中海的门户;曼德海峡是印度洋进入红海的要道;霍尔木兹海峡是石油运输的要道。

西亚大部分地区终年炎热、干旱少雨,属热带沙漠气候,年平均气温达 20℃,年平均降水量小于 200mm。

二、当代西亚经济概况

西亚各国大多炎热干燥,沙多水少,地广人稀。在石油开采以前,大多数国家以农牧业为主,畜产品是其重要的出口商品;石油开采后,西亚经济出现两大阵营,即石油输出国和非石油输出国。

1. 世界能源的中心

西亚是世界石油蕴藏最丰富的地区,对世界经济的发展起着重要的作用。石油集中分布在波斯湾沿岸及周围 100 万 km^2 的范围内。

在产油国中,截至 2017 年年底,沙特阿拉伯、伊朗、伊拉克三国储量占世界总量的近33.7%,沙特阿拉伯拥有 2662 亿桶石油储量,占全球的 15.7%,位居第二;伊朗为 1572 亿桶,占 9.3%,位居第四;伊拉克拥有 1488 亿桶,占 8.8%,位居第五。西亚也是世界上天然气储量最多的地区之一。

2. 石油输出国的经济特征

石油输出国指沙特阿拉伯、伊朗、伊拉克、科威特、阿拉伯联合酋长国、阿曼、巴林(现已不出口石油)、卡塔尔八国。这些国家在石油开采以前,经济不发达,科学文化落后,人民生活贫困,多以捕鱼、畜牧、灌溉农业为主,部分以航海经商为主。石油生产工业在海湾国家兴起后,丰富的石油资源成为他们经济起飞的物质基础,很快由落后的贫穷国家一跃成为亚洲最富有的国家。

(1) 石油是国家的经济命脉

从国民经济结构看,八国均以石油业为其基础经济产业,石油业在国内生产总值中所占比重普遍较高。沙特阿拉伯石油产业在国内生产总值中约占 30%,出口石油约占出口总额的90%;伊朗石油生产和出口收入分别占政府财政收入和国家外汇收入的 55% 和 75%;科威特石油产值占国内生产总值的 40%,占出口创汇的 95%。其他行业如建筑业、运输业、制造业和商业等在很大程度上也都以石油为其赖以生存的基础。这些国家国民经济结构单一,经济基础脆弱。近年来,八国逐步利用巨额的石油收入,以发展其他经济部门,炼油工业和石化工业得到了迅速发展,由单纯原油出口变为原油及石油制品混合出口。

(2) 对外贸易发展迅速,有巨额的贸易顺差

由于海湾国家石油商品率高,加之原有的经济基础差,其对外贸易特点表现为贸易额大、增长快、有巨额的贸易顺差(除伊拉克和伊朗外)。海湾地区不仅石油出口量大,对进口商品的需求量也大,日常生活资料都依赖进口,且海湾各国中小商人多,关税低,转口贸易活跃。20世纪 70 年代后期,海湾各国人均出口居世界首位,成为世界三大贸易区之一。

(3) 积极发展基础工业,经济趋向多元化、现代化

海湾各国利用巨额的石油收入,大力发展民族工业,开展基础设施建设,积极发展现代化工业。近年来,海湾各国招来外籍劳工,建成了大批中、公路、机场、住房、学校、清真寺等基础设施;在工业方面,除大力发展炼油和石化工业外,还大力发展为石油和建筑业服务的工业,如钢铁、造船、有色金属冶炼、建材、水泥等的生产都有一定的规模,海水淡化工程也开始大批兴建,非石油工业部门的收入比重增长,农业投入增大,扩大了农牧业生产。

3. 非石油输出国的经济特征

除海湾八国外,西亚其余 12 个国家的石油储藏、产量均不多,除了个别国家有少量的石油出

口外,其他国家均不能自给,需进口石油。这些国家的经贸特点和海湾石油输出国明显不同。

(1)经济以农牧业为主

在非石油输出国中,以色列工业化程度最高,经济发达,初创企业众多,创新成果丰富,2017年人均国内生产总值高达3.62万美元,高新技术产业发展举世瞩目。黎巴嫩是以商业为主的国家,商业和服务业产值占国内生产总值的70%以上;阿塞拜疆则以石油业为主,石油工业产值占其工业值的65%左右;而其他国家均以农牧业为主,农牧业在国内生产总值中占20%~50%,就业人数占总就业人数的50%~75%,出口占贸易额的50%~80%。农作物以旱地作物为主,粮食作物主要有小麦、玉米,除土耳其、叙利亚等少数国家外,其他国家粮食均不能自给。经济作物主要有棉花、桑蚕、咖啡、烟草及各种水果等。主要畜种有羊、骆驼等,畜产品是重要的出口商品,羊皮、驼绒闻名世界。

(2)巨额的外贸逆差

长期以来,发达国家把西亚当作原料、农副产品的供应基地和工业品销售市场,而这些国家既无石油供出口又无坚实的工农业基础,仅靠出口初级产品、工艺品、轻工业品等换取价格昂贵的机械设备、石油等,贸易逆差巨大。

(3)经济上与石油输出国关系密切

非石油输出国由于毗邻最大的石油产区,在经济上同石油输出国关系十分密切,他们向邻近的石油输出国出口大量的蔬菜和干鲜水果,进口原油兴建石化工业,还通过向石油输出国输出劳务,赚取外汇来弥补外贸逆差。另外,通过收取石油管道过境费和港口码头服务费,为石油输出国提供金融和后勤服务等办法,促进本国经济的发展。石油输出国也通过各种工程给兄弟国家一些财政方面的援助,以促进双方经济的发展。

4.与中国"一带一路"建设合作情况

截至2019年4月30日,西亚国家中同中国签订共建"一带一路"合作文件的国家有伊朗、阿富汗、沙特阿拉伯、科威特、巴林、卡塔尔、阿拉伯联合酋长国、阿曼、也门、土耳其、伊拉克、塞浦路斯、黎巴嫩、格鲁吉亚、亚美尼亚、阿塞拜疆。在"一带一路"背景下的中国与西亚国家本着互利双赢原则,凝聚更多利益契合点,不断充实友好合作关系内涵,可以在能源、通信、基础设施等领域共同打造符合实际需求的大项目。

三、西亚地区的主要港口

西亚是沟通大西洋和印度洋、连接西方和东方的要道,主要港口如下。

1.吉达港

吉达港代码、经纬度如表3-38所示。

吉达港代码、经纬度　　　　　　　　　　　　　　　　表3-38

港口名称(中文)	港口名称(英文)	港口代码	经纬度	时　差
吉达	JEDDAH	SAJED	21°28′N　39°11′E	+3:00

吉达港位于沙特阿拉伯红海中部,是连接亚、欧、非三大洲的重要商贸、交通枢纽,是沙特阿拉伯最大的现代化港口,也是红海沿岸最大的商港,沙特阿拉伯60%的集装箱经过该港,主要出口货物为石油、皮张及杂货,进口货物主要有水泥、食品、车辆及工业品等。2021年该港集装箱吞吐量488.23万TEU,世界排名第40位。

2. 达曼港

达曼港代码、经纬度如表3-39所示。

表3-39 达曼港代码、经纬度

港口名称(中文)	港口名称(英文)	港口代码	经 纬 度	时 差
达曼	DAMMAM	SADMM	26°30′N 50°12′E	+3:00

达曼港位于沙特阿拉伯东部波斯湾沿岸,是沙特阿拉伯波斯湾沿岸最大的商港,2017年该港集装箱港口吞吐量158万TEU,世界排名第97位。

3. 拉斯坦努拉港

拉斯坦努拉港代码、经纬度如表3-40所示。

表3-40 拉斯坦努拉港代码、经纬度

港口名称(中文)	港口名称(英文)	港口代码	经 纬 度	时 差
拉斯坦努拉	RAS TANURA	SARTA	26°38′N 50°10′E	+3:00

拉斯坦努拉港位于沙特阿拉伯东北部波斯湾西岸,是沙特阿拉伯最大的原油输出港,同时也输出液化石油气。

4. 巴士拉港

巴士拉港代码、经纬度如表3-41所示。

表3-41 巴士拉港代码、经纬度

港口名称(中文)	港口名称(英文)	港口代码	经 纬 度	时 差
巴士拉	BASRA	IQBSR	30°31′N 47°50′E	+3:00

巴士拉港位于阿拉伯河下游西岸,是伊拉克最大的港口和交通枢纽,也是伊拉克最大的石油、椰枣输出港。

5. 法奥港

法奥港代码、经纬度如表3-42所示。

表3-42 法奥港代码、经纬度

港口名称(中文)	港口名称(英文)	港口代码	经 纬 度	时 差
法奥	FAO	IQFAO	29°58′N 48°29′E	+3:00

法奥港位于伊拉克南端、波斯湾北端,靠近阿拉伯河口,是伊拉克南部最大的石油输出港。

6. 阿巴丹港

阿巴丹港代码、经纬度如表 3-43 所示。

阿巴丹港代码、经纬度　　　　　　　　　表 3-43

港口名称(中文)	港口名称(英文)	港 口 代 码	经 纬 度	时 差
阿巴丹	ABADAN	IRABD	30°20′N　48°16′E	+3:30

阿巴丹港位于阿拉伯河东岸,是伊朗石油输出的集散地,也是伊朗最大的港口,主要输出成品油。

7. 哈尔克岛港

哈尔克岛港代码、经纬度如表 3-44 所示。

哈尔克岛港代码、经纬度　　　　　　　　　表 3-44

港口名称(中文)	港口名称(英文)	港 口 代 码	经 纬 度	时 差
哈尔克岛	KHARK ISLAND	IRKHK	29°14′N　50°19′E	+3:30

哈尔克岛港位于伊朗西南部的波斯湾上,是伊朗最大原油的输出港,年输油能力在 2 亿 t 以上,仅次于拉斯塔努拉港,可停泊 50 万吨级的超级油轮。

8. 艾哈迈迪港

艾哈迈迪港代码、经纬度如表 3-45 所示。

艾哈迈迪港代码、经纬度　　　　　　　　　表 3-45

港口名称(中文)	港口名称(英文)	港 口 代 码	经 纬 度	时 差
艾哈迈迪	MINA AL AHMADI	KWMEA	29°14′N　48°09′E	+3:00

艾哈迈迪港位于科威特波斯湾沿岸,是科威特最大的原油输出港,年吞吐量在 1 亿 t 以上。

9. 多哈港

多哈港代码、经纬度如表 3-46 所示。

多哈港代码、经纬度　　　　　　　　　表 3-46

港口名称(中文)	港口名称(英文)	港 口 代 码	经 纬 度	时 差
多哈	DOHA	QADOH	25°17′N　51°32′E	+3:00

多哈港位于卡塔尔东海岸的中部,濒临波斯湾,是卡塔尔的最大港口。港区主要码头泊位有 9 个,装卸设备有各种岸吊、集装箱吊、跨运式装卸机及拖船等,仓库面积约 4.8 万 m^2,主要进口货物为粮食、建筑材料及木材等,出口货物以石油为主。

10. 迪拜港

迪拜港代码、经纬度如表 3-47 所示。

迪拜港代码、经纬度 表 3-47

港口名称(中文)	港口名称(英文)	港口代码	经 纬 度	时 差
迪拜	DUBAI	AEDXB	25°08′N 54°55′E	+4:00

迪拜港位于阿拉伯联合酋长国东北沿海,濒临波斯湾的南侧,是阿拉伯联合酋长国最大的港口,也是集装箱大港之一,同时是中东地区最大的自由贸易港,2021 年集装箱吞吐量为 1374.2 万 TEU,世界排名第 11 位。

11. 杰贝阿里港

杰贝阿里港代码、经纬度如表 3-48 所示。

杰贝阿里港代码、经纬度 表 3-48

港口名称(中文)	港口名称(英文)	港口代码	经 纬 度	时 差
杰贝阿里	JEBEL ALI	AEJEA	25°02′N 55°02′E	+4:00

杰贝阿里港位于阿联酋东北沿海,濒临波斯湾的南侧,是世界上最大的人工港口,从中东主要港口到杰贝阿里港的航程不足 48 小时,现有码头泊位 67 个,世界 500 强企业中有 150 家进驻杰贝阿里港口自由贸易区。

12. 亚丁港

亚丁港代码、经纬度如表 3-49 所示。

亚丁港代码、经纬度 表 3-49

港口名称(中文)	港口名称(英文)	港口代码	经 纬 度	时 差
亚丁	ADEN	YEADE	12°48′N 44°54′E	+3:00

亚丁港位于也门共和国西南沿海亚丁湾的西北岸,扼红海与印度洋的出入口,是欧洲、红海至亚洲、太平洋之间的交通要冲,地理位置非常重要。它也是也门的最大海港,世界第二大加油港,主要从事转口贸易,主要出口货物有皮革、咖啡、盐、石油制品、鱼类、棉花、树胶及杂货等,进口货物主要有谷物、棉布、丝绸、家禽、金属、原油及各种食品等。

13. 伊斯坦布尔港

伊斯坦布尔港代码、经纬度如表 3-50 所示。

伊斯坦布尔港代码、经纬度 表 3-50

港口名称(中文)	港口名称(英文)	港口代码	经 纬 度	时 差
伊斯坦布尔	ISTANBUL	TRIST	41°01′N 28°58′E	+2:00

伊斯坦布尔港位于土耳其西部沿海伊斯坦布尔海峡西南岸,濒临马尔马拉海的东北侧,是土耳其的最大海港,它控制了从地中海经马尔马拉海去黑海的通道。装卸设备有各种岸吊、门吊、汽车吊、浮吊、集装箱吊、可移式吊及拖船等,可停泊 25 万 t 的大型油船。主要进口货物为煤、铅、铜、锡、木材、牛油及工业品等,出口货物主要有羊毛、棉花、干木、烟叶、水果及地毯等。

14. 塞拉莱港

塞拉莱港代码、经纬度如表 3-51 所示。

塞拉莱港代码、经纬度　　　　　　　　　　　　　　　　　　　　表 3-51

港口名称(中文)	港口名称(英文)	港 口 代 码	经 纬 度	时 差
塞拉莱	SALALAH	OMSLL	16°56′N　54°00′E	+4:00

塞拉莱港位于阿曼南部佐法尔省首府萨拉拉,于 1998 年建成投入营运,是一个多用途港口,可处理散货、集装箱和液体货物,目前已建成 6 个泊位,可停靠世界上最大的集装箱船。该港在中东地区港口中,具有高水准服务和高效率生产声誉,在转口方面,主要为干线船之间的转运服务,是可供集装箱班轮选择的中东地区最佳集装箱枢纽港之一。2021 年集装箱吞吐量为 451 万 TEU,世界排名第 45 位。

【课外活动】

1. 分小组,绘制或制作亚洲某国或地区地图,在地图上标示出主要港口,并在课堂上讨论。
2. 使用 bing 搜索引擎提供的地图,以本章提供的港口英文名称搜索查看港口所在位置。
3. 依据网址 http://portfocus.com/index.html 中所提供的亚洲各个国家港口的网址查看区内各港口的最新发展现状。

【阅读建议】

[1] 邓辉.世界文化地理[M].2 版.北京:北京大学出版社,2012.

思考题

1. 上网搜索相关资料,讨论"中国因素"对区内航运业和港口发展的影响。
2. 中东石油出口的主要港口和航线有哪些?
3. 亚洲的主要海峡有哪些?
4. 分析马六甲海峡对航运的重要性,讨论中国如何确保石油运输安全。
5. 分析日本工业布局与港口布局的对应关系。
6. 某票货从上海港由海运运往美国洛杉矶港,请选择一家亚洲的航运公司,并写出所经航线名称及沿途挂靠的亚洲港口。
7. 从霍尔木兹海峡所在位置和周边国家石油出口情况分析其对世界石油贸易的重要意义。
8. 写出下列港口的中文名及其所属国家。
YOKOHAMA, OSAKA, KAWASAKI, KOBE, BUSAN, INCHEON, BANKON, PORT KELANG, TANJUNG PRIOK, CALCUTTA, COLOMBO, JEADAH, DAMMAN, DUBAI, ISTANBUL, BUSAN, LAEM CHABANG, TANJUNG PELEPAS, BOMBAY。

第四章　欧洲海运地理

谁控制了海洋,谁就控制了贸易。谁控制了世界贸易,谁就控制了世界的财富,最后也就控制了世界本身。

——[英国]雷莱爵士

【知识目标】

1. 了解欧洲水运地理分布状况。
2. 掌握欧洲主要港口概况。
3. 熟悉欧洲海上运输航线布局。

【能力目标】

1. 根据给定的发货地和接货地选择最经济航线操作。
2. 具有根据给出的数据分析欧洲某国或某地区航运业发展趋势的能力。

【引　例】

西班牙、葡萄牙之海运崛起

西班牙和葡萄牙的殖民强国地位,与开辟新航线的三大海上探险活动息息相关。1492年,著名航海家哥伦布在西班牙女王伊莎贝拉的资助下,率领3艘帆船首航美洲,奠定了西班牙对美洲殖民统治的基础。1497年,葡萄牙国王任命达·迦马率4艘帆船,绕过非洲最南端的好望角抵达印度,开始了葡萄牙人在印度洋地区的殖民统治。1519—1522年,麦哲伦在西班牙政府的支持下率5艘帆船环球航行,西班牙和葡萄牙在新开辟的航线上垄断了世界贸易,确立了其海上强国的地位。

当时,在英、法等欧洲强邻的环伺之下,西班牙、葡萄牙垄断世界海运并不是一件易事。为此,两国也曾颇费脑筋。例如,为了避免相互竞争,1494年,西班牙和葡萄牙两国在教皇亚历山大六世的主持下,签订了瓜分世界的《托尔德西利亚条约》。其规定以佛得角群岛和亚速尔群岛以西370里格(2500km)的经线为界,经线以西的土地和海洋为西班牙所有,经线以东为葡萄牙所有。这样,葡萄牙在非洲和亚洲大陆的贸易、航运和航线垄断权,西班牙在美洲大陆的贸易、航运和航线垄断权,都得到了"确认"。

第一节 概 述

一、概况

欧洲是欧罗巴洲(Europe)的简称,位于东半球的西北部,亚洲的西面,是世界第六大洲。

1. 位置和范围

欧洲面积1016万km^2,约占世界陆地总面积的6.8%,仅大于大洋洲。其北临北冰洋,西濒大西洋,南隔地中海与非洲相望,东以乌拉尔山脉—乌拉尔河—高加索山脉—伊斯坦布尔海峡(博斯普鲁斯海峡)—恰纳卡莱海峡(达达尼尔海峡)与亚洲大陆相连,西北隔格陵兰海、丹麦海峡与北美洲相望。

2. 地理区域

欧洲有近50个国家和地区。在地理上习惯分为南欧、西欧、中欧、北欧和东欧5个地区。南欧指阿尔卑斯山脉以南的巴尔干半岛、亚平宁半岛、伊比利亚半岛和附近岛屿,包括塞尔维亚、克罗地亚、斯洛文尼亚、波斯尼亚和黑塞哥维那、北马其顿、黑山、罗马尼亚、保加利亚、阿尔巴尼亚、希腊、意大利、梵蒂冈、圣马力诺、马耳他、西班牙、葡萄牙和安道尔。西欧狭义上指欧洲西部濒临大西洋地区和附近岛屿,包括英国、爱尔兰、荷兰、比利时、卢森堡、法国和摩纳哥。中欧是指波罗的海以南、阿尔卑斯山脉以北的欧洲中部地区,包括德国、波兰、捷克、斯洛伐克、匈牙利、奥地利、瑞士、列支敦士登。北欧指欧洲北部的日德兰半岛、斯堪的纳维亚半岛一带,包括冰岛、法罗群岛(丹)、丹麦、挪威、瑞典和芬兰。东欧指欧洲东部地区,在地理上指爱沙尼亚、拉脱维亚、立陶宛、白俄罗斯、乌克兰、摩尔多瓦和俄罗斯的欧洲部分。

3. 人口与宗教

欧洲人口7.46亿(2018年统计),是人口密度最大的一个洲,绝大部分居民是白种人,大约有70多个民族,绝大多数民族的人口均达到一定数量,多数国家的民族构成也比较单一,民族构成较复杂的国家有俄罗斯、瑞士等。欧洲人的宗教信仰由来已久,不同的国家和地区信奉不同的宗教,主要有天主教、基督教和东正教,其次为伊斯兰教和犹太教等。

4. 地形

欧洲地形总特点是以平原为主,海拔200m以下的平原约占全洲面积的60%,平原西起大西洋岸,东至乌拉尔山脉,绵延数千千米,形成横贯欧洲的大平原。高山峻岭大多汇集于南部,最大的山脉是阿尔卑斯山脉,此外还有比利牛斯山脉、亚平宁山脉、迪纳拉山脉、喀尔巴阡山脉、大高加索山脉和斯堪的纳维亚山脉位于欧洲的西北部。

欧洲大陆海岸线长3.79万km,是世界上海岸线最曲折的一个洲。多半岛、岛屿和港湾。半岛和岛屿的总面积约占全洲面积的1/3(其中半岛面积约240万km²,约占全洲面积的24%;岛屿面积约75万km²,约占全洲总面积的7%)。此外还有许多深入大陆的内海和海湾,因此,欧洲河网比较稠密,多短小而水量丰沛的河流,不少河流之间有运河相连。主要河流有伏尔加河、多瑙河、乌拉尔河、第聂伯河、顿河、莱茵河、罗讷河、泰晤士河等。

5. 气候

欧洲绝大部分地区气候具有温和湿润的特征,除北部沿海及北冰洋中的岛屿属寒带,南欧沿海地区属亚热带,地中海沿岸属地中海式气候以外,几乎全部都在温带,是世界上海洋性气候分布面积最广的大洲。最冷月大部地区在0~16℃之间;最热月平均气温多在8~24℃之间。降水量及其分布情况因距大西洋的远近和盛行风向的不同而有差别。靠近大西洋的向风坡,年平均降水量达1000mm以上,广大的低山、丘陵、高原和平原地区,年降水量在500~1000mm之间,南欧三大半岛的南部属亚热带地中海式气候,夏季干燥炎热,冬季温暖湿润,冬季降水约占全年降水量的30%~50%。

6. 自然资源

欧洲的主要矿产资源有石油、天然气、煤炭、铁矿、铜矿、铬矿,其次,铅、锌、汞、硫磺的储量也较丰富。目前,石油的探明储量约124亿t;天然气探明储量约37万亿m³(多集中在俄罗斯,其次在荷兰、英国和德国);硬煤探明储量4.7万亿t(乌克兰的顿巴斯、波兰和捷克之间的西里西亚、德国的鲁尔和萨尔、法国的洛林和北部煤田、英国的英格兰中部等皆有世界著名的大煤田);钾盐储量约640亿t(多集中在俄罗斯、德国);铁矿储量3400亿t(主要集中在俄罗斯、法国、瑞典、英国和德国);铜矿金属储量约7100万t(其中50%以上集中在俄罗斯,其次分布在波兰);铬矿储量约3.5亿t。阿尔巴尼亚盛产天然沥青。

欧洲森林面积达8.74亿hm²(包括俄罗斯的亚洲部分),约占世界森林总面积的23%。草原面积约占世界草原总面积的15%。水利方面,可开发的水力资源估计年可发电量为18000亿kW·h,约占世界可开发水力资源的18%。

欧洲渔业资源丰富,渔场面积约占世界沿海渔场总面积的32%,盛产鲭鱼、鳀鱼、鳕鱼、鲑鱼、鳗鱼、沙丁鱼和金枪鱼等。著名渔场有挪威海、北海、巴伦支海、波罗的海、比斯开湾等。欧洲捕鱼量约占世界捕鱼量的30%,捕鱼量最多的国家为俄罗斯和挪威,其次为西班牙、丹麦、英国和冰岛等。

二、经济发展概况

欧洲经济发展水平居各大洲之首。工业、交通运输、商业贸易和金融保险等在世界经济中占重要地位,在科学技术的若干领域内也处于世界较领先地位。欧洲绝大多数国家属于发达国家,其中北欧、西欧和中欧的一些国家经济发展水平最高,南欧一些国家经济水平相对较低。

2017年欧洲煤炭、铁矿石开采量分别占世界总开采量的4.4%和9.6%,其主要工业部门是钢铁、机械、化学、食品。汽车、飞机、发电设备、农机和电子器材等产量较大,俄罗斯、德国、法国、英国等国家的生产规模巨大。此外,瑞士的钟表和精密仪器、捷克与斯洛伐克的重型机器、德国的光学仪器、荷兰的光刻机、瑞典的矿山机械等在国际上享有盛誉。欧洲农业为次要生产部门。农牧结合和集约化水平高为其重要特点。主要种植麦类、玉米、马铃薯、蔬菜、瓜果、甜菜、向日葵和亚麻等。欧洲园艺业发达,主产葡萄和苹果。畜牧业以饲养猪、牛、绵羊为主。交通运输业方面,欧洲已形成了庞大的综合运输网络,各种运输方式高度发展,铁路、公路、海运和航空等都非常发达。运输业居世界各洲之首位。

三、重要水域、水道

欧洲有许多海、海峡、运河及河流,地处国际航运的要冲位置,成为繁忙的海运要道,在欧洲各国间及其与世界各大洲之间的经济联系、贸易往来、文化交流中起着重要作用。主要的边缘海与内海有北海、比斯开湾、波罗的海、地中海和黑海等;主要的海峡有英吉利海峡、多佛尔海峡和直布罗陀海峡等;主要通航河流有莱茵河和多瑙河等,其主要资料如表4-1所示。

欧洲主要通航海峡 表4-1

海峡名称	沿岸国家和地区	连接的海洋	长度（km）	最大深度（m）	最小深度（m）	最窄处宽度（km）
英吉利海峡	英国、法国	北海—大西洋	56	172	24	96
多佛尔海峡	英国、法国	北海—大西洋	56	64	24	33
直布罗陀海峡	西班牙、摩洛哥	地中海—大西洋	90	1181	200	14
斯卡格拉克海峡	丹麦、挪威	波罗的海—大西洋	300	809	29	111
卡特加特海峡	瑞典、丹麦	波罗的海—大西洋	220	124	26	111
厄勒海峡	瑞典、丹麦	波罗的海—大西洋	110	38	12	3.7
刻赤海峡	俄罗斯、乌克兰	亚速海—黑海	41	13	5	4
奥特朗托海峡	阿尔巴尼亚、意大利	亚得里亚海—伊奥尼亚海	120	978	115	75
墨西拿海峡	意大利	第勒尼安海—伊奥尼亚海	42	1240	85	3.5
博尼法乔海峡	科西嘉岛、撒丁岛	第勒尼安海—西地中海	19	89	—	12

莱茵河(Rhine River)发源于瑞士南部的阿尔卑斯山脉北麓,流经瑞士、列支敦士登、法国、德国和荷兰,西入北海。全长1320km,干流通航885km,重要的支流有美因河、摩泽尔河和鲁尔河等。各支流间有运河相连,与欧洲威悉河、塞纳河和多瑙河等也有运河相通。由于莱茵河流经西欧经济最发达地区,河海联运,货运量大,运输繁忙,成为欧洲最大的水运大动脉,也是主要的海船通航河道。其下游近海处有世界级大港鹿特丹港。

多瑙河发源于德国南部黑森山区,蜿蜒向东流经德国、奥地利、斯洛伐克、匈牙利、克罗地亚、塞尔维亚、保加利亚、摩尔多瓦、乌克兰和罗马尼亚等国家,东入黑海,全长2850km,是世界上干流流经国家最多的河流和欧洲第二大河流。其支流众多,水量丰沛,流域面积大,与莱茵河和黑海有运河沟通,是中欧一些国家出海的重要通道。

此外,欧洲具有航运价值的河流还有易北河、伏尔加河、顿河、第聂伯河、维斯瓦河、威悉河、塞纳河、卢瓦尔河、加龙河、罗纳河和泰晤士河等。

欧洲还有一些重要的运河,如北海—波罗的海运河(基尔运河,Kiel Canal)。此外还有法国的南方大运河(连接塞纳河、罗纳河和卢瓦尔河)、莱茵河水系的中德大运河、连接北海与鲁尔河的埃姆斯运河、东欧平原上的伏尔加—顿河运河、白海—波罗的海运河及莱茵河—美因河—多瑙河运河(Rhine-Main-Danube Canal)。该运河连接欧洲主要内河莱茵河、美因河和多瑙河,运河全长170km,于1992年完工,并使北海、黑海和大西洋水路相通。

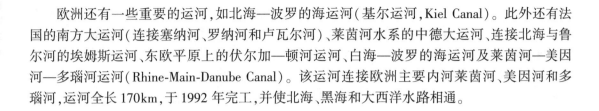

第二节 西 欧

地理上的西欧指欧洲濒临大西洋的地区及附近岛屿,包括爱尔兰、英国、荷兰、比利时、卢森堡、法国、摩纳哥,除卢森堡外,其余均为临海国家,海运十分发达。西欧是世界上经济发展最早的地区,也是世界现代工业的发源地。目前,这里仍是世界经济最集中、最发达的地区之一,有生产水平先进的工业和高度集约化的农业,对外贸易额在世界总贸易额中占相当重要的地位。西欧各国人均收入较高,并且集中了伦敦、巴黎、鹿特丹和安特卫普等世界著名的工业、贸易、金融中心和交通枢纽。

一、英国

1. 地理位置与领土组成

英国全称为大不列颠及北爱尔兰联合王国,是欧洲西北部大西洋中的一个岛国,由大不列颠岛、爱尔兰岛东北部及其附近5000多个小岛组成,但80%的小岛无经济意义,面积24.41万km²(包括内陆水域)。大不列颠岛又可分为英格兰、威尔士和苏格兰三部分,以英格兰为最大,集中了全国人口的83.7%,是英国的政治和经济中心。

英国是四面环海的岛国,西海岸临大西洋和爱尔兰海,隔大西洋与北美洲相望,东北部濒临北海,东南和南部隔英吉利海峡、多佛尔海峡与欧洲大陆各国相对,与法国最窄处只有33km,即英国的多佛尔与法国的加来之间的距离。

2. 自然状况与人口

英国地处50°N以北的中高纬度地区,但由于西风和大西洋暖流的影响,冬暖夏凉,比同纬度其他地区夏季气温偏低,冬季偏高,年较差小,属典型的温带海洋性气候。南北温差较小,北部1月平均气温3~4℃,7月为14℃,而南部1月平均气温是5℃,7月平均气温为16℃。全国大部地区全年不结冰。降水量各地差异较大,西部高达2000mm,东部则减少到1000mm以下。英国是世界上多雾的国家,全国平均日照时数每天只有3~5小时,冬季西北部少至1小时,首都伦敦曾以"雾都"而著称于世界。浓雾给航行及城市交通带来很大阻碍。夏温偏低而且湿度大,不利于种植业的发展,但对牧草生长十分有利,宜于发展畜牧业。东南部阳光较充足,是英国重要的农业区。

英国有较密的河网，流量平稳，冬季不结冰，但流程短，最长的塞文河只有354km，泰晤士河是第二大河，仅长346km，其中通航部分为280km，在伦敦附近河宽为200~250m，河口处宽为16km，涨潮时下游水位可升高6m，使距海岸64km的伦敦形成海港。

英国人口约6627万（2018年统计），其中英格兰人占83.6%；苏格兰人占8.6%；其他还有威尔士人占4.9%、北爱尔兰人占2.9%、印度人占1.8%以及非洲人占1.8%等。官方和通用语均为英语。威尔士北部还使用威尔士语，苏格兰西北高地及北爱尔兰部分地区仍使用盖尔语。居民多信奉基督教新教，主要分英格兰教会（亦称英国国教圣公会，其成员约占英成人的60%）和苏格兰教会（亦称长老会），另有佛教、印度教、犹太教及伊斯兰教等较大的宗教社团。

3. 当代经济发展概况

英国是世界经济强国之一，其国内生产总值在西方国家中居前列。近年来，英国制造业在国民经济中的比重有所下降，服务业和能源所占的比重不断增大，其中商业、金融业和保险业发展较快。私有企业是英国经济的主体，占国内生产总值的60%以上。服务业是衡量现代国家发达程度的标准之一。英国的服务业从业人口占其就业总人口的77.5%，产值占国内生产总值的63%以上。

英国是欧盟中能源资源最丰富的国家，主要有煤、石油和天然气等。煤炭集中分布在苏格兰中部，南威尔士和中英格兰的沉积地层中，2017年探明可采储量7000万t，其采煤业完全私有化。北海大陆架蕴藏丰富的石油和天然气资源，2017年探明石油储量3亿t，天然气储量达2000亿m^3。此外，英国铁矿石资源丰富，分布同煤炭大体一致。森林覆盖面积279万hm^2，约占英本土面积11.5%；其中英格兰约占8.7%、苏格兰约占16.9%、威尔士约占14.1%、北爱尔兰约占6.1%。主要工业有冶金、机械、电子仪器、汽车、食品、饮料、烟草、轻纺、造纸、印刷、出版和建筑等。此外，航空、电子、化工等工业比较先进，海底石油开采、信息工程、卫星通信、微电子等新兴技术近年有较大发展。英国非常重视对新能源及可再生能源的研究开发。英国其他非能源资源不丰富，主要工业原料依赖进口。英国开发核能有几十年的历史，目前供发电的核电站有15座，发电量占全国总发电量的21%。伦敦时间2013年10月21日，英国政府正式批准了中国核工业集团公司与中国广核集团参与投资当地新核电站的计划。

英国主要农牧渔业有畜牧业、粮食业、园艺和渔业。英国海域是冷暖流交汇之处，渔产极为丰富，种类繁多，是世界著名的渔场。英国是欧洲、也是世界主要渔业生产国之一，所以大不列颠岛被称为"鱼群环绕着的大煤堆"。这些资源对英国早期工业的建立和现代化经济的发展都起着十分重要的作用。

英国服务业包括金融保险业、零售业、旅游业和商业服务（提供法律及咨询服务等），近年来发展迅速。根据联合国世界旅游组织（United Nations World Tourism Organization，UNWTO）2017年发布的旅游业数据显示，2016年，按国际游客人数衡量，英国是全球第六大旅游目的地；按国际游客消费额衡量，英国旅游业位居全球第7，英国旅游收入占全球市场份额的3.25%。与以风光旅游为主的国家不同，英国的王室文化和博物馆文化是旅游业的最大看点。主要旅游点有伦敦、爱丁堡、加的夫、布赖顿、格林尼治、斯特拉福、牛津和剑桥等。英国主要出口机电产品、运输设备、化工产品和贵金属等，主要进口原材料和食品等。主要出口贸易伙伴是美国、德国、荷兰、法国和爱尔兰等,主要进口贸易伙伴是德国、美国、荷兰、中国和法国等。近9年来,英国对外贸易额统计如表4-2所示。

英国对外贸易额年度统计表 表4-2

年份(年)	2010	2011	2012	2013	2014	2015	2016	2017	2018
贸易额(亿美元)	10086.15	11829.99	11779.94	12014.78	12033.38	10982.32	10531.81	10654.76	11466.57

资料来源:中华人民共和国商务部国别数据网,2019。

英国首都伦敦是世界最大的国际外汇市场和国际保险中心,也是世界上最大的金融和贸易中心之一。世界航运业最重要的交易市场——波罗的海交易所也设在伦敦,波罗的海交易所最初是农产品交易所,主要经营由波罗的海国家进口谷物生意。随着海运事业的发展,租船业务迅速上升,成为该交易所的主要业务。目前,该交易所的租船市场为世界之最,该交易所已成为世界上唯一的一家世界性的航运交易所。波罗的海交易所的服务范围十分广泛,大部分世界公开市场的散货租船由波罗的海交易所的一些会员谈判完成,而世界许多买卖亦通过该交易所的经纪人交易。现在,该交易所被公认为是世界航运交易信息的最大独立来源,公布的各项指数超过40种,这些指数是海运运费期货市场的基础并被用于避免运费费率的波动。此外,波罗的海交易所还涉及航空租赁、期货交易以及船舶买卖等活动。

另外,英国具有良好的营商环境和国际法律体系,世界航运业高端服务业中的船舶贸易、船舶租赁、船舶和货物保险、海事仲裁等大多都集中于伦敦,因此伦敦是世界上最重要的国际航运中心之一。

4. 主要港口

英国是一个岛国,海岸线曲折,多天然良港,海运是英国对外贸易的主要运输方式。历史上的英国曾经是最强大的海运国家,拥有世界上最强大的商船队。现在海运地位已相对降低,但仍然是世界上重要的海运国之一,全国共有大小港口300多个,其中,主要港口有费利克斯托、南安普敦、曼彻斯特、伊普斯威奇、普利茅斯和利物浦等。南安普敦、费里克斯托为集装箱港,多佛尔为最大的滚装港。

(1)费利克斯托港

费利克斯托港代码、经纬度如表4-3所示。

费利克斯托港代码、经纬度 表4-3

港口名称(中文)	港口名称(英文)	港口代码	经 纬 度	时 差
费利克斯托	FELIXSTOWE	GBFXT	51°57′N 1°18′E	0:00

费利克斯托港是英国最大的集装箱专业港,位于伦敦东北方的伊普斯威奇城东南,与哈里季隔河相望,临北海。经过多年建设,已形成2个集装箱码头(含9个集装箱泊位)和1个滚装船码头(含2个滚装船泊位)的英国最大集装箱吞吐港,新建成的8号、9号集装箱泊位可以停靠最大18000TEU的集装箱船舶。港区分布在斯都尔河入海口北岸,南距蒂尔伯里港61n mile,距多佛尔港67n mile,距敦刻尔克港83n mile,距泽布吕赫港89n mile,距安特卫普港150n mile。码头顺岸发展,港口中心有一座从岸壁伸向主航道的石油栈桥,可停靠2.5万吨级油轮,栈桥南北两侧岸壁为滚装船、轮渡码头。

费利克斯托是英国大洋航线上的主要港口,每天有集装箱支线与赫尔、曼彻斯特、利物浦、南安普敦往来。2021年该港集装箱吞吐量为370万TEU,世界排名第49位。

(2)南安普敦港

南安普敦港代码、经纬度如表4-4所示。

南安普敦港代码、经纬度 表4-4

港口名称(中文)	港口名称(英文)	港 口 代 码	经 纬 度	时 差
南安普敦	SOUTHAMPTON	GBSOU	50°54′N 1°26′W	0:00

南安普敦港是英国南部的最大商港,位于英吉利海峡北岸中段、特斯特峡湾内,湾口外有怀特岛阻挡风浪,南临英吉利海峡。距勒阿弗尔港109n mile,距直布罗陀1180n mile,距蒂尔伯里港193n mile,是英国与南美东岸、西北非和地中海沿岸国家等海上客货进出的主要港口。港区主要分布在伊钦河口以北的特斯特峡湾东北岸,分东西港区和集装箱港区。

港口主要进口货物有谷物、木材、原油、水果、酒,主要出口货物有机器、摩托车、杂货、精炼油等。2021年该港集装箱吞吐量为187.11万TEU,世界排名第98位。

(3)利物浦港

利物浦港代码、经纬度如表4-5所示。

利物浦港代码、经纬度 表4-5

港口名称(中文)	港口名称(英文)	港 口 代 码	经 纬 度	时 差
利物浦	LIVERPOOL	GBLIV	53°28′N 3°2′W	0:00

利物浦港是英国西海岸的最大商港,位于英格兰西北默西河河口,濒临爱尔兰海。港区主要分布在默西河右岸的封闭式港池内,有多处船闸与默西河航道沟通。此外,港务局大楼对岸的伯肯黑德也有近10个封闭式大、小港池。港内近百个码头多数为浅水泊位,仅靠河口的皇家港池、亚历山大港池、休斯基逊第三码头和伯肯黑德部分港池可停靠万吨级船舶。

在英国与美洲(特别是与北美洲)、非洲、亚洲的交往中,利物浦是多条班轮航线挂靠的基本港口。利物浦到纽约港海上距离为3080n mile,到加拿大丘吉尔港为2930n mile,到蒙特利尔为2980n mile,到直布罗陀为1270n mile。利物浦对爱尔兰的海上贸易更具方便性,而港口的兴起和发展也正是源于与爱尔兰的贸易往来。从利物浦有高速公路直接通往博尔顿、普雷斯顿、克鲁等地,有铁路和运河通往曼彻斯特,另外,到金斯顿的铁路直接把东西海岸连接起来。从1984年11月起,利物浦作为自由港开始了对世界各大贸易伙伴的交往,并取得了极大成功。

(4)直布罗陀港

直布罗陀港代码、经纬度如表4-6所示。

直布罗陀港代码、经纬度 表4-6

港口名称(中文)	港口名称(英文)	港 口 代 码	经 纬 度	时 差
直布罗陀	GIBRALTAR	GIGIB	36°8′N 5°22′W	+1:00

直布罗陀港是西班牙领土内最南端的港城,现是英国的领地。其地理位置极其险要,它是地中海和大西洋交通的要道,是连接亚、非、欧之枢纽。港口共有12个泊位,有专用的集装箱

和油轮泊位。港口主要进出口货物有石油、煤炭、食品、纺织品等。

直布罗陀至各大洲主要港口的海上距离如表 4-7 所示。

直布罗陀至各大洲主要港口的海上距离（单位：n mile）　　表 4-7

至 非 洲		至 欧 洲		至 美 洲	
塞得港	1910	伦敦	1310	纽约	3200
拉斯帕尔马斯	700	利物浦	1270	哈瓦那	4010
达喀尔	1500	巴塞罗那	520	新奥尔良	4620
拉各斯	3190	马赛	690	里约热内卢	4190
黑角	4270	拉斯佩齐亚	850	拉瓜伊拉	3660

二、荷兰

1. 地理位置与领土组成

荷兰又名尼德兰，位于欧洲西部，东面与德国为邻，南接比利时。西、北濒临北海，地处莱茵河、马斯河和斯凯尔特河三角洲。地理上处于海河相连处，重要水道枢纽的位置，这对荷兰经济发展具有重要意义。

2. 自然状况与人口

荷兰面积 4.15 万 km^2，人口 1718 万（2018 年统计），人口密度高达 404.5 人/km^2，以荷兰族为主，其人口占总人口的 90%，是欧洲大陆上人口最稠密的国家之一。居民多信奉基督教和天主教。

荷兰海岸线长 1075km，境内河流纵横，主要有莱茵河和马斯河。西北濒海处有艾瑟尔湖。其西部沿海为低地，东部是波状平原，中部和东南部为高原。"荷兰"在日耳曼语中叫尼德兰，意为"低地之国"，因其国土有一半以上低于或几乎水平于海平面而得名。荷兰的气候属海洋性温带阔叶林气候。由于地低土潮，荷兰人接受了法国高卢人发明的木鞋，并在几百年的历史中赋予其典型的荷兰特色。

为了生存和发展，荷兰人竭力保护原本不大的国土，避免在海水涨潮时遭"灭顶之灾"。他们长期与海搏斗，围海造田。早在 13 世纪就筑堤坝拦海水，再用风动水车抽干围堰内的水。几百年来荷兰修筑的拦海堤坝长达 1800km，增加土地面积 60 多万 hm^2。如今荷兰国土的 20% 是人工填海造出来的。镌刻在荷兰国徽上的"坚持不懈"字样，恰如其分地刻画了荷兰人民的民族性格。荷兰曾经是一个海运历史悠久的国家，很早就被世界上誉为"海上马车夫"，是一个海运老牌帝国。15 世纪末的地理大发现，给欧洲带来前所未有的商业繁荣的历史性机遇，荷兰抓住了此机遇从而成为世界商业大国。

【历史故事】

荷兰东印度公司

荷兰东印度公司成立于 1602 年 3 月 20 日，1799 年解散，是世界第一家跨国公司、股份有限公司,世界上第一家证券交易所也在阿姆斯特丹成立,交易荷兰东印度公司证券。

1595年4月,由荷兰商人投资的4艘船组成的船队配备100门以上的大炮,载着10万荷兰盾以上的银币及许多商品,根据葡萄牙的海图,花了15个月的时间抵达爪哇岛西部的万丹港,途中损失许多船员和1艘船,1597年8月船队终于返回荷兰,将贸易或以武力得来的商品卖出,据说投资的人没有损失。后来,这群商人便成立了一家公司,往东印度地区发展贸易。从1595年4月至1602年间,荷兰陆续成立了14家以东印度贸易为重点的公司,受到季风限制,许多船队几乎在同一个时间抵达东方,采买相同商品,导致当地进货价格飙升,将同样商品带回造成价格滑落,为了避免过度的商业竞争,这14家公司进行合并,成为一家联合公司,也就是荷兰东印度公司。荷兰当时的国家议会授权荷兰东印度公司在东起非洲南端好望角,西至南美洲南端麦哲伦海峡,具有贸易垄断权。

荷兰东印度公司最大的特点就是体制创新,做了许多开创性的探索,对现代化企业的发展产生了十分深刻的影响。但是它也利用自己的优势对很多的落后地区进行了残暴的掠夺。

3. 当代经济发展概况

荷兰是发达国家,西方十大经济强国之一。荷兰自然资源相对贫乏,但天然气储量丰富,2017年开采天然气约366亿m^3,自给有余,还能出口。荷兰工业发达,主要工业部门有食品加工、石油化工、冶金、机械制造、电子、钢铁、造船、印刷、钻石加工等。近30年来重视发展空间、微电子、生物工程等高技术产业,传统工业主要是造船、冶金等。鹿特丹是欧洲最大的炼油中心。荷兰还是世界主要造船国家之一。荷兰的农业也很发达,是世界第三大农产品出口国。荷兰人利用不适于耕种的土地因地制宜发展畜牧业,现已达人均一头牛、一头猪,跻身于世界畜牧业最发达国家的行列。他们在沙质土地上种植马铃薯,并发展薯类加工,世界种薯贸易量的一半以上从这里输出。花卉是荷兰的支柱性产业。全国共有1.1亿m^3的温室用于种植鲜花和蔬菜,因而享有"欧洲花园"的美称。荷兰把美丽送到世界各个角落,花卉出口占国际花卉市场的40%~50%。荷兰金融服务、保险业和旅游业发达。

由于荷兰为外向型经济,对外贸易在经济中占重要地位。出口额约占国内生产总值的50%,长期顺差。进口主要为原料、半制成品和机械等,出口中制成品占70%。2017年荷兰出口主要贸易伙伴是德国、比利时、法国、英国和美国等,进口主要贸易伙伴是中国、德国、比利时、美国和英国等。荷兰近9年来对外贸易统计如表4-8所示。

荷兰对外贸易年度统计表 表4-8

年份(年)	2010	2011	2012	2013	2014	2015	2016	2017	2018
贸易额(亿美元)	10876.54	12615.68	12439.59	12616.79	12620.72	10829.79	10714.82	12271.40	13686.63

资料来源:中华人民共和国商务部国别数据网,2019。

4. 主要港口

荷兰地处海陆交通过渡带,加之稠密的内河水道、现代化的铁路、公路网,使荷兰各港口腹地延伸到欧洲大陆深处,这就使海运业不仅为本国经济发展服务,而且为莱茵河沿岸内陆国家所利用,所以海运在国民经济中地位突出。

(1)鹿特丹港

鹿特丹港代码、经纬度如表4-9所示。

鹿特丹港代码、经纬度　　　　　　　表4-9

港口名称(中文)	港口名称(英文)	港 口 代 码	经 纬 度	时 差
鹿特丹	ROTTERDAM	NLRTM	51°55′N　4°31′E	+1:00

鹿特丹港是荷兰最大的港口,位于该国西南、莱茵河三角洲的北翼,莱茵河、瓦尔河以及马斯河汇流的新马斯河两侧和新开河左侧的敞开港池内,西南至蒂尔伯里港168n mile,至直布罗陀1370n mile,东北至汉堡310n mile;近洋海轮还可顺莱茵河而上至德国科隆,500吨级汽船可直达瑞士巴塞尔。全港有远洋船泊位380多个,其中有石油泊位70多个,最大可停靠35万吨级油船,所有油码头都有管道与港内的炼油厂以及阿姆斯特丹、安特卫普、法兰克福和弗利辛恩的炼油厂相通,承担腹地工业区石油转运,是西欧巨型油船的接卸中心。

鹿特丹的杂货码头分布在希斯、来克、梅尔沃、马斯、瓦尔等港;谷物码头主要分布在比荷卢港区、博特来克港区等;集装箱、滚装船码头主要分布在埃姆港、瓦尔港、梅尔沃港、威尔明娜港区。

鹿特丹的集装箱码头堪称世界一流,最具有代表性的是欧洲联合码头(ECT)公司在此经营的专用码头,该码头营运完全自动化,采用现代化全自动装卸设备,例如双吊杆货柜起重机、多重拖车系统、自动导引车、无人操作堆积起重机、电脑辅助船舶规划系统等设备。同时,国际运输信息系统(INTIS)的采用,使有关信息得以及时交换。

鹿特丹是西欧的商品集散地,它对欧洲的物资流通乃至整个欧洲经济的发展都起着重要的作用。庞大、密集的交通干支线网络,使其成为水、陆、空的交通枢纽。港内有集装箱专用的铁路和公路网,并与内陆铁路网和高速公路网相连,一天之内便可将货物运至荷兰、法国北部、德国北部、比利时境内。而水运支线集疏运更具优势,港口运往内陆货物的25%是通过莱茵河运输的。除了对欧洲国家中转货物之外,美国向欧洲出口货物、日本向西欧市场出口货物也都由鹿特丹港中转,使它成为世界上最大的吞吐和中转港之一。

港口的主要进出口货物为石油、谷物、矿石、煤炭、水果、化肥、杂货、燃油、钢铁制品、化工产品、生铁等。鹿特丹前三大集装箱贸易伙伴为欧洲、亚洲和美国。2021年该港集装箱吞吐量为1530万TEU,世界排名第10位。

(2)阿姆斯特丹港

阿姆斯特丹港代码、经纬度如表4-10所示。

阿姆斯特丹港代码、经纬度　　　　　　　表4-10

港口名称(中文)	港口名称(英文)	港 口 代 码	经 纬 度	时 差
阿姆斯特丹	AMSTERDAM	NLAMS	52°22′N　4°54′E	+1:00

阿姆斯特丹港是荷兰商港,位于该国西北部,艾瑟尔湖西南。西有16n mile的北海运河通海,西北至英国利思港370n mile,西南至提尔伯里港186n mile,至加来港154n mile,东北至汉堡270n mile。港区由内港和外港两部分组成。外港在北海运河西端的艾莫伊登,既是荷兰北海最大渔港,北海石油、天然气开采基地,也是钢铁基地。船闸外北部有外港1、2、3号码头,总长1215m,前沿水深都在11.5~15.0m,主要是矿石、煤等进口港;闸内北侧也分布着1、2、3号

港池和钢铁装卸专用港池,主要是装卸钢铁和化肥等产品。

阿姆斯特丹作为荷兰的首都,也是荷兰最大的城市和第二大港口。西欧航线上许多国际班轮公司都选择该港作为挂靠的港口。

阿姆斯特丹港主要进口货物为谷物、矿砂、煤、化肥、原油、可可粉、咖啡、纸张、机器、化工品及杂货等,出口货物有焦炭、成品油、小麦、化肥、金属器皿、运输设备、化工产品、肉类及日用品等。

三、比利时

1. 地理位置与领土组成

比利时位于欧洲大陆西部,北海东南岸,北连荷兰,东邻德国,东南与卢森堡接壤,南和西南与法国交界,西北隔多佛尔海峡与英国相望。

2. 自然状况与人口

比利时国土面积 3.05 万 km^2,人口 1143 万(2018 年统计),90% 的居民信奉天主教,首都布鲁塞尔,官方语言为法语和弗拉芒语。全国面积 2/3 为丘陵和平坦低地,最低处略低于海平面。

比利时全境分为西北部沿海佛兰德伦平原、中部丘陵、东南部阿登高原三部分。最高点海拔 694m,主要河流有马斯河和埃斯考河,属海洋性温带阔叶林气候。

3. 当代经济发展概况

比利时为发达的工业国家,经济高度对外依赖,80% 的原料靠进口,50% 以上的工业产品供出口,主要出口商品是钢铁及其制品、交通器材、各种机械、食品、仪器等,其中金属丝线、平板玻璃、梳洗毛线、钻石等的出口量均列世界前茅;进口商品主要有矿产品、机械、石油、天然气、煤、粮等。欧盟成员国是其主要贸易伙伴,其次是欧洲其他国家和美国等。

煤炭、铁矿石、石灰石为比利时的主要矿产。煤炭曾为比利时经济发展做出突出贡献,但现已开发殆尽。此外尚有少量铁、锌、铅、铜等。森林及绿地面积 $6884km^2$(2015 年统计)。主要工业部门有钢铁、机械、有色金属、化工、纺织和玻璃等行业。农业以畜牧业为主,乳畜产品可自给,粮食进口一部分。钻石工业在比利时国民经济中位居产业排名的第 5 位,主要加工地在安特卫普,其创建于 13 世纪,早在 1460 年成为欧洲第一个商业城市,是钻石的国际贸易地。

天然的地理优势使比利时成为西欧的"十字路口",欧盟总部就设在其首都布鲁塞尔。历届政府因地制宜,大力发展交通和航运,并以此带动商业和外贸的繁荣,为国家经济的发展奠定了坚实的基础。比利时是世界上第一个在全部高速公路设置照明路灯的国家。比利时铁路网的密度在世界上首屈一指。比利时是世界十大商品进出口国之一。

4. 主要港口

比利时处于西欧若干国际通道的交叉口上,是联系中欧和英国的必经之地,又是联系北德低地和巴黎盆地的便捷走廊,战略地位十分重要。境内铁路、公路、内河航道纵横交错,四通八达,构成一个稠密而完整的水陆交通网。比利时是世界铁路网最密集的国家之一;海岸线虽然只有66.5km,但海运相当发达,拥有世界第一流的大商港。

(1) 安特卫普港

安特卫普港代码、经纬度如表4-11所示。

安特卫普港代码、经纬度　　　　　　　　表4-11

港口名称(中文)	港口名称(英文)	港口代码	经纬度	时差
安特卫普	ANTWERP	BEANR	51°17′N　4°19′E	+1:00

安特卫普港是比利时最大的港口,是世界著名的亿吨级大港之一,欧洲的第三大集装箱港。安特卫普位于比利时北部沿海斯海尔德河下游,西距北海入海口50n mile,东面经由阿尔贝特运河直通马斯河,地处莱茵河三角洲的南翼,有发达的内河网与本国及欧洲的河网连接,从安特卫普到蒙特利尔3210n mile,陆路交通也十分发达,有300多条公路的定期货运线和每天开出的100趟列车,通往欧洲各国各大城市。从地理位置上看,它占据了西欧中心的优越条件,加之港区良好的天然条件,使安特卫普在国际贸易中居重要的地位,转口贸易占有相当的份额。

整个港区分为远洋港区、近洋港区和内河港区。安特卫普的港口腹地已经拓展到地中海之滨。安特卫普港大力发展集装箱运输,通过疏浚斯德尔海,最新的大型集装箱船可以直接进港。2021年该港集装箱吞吐量为1202万TEU,世界排名第14位。

(2) 泽布吕赫

泽布吕赫港代码、经纬度如表4-12所示。

泽布吕赫港代码、经纬度　　　　　　　　表4-12

港口名称(中文)	港口名称(英文)	港口代码	经纬度	时差
泽布吕赫	ZEEBRUGGE	BEZEE	51°22′N　3°12′E	+1:00

泽布吕赫港是欧洲集装箱运输中转枢纽港之一,比利时第二大集装箱港,也是比利时最大的客运港口。

它位于比利时西北沿海,濒临北海的东南侧,外有火车轮渡与英国的哈里奇港连接,内有河运,可以进入欧洲运河水网,有4条高速公路能与欧洲的高速公路网连接,24小时内可到达意大利和奥地利,36~48小时内可以到达东欧与中欧国家,铁路系统极为便利,铁路几乎可以同欧洲各大城市相联系。

港区内分为内、外港区。外港区设有石油、散货、集装箱、液体天然气、双层滚装船码头,还有轮渡码头,集装箱码头是最主要的码头。内港区有煤炭、矿石、农副产品及集装箱码头。

泽布吕赫是沟通英国与欧洲大陆的重要港口,它对英国与欧洲大陆间的货物与旅客运输起着极为重要的作用。

四、法国

1. 地理位置与领土组成

法国国土大致呈不规则的六边形,三面环水、三面靠陆地,可谓海陆兼备的国家。东北部与比利时、卢森堡、德国接壤,东部与瑞士、意大利以孚日山脉和阿尔卑斯山脉为界,南以比利牛斯山脉为界与西班牙分开,其他三面分别濒临地中海、比斯开湾、英吉利海峡。

2. 自然状况与人口

法国国土面积为55.16万km^2,人口6719万(截至2018年1月),通用语言为法语。居民中90%的人信奉天主教,另有约400万穆斯林及少数新教、犹太教、佛教和东正教徒。

法国是以平原为主的国家,平原和丘陵占国土面积的4/5,主要分布在西北部,属西欧平原的一部分,多为冲积平原,土质肥沃、土层厚,是法国的主要农业区。高大山脉多坐落在东部和西部边境上,地势由东南向西北倾斜,中南部是古老的中央高地。

法国西北隔英吉利海峡与英国相望,濒临北海、大西洋和地中海,地中海上的科西嘉岛是法国最大岛屿。主要山脉有阿尔卑斯山脉、比利牛斯山脉、汝拉山脉等。法意边境的勃朗峰海拔4810m,为欧洲最高峰。河流主要有卢瓦尔河(长1010km)、罗讷河(长812km)、塞纳河(长776km)。边境线总长度为5695km,其中海岸线为2700km,陆地线为2800km,内河线为195km。西部属海洋性温带阔叶林气候,南部属亚热带地中海式气候,中部和东部属大陆性气候。平均降水量从西北往东南由600mm递增至1000mm以上。

法国自然资源丰富。森林面积172.53万km^2,占国土总面积的31.51%(2020年统计),矿产种类多,铝土、铀矿储量在西欧各国中均居首位,铁矿和钾盐储量也很丰富。石油分布较广,但储量不大;煤炭不足,使法国能源供求失调,但天然气和水力资源较丰富,可补充部分矿物能源不足的问题。

总之,法国平原面积广大,气候温和,其自然条件对农业生产发展十分有利,这在欧洲主要工业国家中是少见的。较丰富的铁矿资源和其他矿物原料,为发展工业提供了有利条件。

3. 当代经济发展概况

法国经济发达,国内生产总值居世界前列。主要工业部门有矿业、冶金、钢铁、汽车制造、造船、机械制造、纺织、化学、电器、动力、日常消费品、食品加工和建筑业等。核能、石油化工、海洋开发、航空和宇航等新兴工业部门近年来发展较快,在工业产值中所占比重不断提高。核电设备能力、石油和石油加工技术居世界第2位,仅次于美国。航空和宇航工业仅次于美国和俄罗斯,居世界第3位。钢铁工业、纺织业占世界第6位。但工业中占主导地位的仍是传统的工业部门,其中钢铁、汽车、建筑为三大支柱。工业在国民经济中的比重有逐步下降的趋势。第三产业在法国经济中所占比重逐年上升。其中电信、信息、旅游服务和交通运输部门业务量增幅较大,服务业从业人员约占总劳动力的70%。法国商业较为发达,创收最多的是食品销售,在种类繁多的商店中,超级市场和连锁店最具活力,几乎占全部商业活动的一半。

法国铁矿蕴藏量较大,但品位低、开采成本高,所需的铁矿石大部分依赖进口。煤储量已近枯竭。铝土矿储量约9000万t。有色金属储量很少,几乎全部依赖进口。石油和天然气需要大量进口。水力资源约为1000万kW,能源主要依靠核能,水力资源和地热的开发利用比较充分。法国是欧盟最大的农业生产国,也是世界主要农副产品出口国。粮食产量占全欧洲粮食产量的1/3,农产品出口仅次于美国,居世界第2位。农业食品加工业是法国外贸出口获取顺差的支柱产业之一。欧洲前100家农业食品工业集团有24家在法国,世界前100家农业食品工业集团有7家在法国,法国的农副产品出口居世界第一。

法国还是世界著名的旅游国,平均每年接待外国游客7000多万人次,超过本国人口。首都巴黎、地中海和大西洋沿岸的风景区及阿尔卑斯山区都是旅游胜地,此外还有一些历史名城、卢瓦尔河畔的古堡群、布列塔尼和诺曼底的渔村、科西嘉岛等。法国一些著名的博物馆收藏着世界文化的宝贵遗产。法国也是世界贸易大国,其对外贸易有两个特点:一是进口大于出口,造成贸易逆差,进口商品主要有能源和工业原料等,出口商品主要有机械、汽车、化工产品、钢铁、农产品、食品、服装、化妆品和军火等,法国葡萄酒享誉全球,酒类出口占世界出口的一半。法国时装、法国大餐、法国香水都在世界上闻名遐迩,法国一直是全球奢侈品市场重要的出口源头,其奢侈品行业约占全球市场的10%~11%,这主要得益于葡萄酒、烈酒、香水、化妆品方面的领导地位。二是非产品化的技术出口增长较快,纯技术出口在整个出口贸易中的地位日益显要。2017年法国出口主要贸易伙伴是德国、美国、西班牙、意大利和比利时等,进口主要贸易伙伴是德国、比利时、荷兰、意大利和西班牙等。法国近9年来对外贸易统计如表4-13所示。

法国对外贸易年度统计表　　　　　　　　　　　　　　　　　　　　　表4-13

年份(年)	2010	2011	2012	2013	2014	2015	2016	2017	2018
贸易额(亿美元)	11352.28	13165.66	12449.07	12625.94	12570.76	10791.64	10736.48	11592.86	12550.40

资料来源:中华人民共和国商务部国别数据网,2019。

4. 主要港口

法国有较稠密的内河运输水系,主要河流有塞纳河、卢瓦尔河、加龙河、罗纳河,且各大河间有运河相通。内河航道8568km,其中运河航道4613km,是世界河流密度最大的国家。法国海岸线长约2700km,75%的进口货物和20%的出口货物是通过海运来完成的。由于法国外部靠海,内部多大河,所以在沿海与河口处形成许多大港。如法国最重要的两大河港巴黎和斯特拉斯堡、罗纳河口的马赛港、塞纳河口的勒阿弗尔、卢瓦尔河口的圣纳泽尔港、加龙河口的波尔多港等,还有东北部的敦刻尔克港。河口港便于利用内河作为货物集散的渠道,又可使海港因具有广阔的腹地而加强其地位。

(1)波尔多港

波尔多港代码、经纬度如表4-14所示。

波尔多港代码、经纬度　　　　　　　　　　　　　　　　　　　　　表4-14

港口名称(中文)	港口名称(英文)	港口代码	经纬度	时差
波尔多	BORDEAUX	FRBOD	44°53′N 0°32′W	+1:00

波尔多港位于法国西南的加龙河下游,濒临比斯开湾的东侧,是海湾河口港及大西洋东岸的重要商港。

在历史上,波尔多曾于1870年、1914年和1940年三度作为政府所在地,波尔多的工商业极为发达,是法国的八大城市之一。波尔多以酿造葡萄酒而闻名于世,特等"波尔多红葡萄酒"列为世界极品,名扬全球。从波尔多有铁路、公路通往巴黎、马赛等重要城市,波尔多港通过加龙河过图卢兹再经南部运河后可于阿格德入地中海,因此,波尔多成为连接地中海和大西洋的桥梁,地理位置极为重要。

波尔多港主要进口货物为石油、煤炭、木材、花生、矿石、糖浆和磷灰石等;主要出口货物为谷物化肥、水泥、水果和蔬菜等。

（2）勒阿弗尔

勒阿弗尔港代码、经纬度如表 4-15 所示。

勒阿弗尔港代码、经纬度 表 4-15

港口名称(中文)	港口名称(英文)	港口代码	经纬度	时差
勒阿弗尔	LE HAVRE	FRLEH	49°30′N　0°7′E	+1:00

勒阿弗尔港是法国西北部塞纳河口北岸的海湾河口港,是法国第二大港口和最大的集装箱港。港口濒临英吉利海峡,与英国的南安普敦港隔海相对,是法国塞纳河中游工业区的进出口门户,是来往西班牙、葡萄牙、爱尔兰和苏格兰的理想中转港口,有铁路、公路、管道和运河通往巴黎,并把法国与西欧连接起来,同时承担着法国与南美和北美洲之间的货物转运。挂靠勒阿弗尔港口的班轮公司众多,港口已开通 150 多条航线与世界各地 500 多个港口相连接。2021 年该港集装箱吞吐量 301.86 万 TEU,世界排名第 68 位。

散货码头最大可停靠 25 万载重吨的船舶,而油突堤码头最大可停靠 55 万载重吨的油轮(ULCC)。该港可以接纳吃水达 14.5m 的超巴拿马型集装箱船舶。该港主要进口货物为石油、矿产品、纺织品等,主要出口货物为石油制品、汽车、粮谷、机器、运输设备等。勒阿弗尔港还设有自由贸易区,著名的汽车生产企业尼桑在该港建有物流分拨中心。

（3）马赛港

马赛港代码、经纬度如表 4-16 所示。

马赛港代码、经纬度 表 4-16

港口名称(中文)	港口名称(英文)	港口代码	经纬度	时差
马赛	MARSEILLES	FRMRS	43°19′N　5°22′E	+1:00

马赛港是法国和地中海的最大商港、欧洲的第三大港口、法国第二大集装箱港口。马赛港位于法国东南罗纳河三角洲东侧、地中海西北侧,有铁路、公路、运河经里昂至巴黎工业区和莱茵河畔,交通十分便利。

除马赛港区以外,还包括福斯(FOS)、布克、圣路易罗拉港区。整个港区的泊位总计达 200 个以上,年吞吐能力 1 亿 t 以上,码头岸线总长为 70 多千米,包括集装箱泊位、滚装船泊位、石油装卸泊位,此外,还有用于磷肥、食用油、煤炭、矿石等装卸的散货泊位、杂货泊位等。

马赛港是石油进口大港,是世界上第一流的天然气运输港,港区附近有大规模的钢铁、炼油、石油化工、修船等企业,马赛现是法国最大的修船港,最大可容纳 80 万吨级的船舶修理,年均修船数为 1200 艘。

马赛与世界上 300 多个港口有贸易往来,集装箱中转业务发展迅速。

五、其他西欧国家港口

1. 都柏林港

都柏林港代码、经纬度如表4-17所示。

都柏林港代码、经纬度　　　　　　　　　　　　　　　　　表4-17

港口名称(中文)	港口名称(英文)	港 口 代 码	经 纬 度	时 差
都柏林	DUBLIN	IEDUB	53°21′N 6°11′W	0:00

都柏林港是爱尔兰东海岸的主要港口。港口濒临爱尔兰海的西侧,交通位置极为重要,是公路、铁路和水运的枢纽,港区有30多个泊位。都柏林是爱尔兰的首都和第一大城市。

2. 科克港

科克港代码、经纬度如表4-18所示。

科克港代码、经纬度　　　　　　　　　　　　　　　　　表4-18

港口名称(中文)	港口名称(英文)	港 口 代 码	经 纬 度	时 差
科克	CORK	IEORK	51°55′N 8°25′W	0:00

科克港是爱尔兰东海岸的港口,濒临凯尔特海的西部。

港口码头岸线总长为2800多米,有12个杂货泊位,最大水深为8.8m;滚装船泊位1个,水深5.0m;1个集装箱泊位,最大水深为8.8m;油轮泊位4个,最大水深13.1m。

出口货物以奶油、废钢、汽油、巧克力为主;进口货物以煤炭、化肥、生铁等为主。

第三节　东　欧

这里主要介绍俄罗斯的情况。

一、地理位置与领土组成

俄罗斯地跨欧亚两洲,领土由欧洲东部的大部分和亚洲北部的广大地区组成。东西长9000km,南北宽4000km。俄罗斯海岸线长约3.38万km,是世界上海岸线最长的国家。在俄罗斯的领土中,亚洲部分约占3/4,但其政治、经济、文化中心却位于欧洲部分。第二次世界大战后,苏联积极改善生产力的布局,加大亚洲部分的投资与开发,亚洲部分的经济确有较快的增长,但并未改变其欧洲部分的传统核心地位,其首都、大部分人口、工业中心、交通中心等都在欧洲部分,因此,俄罗斯是一个传统的欧洲国家。

二、自然状况与人口

俄罗斯总面积 1709.82 万 km²,是世界上领土最大的国家。其欧洲领土的大部分是东欧平原。北邻北冰洋,东濒太平洋,西接大西洋。陆地邻国西北面有挪威、芬兰,西面有爱沙尼亚、拉脱维亚、立陶宛、波兰、白俄罗斯,西南面是乌克兰,南面有格鲁吉亚、阿塞拜疆、哈萨克斯坦,东南面有中国、蒙古国和朝鲜。东面与日本和美国隔海相望。大部分地区处于北温带,气候多样,以大陆性气候为主。温差普遍较大,1 月平均温度为 $-37 \sim -1$℃,7 月平均温度为 $11 \sim 27$℃。年平均降水量为 $150 \sim 1000$mm。

俄罗斯境内有许多大河。欧洲部分以伏尔加河为最长,也是欧洲最长的河流,全长 3690km,流域面积 138 万 km²。干支流大部河段可通航,约承担全国河运总量的 2/3,通航期长达 7~9 个月。通过伏尔加—顿河运河可达黑海。此外,还有顿河、北德维纳河、伯朝拉河等。东部西伯利亚地区的鄂毕河、叶塞尼河和勒拿河都发源于南部山地,向北注入北冰洋,这些河流水量丰沛,水力资源丰富,但冬季封冻期长,通航期不足半年。俄罗斯的河流多自南向北流入北冰洋,北部水资源丰富,热量资源少;而南部热量资源较丰富,水资源则少,影响农业生产的发展。

俄罗斯自然资源极其丰富,而且种类多、储量大、自给程度高。2017 年石油探明储量 145 亿 t,占世界探明储量的 6.3%;天然气已探明蕴藏量为 35 万亿 m³,占世界探明储量的 18.1%,居世界第 1 位;煤蕴藏量 1603.64 亿 t,居世界第 2 位。2015 年森林覆盖面积 814.9 万 km²,占国土面积 49.76%,居世界第 1 位。铝、铁、铀和黄金储藏量居世界前列。此外,还有大量的水产品资源和野生动植物资源等。丰富的资源为俄罗斯的发展提供了重要的物质基础,但俄罗斯资源的绝大部分分布在乌拉尔山脉以东地区,这里经济相对落后,交通不便,给资源的开发利用带来困难。

俄罗斯人口 1.47 亿(2019 年统计),共有大小民族 100 多个,其中俄罗斯人占 4/5,其他主要少数民族有鞑靼族、乌克兰族、楚瓦氏族、摩尔多瓦族、达格斯坦族、白俄罗斯族、日耳曼族和犹太族等。主要宗教为东正教,其次为伊斯兰教。

三、当代经济发展概况

俄罗斯工业基础雄厚,部门齐全,以机械、钢铁、冶金、石油、天然气、煤炭、森林工业及化工等为主,纺织、食品、木材和木材加工业也较发达。农牧业并重,主要农作物有小麦、大麦、燕麦、玉米、水稻和豆类。经济作物以亚麻、向日葵和甜菜为主。畜牧业主要为养牛、养羊、养猪业。出口商品主要有石油、天然气、电力、煤、机器设备、黑色及有色金属等,进口商品主要有机器设备、食品、化工产品等。俄罗斯 2012 年 8 月 22 日加入世界贸易组织,成为世界贸易组织第 156 个成员。2017 年俄罗斯国内生产总值 92.08 万亿卢布(1 美元约合 58.3 卢布),同比增长 1.5%,同年,俄罗斯与中国签订了共建"一带一路"合作文件,声明两国将确保地区经济持续稳定增长,加强区域经济一体化,维护地区和平与发展。俄罗斯是东欧地区第一经济大国,与中国、印度、巴西和南非并称为"金砖国家"。2018 年度其出口主要贸易伙伴是中国、荷兰、德国、白俄罗斯和土耳其等,进口主要贸易伙伴是中国、德国、美国、白俄罗斯和意大利等。俄罗斯近9年对外贸易年度统计如表4-19所示。

俄罗斯对外贸易年度统计表　　　　　　　　　　表4-19

年份(年)	2010	2011	2012	2013	2014	2015	2016	2017	2018
贸易额(亿美元)	5599.67	6573.78	6429.69	8412.74	7844.21	5264.14	4681.00	5852.31	6871.17

资料来源:中华人民共和国商务部国别数据网,2019。

四、主要港口

俄罗斯周围虽海域广大,但缺少暖海和不冻港,俄罗斯海港分布于波罗的海、黑海和日本海沿岸。其中波罗的海和黑海沿岸的港口主要承担往来于欧洲和非洲的货物;日本海沿岸的港口主要承担往来于日本、韩国、中国、美国、东南亚国家的货物及向马加丹州、萨哈林州等北部地区运送的货物。

俄罗斯的国际贸易港口主要分为两个部分:远东地区港口和俄罗斯西北海岸港口。俄罗斯远东地区的港口主要有符拉迪沃斯托克(海参崴)、霍尔姆斯克、亚历山德罗夫斯克(远东地区转运港)、鄂霍次克、纳霍德卡和东方港。

俄罗斯西北海岸最著名的港口是圣彼得堡,它是西北海岸港口中规模最大、吞吐量最多的港口,此外还有北海岸的摩尔曼斯克、阿尔汉格尔斯克、维里扬马尔、伊加卡尔等。

1. 圣彼得堡港

圣彼得堡港代码、经纬度如表4-20所示。

圣彼得堡港代码、经纬度　　　　　　　　　　表4-20

港口名称(中文)	港口名称(英文)	港口代码	经 纬 度	时 差
圣彼得堡	ST PETERSBURG	RULED	59°56′N　30°18′E	+3:00

圣彼得堡港是俄罗斯西北海岸的港口,濒临波罗的海,与芬兰的赫尔辛基有主干铁路相连,海上距赫尔辛基158n mile,有公路、铁路网通往国内各大城市,从中国的乌鲁木齐经过哈萨克斯坦,沿途过俄罗斯的奥伦堡、萨马拉、莫斯科,可直达圣彼得堡。

俄罗斯的西部,特别是圣彼得堡以南的地区人口密集,经济发展相对较快,而圣彼得堡是集海、陆、空于一身的交通枢纽,给圣彼得堡的发展创造了机会。

港区吞吐货物种类主要有煤炭、矿石、谷物、建筑材料、木材、金属制品和原油等。

另外,港区内设有自由贸易区,对保税货物和加工出口享受优惠税率的货物具有很大吸引力。

2. 东方港

东方港代码、经纬度如表4-21所示。

东方港代码、经纬度　　　　　　　　　　表4-21

港口名称(中文)	港口名称(英文)	港口代码	经 纬 度	时 差
东方港	VOSTOCHNY (VOSTOCHIY PORT)	RUVYP	42°44′N　133°3′E	+9:00

东方港是俄罗斯远东地区的最大深水港,是俄罗斯的第一条西伯利亚大陆桥的桥头堡之一,位于日本海北部彼得大帝湾东南面的阿美利加湾内。港口西北至符拉迪沃斯托克(海参崴)港65n mile,距中国上海约900n mile。该港浪静,冬季冰薄,是俄罗斯远东大陆唯一的终年不冻、全年通航的天然良港。

20世纪30年代,俄罗斯在远东地区本国领海建设了纳霍德卡港,20世纪70年代,出于战略发展长远打算,建立了新的港区,并以东方大港称世。由此,西伯利亚大陆桥也随着东方大港的兴建而延伸,这意味着俄罗斯与日本等远东地区的海上贸易具备了充分的物质条件,而在实施东方大港的建设中,日本商界提供贷款,以谋求未来共同的经济利益。

东方港包括两个主要港区,即纳霍德卡港区和东方港区。纳霍德卡港区码头线约3500m,主要用于杂货、大宗散货、集装箱、石油的接卸;东方港区共拥有码头岸线3100m,主要是集装箱泊位和散货泊位。

3. 符拉迪沃斯托克(海参崴)港

符拉迪沃斯托克(海参崴)港代码、经纬度如表4-22所示。

符拉迪沃斯托克(海参崴)港代码、经纬度　　表4-22

港口名称(中文)	港口名称(英文)	港口代码	经纬度	时差
符拉迪沃斯托克(海参崴)	VLADIVOSTOK	RUVVO	43°5′N　131°52′E	+10:00

符拉迪沃斯托克(海参崴)港是俄罗斯远东地区深水港,濒临日本海的北侧,海上距俄罗斯的马加丹为1340n mile,距上海1000n mile,是欧亚大陆桥的东方桥头堡。

港口除了有连接欧亚大陆的铁路网之外,还有公路由符拉迪沃斯托克通往俄罗斯的哈马罗夫斯克城。符拉迪沃斯托克的战略位置十分重要,它是亚洲、澳新地区通往西伯利亚的海上门户,是从太平洋到大西洋横跨欧亚铁路干线的东方枢纽。

因该港占据有利的地理位置,随着俄罗斯与东北亚国家国际贸易的增加,吸引了众多货主使用,并成为很多航运公司挂靠的港口。

港区设有集装箱、散货、杂货码头泊位,码头岸线长达4500m,进出口货物以石油、煤炭、集装箱货和杂货为主。

第四节　北　欧

一、北欧概况

北欧是指欧洲北部的日德兰半岛、斯堪的纳维亚半岛、冰岛及法罗群岛等,包括的国家有挪威、瑞典、芬兰、丹麦和冰岛五国。全部位于北纬54°以北的高纬度地区,其领土三面被海洋所包围,挪威和瑞典分布在斯堪的纳维亚半岛东西两边,丹麦由日德兰半岛的大部分和半岛东部的一些岛屿组成,芬兰在波罗的海东北面。北欧总面积132万 km²,占欧洲面积的12.6%,人口约2710万人(2018年统计)。

北欧五国在政治、经济上联系密切,都是发达国家,北欧地区是世界上最富有的地区之一。五国中,挪威、瑞典、芬兰三国森林资源和水力资源丰富,林业和林产品加工业发达,是世界上主要的纸浆生产国和输出国,同时利用水力发电,以此推动其他工业发展,所以三国的电冶金和电化学工业比较发达,但是三国的农业由于土质不肥,耕地较少,多用来种植饲料作物,乳用畜牧业在农业中占重要地位。丹麦的工农业生产均较发达,工业企业以中小型和轻型为主,几乎没有采矿业和大型的制造业,主要工业部门是造船业、食品、纺织、水泥等传统部门以及电子电器、精密仪器、仪表等尖端技术部门,现为世界主要轮船柴油机生产国和输出国。

在进出口贸易中,丹麦主要出口畜产品,有黄油、干酪、肉类、牲畜等,工业品有精密仪器、电子仪器、仪表;主要进口国内所需要的能源、工业原料、纸张、纺织品以及农业发展所需要的化肥和拖拉机、牲畜饲料等。挪威出口产品主要是鱼类及其制品,木材及木制品,包括纸浆、纸张等;进口主要有谷物、机械、纺织品、燃料及船只。瑞典出口以铁矿砂、钢铁制品及木材、木制品为主;进口主要有燃料(石油)、工业原料及食品。芬兰出口的主要是木材及木制品,其次是金属材料和机械产品;进口种类较多,包括食品、肥料及各种工业品。

在北欧国家中,挪威、瑞典、丹麦拥有较大的商船吨位。挪威的航海事业很发达,有悠久的历史,航运业在国民经济中占有重要地位,拥有一些世界知名的航运机构,如挪威船级社和挪威奥斯陆国际航运交易所等。另外,世界上最大的集装箱运输公司所属的 A.P. 穆勒-马士基集团就位于丹麦哥本哈根。

二、北欧主要港口

北欧五国的主要港口有挪威的港口卑尔根、奥斯陆;瑞典港口哥德堡、赫尔辛堡、马尔默、海讷桑德等,丹麦最著名的大港是哥本哈根、欧登塞、奥尔堡等;赫尔辛基是芬兰最著名的国际港口,此外,汉科、图尔库、瓦萨、科科拉、凯米、奥卢、拉赫等都是分布在芬兰西海岸上的主要贸易港口,雷克雅未克是冰岛的国际商港。

1. 奥斯陆港

奥斯陆港代码、经纬度如表4-23所示。

奥斯陆港代码、经纬度 表4-23

港口名称(中文)	港口名称(英文)	港口代码	经 纬 度	时 差
奥斯陆	OSLO	NOOSL	59°54′N　10°43′E	+1:00

奥斯陆港位于挪威东南部,濒临奥斯陆峡湾。从奥斯陆出发,有主干铁路网连接到本国及瑞典的哥德堡、马尔默、斯德哥尔摩等主要城市,同时,公路集疏运网一直通往挪威最北部的瓦尔德、最南部的克里斯蒂安桑。同卑尔根相比,奥斯陆的集装箱泊位条件和集装箱吞吐能力要高出许多。奥斯陆是北欧班轮航线挂靠的基本港口。

全港区泊位100多个,除集装箱泊位外,还有可泊8万载重吨油轮的油码头、水深13m的散货码头、6个杂货泊位、滚装船装卸设施等。奥斯陆是挪威的首府,也是唯一一个人口在50万以上的城市,是全国政治、经济、文化、交通中心。

2. 哥德堡港

哥德堡港代码、经纬度如表4-24所示。

哥德堡港代码、经纬度　　　　　　　　　　　　表4-24

港口名称(中文)	港口名称(英文)	港 口 代 码	经 纬 度	时 差
哥德堡	GOTHENBURG	SEGOT	57°41′N　11°51′E	+1:00

哥德堡港是瑞典最大的国际商港,也是瑞典集装箱吞吐量中最大的港口。

港口位于瑞典的西南部,濒临卡特加特海峡,与丹麦腓特烈港隔海相望,距哥本哈根130n mile,与挪威的奥斯陆相距160n mile,与荷兰的鹿特丹相距491n mile。它是瑞典进出大西洋最近的港口,在瑞典的对外贸易中发挥着极为重要作用,是瑞典的交通中心。

港区可以分为集装箱码头区、自由港区、石油港区、深水油港区等。

哥德堡是瑞典的第二大城市(斯德哥尔摩第一),工商业发达,在瑞典西部经济中处主要地位。港口进口货物以煤炭、小轿车、金属、机械等为主,出口货物以钢铁、汽车、石油制品、木制品、纸张为主。

【历史故事】

著名古船——哥德堡号

哥德堡号是大航海时代瑞典著名远洋商船,曾3次远航中国广州。

1745年1月11日,"哥德堡Ⅰ号"从广州启程回国,船上装载着大约700t中国物品,包括茶叶、瓷器、丝绸和藤器。8个月后,"哥德堡Ⅰ号"航行到离哥德堡港大约900m的海面,离开哥德堡30个月的船员们已经可以用肉眼看到自己故乡的陆地,然而就在这个时候,"哥德堡Ⅰ号"船头触礁随即沉没,正在岸上等待"哥德堡Ⅰ号"凯旋的人们只能眼睁睁地看着船沉到海里,幸好事故中未有任何伤亡。

1984年,瑞典一次民间考古活动发现了沉睡海底的"哥德堡Ⅰ号"残骸。1993年,瑞典新东印度公司开始筹划仿造"哥德堡号"。2003年6月,这艘使用18世纪工艺制造的"哥德堡号"新船顺利下水。2006年7月18日上午,哥德堡号胜利抵达广州港,受到中国人民的热烈欢迎。

3. 赫尔辛基港

赫尔辛基港代码、经纬度如表4-25所示。

赫尔辛基港代码、经纬度　　　　　　　　　　　　表4-25

港口名称(中文)	港口名称(英文)	港 口 代 码	经 纬 度	时 差
赫尔辛基	HELSINKI	FIHEL	60°9′N　24°57′E	+2:00

赫尔辛基港是芬兰最大的国际贸易港口,位于芬兰南部沿海芬兰湾的北岸,距瑞典的斯德哥尔摩240n mile,东距圣彼得堡158n mile,有铁路、公路通往芬兰各地,是芬兰的交通中心。

1640年,赫尔辛基建港,1812年至今是芬兰的首都,全国政治、文化的中心,是全国第一大城市,人口占芬兰总人口的25%以上。同时,也是芬兰的机械制造加工业和造船工业中心。另外,印刷工业和服装工业也极为先进发达,是芬兰最大的工业中心。赫尔辛基作为芬兰最大的外贸口岸,每年约50%的对外货运量流经此港。

港口自然条件良好,港区主要有5个,即西港、东港(沙土港)、南港、赫吐那斯和贾沙隆港区,全港共有60多个远洋泊位。其中西港区是远洋船水陆联运码头,主要负责来往于瑞典、挪威、德国、丹麦、波兰、法国、英国的较近航程的班轮或较远航程的杂货班轮装卸。西港区还辟有2万m^2的自由贸易区。东港区负责来往于波罗的海各港及比利时、英国、荷兰的货物运输,是芬兰进口水果和蔬菜的中心,拥有石油进口的专用码头,有铁路通至其他港区,拥有滚装船泊位,该区内设有8万m^2的自由贸易区,进区货物(以汽车为主)享受同样的特殊优惠政策。

4. 哥本哈根港

哥本哈根港代码、经纬度如表4-26所示。

哥本哈根港代码、经纬度　　　　　表4-26

港口名称(中文)	港口名称(英文)	港口代码	经纬度	时差
哥本哈根	COPENHAGEN	DKCPH	55°42′N　12°38′E	+1:00

哥本哈根港是丹麦最大的国际贸易港口,是波罗的海航运枢纽和北欧的商业中心。哥本哈根位于波罗的海出入厄勒海峡南口西岸,地处北欧海、陆、空交通枢纽要道,海上到纽约3550n mile,到伦敦为800n mile,至直布罗陀海峡1939n mile,经德国的基尔运河到中国大连11347n mile,到邻近的几个国家海上距离在500n mile以内,哥本哈根到奥斯陆270n mile,至斯德哥尔摩425n mile。哥本哈根作为丹麦的首都,自古就成为北欧的商业中心,全国有30%的工业集中于该城,造船、炼油、机械制造、食品加工是其主要的产业。

哥本哈根是因良好的海运地理环境而发展起来的,早在16世纪,波罗的海航运带给丹麦哥本哈根贸易、商业的便利,使它成为"北方的巴黎"。该市有铁路,并通过火车轮渡连接日德兰半岛、德国、瑞典,距国际机场6km。港区有泊位100多个,分为外港、内港、东港三部分。内港是沿海船港区;外港以北港为核心,是远洋干货船主要停靠区域,开辟了自由港区;东港位于外港东南,是石油港区。

港口主要进出口货物有煤炭、原油、木材、饲料、生铁、工业品、粮谷、纺织品、机械设备、酒、船舶、奶制品、水果和植物油等。

5. 雷克雅未克港

雷克雅未克港代码、经纬度如表4-27所示。

雷克雅未克港代码、经纬度　　　　　表4-27

港口名称(中文)	港口名称(英文)	港口代码	经纬度	时差
雷克雅未克	REYKJAVIK	ISREY	64°9′N　21°56′W	0:00

雷克雅未克港是冰岛最大的国际商港,港口位于冰岛的西南部,濒临大西洋的东北侧,港口距直布罗陀1926n mile。

雷克雅未克建于公元874年,是冰岛的首都,全国最大的城市,有"无烟城市"之美称。港口受大西洋暖流的影响,终年不冻,自然条件良好,港区设有专业散、杂、集、油码头,大船锚地水深35m,油轮码头最大可停靠2万载重吨的船舶。该港主要出口货物为渔产品,进口货物以谷物、船舶、燃料、饲料、机器等为主。

第五节 南 欧

南欧指阿尔卑斯山脉以南,位于巴尔干、亚平宁和伊比利亚三大半岛及其附近一些岛屿上的17个国家和地区。有罗马尼亚、保加利亚、斯洛文尼亚、克罗地亚、塞尔维亚、黑山、波斯尼亚和黑塞哥维那、北马其顿、阿尔巴尼亚、希腊、意大利、圣马力诺、梵蒂冈、西班牙、葡萄牙、安道尔、马耳他等国家和地区。南欧总面积166万km^2,人口约1.65亿(2018年统计),是欧洲人口较稠密的地区。

地中海对南欧各国的自然地理、经济发展都有重要影响。自古以来,地中海航运业就很发达。地中海将欧、亚、非三洲沟通起来,尤其是苏伊士运河通航以后,地中海便成了连接东西方、大西洋与印度洋的海上捷径。由于运河和直布罗陀海峡的存在,使南欧地理位置具有重要的战略意义。

南欧各国的地形以山地、丘陵为主,平原面积不大。地理位置正处于回归高压带和西风带交替地带,北部又有高大的阿尔卑斯山脉为屏障,除东北部为温带大陆性气候外,大部分属地中海式气候,夏季炎热干燥,冬季温暖湿润。适合于农业生产的发展,花卉与葡萄、柑橘、无花果等亚热带水果在国际市场占重要地位;乳、肉用的畜牧业较发达,林、渔业占一定地位。

南欧各国除少数国家有石油、天然气和金属矿以外,大部分国家资源贫乏,尤其是矿物能源多依靠进口,但水力资源丰富。

第二次世界大战后,各国利用有利的地理位置与方便的交通条件,大力发展航运业、对外贸易和旅游业,使之成为各国经济的支柱产业和主要财富来源。

一、西班牙

1. 地理位置与领土组成

西班牙东临地中海,西濒大西洋,北部以比利牛斯山脉为界与法国相邻,南端隔14km的直布罗陀海峡与非洲相望,这里是地中海通往大西洋的咽喉,是欧洲通往非洲的陆上走廊,海岸线长达3900km,西北部多天然良港。15世纪和16世纪西班牙就是利用这样有利的地理位置成为海上强国,扼守着直布罗陀海峡,控制地中海各国以及大西洋沿岸欧洲和非洲国家间的贸易通道。

2. 自然状况与人口

西班牙国土由伊比利亚半岛大部及地中海上的巴利阿里群岛和大西洋上的加那利群岛组成，面积50.6万 km^2，是南欧面积最大的国家，人口4693万（2018年统计），以西班牙人为主，多数居民信奉天主教。

3. 当代经济发展概况

西班牙是发达的工业国。1993年以来，国内生产结构从过去的以采矿和轻纺工业为主转为以钢铁、机械、造船、电器、电子、汽车、石油化工等为主的工业体系。造船业居欧洲前列，所生产的船舶1/2供出口。20世纪70年代以来，大力发展石油工业，目前西班牙是南欧唯一在地中海欧洲大陆架上采油的国家。工业基本建立在本国原料的基础上；但近年来，由于生产规模的扩大，原料不敷需要，石油、铝土、铁矿石、焦煤等依赖进口。近年西班牙经济增长情况如表4-28所示。

2013—2017年西班牙经济增长情况统计表　　　　　　　　表4-28

年份（年）	经济总量（亿欧元）	经济增长率（%）	人均GDP（欧元）
2013	10313	-1.7	22518
2014	10412	1.4	22780
2015	10812	3.2	23290
2016	11100	3.2	24000
2017	11637	3.1	25000

资料来源：西班牙国家统计局。

在西班牙出口贸易中，工业品占70%，农副产品占30%，进口中原料和燃料占1/2，工业和运输设备占1/4。西班牙葡萄酒产量居世界第3位，橄榄油产量居世界第1位。2018年西班牙出口主要贸易伙伴是法国、德国、意大利、葡萄牙和英国等，进口主要贸易伙伴是德国、法国、中国、意大利和荷兰等。西班牙近9年来对外贸易统计如表4-29所示。

西班牙对外贸易年度统计表　　　　　　　　表4-29

年份（年）	2010	2011	2012	2013	2014	2015	2016	2017	2018
贸易额（亿美元）	5815.71	6830.15	6335.29	6584.95	6834.41	5943.62	6009.59	6707.83	7331.93

资料来源：中华人民共和国商务部国别数据网，2019。

4. 主要港口

西班牙共有港口53个，由28个港务局管理。西班牙港口在西班牙物流运输中具有非常重要的作用，其海上货运数量位居欧盟第3位，阿尔赫西拉斯港和瓦伦西亚港位居欧盟前10大港。西班牙60%的出口和85%的进口都通过港口完成，占与欧盟各国贸易总额的53%，与欧盟外其他国家贸易的96%。港口创造的产值约占运输业的20%，占GDP的1.1%。提供直接就业岗位3.5万个，间接就业岗位11万个。2017年港口客运量和货运量分别为3140万人次和4.7亿t。

主要港口有巴伦西亚、阿尔赫西拉斯、瓦伦西亚、巴塞罗那、毕尔巴鄂、卡塔格纳、塔拉戈纳、韦尔瓦、拉斯帕尔玛斯、希洪和卡斯特易翁等。

(1) 巴伦西亚港

巴伦西亚港代码、经纬度如表4-30所示。

巴伦西亚港代码、经纬度　　　　　　　　　　　　　　　表4-30

港口名称(中文)	港口名称(英文)	港 口 代 码	经 纬 度	时 差
巴伦西亚	VALENCIA	ESVLC	39°27′N　0°20′W	0:00

巴伦西亚港是西班牙最大集装箱港口。港口位于巴伦西亚湾内,东北至巴塞罗那160n mile,西南距直布罗陀380n mile。由于地处西班牙的中部,是内陆许多重要工业区的海上门户。

巴伦西亚是西班牙第三大城市,有人口70多万,是著名的文化古城,主要工业有造船业、仪器加工业、机器制造、纺织业等,其中造船业在西班牙占有一席之地,是全国造船中心之一。

港区泊位40多个,码头岸线长6200多米,主要进口货物有煤炭、木材、石油、钢、化工品、化肥、铁矿石和粮谷等,主要出口货物有水果、家具、蔬菜等。2021年该港集装箱吞吐量为560.45万TEU,世界排名第31位。

(2) 阿尔赫西拉斯港

阿尔赫西拉斯港代码、经纬度如表4-31所示。

阿尔赫西拉斯港代码、经纬度　　　　　　　　　　　　　表4-31

港口名称(中文)	港口名称(英文)	港 口 代 码	经 纬 度	时 差
阿尔赫西拉斯	ALGECIRAS	ESALG	36°8′N　5°26′W	0:00

阿尔赫西拉斯港是西班牙第二大集装箱港和最大的原油进口港。港口濒临直布罗陀海峡阿尔赫西拉斯湾的西部,和直布罗陀有着同样的地理位置,是大西洋与地中海之间的交通要道。有铁路和公路网与内地的龙达、格拉纳达、科尔瓦多以及北部的城市相连,与对岸相望的摩洛哥有轮渡连接。

港区主要分为商业港区和油港区两大部分。作为集装箱港,主要业务为中转箱,并最大可停泊20万载重吨油轮。此外,单浮筒海上泊位水深60m,可允许50万载重吨的油轮停泊;港区还有杂、散货和滚装船码头泊位数个。2021年该港集装箱吞吐量为479.95万TEU,世界排名第42位。

(3) 巴塞罗那港

巴塞罗那港代码、经纬度如表4-32所示。

巴塞罗那港代码、经纬度　　　　　　　　　　　　　　　表4-32

港口名称(中文)	港口名称(英文)	港 口 代 码	经 纬 度	时 差
巴塞罗那	BARCELONA	ESBCN	41°20′N　2°11′E	0:00

巴塞罗那港位于西班牙东海岸,是西班牙第三大集装箱港口,是地中海北岸航线的重要港口。

港口濒临地中海,在利翁湾和圣豪尔赫湾之间。有高速公路通往本国的沿海城市塔拉戈纳、巴伦西亚、内陆城市萨拉戈萨、法国的图卢兹等经济腹地，主干铁路网可直接到达首都马德里。

巴塞罗那是西班牙第二大城市，已有2000多年悠久的历史，是著名的旅游胜地。造船业、飞机制造业、化学、纺织业、电子业、汽车制造业、机械加工业等是巴塞罗那的主导产业。

港区共有90个左右泊位，包括杂货泊位、散货泊位、集装箱泊位、油码头等，港区最大水深为16m，每年进出港口的船舶有8000余艘，航线250多条，是欧洲港口中船舶出入较多的港口之一。

该港主要进口货物为羊毛、棉花、粮谷、煤、油类、铁、木材、化肥、糖、机械、铜、黄麻纤维及化工品等，出口货物主要有纺织品、软木、酒、橄榄油、房瓦、肥皂、纸张、水果、羊毛制品、玻璃制品及杂货等。2021年该港集装箱吞吐量为353.18万TEU，世界排名第54位。

二、意大利

1. 地理位置与领土组成

意大利领土由阿尔卑斯山脉南麓山地和波河平原、亚平宁半岛、西西里岛、撒丁岛及其附近岛屿组成，面积约30.13万km^2。亚平宁半岛和西西里岛把地中海分成东西两部分，形成亚得里亚海和利古里亚海两个向北突出的大海湾。自古以来，意大利就是中欧到非洲的天然桥梁和地中海东西航线便捷的水路，发展海运的条件颇为有利。奥特朗托海峡、墨西拿海峡、突尼斯海峡、博尼法乔海峡成为海运中的必经水道。

2. 自然状况与人口

意大利国土南北狭长，各地自然条件差异很大。北部大陆部分有高耸的阿尔卑斯山脉横贯东西，是莱茵河、波河、阿迪杰河等许多河流的发源地，各河蕴藏丰富的水力资源。山脉南部是波河平原，为意大利主要农业区。半岛部分为亚平宁山地，半岛西部和西西里岛是火山、地震多发地带。

意大利各地气候差异很大，南部是亚热带地中海式气候，大陆部分为温带大陆性气候。降水量较丰富，季节分配较均匀，适宜温带作物生长。意大利的矿产资源较贫乏，特别是矿物能源，只有少量的天然气、石油；但有丰富的水力资源，地热资源可弥补部分矿物能源的不足。天然硫黄、汞、铝土矿较丰富。半岛上所产色泽美丽的大理石是著名的建筑材料。

意大利人口6048万人（2018年统计），多为意大利人，有少数法兰西人，居民90%以上信奉天主教。人口分布不平衡，集中分布在北部经济发达地区，60%的人口集中在城市。首都罗马是有2700多年历史的古老名城。从公元8世纪起就是天主教的中心，名胜古迹众多，是世界著名旅游中心。罗马城西北的梵蒂冈城是面积只有0.44km^2的梵蒂冈城国的所在地，是各国天主教会的领导中心。

3. 当代经济发展概况

意大利同其他西方发达国家相比，存在着资源贫乏、工业起步较晚的劣势。但意大利注意适时调整经济政策,重视研究和引进新技术,促进经济发展。矿产资源仅有水力、地热、天然气、大理石、汞、硫磺等资源,还有少量铅、铝、锌和铝矾土等。工业主要以加工工业为主,所需能源和原料依赖外国进口,工业产品的 1/3 以上供出口。国家参与制企业比较发达,意大利的原油年加工能力为 1 亿 t 左右,有"欧洲炼油厂"之称;钢产量居欧洲第二;塑料工业、拖拉机制造业、电力工业等也位居世界前列。伊利、埃尼和埃菲姆三大国营财团掌握着经济命脉,在全国工业产值中约占 1/3,经营范围涉及钢铁、造船、机械、石油、化工、军火等部门。中小企业在经济中占有重要地位,近 70% 的国内生产总值由这些企业创造,因此被世人称为"中小企业王国"。在制革、制鞋、纺织、家具、首饰、酿酒、机械、大理石开采及电子工业等部门均占优势,具有专业化程度高、适应能力强、劳动力安排富于伸缩性和产品出口的比例大等优点。以家庭式微型企业为主的"地下经济"十分繁荣,产值约占国内生产总值的 15%。农业可耕地面积约占全国总面积的 10%。意大利旅游资源丰富,气候湿润,风景秀丽,文物古迹很多,有良好的海滩和山区,公路四通八达。

意大利旅游业发达,主要旅游城市是罗马、佛罗伦萨和威尼斯,每年接待的游客近 5000 万人次,其中德国、美国和法国游客居多,俄罗斯和中国游客数量增长迅速。根据意大利央行统计,2017 年 1～11 月,外国游客在意大利消费总额达到 370 亿欧元,同比增长 7%。对外贸易是意大利经济的主要支柱。进口主要以石油、原料和食品等为主,出口以机械设备、化工产品、家用电器、纺织、服装、皮鞋、金银首饰等轻工产品为主。2018 年意大利出口主要贸易伙伴是德国、法国、美国、西班牙和英国等,进口主要贸易伙伴是德国、法国、中国、荷兰和西班牙等。意大利近 9 年来对外贸易统计如表 4-33 所示。

意大利对外贸易年度统计表　　　　表 4-33

年份(年)	2010	2011	2012	2013	2014	2015	2016	2017	2018
贸易额(亿美元)	9343.92	10826.69	9912.30	9977.26	10042.61	8682.69	8686.01	9608.72	10474.18

资料来源:中华人民共和国商务部国别数据网,2019。

4. 与中国"一带一路"建设合作情况

2019 年 3 月 23 日,意大利和中国政府签署了关于共同推进"一带一路"建设的谅解备忘录。中国将同意大利就"北方港口建设""投资意大利计划"对接,推进各领域互利合作。未来,会有更多的现代版马可·波罗往返于这两个古老又年轻的国家之间。

5. 主要港口

意大利的海岸线长 7200 多千米,港口众多,共有 352 个港口,其中包括安科纳、拉斯佩齐亚、热那亚、威尼斯、底里加斯特、的里雅斯特、塔兰托、萨沃纳、里窝那、锡拉库扎和那不勒斯等。港口设施和吞吐量居全国首位的海港是热那亚,是地中海第一个集装箱装卸码头。那不勒斯是地中海地区最重要的国际客运转运港,在国际旅客周转量中居意大利首位。

(1) 热那亚港

热那亚港代码、经纬度如表 4-34 所示。

热那亚港代码、经纬度　　　　　　　　　　　表 4-34

港口名称(中文)	港口名称(英文)	港 口 代 码	经 纬 度	时 差
热那亚	GENOA	ITGOA	44°24′N　8°55′E	+1:00

热那亚港是意大利最大的海港，位于意大利亚平宁半岛西北海岸热那亚湾的顶端，濒临利古里亚海的北侧。

1861 年，热那亚从撒丁王国统治中脱离出来，成为意大利的城港，现在是意大利第五大城市，是全国炼油中心之一，化工、冶金、造船、钢铁、机械制造、纺织业比较发达，港口有铁路、公路、输油管道直通意大利的北方工业中心米兰、都灵，并建立了进入中欧国家德国、瑞士、奥地利之间的运输通道。热那亚的造船业居意大利前茅，全国每年在此建造的船舶约占建造总量的 2/3 以上。

港口由老港区、新港区、油港区、伏尔特里新区组成，其岸线总长为 30km，同时可以停靠 100 艘船舶进行装卸作业。油码头最大可以停靠 20～30 万吨级的船舶，港外 3km 处还有平台浮筒可以靠泊 50 万载重吨的油轮。

进口货物有石油、煤炭、谷物、矿石、废金属、纸浆、磷灰石、盐、油籽、化工产品等，出口货物主要有机器、纺织品、石油制品、金属制品、食品、化肥等。2021 年该港集装箱吞吐量 255.78 万 TEU，世界排名第 78 位。

(2) 那不勒斯(那波利)港

那不勒斯(那波利)港代码、经纬度如表 4-35 所示。

那不勒斯(那波利)港代码、经纬度　　　　　　　　表 4-35

港口名称(中文)	港口名称(英文)	港 口 代 码	经 纬 度	时 差
那不勒斯(那波利)	NAPLES	ITNAP	40°50′N　14°16′E	+1:00

那不勒斯(那波利)港是意大利西南部的重要港口之一，位于意大利亚平宁半岛西海岸那不勒斯湾的顶部，濒临第勒尼安海的东侧，距热那亚港 339n mile。有铁路、公路连通意大利的北部，港口距国际机场 8km。

早在公元前 6 世纪，那不勒斯曾作为罗马皇帝的避暑胜地，并归属东罗马统治，1861 年，将旧港城帕奥拉波里改为现名，并纳入意大利版图。那不勒斯是意大利的炼油中心之一，是意大利著名的钢铁中心之一，是意大利第三大城市，还是意大利旅游业极为发达的滨海城市。

港区分为西部客运码头、中部杂货和散货码头区、东部石油和集装箱港区，油码头可接卸上 10 万载重吨的油轮。那不勒斯是国际班轮公司挂靠的基本港，在港区内设有自由贸易区。进口货物主要有原油、矿石、谷物、木材、化肥、鱼、钢材等，出口货物主要有石油制品、煤炭、钢铁、水果等。

(3) 焦亚陶罗港

焦亚陶罗港代码、经纬度如表 4-36 所示。

焦亚陶罗港代码、经纬度　　　　　　　　　　表 4-36

港口名称(中文)	港口名称(英文)	港 口 代 码	经 纬 度	时 差
焦亚陶罗	GIOIA TAURO	ITGIT	38°26′N　15°54′E	+1:00

焦亚陶罗港位于意大利西西里岛东北端、墨西拿海峡北约15n mile,连接直布罗陀海峡到苏伊士运河间的地中海中间位置,兴建于20世纪70年代中期,是一个人工挖掘的狭长港口。全港码头岸线长5125m,水深最大达18m,泊位都位于内陆一侧,为现代化的集装箱码头。2021年该港集装箱吞吐量为314.66万TEU,世界排名第65位。

三、希腊

1. 地理位置与领土组成

希腊是个具有悠久历史的文化古国,位于欧洲巴尔干半岛的南部,分别与阿尔巴尼亚、北马其顿、保加尼亚和土耳其相邻,南濒地中海,东靠爱琴海,西临依奥尼亚海。

2. 自然状况与人口

国土面积13.2万km^2,人口1074万(2018年统计)。境内多山,占全国总面积的2/5左右。奥林匹斯山在希腊神话中被认为是诸神寓居之所,海拔2917m,是全国最高峰。属亚热带地中海式气候,冬温湿,夏干热。平均气温冬季6~13℃,夏季23~33℃。年平均降水量400~1000mm。2015年森林面积占国土面积的31.45%。主要矿产资源有铝矾土、褐煤、镍、铬、镁、石棉、铀和大理石等。

3. 当代经济发展概况

希腊属于混合型的经济体制国家,虽被列入发达国家之列,但在欧盟诸国中仍属于较不发达成员国。工业基础较其他欧盟国家薄弱,技术落后,规模小,主要工业有采矿、冶金、纺织、造船和建筑等。2009年年底,希腊债务危机爆发。2015年8月,新政府与国际债权人达成总额860亿欧元的紧急救助协议,即第三轮紧急救助方案,以"改革换资金",积极履行债权人提出的各项要求,改革经济与行政管理体制,放开能源与电信市场,提高税率、扩大税源,缩减社保等公共支出,推进国有资产和基础设施私有化,实施资本管制,推出新的《发展法》。在上述政策的综合影响下,希腊经济开始缓慢复苏。2017年,希腊初级财政盈余达70.8亿欧元,好于预定目标;成功发售30亿欧元五年期固定利率债券,重返资本市场;出口总额285亿欧元,同比增长13.2%;失业率下降至21.5%,是经济危机以来的最低值;全年GDP实现1.4%的增长。2018年8月,希腊全面退出国际救助计划。

希腊是传统的农业国,可耕地面积占全国面积的17.3%。服务业是经济的重要组成部分,旅游业是获得外汇、维持国际收支平衡的主要来源之一。出口主要以农产品和纺织品为主。2018年希腊出口主要贸易伙伴是意大利、德国、土耳其、塞浦路斯和保加利亚等,进口主要贸易伙伴是德国、伊拉克、意大利、俄罗斯和中国等。希腊近9年来对外贸易统计如表4-37所示。

希腊对外贸易年度统计表 表4-37

年份(年)	2010	2011	2012	2013	2014	2015	2016	2017	2018
贸易额(亿美元)	953.66	1013.71	989.14	986.85	1002.07	770.51	770.73	893.60	1045.38

资料来源:中华人民共和国商务部国别数据网,2019。

4. 与中国"一带一路"建设合作情况

2018年3月27日,中国与希腊两国政府间共同签署了共建"一带一路"合作谅解备忘录。两国将以"一带一路"合作为统领,深化经贸、金融等各领域合作,加强人文交流,密切多边合作,推动两国全面战略伙伴关系取得新成果。

5. 航运业

希腊航运发达,是世界航运大国,航运业是国家经济的重要支柱产业。2017年,希腊船队规模达4199艘,载重吨位3.09亿t,占全球总吨位的16.7%,高居世界第一。其中,散货船和邮轮全球排名第一,液化天然气运输船排名第二,集装箱排名第三,液化石油气运输船排名第四。希腊商船队主要为第三国运输往来的货物。

6. 主要港口

希腊共有各类港口444个。其中,比雷埃夫斯港是希腊最大的港口,伊泰阿港是南部铝矾土出口大港,库塔拉港是希腊东南部的铁矿砂出口港,帕特雷港是北欧到意大利出口货物转运港,另外,塞萨洛尼基和伊拉克利翁也是希腊的重要港口。

(1)比雷埃夫斯港

比雷埃夫斯港代码、经纬度如表4-38所示。

比雷埃夫斯港代码、经纬度　　　　表4-38

港口名称(中文)	港口名称(英文)	港口代码	经纬度	时　差
比雷埃夫斯	PIRAEUS	GRPIR	37°57′N　23°36′E	+2:00

比雷埃夫斯港是希腊最大的港口,位于希腊东南萨洛尼科斯湾,濒临爱琴海。在雅典的西南,距雅典仅8km,实际上比雷埃夫斯与雅典已经连成一片,并有铁路、高速公路网把位于巴尔干半岛的希腊南部与位于伯罗奔尼撒半岛的希腊北部连接起来。目前,该港是地中海北岸航线班轮挂靠的基本港。

比雷埃夫斯是希腊著名的炼油中心,主要工业还有造船、化工、机械、纺织等。

港口主要港区有主港、伊拉克利斯、附属港。除货物吞吐量居全国第一外,该港还是欧洲最繁忙的客运港口之一,去往雅典的游人在此换乘交通工具,游客络绎不绝。

2016年中远海运集团成功控股比雷埃夫斯港务局。如今,该港经营管理权已实现平稳过渡。中远海运比港公司以此港为枢纽港打造了55条航线,辐射范围达到地中海、黑海、中东、西北欧、北美、亚洲、澳洲地区,此港已成为陆上与海上丝绸之路重要交汇点。中远海运比雷埃夫斯港项目已成为"一带一路"合作的典范。

(2)塞萨洛尼基(萨洛尼卡)港

塞萨洛尼基(萨洛尼卡)港代码、经纬度如表4-39所示。

塞萨洛尼基(萨洛尼卡)港代码、经纬度　　　　表4-39

港口名称(中文)	港口名称(英文)	港口代码	经纬度	时　差
塞萨洛尼基(萨洛尼卡)	THESSALONIKI	GRSKG	40°38′N　22°55′E	+2:00

塞萨洛尼基(萨洛尼卡)港位于爱琴海西北部塞尔迈湾内,是希腊第二大港口。塞萨洛尼基是仅次于雅典的第二大城市,兴建于公元前 315 年,按照亚历山大帝王的姐妹命名。

塞萨洛尼基(萨洛尼卡)港现在不仅承担着希腊北部城市和经济腹地的海运进出口贸易,诸如塞雷、基尔基斯、埃泽萨等,而且成为东欧的北马其顿、保加利亚、塞尔维亚、匈牙利等国家的中转港,许多国际班轮公司挂靠此港。另外,本港于 1925 年开设了自由贸易区。

第六节 中 欧

中欧指波罗的海以南、阿尔卑斯山脉以北的欧洲中部地区,包括德国、波兰、捷克、斯洛伐克、匈牙利、奥地利、瑞士、列支敦士登等 8 个国家,总面积 101 万 km^2,人口约 1.64 亿(2018 年统计)。这些国家除德国和波兰是沿海国家外,其余均为内陆国家。

中欧的北、南两面同日德兰和亚平宁两半岛接壤,西南与西欧毗连,东面又同东欧为邻,这就使它成为连接地中海、北海、波罗的海,以及南北欧和东西欧之间的通衢和十字路口。自古以来,这里的平原、低地和山间隘口与河谷盆地是欧洲各国间商业贸易的主要通道,并具有十分重要的战略意义。

中欧自然条件具有过渡性。南部为高大的阿尔卑斯山脉及其喀尔巴阡山脉所盘踞。阿尔卑斯山脉西起利古里亚海滨,东至维也纳盆地,绵延 1200km,是欧洲最高大雄伟的山脉。北部是平原,多冰川地貌和湖泊。中部是过渡地带,地形错综复杂。

气候从西部的温带海洋性过渡到东部的温带大陆性。1 月平均气温 0~7℃,7 月平均气温 17~19℃,冬无严寒,夏无酷暑,降水量年均 600~800mm,有利于农业发展。

主要河流有莱茵河、多瑙河、易北河、奥得河、斯维瓦河等,海岸线短,除德国外,其他国家海运不发达。

矿产资源种类少,储量小,主要矿产资源是煤炭(德国最多),居欧洲前列,还有硫磺、钾盐、铁、铜、铅锌等矿物资源。森林资源丰富,各国林地面积均占国土面积的 1/4 以上。

中欧许多国家建立了电力、钢铁、煤和化学等基础工业,并发展了机械制造业,使中欧成为世界工业最发达地区之一。机械制造业是工业的核心部门,以运输机械和造船业为主,采煤业为传统的工业部门,轻纺工业以质优闻名于世。

农业在中欧各国中居次要地位,以畜牧业为主,尤以乳用和肉用畜牧业最发达,多数国家畜产品能自给或少量出口。种植业是薄弱环节,粮食需大量进口,经济作物以甜菜生产最为重要,是世界甜菜糖的主要产区和出口地区之一。

中欧多数国家属于加工贸易型经济,其国民收入的 1/3 是通过进出口贸易来实现的,因而对外贸易在各国经济中占据特殊重要地位。进口以原油、天然气、矿物原料、粮食及农业原料为主,出口主要以机械产品、电子元件、电器、仪表、钟表、精密仪器等工业品为主。此外,旅游经济发展迅速,现已成为一些国家赚取外汇的主要来源之一。

交通运输业以铁路为主,但内河和海运也很重要。中欧是欧洲国际水运和铁路运输的必经之地。

下面具体介绍德国的情况。

1. 地理位置与领土组成

德国(全称德意志联邦共和国)位于中欧西部,北临北海和波罗的海,陆上同荷兰、比利时、卢森堡、法国、瑞士、奥地利、捷克、波兰、丹麦等9国接壤,是欧洲邻国数量仅次于俄罗斯的国家。

2. 自然状况与人口

德国国土面积35.7万km^2,人口约8300万(2018年统计),是欧洲除俄罗斯之外人口最多的国家。人口密度高达232人/km^2,绝大多数为德意志人,少数为丹麦人和吉卜赛人,40%左右的人口信奉基督教,35%左右的人口信奉天主教。城市人口所占比重高达80%以上,但百万人口以上的大城市较少。

德国地形南高北低,南部横亘着高大的阿尔卑斯山脉,北部是波德平原的一部分——北德平原,中部是丘陵与不高的山地,以平原面积最大,约占领土总面积的2/5以上。

境内河流众多,主要有莱茵河、威悉河、多瑙河和易北河。莱茵河是西欧最大河流,全长1320km,在德国境内航道有860km,流经北德平原的工业发达地区,其水量稳定,利于航行,又多支流,流域面积广阔,是德国最具经济价值的河流,也是中欧一些内陆国家对外贸易的水上通道。多瑙河不仅是德国南部的重要水道,还是德国联系中欧、东南欧各国的重要国际航道。德国境内主要河流之间均以运河沟通,中部大运河将莱茵河、威悉河、易北河连接起来,在德国北部形成东西向运输大动脉。莱茵河—美因河—多瑙河运河成为南部东西向的水运通道,构成了通向全国重要地区并联系主要邻国的内河水运网,对德国经济的发展具有重要的意义。

德国西北部属温带海洋性气候,湿度大、日照少、温差小,不利于种植业的发展,有利于发展畜牧业。东南部逐渐过渡到温带大陆性气候。南部山地,水量丰沛,适于种植业发展,位于黑森林山区以西的莱茵谷地,气候湿润,地势低平,土壤肥沃,是德国农业发达和人口密集区。

矿产资源以煤炭、钾盐和磷矿为主。2017年煤炭探明储量361亿t,主要分布在鲁尔和萨尔区及北部煤田区。鲁尔以南、莱茵河以西地区广泛分布着褐煤。钾盐主要分布在哈次山的两侧以及易北河与威悉河之间,汉诺威附近的钾盐相对较丰富。磷矿集中分布在北德平原南部。天然气需求量的1/4可在国内满足。东南部有少量铀矿。其他矿产资源贫乏,尤其是石油和铁矿石大都依靠进口。森林面积广大,覆盖面积占全国面积的33%。

3. 当代经济发展概况

德国是高度发达的工业国家,经济实力居欧洲首位。德国是商品出口大国,工业产品的一半销往国外。德国近1/3的就业人员为出口行业工作者。主要出口产品有汽车、机械产品、电气、运输设备、化学品和钢铁。进口产品主要有机械、电器、运输设备、汽车、石油和服装。主要贸易对象是西方工业国。政府奉行整顿国家财政、减少预算赤字、进行税制改革、刺激个人投资、进一步实行非国有化、减少国家干预、充分发挥市场机制作用的政策,使德国经济持续稳定增长。同时积极采取措施,推动信息技术的发展并调整经济结构。自然资源贫乏,除硬煤、褐煤和盐的储量丰富外,在原料供应和能源方面很大程度上依赖进口,2/3 的初级能源需要进口。德国的工业以重工业为主,汽车、机械制造、化工、电气等占全部工业产值的 40% 以上。食品、纺织与服装、钢铁加工、采矿、精密仪器、光学以及航空与航天工业也很发达。中小企业多,工业结构布局均衡。农业发达,机械化程度很高。农业用地约占德国国土面积的一半,产品可满足本国需要的 80%。旅游业、交通运输业发达。2002 年 2 月 28 日 24 时,德国马克正式停止流通,欧元(EURO)成为德国法定货币。德国是首批使用欧元的 11 个国家之一。

2009 年,受全球经济和金融危机影响,德国国内生产总值下滑 5%。2010 年德国经济复苏,同比增长率达 3.6%,是两德统一以来增长最为迅速的一年。2017 年 GDP 同比增长 2.2%,在发达国家中一枝独秀。究其原因,欧盟市场起了关键性作用,没有关税等壁垒的欧盟市场一直是"德国制造"出口的最重要市场,德国长期以来超过 60% 的出口是面向其他欧盟国家,其中一直是以德国制造的工业品为主。2018 年德国出口主要贸易伙伴是美国、法国、中国、荷兰和英国等,进口主要贸易伙伴是荷兰、中国、法国、比利时和意大利等。德国近 9 年来对外贸易统计如表 4-40 所示。

德国对外贸易年度统计表　　表 4-40

年份(年)	2010	2011	2012	2013	2014	2015	2016	2017	2018
贸易额(亿美元)	23139.66	27297.97	25711.12	26438.55	27015.94	23782.55	23931.45	26159.52	28463.77

资料来源:中华人民共和国商务部国别数据网,2019。

4. 内河、运河及主要港口

德国是世界上内河运输最发达的国家之一,境内河道纵横、海河相通,南北流向的天然水道与东西流向的运河构成了稠密的水运网。内河航道总长 7348km,其中天然河道约占 70%,人工运河约占 30%。莱茵河是欧洲最繁忙的一条河流,约承担德国国内河运量的 70%,被称为德国和欧洲的"黄金水道"。

德国东北面的基尔湾、吕贝克湾通向波罗的海,西北临北海,海岸线虽不长(1333km),但海运业发达。

基尔运河位于德国北部横穿日德兰半岛,全长 98.7km,是世界三大国际运河之一。它西起易北河口的布伦斯比特尔科格港,东至基尔湾的基尔港,提供了一条从北海南部到波罗的海的捷径,将北海到波罗的海的航程缩短了 760km,对德国而言,不必经过外国控制的海峡,即可由波罗的海通往大西洋,在国际航运和军事上都具有重要意义。德国依靠基尔运河对国外过往船只征收的费用增加了德国的外汇收入。

德国著名的国际贸易港口主要分布在北海和波罗的海的黑尔戈兰湾、基尔湾、梅克伦堡湾附近。北海沿岸的汉堡是德国的第一大海港,其次为不来梅和不来梅港。此外,主要贸易港口还有埃姆登、罗斯托克、威廉港、吕贝克、库克斯港、基尔、维斯马、布伦斯比特尔、科隆、杜伊斯堡—鲁罗尔特、曼海姆、伦次堡等。其中几个港口概况如下。

(1)汉堡港

汉堡港代码、经纬度如表 4-41 所示。

汉堡港代码、经纬度　　　　　　　　　　　　　　　　　表 4-41

港口名称(中文)	港口名称(英文)	港 口 代 码	经　纬　度	时　差
汉堡	HAMBURG	DEHAM	53°32′N　9°53′E	+1:00

汉堡港是德国最大的港口,欧洲第二大集装箱港口。汉堡是德国最大的城市和海港,工业以电子、造船、机械、炼油为主。

汉堡港位于易北河口,距北海 100km,濒临黑尔戈兰湾内,港口创建于 1189 年,是世界上最大的自由港。汉堡港几乎位于欧洲的正中,这一特殊的地理位置使它有别于其他港口,成为欧洲最重要的中转港口。汉堡港的铁路网、公路网、集疏运网极为发达,作为德国重要的铁路和航空枢纽,港内有铁路专线与德国国内铁路网相连,专线全线长达 670km,每星期向国外发车 200 列,向国内发车 250 列,汉堡港装运的集装箱货物中,有 25% 要通过铁路运至目的地,其中 70% 以上的发运地或目的地的集装箱货物的运输距离超过 150km。通过铁路或公路运输的货物于第二天早晨便可以运送到众多的目的地,城市较远的在 48~72 小时内可以送达。

汉堡港总面积为 75km^2,港区设有散货、集装箱、油码头。在易北河的大船锚地水深达 36m,可以停泊特大型油轮。汉堡港设有 1600 万 m^2 的自由港区,是世界上规模最大的自由港,绝大多数中转货物都经过自由港区,早在 1995 年就启用了 EDI(电子数据交换)系统,对货主、船公司等极具吸引力。汉堡港有数百条航线通向世界各地,与 1100 多个港口保持联系,年进出港船只数达 2.3 万艘以上。汉堡与东亚地区的海上运输航线有 300 多条,年运输量达 1000 多艘次,因此,汉堡不仅是北欧的咽喉港、"欧洲最快的转运港""德国通向世界的门户",而且也成为欧亚海运交通的主要枢纽之一。2021 年该港集装箱吞吐量为 871.5 万 TEU,世界排名第 20 位。

(2)不来梅(不来梅哈芬)港

不来梅(不来梅哈芬)港代码、经纬度如表 4-42 所示。

不来梅(不来梅哈芬)港代码、经纬度　　　　　　　　　表 4-42

港口名称(中文)	港口名称(英文)	港 口 代 码	经　纬　度	时　差
不来梅港(不来梅哈芬)	BREMERHAVEN	DEBRV	53°33′N　8°34′E	+1:00

不来梅(不来梅哈芬)港位于威悉河口右岸与吉斯特河交汇处,距汉堡港 120n mile,距鹿特丹 256n mile,距直布罗陀 1572n mile。港区分布在吉斯特河南岸,南部系渔港区和坞式港区之分,前者有哥伦布码头和斯罗姆码头分布南岸。北港池和斯特罗姆码头是该港区最主要的集装箱码头。港口还有滚装船和油轮泊位。另外,此港已与附近的不来梅(BREMEN)共同组建为一个港口集团,2021 年该港口集团集装箱吞吐量为 501.89 万 TEU,世界排名第 37 位。

(3)威廉港

威廉港代码、经纬度如表 4-43 所示。

威廉港代码、经纬度　　　　　　　　　　　　　　　　　表 4-43

港口名称(中文)	港口名称(英文)	港 口 代 码	经　纬　度	时　差
威廉港	WILHELMSHAVEN	DEWVN	53°32′N　8°6′E	+1:00

威廉港位于德国亚德湾西岸,是仅次于汉堡、不来梅港的德国第三大港口,目前主要是石油产品的转口港,化工及炼油厂是当地的主要行业。内港有 4 个杂货泊位,岸线总长 1900m,吃水 4~7.9m;有近 20 个油轮泊位,吃水 7.5~21m。下萨森州和不来梅州合作投资开发的集装箱深水码头项目于 2012 年 9 月投入使用,码头可停泊世界上最大的集装箱船,码头运营商为 Eurogate 集团。

(4) 杜伊斯堡港

杜伊斯堡港代码、经纬度如表 4-44 所示。

杜伊斯堡港代码、经纬度 表 4-44

港口名称(中文)	港口名称(英文)	港口代码	经 纬 度	时 差
杜伊斯堡港	DUISBURG	DEDUI	51°26′N 6°45′E	+1:00

杜伊斯堡港是德国最大的内河港,也是世界第一大内河港。杜伊斯堡港地处欧洲重要工业中心鲁尔区,在鲁尔河和莱茵河汇合处。港区铁路线总长 146.7km。因处于国际铁路和跨区高速公路的枢纽地位,货物集疏运极为便利。杜伊斯堡港通过莱茵河进行河海直达运输,主要同挪威、瑞典、芬兰、丹麦、英国、爱尔兰、法国、西班牙和葡萄牙等国家的港口直接联系。

以 2011 年开通的中欧班列的"渝新欧"班列为标志,截至 2017 年年底,中欧班列在中国境内开行城市达 38 个,到达欧洲 13 个国家的 36 个城市,中欧班列联通欧亚大陆,创造了无限商机。由于杜伊斯堡是欧洲重要铁路枢纽,并且这里河网密布,便于转运,因此其中 80% 的中欧班列目的地都是杜伊斯堡,这极大地促进了当地物流业和经济的发展,见证了"一带一路"倡议的开花结果。

【课外活动】

1. 分小组,绘制或制作欧洲某国或地区地图,在地图上标示出主要港口,并在课堂上讨论。
2. 使用 bing 搜索引擎提供的地图,以本章提供的港口英文名称搜索查看港口所在位置。
3. 依据网址 http://portfocus.com/index.html 中所提供的欧洲各个国家和地区港口的网址查看区内各港口的最新发展现状。

【阅读建议】

[1] 马肇彭.探险·开拓·交流——航海史话[M].北京:经济科学出版社,1991.

思考题

1. 试分析总结西欧的优势航线。
2. 总结从我国出发到欧洲有哪些典型航线?其现状如何?
3. 欧洲主要海峡有哪些?
4. 分析直布罗陀海峡对航运的重要性。
5. 英国伦敦现在已不是主要的港口了,但为什么它仍然是世界上最重要的国际航运中心之一?
6. 波罗的海航运交易所公布的各项指数对应哪些不同类别的航运市场?

7. 上网搜索各船公司船期表,总结挂靠 FELIXSTOWE、ROTTERDAM、OSLO、BREMERHAVEN 等港口的船公司航线情况。

8. 写出下列港口的中文名及其所属国家或地区。

FELIXSTOWE, SOUTHAMPTON, ROTTERDAM, AMSTERDAM, ANTWERP, VLADIVOSTOK, OSLO, BARCELONA, TRIESTE, PIRAEUS, HAMBURG, BREMERHAVEN。

第五章 美洲海运地理

天下之水,莫大于海,万川归之,不知何时止而不盈;尾闾泄之,不知何时已而不虚;春秋不变,水旱不知。

——《庄子·秋水》

【知识目标】

1. 解释美洲海运业迅速发展的原因。
2. 描述美洲海运业发展的概况。
3. 识别美洲地区的主要航线和主要港口。

【能力目标】

1. 根据给定的发货地和接货地选择最经济航线操作。
2. 具有根据给出的数据分析美洲某国或某地区航运业发展趋势的能力。

【引 例】

哥伦布发现新大陆

意大利航海家哥伦布从小喜欢学地理,少年时期,偶然读到一本书,上面讲整个地球是圆形的。他就大胆地设想,向西航行也许可以到达东方的国家。

公元1476年,24岁的哥伦布向葡萄牙国王建议,向西环行探索通往东方印度和中国的海上航路。当时,许多有学问的教授和哲学家都讥笑这位大胆的年轻人,说他向西方行驶,只能掉进地球边缘的深渊,而企图到达东方的印度和中国,简直是傻子说的疯话。

哥伦布相信自己是正确的,可是,没有当局的支持,自己一无船,二无钱,是没法实现这个计划的。1485年,他移居西班牙,继续宣传西行主张,罗马教皇知道他有这种大志,并且已经等了十几年,就怂恿西班牙的王后,请她帮助哥伦布。教皇送给哥伦布65元钱,作为去见王后的路费。

西班牙王后和统治者抱着试一试的想法,给了哥伦布3艘船,但没有水手,因为谁都不愿去冒险。哥伦布没有办法,就跑到海边去拉住几个人,先是哀求,后是说服,要他们答应一起去。他又请王后释放狱中的死囚,答应他们如果航海成功,就给他们自由。

1492年8月3日,42岁的哥伦布终于领着87名水手,分乘3艘船从巴罗斯港出航了。他们同惊涛骇浪搏斗,经历了千难万险,横渡大西洋,到了巴哈马群岛和古巴、海地等岛屿。之后,哥伦布又率领船队分别于1493年、1498年、1502年3次西航,到了牙买加、波多黎各等岛屿以及中美、南美洲大陆沿岸等地方。当时他误认为这就是亚洲,直到他去世时,还不知道这是一个从未被人知晓的"新大陆"。所以,加勒比海一些岛屿至今还被称为西印度群岛。

偌大一个美洲,在当时还不为世人所知。所以,人们称哥伦布发现了"新大陆"。哥伦布虽然没有绕地球一周,但他勇于开辟新航路的探险精神,几百年来一直鼓舞和激励着人们去探索未知的世界。

第一节 北 美 洲

一、概况

1. 位置和范围

就政治经济地理而言,美国南部国界线以北的美洲为北美洲,包括加拿大、美国、格陵兰岛、英属百慕大群岛、法属圣皮埃尔岛和密克隆岛等国家和地区。其中美国是世界上最大的消费市场,面积2153.3万 km^2,约占世界面积的14.4%。

2. 人口与宗教

北美洲人口3.64亿(2018年统计),人口分布很不均衡,绝大部分人口分布在东南部地区,其中以纽约附近和伊利湖周围人口密度最大,为200人/km^2以上;而面积广大的北部地区和美国西部内陆地区人口稀少,不到1人/km^2。大部分居民是欧洲移民的后裔,其中以盎格鲁—撒克逊人最多;其次是印第安人、黑人、混血种人。此外还有因纽特人、波多黎各人、犹太人、日本人和华人等。通用英语、西班牙语,其次是法语、荷兰语、印第安语等。居民主要信奉基督教和天主教。

3. 地形

北美洲大陆地形基本可分为3个明显不同的南北纵列带:①东部山地和高原。圣劳伦斯河谷以北为拉布拉多高原,以南是阿巴拉契亚山脉。地势南高北低,北部一般海拔为300~600m,南部海拔一般为1000~1500m。主峰米切尔山海拔2037m。阿巴拉契亚山脉东侧沿大西洋有一条狭窄的海岸平原,西侧逐渐下降,与中部平原相接。②中部平原。位于拉布拉多高原、阿巴拉契亚山脉与落基山脉之间,北起哈得逊湾,南至墨西哥湾,纵贯大陆中部,平原北半部是多湖泊和急流的地区,南半部属密西西比河平原,平原西部为世界著名的大草原。③西部山地和高原。属科迪勒拉山系的北段,从阿拉斯加一直伸展到墨西哥以南。主要包括3条平行山地;东带为海拔200~3000m以上的落基山脉,南北延伸5000km,是北美洲气候上的重要分界线;西带南起美国的海岸山岭,向北入海,形成加拿大西部沿海岛屿,海拔一般为1000~1500m;中带包括北部的阿拉斯加山脉、加拿大的海岸山脉、美国的内华达山脉和喀斯喀特岭等。阿拉斯加的麦金利山海拔6194m,为北美洲最高峰。东带和中带之间为高原和盆地。盆地底部海拔1300~1800m。北美洲的大河,除圣劳伦斯河外,均发源于落基山脉。落基山脉以东的河流分别流入大西洋和北冰洋,以西的河流注入太平洋。按河流长度依次为密西西比河、马更些河、育空河、圣劳伦斯河、格兰德河、纳尔逊河等。北美洲是多湖的大陆,淡水湖面积之广居各洲的首位,中部高平原区的五大湖,是世界最大的淡水湖群,有"北美地中海"之称,其中以苏必利尔湖面积最大,其次为休伦湖、密歇根湖、伊利湖、安大略湖。

4. 气候

北美洲地跨热带、温带、寒带,气候复杂多样,北部在北极圈内,为冰雪世界,南部加勒比海受赤道暖流之益,但有时会遭遇热带飓风侵袭。大陆中部广大地区位于北温带,由于西部山地阻挡,来自太平洋的湿润西风不能深入内地,所以大部分地区的降水来自东南方的大西洋。北美洲空气湿润,降水量从东南向西北逐渐减少,东南部大部分地区年平均降水量在1000mm以上,平原的西北部和落基山脉以西则在500mm以下,太平洋沿岸迎西风的地区降水量剧增,有的地方年平均降水量约在2000mm以上。加拿大的北部和阿拉斯加北部边缘属寒带苔原气候,加拿大和阿拉斯加南部地区多属温带针叶林气候。美国的落基山脉以东地区属温带阔叶林气候和亚热带森林气候。西部内陆高原多属温带草原气候。太平洋沿岸的南部属亚热带地中海式气候。

5. 自然资源

北美洲主要矿物是石油、天然气、煤炭、铁、铜、镍、铀、铅、锌等。北美洲的森林面积约占全洲面积的30%,约占世界森林总面积的18%,主要分布在西部山地,盛产达格拉斯黄杉,巨型金针柏,糖械、松、红杉、铁杉等林木。草原面积占全洲面积14.5%,约占世界草原面积的11%。北美洲可开发的水力资源蕴藏量约为24800万kW,占世界水利资源蕴藏量的8.9%,已开发的水利资源为5360万kW,占世界的34.7%。

北美洲沿海渔场的面积约占世界沿海渔场总面积的20%,西部和加拿大东部的边缘海区为主要渔场,盛产鲑鱼、鲽鱼、鳕鱼、鲭鱼、鳗鱼、鲱鱼、沙丁鱼、比目鱼、萨门鱼等。北部沿海有海象、海豹及北极熊等。

6. 经济发展概况

美国和加拿大是经济发达的国家,工业基础雄厚、生产能力巨大、科学技术先进。农、林、牧、渔业也极为发达。北美洲采矿业规模较大,主要开采煤、原油、天然气、铁、铜、铅、锌、镍、硫磺等,而锡、锰、铬、钴、铝土矿、金刚石、硝石、锑、钽、铌以及天然橡胶等重要的战略原料几乎全部或大部分靠进口。主要工业品产量在世界总产量中的比重为生铁、钢、铜、锌等均占20%左右,铝占40%以上,汽车约占37%。

北美洲农业生产专门化、商品化和机械化程度都很高。中部平原是世界著名的农业区之

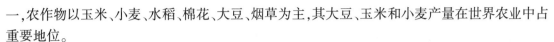

一,农作物以玉米、小麦、水稻、棉花、大豆、烟草为主,其大豆、玉米和小麦产量在世界农业中占重要地位。

北美洲铁路总长 27 万多 km。内河通航里程约 4 万 km,公路四通八达。美国东北部是交通最发达的地区,其次是美国中部、东南部、西部沿海地区。加拿大东南部以公路和铁路运输为主。加拿大中部地区的夏季河运、冬季雪橇运输也很重要。北部沿海地区以雪橇运输为主。

二、美国

1. 地理位置与领土组成

美利坚合众国(The United States of America)简称美国,位于北美洲中部,领土还包括北美洲西北部的阿拉斯加和太平洋中部的夏威夷群岛,北与加拿大接壤,南靠墨西哥和墨西哥湾,西临太平洋,东濒大西洋。面积 937.26 万 km^2,本土东西长 4500km,南北宽 2700km,海岸线长 2.27 万 km。

美国分十大地区,即新英格兰地区、中央地区、中大西洋地区、西南地区、阿巴拉契亚山地区、高山地区、东南地区、太平洋沿岸地区、大湖地区和阿拉斯加与夏威夷。共有 50 个州和首都华盛顿所在地哥伦比亚特区。联邦领地包括波多黎各自由联邦和北马里亚纳;海外领地包括关岛、美属萨摩亚群岛、美属维尔京群岛等。

2. 自然状况与人口

美国全境由东向西可分为 5 个地理区:东南部沿岸平原分大西洋沿岸平原和墨西哥湾沿岸平原两部分。这一地带海拔在 200m 以下,多数由河川冲积而成,特别是密西西比河三角洲,是北美洲最大的三角洲,土质黝黑,土壤肥沃。内地平原呈倒三角形,北起漫长的美国与加拿大边界,南达大西洋沿岸平原的格兰德河一带。西部山系由西部两条山脉所组成,东部为落基山脉,西部为内华达山脉和喀斯喀特山脉。西部山间高原由科罗拉多高原、怀俄明高原、哥伦比亚高原与大峡谷组成,为美国西部地质构造最复杂的地区。大峡谷位于亚利桑那州西北部,由一系列迂回曲折、错综复杂的山峡和深谷组成,气势雄伟,岩壁陡峭,为世界上罕见的自然景观。美国河流湖泊众多,水系复杂,从总体上可分为三大水系:①位于落基山以东注入大西洋的河流都称为大西洋水系。主要有密西西比河、康涅狄格河和哈得孙河。其中密西西比河全长 6020km,居世界第 4 位。②注入太平洋的河流称太平洋水系。主要有科罗拉多河、哥伦比亚河、育空河等。③北美洲中东部的大湖群。包括苏必利尔湖、密歇根湖、休伦湖、伊利湖和安大略湖,总面积 24.5 万 km^2,为世界最大的淡水水域,其中密歇根湖属美国,其余四湖为美国和加拿大共有。苏必利尔湖为世界最大的淡水湖,面积在世界湖泊中仅次于里海而居世界第 2 位。

美国大部分地区属于大陆性气候,南部属亚热带气候,中北部平原温差很大。

美国自然资源丰富。煤、石油、天然气、铁矿石、钾盐、磷酸盐、硫磺等矿物储量均居世界前列。其他矿物有铜、铅、钼、铀、铝矾土、金、汞、镍、碳酸钾、银、钨、锌、铝、铋等。战略矿物资源钛、锰、钴、铬等主要靠进口。截至2017年年底，已探明煤储量2509亿t，原油储量500亿桶，天然气储量8.7万亿m^3，森林面积约3.1亿hm^2，覆盖率达33%。

美国人口3.28亿(2018年统计)。美国属多民族国家，非拉美裔白人占62.1%，拉美裔占17.4%，非洲裔占13.2%，亚裔占5.4%，混血占2.5%，印第安人和阿拉斯加原住民占1.2%，夏威夷原住民或其他太平洋岛民占0.2%(少部分人在其他族群内被重复统计)。通用英语。56%的居民信奉基督教，28%信奉天主教，2%信奉犹太教，信奉其他宗教的占4%，不属于任何教派的占10%。

3. 经济发展概况

美国具有高度发达的现代市场经济，其国内生产总值和对外贸易额均居世界首位，有较为完善的宏观经济调控体制。工农业生产门类齐全，集约化程度高，经济发展水平居世界领先地位，国内生产总值占世界首位。汽车工业和建筑业在产业中占有重要地位，为美国经济的两大支柱。近年来，在信息、生物等领域科技进步推动下，美国产业转型加快，劳动密集型产业进一步被淘汰或转移到国外。与此同时，信息等高科技产业发展迅速，产品更新换代日益加快，利用高科技改造传统产业也取得进展。主要的工业产品有汽车、航空设备、计算机、电子和通信设备、钢铁、石油产品、化肥、水泥、塑料及新闻纸、机械等。农业高度发达，机械化程度高，主要农产品小麦、玉米、大豆等均占世界领先地位。粮食总产量占世界的1/5。美国是世界上最大的商品和服务贸易国。2018年，美国前五大出口市场为加拿大、墨西哥、中国、日本和英国，前五大进口市场为中国、墨西哥、加拿大、日本和德国。美国被认为是世界上最大也是最重要的经济体。美国经济高度发达，全球多个国家的货币与美元挂钩，而美国的证券市场被认为是世界经济的晴雨表。近年来美国经济增长统计和对外贸易年度统计如表5-1、表5-2所示。

美国经济增长统计表　　表5-1

年份(年)	实现国内生产总值(万亿美元)	增长率(%)
2013	15.61	1.7
2014	15.98	2.4
2015	16.40	2.9
2016	16.66	1.5
2017	19.39	2.3

资料来源：美国经济分析局。

美国对外贸易年度统计表　　表5-2

年份(年)	2010	2011	2012	2013	2014	2015	2016	2017	2018
贸易额(亿美元)	31923.51	36904.62	38220.88	38465.04	39782.30	37521.40	36386.24	38882.36	42067.89

资料来源：中华人民共和国商务部国别数据网，2019。

美国各地区的经济活动重心不一。例如：纽约市是金融、航运、出版、广播和广告等行业的中心，也是世界数一数二的经济中心；洛杉矶是唱片、电影和电视节目制作中心，也是北美洲西岸乃至亚太区的经济中心；旧金山湾区和太平洋沿岸西北地区是技术开发中心，硅谷更是全球高科技和科研中心；美国中西部是重工业中心，芝加哥是该地区的金融和商业中心，但由于近年来产业外移,现已逐渐衰弱;东南部以医药研究、旅游业和建造业为主要产业,并且由于其薪资成本低于其他地区,因此持续地吸引制造业的投资。

1）第二次世界大战后经济发展状况

从第二次世界大战至今,美国经济经过多次繁荣和衰退。20世纪70年代以前为经济快速增长时期;20世纪70年代初到80年代初,由于两次"能源危机"的冲击和国内传统产业竞争能力下降,美国经济陷入"滞胀";20世纪80年代初里根总统入主白宫后,通过减税、控制货币投放、消减联邦政府开支、放宽或者取消政府对经济发展有妨碍的政策等措施,使美国经济摆脱了"滞胀",出现了从1982—1988年连续6年的持续增长。1988年国内生产总值达到4.88万亿美元,相当于1982年的2倍。但与此同时,美国经济也出现了财政赤字和外贸逆差不断增加等问题。自克林顿总统上台后,对内经济调整产业结构,加快企业的兼并和重组;对外扩展对外贸易,在开拓国外市场的同时,加强对国内市场的保护,到2000年,美国经济已经出现了将近10年经济持续稳定增长的局面,1999年国内生产总值已达9.3万亿美元。虽然2001年美国深受"9·11"恐怖事件的打击,出现了经济增长减缓的趋势,但从2002年初就出现了经济复苏的迹象,并继续稳定增长。最近10多年来的美国经济发展还呈现出新经济的发展特色:其一,美国的高新技术产业比重提高较快,以信息技术为代表的高新技术产业发展迅速,同时,美国传统工业的技术革新加快;其二,美国政府对于宏观经济的调控力度加强:如美国的货币量化宽松政策,就基本达到了美国提升国内市场景气指数的需要;其三,美国经济全球化发展趋势较明显,美国企业从各地区市场及成本角度考虑经营问题,企业的跨国投资、投入研发等方面具有明显的转移本国淘汰产业的现象。2017年特朗普当选美国第45任总统后,大力推进"再工业化"战略,承诺将税收从目前的26%降至10%~15%,要求通用和福特两大汽车制造商不能在墨西哥建新工厂,并对在境外生产且将产品返销回美国的本土制造企业征收高额"边境税"。"再工业化"绝不仅是简单的"实业回归",实质是以高新技术为依托,发展高附加值的制造业。

2）主要产业

（1）农业

农业虽然只占美国GDP的1.2%,但仍是美国重要的经济活动。美国是全球最大的农业出口国,主要农产品包括玉米、小麦、糖和烟草。中西部大平原地区惊人的农业产量使其被誉为"世界粮仓"。

美国农业最重要的特征是农业高度专业化、农场专业化和分区专业化。主要的农业化区域如下：

①乳畜带。主要位于新英格兰地区和五大湖地区。这里纬度较高,生长期短,不利于玉米等谷物的生长。但这里城市众多,人口密集,工业发达,大量的城市人口对肉奶的需求量大。因此,这里大量种植牧草,发展养畜业。

②玉米带。位于乳畜带以南,东起俄亥俄州西部,西至内布拉斯加州东部,以伊利诺伊州、艾奥瓦州为中心,在南北宽约300km的地区中。这里土壤肥沃,无霜期长,夏季气温高,雨量多,十分适宜玉米的生长。

③小麦带。位于中部平原西部,包括南、北达科他州,堪萨斯州和俄克拉何马州。这里冬寒夏热,秋季干燥,适宜小麦生长,北部主要种植春小麦,南部主要种植冬小麦。

④棉花带。位于北纬35°以南,老棉区包括南、北卡罗来纳州,佐治亚州,向西至得克萨斯州东部。由于自美洲开发以后,这里就是传统植棉区,导致种植单一、土壤肥力下降,病虫害蔓延,现在这里大部分已改种花生。新棉区已向西移至得克萨斯州、新墨西哥州、亚利桑那州和加利福尼亚州。

⑤亚热带作物带。位于墨西哥湾沿岸。这里终年高温多雨,柑橘、甘蔗、水稻等生长良好。

⑥畜牧和灌溉农业区。主要分布在落基山脉以西的内陆高原和盆地内。这里气候干燥、土地贫瘠、荒地多,因此主要是畜牧和灌溉农业。

⑦混合农业带。位于玉米带以南、棉花带以北地区。主要种植冬小麦、玉米、烟草。

(2)工业

美国的工业以部门齐全、技术先进、规模大、生产效率高而著称于世,是世界上工业最发达的国家。从20世纪60年代中期开始,橡胶与塑料工业、电子与电器工业、仪器与仪表工业、化工与电力工业等增长迅速,而冶金、金属加工、皮革、制鞋、服装等传统工业则日益衰退。进入20世纪90年代以后,计算机、电脑软件、芯片、通信器材、医疗设备、宇航等高新技术产业的发展大为迅速,成为带动美国经济增长的骨干产业。

①采矿工业。美国煤炭资源丰富,全国35个州有煤炭储藏。2018年煤炭的产量为6.85亿t,仅次于中国。

石油资源同样丰富,2017年年底已探明储量居世界第10位。天然气储量,2017年年底已探明储量居世界第5位。石油和天然气主要分布在墨西哥湾沿岸的得克萨斯州、俄克拉何马州,西部的加利福尼亚州和阿拉斯加州等地。但由于国内石油消费量大,每年国内消费仍需进口。

金属矿的开采主要是铁、铜、铝、锌、金、银等。其中铁矿2017年产量4764.2万t,居世界第10位。最大的铁矿是位于苏必利尔湖以西的梅萨比铁矿,约占全国铁矿储量的93.7%。金、铝、锌和铜等有色金属矿主要分布在西部的爱达荷州、犹他州和北部的阿拉斯加州等地。

②汽车工业。美国的汽车工业起步较早,20世纪20年代以后迅速发展起来。第二次世界大战后,随着经济的发展,居民生活水平的提高,汽车的产量和消费量急剧地增长,1978年产量高达1287万辆,创历史最高纪录。汽车生产主要分布在底特律、芝加哥、洛杉矶、亚特兰大、辛辛那提等地。

③航空航天工业。美国的航空航天工业居世界领先地位,主要生产飞机、导弹、人造卫星、航天飞机等。航空航天工业的中心是西雅图、洛杉矶、圣迭戈、纽约、巴尔的摩、达拉斯和休斯敦等地。西部地区以装配整机为主,东部地区主要生产飞机的仪器仪表,南部的休斯敦、达拉斯主要以宇航工业为主。休斯敦有美国"宇航城"之称。

④电子信息产业。该产业是美国最具有竞争能力的工业,主要以生产计算机、电脑芯片、电脑软件、通信器材为主。进入20世纪90年代以来,以微软公司、芯片制造商英特尔公司、苹果公司和谷歌公司为代表的信息产业,已完全取代了三大汽车公司的地位,成为新兴产业和新经济的增长点。在全球信息产业中,美国中央处理器的产量占92%,系统软件产量占86%,IT产业的投资占全球总投资的41.5%,美国微软"视窗"系统、苹果公司的操作系统及谷歌公司的安卓系统占据全球固定和移动操作平台绝大部分。美国因特网用户巨大,2017年电子商务交易额排名世界第一。

⑤纺织、制鞋、皮革等轻工业。这些工业是第二次世界大战后逐渐衰退的工业,已大量转移到东亚、东南亚等国家。

(3) 服务业

2017年金融业、航运业、保险业以及商业服务业等总产值占GDP的60.9%,全国3/4的劳力从事服务业,而且美国的服务业处于世界领导地位。其中,纽约市不仅是全国第一大城市和经济中心,更是世界数一数二的金融、航运和服务中心。教育是美国最重要的经济产业之一,每年吸引不少来自世界各地的留学生慕名前来求学,也帮助美国吸纳了不少人才。

(4) 交通运输业

由于汽车产业在美国的发展相当早(与其他西方国家相较而言),美国许多城市的发展都提前顾虑到了将城市和住宅区搭配道路网络的设计。为了连接广阔的国土,美国设计并建造了高通行量、高速度的高速公路,美国的国家交通系统主要依赖这些高速公路网。其中最重要的是洲际高速公路系统。这些高速公路在20世纪50年代经由当时的总统艾森豪威尔授权建造。根据2017年的数据,美国的公路总长为651万km,名列世界第一。

美国建造了横贯大陆的铁路网络,用以在各州之间运载货物和旅客。美国的铁路货运系统是世界最繁忙和最先进的系统,美国的铁路总长度26万km(2017年数据)。在全美的货运铁路运输网络中,芝加哥是铁路网络中的枢纽,是最重要的节点和内陆公共点,横跨东西的货物运输大部分要通过芝加哥进行换运。

空中运输是长途旅行的更好选择。按旅客吞吐量统计,2018年全世界前20个最繁忙的机场中就有4个位于美国,包括排名第一的亚特兰大哈兹菲尔德—杰克逊国际机场。按货物吞吐量统计,在同一年里,全世界前20个最繁忙的货运机场就有4个在美国,包括排名第二的孟菲斯国际机场。

美国大部分贸易都依赖海运,全国共拥有926个港口,最繁忙的是加利福尼亚州的洛杉矶港和长滩港,以及纽约—新泽西港,它们同时也都是世界上最繁忙的港口。美国优越的内陆水运网一直是美国成长与进步的重要因素,特别是五大湖地区,每个大湖都与密西西比河的河网广泛连接,河的下游直通大西洋。首条连接五大湖与大西洋的伊利运河促成了美国中西部的农业和工业发展,并使得纽约市成为美国的经济中心。2018年美国拥有3692艘海运商船。

4. 主要港口

美国东岸(East Coast, E.C.)主要有以下港口。

(1) 纽约—新泽西港

纽约—新泽西港代码、经纬度如表5-3所示。

纽约—新泽西港代码、经纬度　　　　　　　表5-3

港口名称(中文)	港口名称(英文)	所属州	港口代码	经纬度	时差
纽约—新泽西	NEW YORK & NEW JERSEY	New York	USNYC	40°43′0″N 74°0′0″W	-5:00

纽约—新泽西港是美国东部的世界大港,位于纽约州东南与新泽西州交接的海湾内,是个港阔水深、终年不冻的天然良港。

早在1825年随着连接大湖区的伊利运河开通和铁路的增多,纽约—新泽西港得到了迅速发展,成为大湖流域重要的出入门户。同时,它也是美国最大的交通枢纽,是两条横贯美国东西大陆桥的桥头堡,即北太平洋铁路东起纽约,西至西雅图及联合太平洋铁路东起纽约,西至旧金山。纽约还是全美最大的工商业和世界金融中心。世界500强中不少公司总部均设在纽约。市内的华尔街是世界金融中心。纽约的工业发达,尤以印刷及化妆品等部门均居全国首位,其次有机器制造、石油加工、电气、金属制品、食品加工、军火、皮革及重型化工等工业。

本港包括纽约、新泽西,分属纽约和新泽西两个州的辖区。

主要出口货物为废金属、钢材、机械、纸张、有机化学制品、废纸、纺织废料及杂货等,主要进口货物有车辆、木材、塑料、橡胶、酒精、咖啡、香蕉、蔬菜、碳化氢、纺织品、服装及畜产品等。2021年该港集装箱吞吐量为898.59万TEU,排名世界第19位。

(2)查尔斯顿港

查尔斯顿港代码、经纬度如表5-4所示。

查尔斯顿港代码、经纬度 表5-4

港口名称(中文)	港口名称(英文)	所属州	港口代码	经纬度	时差
查尔斯顿	CHARLESTON	South Carolina	USCHS	32°47′N 79°56′W	-5:00

查尔斯顿港是美国东海岸商港,位于南卡罗来纳州库珀河与温都河交汇处,有迈阿密至华盛顿、纽约的铁路干线经过,是南卡罗来纳州的主要港口。

装卸设备有各种岸吊、龙门吊、可移式吊、集装箱吊、汽车吊、装舱机、双脚重吊、浮吊及拖船。主要出口货物为羊毛条、奶制品、机械、植物油及黏土制品等,进口货物主要有棉花、钢制品、羊毛、食品罐头、糖、木材、木制品、纺织品及纸制品等。2021年该港集装箱吞吐量为275.14万TEU,排名世界第76位。

(3)波士顿港

波士顿港代码、经纬度如表5-5所示。

波士顿港代码、经纬度 表5-5

港口名称(中文)	港口名称(英文)	所属州	港口代码	经纬度	时差
波士顿	BOSTON	Massachusetts	USBOS	42°22′N 71°2′W	-5:00

波士顿港是美国东北部马萨诸塞州首府商港,位于大西洋缅因湾西南岸马萨诸塞湾内。该港是美国东北地区交通枢纽,有铁路、高速公路南通罗得岛州的普罗维登斯,西通纽约州的奥尔巴尼,西北通佛蒙特州的蒙波利埃,北通新罕布什尔州的康科德。港口有内外港之分。全港主要码头区自南而北为南波士顿码头区、波士顿码头区、查尔斯顿码头区、密斯蒂克河岸码头区、东波士顿码头区、查尔斯河岸码头区。全港有259座突堤或码头,码头线总长48km。进口货物主要有石油产品、糖、煤、水泥、纸浆、化肥、羊毛、汽车、木材等,出口货物有钢铁、小麦、纸、化工产品、奶制品等。

美国西岸(West Coast,W.C.)主要有下列港口。

(1)长滩港

长滩港代码、经纬度如表5-6所示。

长滩港代码、经纬度 表5-6

港口名称(中文)	港口名称(英文)	所属州	港口代码	经纬度	时差
长滩	LONG BEACH	California	USLGB	33°45′4″N 118°11′43″W	−8:00

长滩港是美国西海岸商港,是美国第二大港口,位于加利福尼亚南部,太平洋圣佩德罗湾北岸,洛杉矶港之东,是北美大陆桥西桥头堡之一。港区分布在港湾人工岛与洛杉矶河之间的陆域突堤和港池区,略呈西北东南伸展,船舶主要从东南入港,也可在洛杉矶港航道入港,有运河相通,可分为东南港区、中部港区和北部内港区。东南港区以东南港池为核心。

主要进出口国家有中国、日本、韩国、马来西亚、新加坡、泰国、印度尼西亚、德国、菲律宾等。进口货物有机械、电子产品、车辆、玩具和体育设备、床上用品等,出口货物有机械、塑料、车辆、化工原料等。2021年该港集装箱吞吐量为938.44万TEU,世界排名第18位。

(2)洛杉矶港

洛杉矶港代码、经纬度如表5-7所示。

洛杉矶港代码、经纬度 表5-7

港口名称(中文)	港口名称(英文)	所属州	港口代码	经纬度	时差
洛杉矶	LOS ANGELES	California	USLAX	33°43′N 118°17′W	−8:00

洛杉矶为美国西海岸的第一大城市,金融贸易中心。该港是美国西部商港,位于加利福尼亚州南部圣佩德罗湾西北岸,市区之南。水域以文森特泰晤士桥为界,分为外港和内港。内港区又有土尔宁池、西港池、东港池之分。按其陆域划分,以入港航道至西港池一线以西为佩德罗港区,入港航道以东为人工岛港区,东南港池之间为威尔明顿港区。全港在内外港沿岸分布有各种泊位180来个,各种泊位中又以杂货、集装箱泊位为主。2021年该港集装箱吞吐量为1067.76万TEU,世界排名第16位。

(3)奥克兰港

奥克兰港代码、经纬度如表5-8所示。

奥克兰港代码、经纬度 表5-8

港口名称(中文)	港口名称(英文)	所属州	港口代码	经纬度	时差
奥克兰	OAKLAND	California	USOAK	37°49′N 122°18′W	−8:00

奥克兰港是美国西海岸商港,位于加利福尼亚州中部,旧金山湾中段东岸,有跨海大桥西通旧金山,有外港、中港、内港之分。外港在旧金山—奥克兰大桥之南的两个西突关岛之间沿岸,约有30个泊位,为该港最大集装箱装卸区。中港在以上港区之南的沿海和奥克兰峡湾口北岸。内港在奥克兰峡内北岸。2021年该港集装箱吞吐量244.82万TEU,世界排名第80位。

奥克兰港所在地奥克兰是美国最大的工业、贸易中心和交通枢纽之一,主要工业有钢铁、机械、造船、木材加工、制糖、肉乳加工、造纸等。工业区在南部和东南部,西部有规模巨大的牧场和肉乳加工厂。

另外,该港的中文名称与新西兰的奥克兰港(OAKLAND)相同,使用时注意区别。

美国墨西哥海湾(Gulf Coast, G. C.)主要有下列港口。

(1)休斯敦港

休斯敦港代码、经纬度如表5-9所示。

休斯敦港代码、经纬度　　表5-9

港口名称(中文)	港口名称(英文)	所属州	港口代码	经纬度	时差
休斯敦	HOUSTON	Texas	USHOU	29°40′N 95°0′W	-6:00

休斯敦港是美国南部得克萨斯州商港,美国南部的水陆空交通枢纽,位于该州东南海岸平原,水路至加尔沃斯顿港43n mile,至新奥尔良港434n mile,至墨西哥坦皮科517n mile,至巴拿马科隆城1530n mile。

港区分布在港市至贝敦的运河沿岸,有100个以上码头,其中近一半为公用码头,其余为炼油厂、化工厂、钢铁厂等厂矿以及粮棉出口公司等企业专用码头。全港有50多个杂货泊位,大部分靠近市区附近的运河岸,约有30个深水杂货泊位。该港的主要集装箱码头分布在离市区约40km的加尔沃斯顿湾北部的巴尔堡码头。谷物出口码头有5座,谷物码头有粮仓总容量80万t,为美国第二谷物出口港,矿石码头设施先进,石油码头在该港占据第1位,计有70多个供油、原油泊位分布在运河沿线。主要出口货物有谷物、棉花、石油制品、化工品等,进口货物有铁矿石、石油、钢铁、糖、咖啡等。2021年该港集装箱吞吐量345.32万TEU,世界排名第56位。

(2)新奥尔良港

新奥尔良港代码、经纬度如表5-10所示。

新奥尔良港代码、经纬度　　表5-10

港口名称(中文)	港口名称(英文)	所属州	港口代码	经纬度	时差
新奥尔良	NEW ORLEANS	Louisiana	USMSY	29°55′N 90°4′W	-6:00

新奥尔良港是美国南部商港,距密西西比河西南入海口98n mile,南距巴拿马科隆城1380n mile,西至休斯敦451n mile,东至坦帕港471n mile,北至巴吞鲁日115n mile。

密西西比河流长约6020km,流域面积约322km^2,贯穿美国中部21个州,并与五大湖水系相通,是美国国内运输的大动脉。新奥尔良港是密西西比河流域河流物资的总汇和转运港。港区主要分布在港市大河两岸,沿河分布有140多个深水泊位,有杂货码头、谷物码头、集装箱、滚装船泊位,还有大量的石油、化工、金属矿产等专用码头泊位。此外,有穿过市区连接大河与旁扎特兰运河沿岸及湖区沿岸的内港区。主要出口谷物,是世界上最大的谷物输出港,还有大豆、油籽、油饼、豆油、面粉、棉花、煤炭、石油、润滑油、沥青、化工品、木材及其制品机械等。进口产品主要有糖、糖浆、香蕉、咖啡、橡胶、金属矿产、电工器材、汽车、硬木等。港口与世界150多个国家和地区2500多个港口有直接联系,每年来港进出的外港船只达4500艘以上。

(3)芝加哥港

芝加哥港代码、经纬度如表5-11所示。

芝加哥港代码、经纬度　　表5-11

港口名称(中文)	港口名称(英文)	所属州	港口代码	经纬度	时差
芝加哥	CHICAGO	Illinois	USCHI	41°53′N 87°37′W	-6:00

芝加哥港位于美国中北大湖区密歇根湖西南端。主要出口货物为钢铁、粮食等，进口货物为矿石、石油化工品和杂货。

19世纪开通的伊利诺伊—密歇根运河，把处于内陆的芝加哥同五大湖和大西洋连接起来，变为港口城市，船舶可以从加拿大的圣劳伦斯湾直驶芝加哥码头；几十条铁路交会于此，连接美国各大城市；它还有世界上最繁忙国际机场之一的奥黑尔国际机场。因此，芝加哥称得上是美国东西交通、水、陆、空运输的中心。曾是美国"工业之母"的芝加哥，近年来涌现出成片的高科技走廊，取代了正在消亡的夕阳工业，现有"美国硅草原"之称。

三、加拿大

1. 地理位置与领土组成

加拿大位于北美洲北半部，约在北纬41°～83°、西经52°～141°之间。它东濒大西洋，西濒太平洋，北临北冰洋达北极圈，西北部毗邻美国阿拉斯加州，南接美国本土，两国的国界线长达5500余千米，全国地貌呈西高东低状，西沿太平洋的落基山脉，有许多海拔4000m以上的高峰，最高峰洛根峰海拔5951m，其中部为大平原。

加拿大有10个省和3个地区。10个省分别为艾伯塔省、不列颠哥伦比亚省、马尼托巴省、新不伦瑞克省、纽芬兰—拉布拉多省、新斯科舍省、安大略省、爱德华王子岛省、魁北克省、萨斯喀彻温省；3个地区分别为西北地区、育空地区和努纳武特地区。

2. 自然状况与人口

加拿大有五大地理区，分别是东部大西洋区、中部区、草原区、西海岸地区和北部区。东部区以渔业、农业、森林、采矿业等为主。中部的安大略和魁北克省是人口最密集的地区，加拿大制造业的3/4都位于这里。草原区包括马尼托巴、萨斯喀彻温和艾伯塔三省。西海岸地区不列颠哥伦比亚省，是著名的山区和森林区。木材、水果、海洋渔产等资源丰富。北部区由育空和西北领地组成，其总面积占加拿大的39.1%，盛产石油、天然气、金、铅和锌。

加拿大阳光充沛、四季分明。3月中旬至6月下旬为春季，6月下旬至9月中旬为夏季，9月中旬至12月下旬为秋季，12月下旬至来年3月中旬为冬季。大多数地区的气候类似中国东北地区。

加拿大人口3741万，人口密度3人/km²（2018年统计），是世界人口稀少的国家之一。

3. 经济发展概况

加拿大是世界经济大国，工农业都相当发达，许多产品的产量及出口量在世界上占有突出地位。其经济结构属发达国家型，第一、第二、第三产业的比例分别为2.3%、29.2%和68.5%。在物质生产部门中，工业占主导地位。

加拿大奉行对外开放政策，"贸易立国"是经济发展的重要特点，加拿大是世界主要贸易国家之一，在世界贸易中占重要地位。20世纪70年代以来，其进出口贸易总额一直位于世界前列。它还是世界上按人口平均计算贸易额最高的国家之一。从贸易同基本物质生产部门的关系上看,加拿大主要生产部门生产的产品有 2/3 以上是为出口而生产的。加拿大政府主张充分吸收和利用外资,故加拿大成为世界上外国资本渗透规模最大的国家之一。外国资本对其生产资料的大量占有、控制和影响成为其经济生活的最大特征。加拿大经济深受世界经济,特别是美国经济的影响。加拿大主要出口农、林、矿产品,原料和半制成品所占比重很大。进口商品多为制成品。出口商品中,汽车及零配件、原油、天然气、新闻纸、木材、通信和电子设备、农渔业产品等居大宗。进口商品中,工业机械、食品、纺织原料及纺织品、化工制品、塑料等为主要产品。2018 年度主要出口贸易伙伴是美国、中国、英国、日本和墨西哥等国,主要进口贸易伙伴是美国、中国、墨西哥、德国和日本等国。近 9 年来加拿大对外贸易额统计如表 5-12 所示。

加拿大对外贸易年度统计表　　　　表 5-12

年份(年)	2010	2011	2012	2013	2014	2015	2016	2017	2018
贸易额(亿美元)	7795.75	9033.47	9178.52	9200.42	9390.61	8293.16	7927.33	8531.10	9085.96

资料来源:中华人民共和国商务部国别数据网,2019。

加拿大与美国在市场导向、生产模式以及生活水平上十分接近。第二次世界大战后,制造业、采矿业、服务业和教育的高速增长使得加拿大从一个农业经济国家转变成一个工业化和城市化国家。加拿大是全球最重要的教育服务业输出国之一,每年吸引不少来自世界各地的留学生前来求学,不仅为国家带来丰厚的外汇,也为这个知识型经济体系的国家吸纳不少人才。

1989 年的美加自由贸易协定、1994 年的北美自由贸易协定和 2018 年的美国—墨西哥—加拿大协定,显著地增加了与美国贸易和经济的统一。由于美国和加拿大亲密的跨国关系,美国在 2001 年的经济衰退给加拿大带来了很多负面影响。在 1993—2000 年中,加拿大经济的实际增长率为 3%,但在 2001 年衰退,出现了失业率上升、制造和自然资源部门债务亏欠的现象。在全球经济持续复苏、石油等主要大宗产品价格回升等因素的带动下,2017 年加拿大经济在触底后反弹,增长势头强劲,走出了近两年经济增长乏力的低谷,全年 GDP 增长 3.3%,为 2010 年经济复苏以来增长率最高的年份。加拿大近年来的经济增长情况如表 5-13 所示。

加拿大经济增长统计表　　　　表 5-13

年份(年)	GDP(万亿加元)	增长率(%)	人均 GDP(万加元)
2013	1.60	2.5	5.40
2014	1.65	2.9	5.60
2015	1.66	1.0	5.57
2016	1.68	1.4	5.61
2017	1.74	3.3	5.84

资料来源:加拿大统计局。

加拿大主要产业如下。

(1)农牧渔业

发达的农业是加拿大经济的重要组成部分,在世界农业生产和国际农产品贸易中占据重要地位,2017 年加拿大农牧业产值 196 亿加元,占 GDP 的 1.1%。加拿大的农业原是全国最大的产业部门,近年来随着其他部门的发展,其产值在国内生产总值中的比重逐步下降。但农业在国民经济中仍然起着基础作用,农业机械化程度和劳动生产率水平极高。加拿大有规模庞大、分布广泛的农业科技研究网,并在农业科学研究方向取得了许多重要成果。加拿大农业部门的构成为农牧并重,畜牧业略占优势。

加拿大主要农产品有小麦、大麦、燕麦、玉米、油菜、亚麻、马铃薯、甜菜、向日葵、烟草、蔬菜、水果等。畜牧业以肉牛和乳牛饲养为主,其次为猪和家禽的饲养。渔业以海洋捕捞为主,盛产鳕鱼、鲭鱼、大比目鱼、鲑鱼等。

(2) 矿业

加拿大是世界主要矿业国之一,以资源多样、产量高、出口比重大为特点。锌、镍、石棉、钾盐、铀、钼、硫磺、黄金、白银、银、铅、铁等产量位居世界前列。石油和天然气的开采量巨大,2017年石油开采量为483.1万桶/日,天然气开采量为1763亿m^3。

(3) 工业

加拿大是西方七大工业化国家之一。工业从业人口占总劳动力的90%以上,在原子能和水力发电、通信和空间技术、石油化工、地球物理勘探、纸浆造纸、客运车辆制造等方面拥有先进技术设备。制造业是全国最大的产业部门,以炼油、汽车、造纸、屠宰及肉类加工、钢铁、锯材和板材、机械设备制造、乳品、金属冶炼等为主要产业部门。电力工业以丰富的水力和燃料资源为基础,人均发电量居世界前列。

(4) 交通运输

交通运输在加拿大的经济联系和对外贸易中具有特别重要的作用。重要交通干线位于人口和经济活动密集的国土上,以东西方向线路为主。

铁路营运里程为4.26万km(2017年数据),公路总长140.1万km(2016年数据)。拥有横贯大陆、长约7000km的国家铁路和全长6100km的加拿大太平洋铁路;圣约翰至维多利亚、全长7700多千米的加拿大公路为最重要的交通干线。全国有800多个注册机场,多伦多、蒙特利尔、温哥华、卡尔加里等为重要国际机场。此外,内河航运、管道运输亦为加拿大现代交通运输业中的重要组成部分。截至2016年年末,加拿大有559个港口,港口航道与三大洋(太平洋、大西洋和北冰洋)、五大湖区及圣劳伦斯河连接。该国2018年拥有657艘海运商船。

4. 主要港口

(1) 温哥华港

温哥华港代码、经纬度如表5-14所示。

温哥华港代码、经纬度　　　　　　　　　表5-14

港口名称(中文)	港口名称(英文)	港口代码	经纬度	时差
温哥华	VANCOUVER	CAVAN	49°17′N 123°5′W	-8:00

温哥华港是加拿大西海岸大商港,位于该国西南、温哥华北部的一个峡湾内,船舶出入港经乔治海峡、胡安—德富卡海峡。距西雅图126n mile,距鲁珀特太子港447n mile,至旧金山812n mile,至上海5100n mile,至天津5330n mile。该港有铁路经卡尔加里、温尼伯至东部的政治、经济中心,另外还有许多支线铁路通西部工业、农业生产基地。港口岸线长247km,港区有

内外港之分。内港在利翁斯海门以内的东西向峡湾两岸,峡湾长约20km,主要港区在西部南北两岸。集装箱码头分布在南岸的百年纪念码头和温特尔姆码头。外港除海上锚地外,还有深水煤输出专用码头。2021年该港集装箱吞吐量为367.9万TEU,世界排名第50位。

(2)蒙特利尔港

蒙特利尔港代码、经纬度如表5-15所示。

蒙特利尔港代码、经纬度　　　　　　　表5-15

港口名称(中文)	港口名称(英文)	港口代码	经纬度	时差
蒙特利尔	MONTREAL	CAMTR	45°28′30″N 73°35′0″W	-5:00

蒙特利尔港是加拿大东部商港,位于圣劳伦斯河中游与渥太华河交汇处附近,经贝尔岛海峡出海838n mile,经卡博特海峡出海690n mile。圣劳伦斯河上通五大淡水湖,下通圣劳伦斯湾,长960km,全线水深8.2m以上,万吨级海轮可直达五大湖区。因有大湖水量调节,航道水位稳定,年货运量在4000万t以上。蒙特利尔是加拿大东部最大的交通枢纽,有5条铁路交会于此,东达圣约翰港、哈利法克斯港,北通三河城、魁北克港,南至纽约,西连大陆西岸温哥华。港区自上游维多利亚桥起,沿河西岸西南东北延伸。上游至下游有粮食、滚装、油轮和干散货的码头。全港包括20个集装箱泊位,港口大部分是深水泊位。煤矿石等散货运输最多,居加拿大第1位。2018年该港集装箱吞吐量168万TEU,世界排名第98位。

(3)哈利法克斯港

哈利法克斯港代码、经纬度如表5-16所示。

哈利法克斯港代码、经纬度　　　　　　　表5-16

港口名称(中文)	港口名称(英文)	港口代码	经纬度	时差
哈利法克斯	HALIFAX	CAHAL	44°39′N 63°34′W	-4:00

哈利法克斯港是加拿大东海岸商港,位于新斯科舍半岛东南岸中腰,是不冻的天然深水良港。港外至圣约翰斯港542n mile,至波士顿391n mile,经向风海峡至巴拿马科隆城2300n mile。港区在向南突出的小半岛东岸凹部,西北东南方伸展。南部是海洋码头,有3个向东伸展的突堤和两侧的顺岸码头。共计23个深水泊位(20~42号),其中南端的36号、37号、39号、41号和42号泊位为集装箱码头,25号、28号泊位为谷物码头,24号、30号泊位装卸钢铁,其他大部分为杂货泊位,含有滚装船和旅客码头。进口货物有原油、糖、橡胶、杂货等,出口货物有谷物、面粉、钢材、木材、杂货等。冬季圣劳伦斯河冻结期间,进出加拿大东部船只都来此挂靠。

第二节　拉丁美洲

一、概况

拉丁美洲是指美国以南的美洲地区。因曾长期沦为拉丁语系的西班牙和葡萄牙的殖民地,现在这些国家中绝大多数通行的语言属拉丁语系,故被称为拉丁美洲。

1. 位置和范围

拉丁美洲东临大西洋,西靠太平洋,北部有墨西哥湾和加勒比海,面积2056万 km²。

2. 地理区域

拉丁美洲包括墨西哥、中美洲、西印度群岛和南美洲,共有33个国家,分别为:墨西哥、危地马拉、伯利兹、洪都拉斯、萨尔瓦多、尼加拉瓜、哥斯达黎加、巴拿马、古巴、海地、多米尼加、牙买加、特立尼达和多巴哥、巴巴多斯、格林纳达、多米尼克、圣卢西亚、圣文森特和格林纳丁斯、安提瓜和巴布达、圣基茨和尼维斯、巴哈马、圭亚那、苏里南、委内瑞拉、哥伦比亚、巴西、厄瓜多尔、秘鲁、玻利维亚、智利、阿根廷、巴拉圭、乌拉圭。

3. 人口与宗教

拉丁美洲有人口6.42亿(2018年统计)。人种主要是印欧混血种人和黑白混血种人,其次为黑人、印第安人和白种人。拉丁美洲信奉同一种宗教——罗马天主教,除了巴西使用葡萄牙语外,其他国家有西班牙语、英语和荷兰语等。

4. 地形

拉丁美洲地形复杂,墨西哥基本上是草原,称墨西哥高原。中美洲是个多山地区。西印度群岛大多也以山地为主。南美洲西部太平洋沿岸,耸立着安第斯山脉。安第斯山脉以东,平原和高原相间,自北而南有奥里诺科平原、圭亚那高原、亚马孙平原、巴西高原、拉普拉塔平原、巴塔哥尼亚高原。

拉丁美洲太平洋沿岸山地和西印度群岛,是世界上主要火山地震带之一。据统计,全洲有活火山90多座,占世界活火山的1/5。有文字记载以来,这个地带的国家都发生过强烈地震,拉丁美洲一些有名的高峰多半是火山锥。

5. 气候

拉丁美洲3/4的地区属热带范围之内,在世界各大洲中,它的气候条件最优越。从气温来看,大部分地区年平均气温20℃以上,对比其他大洲,具有暖热的特点,它既没有亚洲和北美洲那样寒冷,也不像非洲那样炎热。从湿润度来看,全洲年降水量平均多达1342mm,相当于大洋洲的3.2倍,是世界上最湿润的大洲。气候类型主要是热带雨林和热带草原气候。热带雨林气候主要分布在亚马孙平原,热带草原气候主要分布在巴西高原。

6. 自然资源

拉丁美洲矿产资源丰富。铁、锰、钴、铬、铝、银、铜、铅、锌、锡、锑、钒、铋、铌、石油、硝石等都在世界上占有非常重要的地位。巴西、委内瑞拉、智利、秘鲁、古巴、墨西哥等国都有大铁矿。许多国家盛产石油,其中以委内瑞拉储量最大。智利、秘鲁、墨西哥、玻利维亚等国为拉丁美洲的主要产铜国,铜产量约占世界的20%,智利的粗铜出口量居世界第2位。此外,古巴的镍矿和钴矿,玻利维亚的锡矿和锑矿,墨西哥的硫磺和白银,产量都名列世界前茅。

拉丁美洲许多地区气候适宜,雨水充足,土壤肥沃,农产丰富。主要粮食作物有稻米、小麦和玉米。经济作物以甘蔗、咖啡、香蕉、棉花为主。糖产量约占世界糖产量的1/4,加勒比海地区有"世界糖罐"之称。古巴是世界上出口糖最多的国家。咖啡产量已远远超过非洲,国际市场上的咖啡,60%以上来自拉丁美洲。巴西生产和出口的咖啡,均居世界首位。香蕉产量巨大,出口量约占世界总出口量的80%。厄瓜多尔是世界上最大的香蕉出口国,洪都拉斯、巴拿马、危地马拉等国也有大量香蕉出口。棉花产量增长很快,不少国家出口棉花,巴西和墨西哥的出口量最大。此外,还有面积广大的森林和丰富的沿海渔业资源,秘鲁沿岸海域是世界著名大渔场之一。

拉丁美洲河流众多,水力资源丰富。大河有亚马孙河、拉普拉塔河和奥里诺科河等。

7. 经济发展概况

拉丁美洲各国的工业,除采矿、钢铁、炼油等重工业外,以轻工业为主,如纺织、制糖、面粉、肉类加工等。巴西、阿根廷、墨西哥和智利是拉丁美洲工业发展水平较高的国家。

在航运服务业中,拉丁美洲国家巴拿马是全球第一大方便旗船籍国,2016年巴拿马籍船只注册数量8052艘,总吨位2.22亿t。

8. 与中国"一带一路"建设合作情况

截至2019年4月30日,拉丁美洲中已同中国签订共建"一带一路"合作文件的国家有智利、圭亚那、玻利维亚、乌拉圭、委内瑞拉、苏里南、厄瓜多尔、秘鲁、哥斯达黎加、巴拿马、萨尔瓦多、多米尼加、特立尼达和多巴哥、安提瓜和巴布达、多米尼克、格林纳达、巴巴多斯、古巴和牙买加。

二、重要海峡与巴拿马运河

1. 重要海峡

(1) 麦哲伦海峡

麦哲伦海峡是南美洲大陆南端同火地岛等岛屿之间的海峡,由地壳断裂下陷而成,海峡内寒冷多雾,并多大风暴,是世界上风浪最猛烈的水域之一。1520年,葡萄牙航海家麦哲伦首先通过,因此而得名。

麦哲伦海峡东连大西洋,西通太平洋,东西长580km,南北宽3.3~33km。海峡被中部的弗罗厄得角分成东西两段。西段海峡曲折狭窄,入口处宽度48km,最窄处仅3.3km,水深较深,最深处达1170m。两侧岩岸陡峭、高耸入云,每到冬季,巨大冰川悬挂在岩壁上,景象十分壮观,每逢崩落的冰块掉入海中,会发出雷鸣般巨响并威胁船只航行。东段开阔水浅,主航道最浅处只有20m,两岸是绿草如茵的草原景观。海峡处于南纬50°左右的西风带,强劲而饱含水汽的西风不仅给海峡地区带来低温、多雨和浓雾,而且造成大风、急浪,是世界闻名的猛烈风浪海峡,不利于船舶航行,但在巴拿马运河开通前,它是南大西洋和南太平洋间的重要航道。

(2) 德雷克海峡

德雷克海峡位于南美洲最南端和南极洲南设得兰群岛之间，紧邻智利和阿根廷两国，是大西洋和太平洋在南部相互沟通的重要海峡。在巴拿马运河开凿之前，德雷克海峡是沟通南太平洋和南大西洋的重要海上通道之一。

德雷克海峡是世界上最宽的海峡，其宽度达970km，最窄处也有890km。同时，德雷克海峡又是世界上最深的海峡，其最大深度为5248m，德雷克海峡以其狂涛巨浪闻名于世。由于太平洋、大西洋在这里交汇，加之处于南半球高纬度，因此，风暴成为德雷克海峡的主宰。海峡内似乎聚集了太平洋和大西洋的所有飓风狂浪，一年365天，风力几乎都在8级以上。即便是万吨巨轮，在波涛汹涌的海面，也被震颤得像一片树叶。这片终年狂风怒号的海峡，历史上曾让无数船只在此倾覆海底。于是，德雷克海峡被人称之为"杀人的西风带""暴风走廊""魔鬼海峡"，是一条名副其实的"死亡走廊"。

巴拿马运河开通之后，德雷克海峡运输航道的作用日渐减弱。然而，随着南极大陆对人类未来的生存与发展越来越重要，世界各国对南极的关注也与日俱增，纷纷赴南极进行科学考察与探险。德雷克海峡，这条从南美洲进入南极洲的最近海路也成为众多国家赴南极科考的必经之路，因而也被赋予新的战略意义。可以预见，随着人类对南极大陆科考与开发的深入，德雷克海峡的战略地位必将得到进一步提高。

2. 巴拿马运河

巴拿马运河位于美洲大陆中部，纵贯巴拿马地峡，是一条沟通太平洋和大西洋的船闸式运河。运河全长81.3km，最窄处为152m，最宽处为304m。从运河中线分别向两侧延伸16.09km所包括的地带为巴拿马运河区，总面积为1432km^2。

运河于1904年动工开凿，1914年8月15日正式通航。运河的开通使美洲东西海岸航程缩短了7000~8000n mile，亚洲到欧洲之间的航程缩短了4000~5000n mile。开通后的巴拿马运河极大地促进了世界海运业的发展。目前，巴拿马运河每年承担全世界5%的贸易货运，因此，巴拿马运河素有"世界桥梁"的美誉。

随着全球经济的发展，世界贸易活动以及货运量的大幅增加，越来越多的超大型船只投入使用，这些船只因体积过大而无法通过巴拿马运河船闸。为此，2006年10月22日，巴拿马就巴拿马运河扩建计划举行了全民公决。公决结果表明，约80%的投票者支持运河扩建工程。扩建工程建设克服了重重困难，于2016年6月26日胜利完工。新船闸的宽度扩大到55m，长度到427m，深度到18.3m。总长366m、型宽49m、吃水15m的装载12000TEU的集装箱船可以顺利通过运河。

三、巴西

1. 地理位置与领土组成

巴西位于南美洲中东部，国土面积851.49万km^2，约占南美洲面积的47.8%，居世界第5位。除厄瓜多尔和智利外，巴西同所有南美洲国家接壤，边界线长达2.31万km，其中陆地边界1.57万km，海岸线7367km。

2. 自然状况与人口

巴西全境地势较平坦，以平原和低缓高原为主，41%的国土海拔在200m以下，37.03%的国土海拔在200～500m之间，其余21.97%为海拔500m以上的高地，其中海拔1200m以上的国土仅占0.54%。全国地形大体可分为4个部分：北部的圭亚那高原、中部的巴西高原、介于圭亚那高原和巴西高原之间的亚马孙平原和巴拉那盆地。

巴西是世界上水流量最丰富的国家之一。内河水域面积为5.55万km^2，除东北部地区的部分河流为季节性河流外，均为不间断性河流。巴西主要有四大河系：亚马孙河系、圣弗朗西斯科河系、托康廷斯河系和巴拉那河系。亚马孙河及其支流构成世界上最大的水系，无论是河网密度，还是流域面积和水量，均居世界首位。

巴西绝大部分领土处在南回归线与赤道之间，92%的土地处于热带地区，平均海拔不高，年平均气温在20℃以上。巴西的气候类型可分为赤道气候、热带气候、高海拔热带气候、大西洋热带气候、半干旱气候和亚热带气候。

巴西矿藏丰富，在世界享有盛誉，截至2017年年底，巴西探明的石油储量为19亿t，在南美地区位居第二，仅次于委内瑞拉；天然气储量为4000亿m^3，主要分布在坎波斯和桑托斯盆地；煤炭储量可采储量65.96亿t，是西半球第二大煤炭资源国，仅次于美国。另外，铁矿、锰矿、铬铁矿、铝土矿、铜矿、镍矿、铀矿和金矿也储藏丰富。巴西森林覆盖率为59.05%。水力资源丰富，拥有世界18%的淡水，人均淡水拥有量2.9万m^3，水力蕴藏量达1.43亿kW/年。

据巴西地理统计局的数据，2018年巴西的人口总数为2.08亿，居世界第5位，但人口分布极不均衡，西北部和东部沿海一带人口稠密，在全国26个州和1个联邦区中，东南部太平洋沿岸的4个州集中了全国人口的大部分，但广大的亚马孙平原却是世界人口密度最小的地区之一。巴西人口分布的另一特点是人口高度集中在少数大城市，如圣保罗、里约热内卢、萨尔瓦多和巴西利亚等。

3. 经济发展概况

（1）经济发展历程

从葡萄牙统治时期开始，在很长一段时期内，巴西以"单一经济"闻名于世。1500—1550年以采集巴西木（红色染料）为主；1532年自葡属马德拉群岛引入甘蔗后，巴西东北沿海地带就大量生产蔗糖，1650—1700年最盛；17世纪末在米纳斯吉拉斯州发现黄金与金刚石后，"采金热"延续约150年；1850年后进入咖啡兴旺期，巴西得到"咖啡国"的称号；1880—1912年是巴西北部的橡胶兴旺期，曾以天然橡胶的故乡著称于世。

20世纪初，巴西开始工业化进程。从50年代起，巴西推行"进口替代"经济模式，并依靠大量举借外债获得了经济腾飞，其中1967—1974年经济年均增长速度达到10.1%，创造了"巴西奇迹"，并初步建立起了较为完整的工业体系。在其后近20年的时间里，巴西一直为外债和通货膨胀所困扰，经济发展陷于停顿。1994年7月，巴西推出"雷亚尔计划"，成功地控制了恶性通胀，并在此基础上进行了宏观经济结构改革，大力推进私有化，使巴经济出现了一个稳定增长的时期。但财政和经常项目双赤字问题却日益严重，对外资依赖急剧加深。在东南亚和俄罗斯金融危机冲击下，巴西被迫于1999年初宣布采取浮动汇率制。雷亚尔兑美元大幅贬值。其后受国内电力危机、大选因素和阿根廷经济危机影响,金融市场波动频繁,加之国际经济大环境不景气,巴西经济增长速度缓慢,通胀率和失业率均有所上升。2003年,卢拉政府执政后,采取稳健的经济政策,使金融形势趋于稳定,外资流入加大,生产恢复增长,就业岗位增加,经济实现强劲复苏,对外贸易与外国直接投资也呈现出稳定增长的势头。2007年年初,巴西政府出台经济加速增长计划,拟通过抑制公共支出、加大基础设施投资等措施,实现经济发展目标。当年,巴西GDP增长5.4%,总值达1.5万亿美元,人均7950美元。2008年5月,巴西政府发布了新产业政策,旨在保持巴西经济持续增长态势、扩大供应能力、保持支付账户平衡、提高创新能力、加强小型和微小企业竞争力。2008年巴西GDP达到2.9万亿雷亚尔,比2007年增长了5.1%,其中,产品附加值为2.4万亿雷亚尔,产品税收为5000亿雷亚尔。产品附加值中农业、服务业和工业分别增长5.8%、4.8%和4.3%,人均GDP为15240雷亚尔,同比增长了4.0%。年通胀率为5.9%。2008年巴西总投资占GDP的19%,是GDP增长率的2.5倍,2008年年末国际储备1940亿美元,外债2001亿美元。2011年以来,美国和欧元区经济低迷,国际原材料价格下跌,贸易需求量下降,加之巴西国内经济存在高利率、高税收、投资不足等问题,制约了巴西经济的增长速度。特别是近两年受反腐"洗车行动"影响,党派斗争加剧,政局动荡,使巴西经济遭受打击而陷入危机。2018年度主要出口贸易伙伴是中国、美国、阿根廷、荷兰和智利等国,主要进口贸易伙伴是中国、美国、阿根廷、德国和韩国等国。

巴西是南美第一经济大国,也是重要的新兴经济体,与中国、印度、俄罗斯和南非并称为"金砖国家"。巴西近年的经济增长情况、对外贸易情况如表5-17、表5-18所示。

巴西经济增长统计表　　　　　　　　　　　　　　　　　　　　　　　　　　表5-17

年份(年)	GDP(万亿美元)	增长率(%)	人均GDP(万美元)
2013	2.24	2.3	1.11
2014	2.23	0.1	1.16
2015	1.70	-3.8	0.87
2016	2.10	-3.6	0.97
2017	2.12	1.0	1.01

资料来源:巴西统计局。

巴西对外贸易年度统计表　　　　　　　　　　　　　　　　　　　　　　　表5-18

年份(年)	2010	2011	2012	2013	2014	2015	2016	2017	2018
贸易额(亿美元)	3835.64	4822.83	4657.29	4818.00	4542.55	3625.83	3227.87	3684.89	4211.20

资料来源:中华人民共和国商务部国别数据网,2019。

(2)产业

①农业。巴西是农业大国,农业是巴西经济的支柱产业。巴西以国土面积、可耕地资源、气候特点等优势以及世界对农产品需求增长为依据,确定"以农立国"的可持续发展战略。

自1990年市场开放以来,由于获得了国外低息贷款和先进生产技术,巴西农业有了长足的发展,农业产量出现了大幅增长。巴西主要种植大豆、玉米、水稻、木薯、甘蔗、小麦等。

目前,巴西农产品的产量排名世界第一的有咖啡、酒精、糖、柑橘;农产品出口量世界排名第一的有大豆、牛肉、鸡肉、烟叶、皮革。此外,猪肉、水产品、棉花、生物燃油、玉米、稻米、水果、干果等都具有广阔的发展前景。2017年巴西农产品出口额960亿美元,农产品贸易顺差818.6亿美元。出口的主要市场有美国、欧盟、中国和日本等。

特别要指出的是,巴西是世界上最大的咖啡生产国,咖啡是巴西国民经济的重要支柱之一,全国有大大小小的咖啡种植园50万个,种植面积约220万 hm^2,从业人口达600多万,其咖啡供应量占世界总量的40%。

②畜牧业。近年来,由于巴西政府积极开发和推广使用新技术,巴西畜牧业发展较快。目前,巴西是世界第一大牛肉生产国,第三大禽肉生产国。

③工业。巴西工业实力居拉美首位,20世纪70年代即建成比较完整的工业体系。工业基础较雄厚,拥有钢铁、汽车、造船、微电子、生物工程、航天技术、石油、水泥、化工、冶金、电力、建筑、纺织、制鞋、造纸、食品等现代工业,其中,核电、通信、电子、飞机制造、信息、军工等已跨入世界先进行列。根据巴西地理统计局2017年统计,巴西工业产值为1.41万亿雷亚尔,约为3786亿美元,国内生产总值21.5%。

④旅游业。巴西旅游业有90多年的历史,为世界十大旅游创汇国之一,游客多来自拉美、欧洲和美国。

据巴西旅游部门统计,2017年接待外国游客逾658万人次,创汇58亿美元。全国主要旅游点有里约热内卢、圣保罗、萨尔瓦多、巴西利亚、伊瓜苏大瀑布、马瑙斯自由港、黑金城、巴拉那石林和大沼泽地等。旅游已成为继大豆和豆粕出口以外巴西的第三大外汇来源。

⑤交通运输业。2017年巴西公路网总里程达173.54万km,货运量4856亿t,承担了全国61.1%的货物运输,在巴西经济社会发展中发挥了极大作用。巴西缺乏互联互通的全国铁路网,部分城市有轨道交通系统。巴西全国共有机场2561个,其中国际机场34个。主要国际机场有圣保罗、里约热内卢、巴西利亚、累西腓和马瑙斯。巴西河流纵横,为水路运输创造了良好的条件。航线包括4.8万km的内河航线和8500km的海岸航线。巴西全国共有35个公共港口。

四、墨西哥

1. 地理位置与领土组成

墨西哥北邻美国,南接危地马拉和伯利兹,东临墨西哥湾和加勒比海,西南濒太平洋,国土面积196.4万 km^2。海岸线长1.11万km,其中太平洋海岸7828km,墨西哥湾、加勒比海岸3294km。有300万 km^2 经济专属区和35.8万 km^2 大陆架。著名的特万特佩克地峡将北美洲和中美洲连成一片。

2. 自然状况与人口

全国5/6为高原及山地。东、西、南三面为马德雷山脉所环绕,内部为墨西哥高原,东南为地势平坦的尤卡坦半岛,沿海多狭长平原。

墨西哥气候复杂多样。高原地区终年温和,平均气温10~26℃;西北内陆为大陆性气候;

沿海和东南部平原属热带气候。大部分地区分旱（10～次年 4 月）、雨（5～9 月）两季，雨季集中了全年 75% 的降水量。

墨西哥矿业资源丰富，主要有石油、天然气、金、银、铜、铅、锌、砷、铋、汞、镉、锑、磷灰石、石墨、天青石、硫磺、萤石、重晶石等。其中，白银、硫酸钠、天青石、铋、镉、汞、重晶石、锑产量居世界前列。2017 年，已探明石油储量 10 亿 t，天然气储藏量 2000 亿 m^3。2015 年，森林覆盖面积为 66 万 km^2，约占国土总面积的 33.97%。水力资源约 1000 万 $kW \cdot h$。海产主要有对虾、金枪鱼、沙丁鱼、鲍鱼等，其中对虾和鲍鱼是传统的出口产品。

墨西哥有人口 1.25 亿（2018 年统计），印欧混血种人和印第安人分别占总人口的 90% 和 10%。官方语言为西班牙语，居民中 92.6% 信奉天主教，3.3% 信奉基督教。

3. 经济发展概况

（1）经济发展历程

1917 年宪法规定建立以市场经济为主的经济体制。20 世纪 40 年代起推行"进口替代"战略，建立了门类较齐全的工业体系。20 世纪 70 年代，"进口替代"发展模式渐失活力，贸易保护主义抬头，产品缺乏国际竞争力。1976 年，墨西哥发现新油田，靠举借外债实现了"石油"繁荣。但国际利率的提高及国际市场石油价格暴跌导致了 1982 年的债务危机。1986 年墨西哥加入关贸总协定，向外向型发展模式转变，此后经济连续多年保持中低速增长。1994 年 1 月 1 日墨西哥正式加入北美自由贸易区，12 月爆发金融危机。1996 年，塞迪略政府在美国和国际金融机构的支持下，采取严肃财政纪律、整顿金融体制、调整经济结构和实施中长期经济发展计划等措施，使墨西哥经济逐步复苏。1998 年，在国际金融市场动荡等不利因素的冲击下，墨西哥政府及时采取有效措施，实现经济增长 4.8%，2000 年经济增长达 6.6%，居拉美首位。2001 年受美国经济减速和石油价格波动影响，墨西哥经济出现滑坡，但宏观经济总体保持稳定，金融市场监控有序。近年来，受全球经济放缓和国际金融市场大幅波动等外部环境恶化影响，尤其是受制于美国经济增长动力不足，国际市场石油价格下跌影响，墨西哥经济增速显著放缓。2018 年与美国和加拿大重新签订了《美国—墨西哥—加拿大协定》。近年来墨西哥经济增长情况如表 5-19 所示。

墨西哥经济增长统计表　　　　表 5-19

年份（年）	GDP（万亿美元）	增长率（%）	人均 GDP（万美元）
2013	1.26	1.4	1.07
2014	1.30	2.2	1.08
2015	1.14	2.5	0.90
2016	1.05	2.3	0.86
2017	1.15	2.0	0.93

资料来源：国际货币基金组织。

（2）产业

①工矿业。制造业门类比较齐全，包括钢铁、汽车、化工、电子、金属加工、机器制造、食品、纺织、造纸、服装、橡胶、制药等 20 多个行业。墨西哥 80% 以上的出口收入和约 1/4 的 GDP 总值源自制造业。2017 年，墨工业制成品（除石油产品外）出口额 3644.8 亿美元，同比增长

8.5%,占出口总额比重89%。2017年原油产量222.4万桶/日,天然气407亿m³。

②农牧业。全国有可耕地2313.2万hm²,主要种植玉米、高粱、小麦、大豆、水稻、棉花等。剑麻产量居世界前列。全国牧场占地面积7900万hm²,主要饲养牛、猪、羊、马、鸡等,畜产品部分出口。林业、渔业在国民经济中的比重较小。2018年,墨西哥跃居全球第十大农业出口国。

③旅游业。墨西哥旅游业较发达,是世界第六大旅游国,目前已成为美国、加拿大之后美洲第三个重要旅游地。有墨西哥城、阿卡普尔科、蒂华纳、坎昆等著名旅游胜地。2017年入境墨西哥外国游客3930万人,同比增长12%,连续第六年增长;旅游外汇收入213.3亿美元,增长8.6%,连续第五年增长。

④对外贸易。墨西哥同200多个国家和地区建立了贸易关系,与45个国家签订了自由贸易协定。主要出口原油、工业制成品、石油产品、汽车、汽车配件、咖啡豆、蔬菜、钢材及化工、机械产品、服装、农产品等。主要进口客车、电器、石化产品、食品、饮料、纸浆、纺织、医药制品、广播电视接收及发射设备等。2018年度主要出口贸易伙伴是美国、加拿大、中国、德国和巴西等国,主要进口贸易伙伴是美国、中国、日本、德国和韩国等国。近9年来墨西哥对外贸易额统计如表5-20所示。

墨西哥对外贸易年度统计表 表5-20

年份(年)	2010	2011	2012	2013	2014	2015	2016	2017	2018
贸易额(亿美元)	5997.12	7004.24	7416.36	7613.06	7976.35	7760.21	7609.69	8298.46	9151.97

资料来源:中华人民共和国商务部国别数据网,2019。

⑤交通运输。交通运输业较发达,以公路交通和航运为主,公路总长37.7万km。全国共有大小港口和码头198个,其中海港140个,内河港口29个,内湖码头29个。墨西哥同欧美、中南美和加勒比地区、远东地区、地中海地区和斯堪的纳维亚半岛的许多国家设有客货运班轮。主要港口有墨西哥湾的阿尔塔米拉、韦拉克鲁斯和太平洋沿岸的曼萨尼约和拉萨罗卡德纳斯。这4个港口的吞吐量占全国总吞吐量的60%。2018年墨西哥拥有617艘海运商船。

五、拉丁美洲的主要港口

1. 曼萨尼约港

曼萨尼约港代码、经纬度如表5-21所示。

曼萨尼约港代码、经纬度 表5-21

港口名称(中文)	港口名称(英文)	港口代码	经纬度	时差
曼萨尼约	MANZANILLO	MXZLO	19°3′N 104°20′W	-7:00

曼萨尼港是墨西哥商港,位于墨西哥西南沿海曼萨尼约湾的东南岸,濒临太平洋,拉萨罗—卡德纳斯港西北250km处,是科利马州的海上出入门户,也是墨西哥太平洋沿岸最大的港口。该港有铁路和公路连接工业区腹地,与太平洋岸和美洲西海岸的交通十分方便。

2021年该港集装箱吞吐量为337.14万TEU,世界排名第59位。

另外,巴拿马也有中文及英文名称与此港完全一样的港口,但港口代码为 PAMIT,请注意区别。

2. 科隆港

科隆港代码、经纬度如表 5-22 所示。

科隆港代码、经纬度　　　　表 5-22

港口名称(中文)	港口名称(英文)	港口代码	经纬度	时差
科隆	COLON	PAONX	9°22′N　79°54′W	-5:00

科隆港位于巴拿马北部沿海巴拿马运河的大西洋出口处,濒临利蒙湾的东侧,是巴拿马最大港口。主要出口货物为香蕉、蔗糖、咖啡、海虾及石油产品等,进口货物主要有食品、石油、机械、运输设备及工业品等。2021 年该港集装箱吞吐量为 491.6 万 TEU,世界排名第 39 位。

科隆港紧邻科隆自由贸易区。该自贸区始建于 1948 年,是西半球最大的自由贸易区,也是仅次于中国香港特别行政区的世界第二大自由贸易城市。科隆自由贸易区目前已与世界上 120 多个国家和地区有贸易往来。因此,该港在有关船公司的船期表中显示的挂靠港也表示为 COLON FREE ZONE(科隆自由贸易区)。

3. 桑托斯港

桑托斯港代码、经纬度如表 5-23 所示。

桑托斯港代码、经纬度　　　　表 5-23

港口名称(中文)	港口名称(英文)	港口代码	经纬度	时差
桑托斯	SANTOS	BRSSZ	23°59′S　46°17′W	-3:00

桑托斯港是巴西自由港,位于该国东南圣文森特岛东北侧,西北距圣保罗 60 多千米。海路东北至里约热内卢 210n mile,至萨尔瓦多港 927n mile;西南至蒙得维的亚港 880n mile,至布宜诺斯艾利斯港 1010n mile;东至开普敦港 3416n mile。该港为巴西最大吞吐港,也是第一大集装箱吞吐港,2021 年该港集装箱吞吐量为 483.2 万 TEU,世界排名第 41 位。

巴西自 1993 年颁布的第 8630 号法律对港口装卸实施私有化以后,10 年内私企累计对该港的投资额达到 10 亿美元,使港口作业条件得到很大改善,目前在全部 64 个泊位中,有 1 个属于私企,私营部门参与港口作业的共有 62 个泊位。主要出口的货物有散装糖、咖啡豆、豆粕、大豆、柑橘、桶装橙汁、柴油、瓦斯油、汽油、燃料油、酒精、植物油等,主要进口的货物有小麦、盐、化肥、硫磺、石油液化气、氢氧化钠、氨水、煤炭等。内陆国玻利维亚和巴拉圭不少进口产品由此中转。

4. 布宜诺斯艾利斯港

布宜诺斯艾利斯港代码、经纬度如表 5-24 所示。

布宜诺斯艾利斯港代码、经纬度　　　　表 5-24

港口名称(中文)	港口名称(英文)	港口代码	经纬度	时差
布宜诺斯艾利斯	BUENOS AIRES	ARBUE	34°40′S　58°22′W	-3:00

布宜诺斯艾利斯港是阿根廷商港,位于该国中部东海岸,临拉布拉塔河湾,港市之东北。东距蒙得维的亚 125n mile,至开普敦港 3720n mile,东北至里约热内卢港 1150n mile,西南至布兰卡港 510n mile,至麦哲伦海峡彭塔阿雷纳斯港 1370n mile。港区沿海岸南北伸展,又分北、中、南 3 个港区。北港区又称新港区;南港区在该港之南,里亚丘埃洛河河口,船舶由南航道入港,有一区、二区、液化煤气港池、危险品港池和东港池等几个部分;中港区又叫马德罗港,是连接南北港区之间的内陆水域。全港约有 50 多个泊位,年吞吐量 1500 万 t 以上,占全国外贸出口的一半、进口的 60%。

5. 瓦尔帕莱索港

瓦尔帕莱索港代码、经纬度如表 5-25 所示。

瓦尔帕莱索港代码、经纬度　　　　表 5-25

港口名称(中文)	港口名称(英文)	港 口 代 码	经　纬　度	时　差
瓦尔帕莱索	VALPARAISO	CLVAP	33°2′S　71°39′W	-4:00

瓦尔帕莱索港是南美西海岸智利商港,位于该国海岸中部瓦尔帕莱索湾南岸。海路北至巴尔博亚港 2616n mile,至卡亚俄港 1306n mile,至安托法加斯塔港 576n mile;南至麦哲伦海峡蓬塔阿雷纳斯港 1432n mile。港口在向西北敞开的小湾内,西北有一条防波堤从陆岸伸向东南,东南有一个小突堤向北伸展,全港总计有 8 个深水泊位,水深都在 9~11.4m 之间,所有泊位均可用于集装箱装卸。智利外贸进出口物资半数以上经此港装卸。

6. 卡塔赫纳港

卡塔赫纳港代码、经纬度如表 5-26 所示。

卡塔赫纳港代码、经纬度　　　　表 5-26

港口名称(中文)	港口名称(英文)	港 口 代 码	经　纬　度	时　差
卡塔赫纳	CARTAGENA	COCTG	10°25′S　75°32′W	-5:00

卡塔赫纳港是哥伦比亚商港,位于该国西北沿海的卡塔赫纳湾北岸,濒临加勒比海的西南侧,是哥伦比亚北部的主要港口之一,港口设有自由贸易区。2021 年该港集装箱吞吐量为 334.38 万 TEU,世界排名第 61 位。

另外,西班牙也有中文及英文名称与此港完全一样的港口,但港口代码为 ECCAR,请注意区别。

7. 卡亚俄港

卡亚俄港代码、经纬度如表 5-27 所示。

卡亚俄港代码、经纬度　　　　表 5-27

港口名称(中文)	港口名称(英文)	港 口 代 码	经　纬　度	时　差
卡亚俄	CALLAO	PECLL	12°3′S　77°9′W	-5:00

卡亚俄港是秘鲁商港,位于该国海岸中腰、卡亚俄城西北岸。海路北距巴尔博亚港

1350n mile,离旧金山港 3990n mile,南距智利商港瓦尔帕莱索港 1306n mile,至上海港 9404n mile。全港总计有 23 个泊位,是南美两岸最现代化的港口,秘鲁全国 3/4 的进口和 1/4 出口物资经由此港装卸。2021 年该港集装箱吞吐量为 248.64 万 TEU,世界排名第 79 位。

8. 瓜亚基尔港

瓜亚基尔港代码、经纬度如表 5-28 所示。

瓜亚基尔港代码、经纬度　　　　　　　　　表 5-28

港口名称(中文)	港口名称(英文)	港 口 代 码	经　纬　度	时　差
瓜亚基尔	GUAYAQUIL	ECGYE	2°17′S　79°55′W	-5:00

瓜亚基尔港是厄瓜多尔商港,位于西南沿海瓜亚斯河口、瓜亚基尔湾的西北岸,濒临太平洋的东南侧。北距曼塔港约 160km,是厄瓜多尔最大的港口,也是南美洲太平洋沿岸的主要港口之一。港区主要码头泊位有 9 个,其中集装箱码头有 3 个泊位。2021 年该港集装箱吞吐量 216.32 万 TEU,世界排名第 84 位。

9. 金斯顿港

金斯顿港代码、经纬度如表 5-29 所示。

金斯顿港代码、经纬度　　　　　　　　　表 5-29

港口名称(中文)	港口名称(英文)	港 口 代 码	经　纬　度	时　差
金斯顿	KINGSTON	CLP	33°2′S　71°39′W	-4:00

金斯顿港是牙买加商港,是加勒比海地区增长速度最快的港口,在为全球的东西向航线、美洲地区的南北向航线提供集装箱转运业务服务方面,潜力非常大。2021 年该港集装箱吞吐量为 200.43 万 TEU,世界排名第 93 位。

【课外活动】

1. 分小组,绘制或制作欧洲某国或地区地图,在地图上标示出主要港口,并在课堂上讨论。
2. 使用 bing 搜索引擎提供的地图,以本章提供的港口英文名称搜索查看港口所在位置。
3. 依据网址 http://portfocus.com/index.html 中所提供的欧洲各个国家和地区港口的网址查看区内各港口的最新发展现状。

【阅读建议】

[1] 马肇彭.探险·开拓·交流——航海史话[M].北京:经济科学出版社,1991.
[2] 斯塔夫里阿诺斯.世界通史:从史前史到 21 世纪(第 7 版)(修订版)(中文版)(上下册)[M].北京:北京大学出版社,1991.

思考题

1. 分析巴拿马运河对航运的重要性。
2. 依据各船公司的船期表,写出能挂靠下列港口的船公司。

NEW YORK,LONG BEACH,LOS ANGELES,VANCOUVER,HALIFAX。

3. 某票货从深圳盐田港运往美国纽约港,请从船公司的船期表中选择东行使用全水路或者西行使用全水路或多式联运方式的路线图,并估计各自运输的时间。

4. 写出下列港口的中文名及其所属国家。

BUENOS AIRES,TORONTO,HOUSTON,SAVANNAH,BOSTON,CHARLESTON,COLON,SANTOS,LOS ANGELES,NEW ORLEANS,GUAYAQUIL。

第六章　大洋洲海运地理

　　这些轮船将加倍发展大西洋上的运输,开辟太平洋上的交通,把澳大利亚、新西兰、新加坡、中国跟美洲联系起来,把环球旅行时间缩短到 4 个月。

——《马克思恩格斯全集》(第七卷)

【知识目标】

1. 解释大洋洲海运业和港口发展的背景。
2. 描述大洋洲某港口的概况。
3. 识别大洋洲主要港口。

【能力目标】

1. 具有根据给出的地图识别大洋洲主要港口的能力。
2. 具有根据给出的数据分析大洋洲某国或某地区航运业和港口发展趋势的能力。

【引　例】

中远澳洲集装箱航线

　　中远集装箱运输的发展史与澳大利亚有着悠久的历史渊源。1978 年 9 月 26 日,中国第一艘半集装箱船——中远"平乡城"轮首航澳大利亚,揭开了中国现代集装箱运输历史的第一页。1980 年 5 月,中远的第一艘集装箱滚装船"白河口"号徐徐驶进悉尼港,创建了中国第一条集装箱班轮航线——中远中澳双周班集装箱航线。

　　40 多年来,中远海运在中澳航线上不断扩充新的船舶,带着中澳两国人民的友谊,载着发展的希望,穿梭两国之间,有力地促进了双边和多边经贸往来。为经营好这条航线,中远于开辟航线的同年在澳成立了第一家中澳合资企业——五星航运代理有限公司。1995 年中远在大洋洲地区的管理公司——中远(澳洲)有限公司的成立,标志着中远澳洲航线的经营进入了一个崭新的时期。

　　发展到今天,新组建的中远海运集装箱运输有限公司在澳洲共有 7 条班轮航线,一个方向是东北亚—澳洲,包括 A3N,A3C,A3S 三条航线;另一方向是东南亚—澳洲,包括 ASAL,AAX,AAA1,AAA2 四条航线。中远海运在澳洲已连续多年获得权威航运媒体《劳氏日报》颁发的"客户服务奖"和"航运准班奖"。

第一节 概 述

一、概况

大洋洲是世界上最小的一个洲,拥有丰富的资源,煤和铁矿石出口在世界上占重要地位。羊毛、小麦等农产品产量多,出口量大。区内主要国家有澳大利亚、新西兰。

1. 位置和范围

大洋洲位于太平洋西南部和南部的赤道南北广大海域中。大洋洲陆地总面积约897万 km^2,约占地球陆地总面积的6%。

大洋洲大部分在东经110°至西经140°之间,北纬30°至南纬47°之间,它既跨日界线的东西两侧,又跨东西两半球分界线(东经160°)的两侧,同时还占据南北两半球。

2. 地理区域

大洋洲有14个独立国家,即澳大利亚、帕劳、斐济、基里巴斯、马绍尔群岛、汤加、萨摩亚、瑙鲁、新西兰、所罗门群岛、瓦努阿图、图瓦卢、巴布亚新几内亚、密克罗尼西亚联邦,其余十几个地区尚在美、英、法等国的管辖之下。在地理上划分为澳大利亚、新西兰、新几内亚、美拉尼西亚、密克罗尼西亚和波利尼西亚六区。

3. 人口与宗教

大洋洲人口约0.416亿人,人口密度5人/km^2(2018年统计),是除南极洲外,世界人口最少的一洲。全洲65%的人口分布在澳大利亚大陆。各岛国人口密度差异显著。巴布亚人、澳大利亚人、塔斯马尼亚人、毛利人、美拉尼西亚人、密克罗尼西亚人和波利尼西亚人等当地居民约占总人口的20%,欧洲人后裔约占70%以上,此外还有混血种人、印度人、华人和日本人等。绝大部分居民信奉基督教,少数信奉天主教,印度人多信奉印度教。

4. 地形

大洋洲分为大陆和岛屿两部分:澳大利亚大陆,西部为高原,海拔200～500m,大部分为沙漠和半沙漠,也有一些海拔1000m以上的山脉;中部为平原,海拔在200m以下,北艾尔湖湖面在海平面以下16m,为大洋洲的最低点;东部为山地,一般海拔800～1000m,山地东坡较陡,西坡缓斜。新几内亚岛、新西兰的北岛和南岛是大陆岛,岛上平原狭小,多海拔2000m以上的高山,新几内亚岛上的查亚峰,海拔5029m,是大洋洲的最高点。美拉尼西亚岛屿群多属大陆型,系大陆边缘弧状山脉的延续部分,各列岛弧之间有深海盆和深海沟。波利尼西亚和密克罗尼西亚两岛群绝大部分的岛屿属珊瑚礁型,面积小,地势低平,不少岛屿有由珊瑚礁环绕形成的礁湖,成为天然的船只停泊地和水上飞机场。此外,还有少量由海底火山喷发物质堆积而成的火山型岛屿,如夏威夷群岛、帕劳群岛、所罗门群岛、新赫布里底群岛等,地形特点是山岭高峻,形势险要,多天然掩护的良港。澳大利亚东部和北部沿海岛屿是太平洋西岸火山带的组成部分,大洋洲陆上有活火山60余座,仅美拉尼西亚就有30余座。夏威夷岛上的冒纳罗亚火山海拔4170m,是大洋洲最高的火山。

墨累河是水系中外流区域中最长和流域面积最大的河流。内流区域(包括无流区)均分布在澳大利亚中部及西部地区,主要内流河均注入北艾尔湖。大洋洲的河流与其他洲相比显得十分稀少,河流短小,水量较少,雨季暴涨,旱季有时断流,大多不利航行,但所有河流几乎终年不冻。大洋洲的湖泊较少,最大湖泊是澳大利亚境内的北艾尔湖,面积约$8200km^2$,随降水而变化;最深的湖泊是新西兰南岛西南端的蒂阿瑙湖,深达276m。此外许多岛屿上有由珊瑚礁环绕而形成的礁湖。新乔治亚岛上的礁湖是世界上的大礁湖之一。

5. 气候

大洋洲大部分地区处在南北回归线之间,绝大部分地区属热带和亚热带,除澳大利亚的内陆地区属大陆性气候外,其余地区均属海洋性气候。绝大部分地区的年平均气温在25~28℃之间。最冷月平均气温为北半球从夏威夷群岛最北面向赤道由16℃递增到25℃;南半球从南纬50°附近起向赤道由6℃递增到25℃。新西兰的南岛和澳大利亚东南部山区可达0℃以下。最热月平均气温,北半球从夏威夷群岛最北面起向马里亚纳群岛附近,由24℃递增到28℃以上;南半球从南纬50°附近起向澳大利亚西北部递增,由12℃递增到32℃。澳大利亚昆士兰州的克朗克里极端最高气温达53℃,为大洋洲最热的地方。澳大利亚中部和西部沙漠地区年平均降水量不足250mm,是大洋洲降水量最少的地区。夏威夷的考爱岛东北部年平均降水量高达12000多毫米,是世界上降水较多的地区之一。

6. 自然资源

大洋洲的矿物以铁矿、镍、铝土矿、金、铬、磷酸盐、铁、银、铅、锌、煤、石油、天然气、铀、钛和鸟粪石等较丰富。镍储存量约4600万t,居各洲前列;铝土矿储量46.2亿t,居各洲第2位。

森林面积约占总面积的9%,约占世界森林总面积的2%,产松树、山毛榉、棕榈树、桉树、杉树、白檀木和红木等多种珍贵木材。草原占大洋洲总面积的50%以上,约占世界草原总面积的16%。

水力蕴藏量约为13500万kW,占世界水力总蕴藏量的4.9%;已开发水力280万kW,占世界总开发量的1.8%。估计年可发电2000亿kW·h,约占世界可开发水力资源的2%。美拉尼西亚附近海域、澳大利亚东南沿海及新西兰附近海域为主要渔场,盛产沙丁鱼、鳕鱼、鳗鱼、鲭鱼和鲸鱼等。

二、经济发展概况

大洋洲各国经济发展水平差异显著,澳大利亚和新西兰两国经济发达,其他岛国多为农业国,经济相对落后。农作物有小麦、椰子、甘蔗、菠萝、天然橡胶等。小麦产量约占世界小麦总产量的 3%。畜牧业以养羊为主,绵羊头数占世界绵羊总头数的 20% 左右。羊毛产量占世界羊毛总产量的 40% 左右。

大洋洲的工业,主要集中在澳大利亚,其次是新西兰。主要有采矿、钢铁、有色金属冶炼、机械制造、化学、建筑材料、纺织等部门。大洋洲岛国工业多分布在各自的首都或首府,仅以采矿及农、林、畜产品加工为主。

近年来,大洋洲国家重视发展旅游业。汤加、瓦努阿图等国家旅游业收入可观,成为国民经济的重要组成部分。

截至 2019 年 4 月 30 日,在大洋洲国家中与中国签订共建"一带一路"合作文件的国家和地区有新西兰、巴布亚新几内亚、萨摩亚、纽埃、斐济、库克群岛、瓦努阿图、汤加和密克罗尼西亚。

三、交通运输

海洋航运是大洋洲国与国、岛与岛相互交往的重要手段,有航线通达洲内各国和重要地区的首都和首府,同洲外各重要港口城市也均有联系。陆上交通主要有铁路和公路。

同时,由于大洋洲地处亚洲、拉丁美洲和南极洲之间,东西沟通了太平洋和印度洋,是亚洲、非洲与南美洲、北美洲之间联系各大洲航线的必经之路,成为轮船、军舰的淡水、石油、煤和食物的供应站。其中,关岛、中途岛等皆为太平洋航线上的中途站。因此,大洋洲在国际交通中具有极其重要的地位。另外,它又是离南极洲最近的洲之一,去南极考察、探险、捕鲸等活动的船只多在此停歇,增添航行中所需的物资。

第二节 澳 大 利 亚

一、地理位置和领土组成

澳大利亚联邦(Commonwealth of Australia),简称澳大利亚或澳洲,总面积为 769.2 万 km^2,占大洋洲的绝大部分的陆地,是全球面积第六大国家,仅次于俄罗斯、加拿大、中国、美国、巴西,也是大洋洲最大的国家。澳大利亚所在的大陆是地球上最小的一块大陆,通常也被称为澳洲、澳洲大陆或澳大利亚大陆。东南方是新西兰,北方有巴布亚新几内亚、西巴布亚和东帝汶,印度尼西亚位于澳大利亚的西北方。

澳大利亚位于南半球,介于南太平洋和印度洋之间,由澳大利亚大陆和塔斯曼尼亚等岛屿组成。澳大利亚四面环海,东南隔塔斯曼海与新西兰为邻,北部隔帝汶海和托雷斯海峡与东帝汶、印度尼西亚和巴布亚新几内亚相望,虽四面环水,沙漠和半沙漠却占澳大利亚面积的 35%。

二、自然状况与人口

澳大利亚可分为东部山地、中部平原和西部高原3个地区。该地区最高峰科西阿斯科山海拔2228m。中部的北艾尔湖是澳大利亚的最低点，湖面低于海平面16m。在东部沿海有全世界最大的珊瑚礁——大堡礁。气候上北部属热带，部分属亚热带，大部分属温带。一年平均气温北部27℃，南部14℃，内陆地区干旱少雨，年降水量不足200mm，东部山区500～1200mm，澳洲是世界上最干燥的大陆之一。澳洲内陆的贫瘠干旱地带却蕴藏着极为丰富的矿产资源，澳大利亚铁矿储量占世界第2位。

澳大利亚气候比欧洲或美洲温和，尤其是北部，气候与东南亚及太平洋地区相近。在昆士兰州、北部地区及西澳大利亚州，1月份（仲夏）的温度白天平均为29℃，夜间为20℃；而7月份（隆冬）的平均气温白天、夜间分别约为22℃及10℃。

澳大利亚人口有2518万，人口密度3人/km²（2018年统计），主要是英国及其他欧洲国家移民后裔，亚洲人、土著民族和其他民族占少数。人口分布极不平衡，东南沿海部分地区人口稠密。

三、经济发展概况

澳大利亚是一个后起的发达国家，农牧业发达，自然资源丰富，有"骑在羊背上的国家"和"坐在矿车上的国家"之称，盛产羊、牛、小麦和蔗糖，同时也是世界重要的矿产资源国和生产国。农牧业、采矿业为澳大利亚传统产业。制造业不够发达，高科技产业近几年发展较快，在国际市场上竞争力有所提高。自20世纪70年代以来，澳大利亚经济经历了重大结构性调整，服务业得到迅速发展，占国内生产总值的比重逐渐增加，目前已达到70%左右。经历了20世纪90年代末期的快速增长之后，2000年澳大利亚GDP增长速度稍微减缓，到2001年降到近年来的最低值2.5%。在房地产及相关产业的蓬勃发展、国内消费增加、出口势头强劲等因素的推动下，GDP增长率迅速回升，于2002年达到峰值4.0%。2003年和2004年的GDP增长率保持在3.3%左右。尽管澳大利亚GDP增长经历了一定的波动，但整个国民经济体系也表现出良好的弹性。这得益于适宜的货币政策和不断增长的国民收入，内需一直充当了经济增长的主要拉动力。进入2005年之后，由于住房需求下降，投资和私人消费增长减速，GDP增长速度比2004年有所放缓。2017年，澳大利亚GDP达1.72万亿澳元，同比增长2.4%，人均GDP达6.89万澳元，是世界上经济增长较快的发达国家之一。

1. 农牧业

农牧业是澳大利亚经济增长、就业和出口方面的重要组成部分。该国农牧业发达，是世界上最大的羊毛和牛肉出口国。2017—2018年度农牧业总产值为589.3亿澳元，约占GDP的3.2%。

澳大利亚农牧业用地为4.75亿hm²，占全部国土的63.8%，而劳动力仅占全国人口的2.5%。主要农作物有小麦、大麦、甘蔗和水果。澳大利亚畜牧业发达，绵羊养殖业在畜牧业中占重要地位。

澳大利亚发展具有国际竞争力的农业有诸多资源和条件：一是拥有丰富和廉价的原料；二是对环境污染实行有效控制；三是邻近亚洲市场；四是拥有温和的气候条件；五是拥有广阔的可耕地和畜牧场；六是与北半球季节的相反；七是拥有高质量的农业技术的研究与开发。

澳大利亚农业以专业化的大型农场为主体，兼营的农场数量也在日益增加。其中大农场占94%，64%的大农场从事谷物种植业、养羊业、养牛业或兼营以上两种或三种。

按照自然条件和经营特点，全国有3个明显的农业区：

①集约农业带，又称高雨量带。其范围从昆州北部海岸延伸到南澳的东南角以及西澳的西南部和塔州，降水较充沛，适于发展种植业和奶牛业。

②小麦、养牛带。其范围从昆州中部向南延伸，经过新州坡地至维州北部和南澳农业区，是半干旱至湿润气候的过渡区，年降雨量 400~600mm，以旱作农业为主，大多数农场经营小麦、养牛和肉牛业。

③牧业带。包括西澳、南澳大部分地区以及新州西部、昆州南部，年降雨量少于400mm，大陆中部沙漠地区少于200mm。该地带面积最大，牧场面积达 3.8 亿 hm^2，但气候干燥、植被稀少，以养牛业为主。

2. 工业

到19世纪末，澳大利亚初步建立了近代化的基础工业。20世纪上半叶，澳大利亚钢铁工业得到了高速发展。澳大利亚工业以矿业和制造业为主，制造业主要是装配、建筑、化工等，多为外资控制。主要工矿业产品包括生铁、粗钢、原油、天然气、水泥、棉布、汽车、煤炭等。

(1) 矿业

丰富多样的矿产资源、技能熟练的采矿专业人才以及先进的采掘加工技术等因素使澳大利亚成为全球采矿业领先的国家。

目前，矿业和矿物生产占澳大利亚经济的8%左右，占出口收入的近1/3。在中国、日本和印度对原材料巨大需求的带动下，这个行业正处于大规模的扩张时期。为满足中国等国家激增的矿产需求，包括必和必拓公司、力拓集团在内的澳大利亚各大矿业公司进行了生产扩大化的投资。同时，澳大利亚煤气电力公司和埃尔刚能源公司等各大能源企业也投资建厂。

①铁矿。2016年澳大利亚铁矿石产量为8.42亿 t，占世界铁矿石产量的40.2%；出口量8.35亿 t，占世界铁矿石出口量的53.4%。

②铝矿。澳大利亚铝业包括5个铝矾土矿山、6个氧化铝提炼厂、6个主要铝冶炼厂、12个挤压厂和4个产品滚压厂。澳大利亚铝业直接雇工16000多人。工业主要分布在昆士兰北、猎人谷、维多利亚西南、西澳西南、北领地和塔斯马尼亚北。

(2) 能源工业

①石油与天然气。澳大利亚拥有的富含石油和天然气的广袤土地，为开采石油和天然气提供了良好的条件。但近年来，随着澳大利亚油田开采寿命日益接近，该国石油产量和出口量连年下跌。此外，澳大利亚的天然气产量却不断增加，2017年液化天然气出口量达 759 亿 m^3，占世界液化天然气出口量的 19.3%。

②煤炭。澳大利亚目前是全世界最大的黑煤出口国。该国东部沿海地区蕴藏丰富集中的煤矿矿床，在继续满足全球对煤矿日益增长的需求方面占有极佳地位。煤炭开采以及黑煤与褐煤的下游附加值产品方面也拥有大量的投资机会。该国工业和研究机构在开发和实施洁净煤技术方面处于世界领先地位。

根据国际能源署IEA（International Energy Administration）2017年统计，澳大利亚煤炭出口量占世界煤炭出口总量的27.6%，排名世界第2位。

（3）制造业

澳大利亚的设计、制造和测试能力在汽车业、航空航海业、工具加工、机器人技术、电子、通信业、光学及光子技术、空间信息业、科技和医疗器械、化工塑料产品等诸多领域得到了很好的发展。

在汽车业、航空业和高科技制造与研究方面，丰田汽车、福特汽车、通用汽车、波音、欧洲直升机、泰莱斯、西门子、博世、豪赫蒂夫（Hochtief）、精密阀门等大批的外资公司在澳大利亚找到了竞争优势。

在智能制造系统、先进复合结构、纳米技术、聚合体技术、光子技术、电信技术、卫星系统、传感信号处理和空间信息等领域，澳大利亚建立了各种国际合作研究中心，这些研究中心将产业和研究团体紧密地联系在一起。

澳大利亚还是许多国际领先的航空公司大型设备生产基地，其中包括波音航空公司、欧洲宇航防务集团（EADS）、英国GKN航空航天服务公司（GKN Aerospace）、美国诺斯罗普·格鲁曼公司（Northrop Grumman）和美国雷神公司（Raytheon）。同时，大力发展民用航空业，为航空和电子制造业提供了大量的投资机遇。

3. 服务业

澳大利亚服务业是经济最重要和发展最快的部门，包括物流、电信与邮政、金融服务、旅游、零售商业、建筑与房地产等。

2017年，服务业产值1.31万亿澳元，占澳大利亚国内生产总值的75.8%，服务业中产值最高的行业是金融保险业、医疗和社区服务业、专业科技服务业、公共管理和安全服务、教育培训服务。

4. 对外贸易

澳大利亚对国际贸易依赖较大。2018年澳大利亚货物贸易继续呈增长态势，据澳大利亚统计局统计，货物贸易进出口4840.1亿美元，比2017年同期（下同）增长7.0%。其中，出口2566.4亿美元，增长11.0%；进口2273.7亿美元，增长2.7%。贸易顺差292.7亿美元，增长199.8%。表6-1是近9年来澳大利亚对外贸易额统计表。矿产品、贵金属及制品和动物产品是其主要出口商品；机电产品、运输设备和矿产品是其进口的前三大类商品。澳大利亚与130多个国家和地区有贸易关系。2018年度澳大利亚主要贸易伙伴按照出口额排名前八位的依次是中国、日本、韩国、印度、美国、新加坡、新西兰和马来西亚；按照进口额排名前八位的依次是中国、美国、日本、德国、泰国、韩国、马来西亚。

澳大利亚对外贸易年度统计表　　　　　　　　　　　表 6-1

年份(年)	2010	2011	2012	2013	2014	2015	2016	2017	2018
贸易额(亿美元)	4068.16	5050.14	5069.43	4847.88	4674.72	3879.90	3793.20	4521.25	4840.06

资料来源：中华人民共和国商务部国别数据网，2019。

5. 航运业

澳大利亚海岸线长达 3.67 万 km，国际海运发达，近 80% 出口和 70% 以上的进口通过海运。澳大利亚内陆水运里程约为 2000 多千米，各种港口超过 100 个，各类商船 563 艘。这些船舶承担了 92% 的沿海贸易量，每年总计完成运量达 5000 万 t。此外，该国拥有较大规模的专用运输船舶，主要参与石油和天然气的运输。

四、主要港口

澳大利亚主要港口有 35 个，为适应每年靠泊澳港口船舶数目增长的需要，政府和企业对基础设施和服务机构进行了大量投资。主要港口有墨尔本港、悉尼港、布里斯班港、阿德莱德港、霍巴特港、达尔文港、丹皮尔港、伯尼港、德文波特港、汤斯维尔港等。

1. 悉尼港

悉尼港代码、经纬度如表 6-2 所示。

悉尼港代码、经纬度　　　　　　　　　　　表 6-2

港口名称(中文)	港口名称(英文)	港口代码	经　纬　度	时　差
悉尼	SYDNEY	AUSYD	33°55′S　151°12′E	+10:00

悉尼港位于澳大利亚东南新南威士州海岸杰克逊湾和博塔尼湾，临塔斯曼海。悉尼港与近 200 个国家和地区的港口有贸易联系。

悉尼港在越湾大桥南端内外，由东至西分布着众多各类码头泊位。悉尼港海路南至墨尔本 520n mile；北至布里斯班 515n mile，经托雷斯海峡至我国的香港港 4540n mile，经宾拉尼西亚至我国的上海港 4635n mile，至日本的横滨 4450n mile；东北至苏瓦 1735n mile，至美国的夏威夷火努鲁鲁 4415n mile；东至新西兰的奥克兰 1274n mile。

近年来，悉尼港成为中澳贸易的重要货运枢纽，经悉尼港与中国的进出口货物量增长迅速。为了满足货运量迅猛增长的需求，新南威尔士州政府投资发展了悉尼的邦达尼港(Botany)。2021 年该港集装箱吞吐量为 276.16 万 TEU，世界排名第 75 位。

2. 墨尔本港

墨尔本港代码、经纬度如表 6-3 所示。

墨尔本港代码、经纬度　　　　　　　　　　　表 6-3

港口名称(中文)	港口名称(英文)	港口代码	经　纬　度	时　差
墨尔本	MELBOURNE	AUMEL	37°50′S　144°58′E	+10:00

墨尔本港位于澳大利亚东南部维多利亚州南部沿海的亚拉河口,在菲利普港湾北侧的霍布森斯湾内,是全国最大的现代化港口,也是澳大利亚东南地区羊毛、肉类、水果及谷物的输出港,又是重要的国际贸易港口。墨尔本于1901—1927年曾为澳大利亚联邦的首都,现为维多利亚州的首府,是全国第二大城市,也是全国经济、贸易和交通的中心。与世界110个国家的200多个港口有联系。

港区包括亚拉河港区、亚拉维尔港区、新港区、威廉斯顿港区、墨尔本城港区和韦布港区等几部分,泊位如表6-4所示。有4万 m^2 的堆场用于进口木材和汽车;装卸设备有各种岸吊、抓斗吊、浮吊、集装箱吊及滚装设施等。码头上有铁路线、油罐火车可直达码头。港外,水路至阿德莱德港514n mile,至弗里曼特尔1652n mile,至悉尼520n mile,至新西兰的奥克兰1644n mile,至中国香港5075n mile。2021年该港集装箱吞吐量为290.93万TEU,世界排名第71位。

泊位基本情况表　　　　　　　　　表6-4

码头类型	泊位(个)	岸线长(m)	最大水深(m)
散、杂货	23	4416	10.7
油码头	9	1849	11.8
集装箱	18	3597	13.1

3. 布里斯班港

布里斯班港代码、经纬度如表6-5所示。

布里斯班港代码、经纬度　　　　　　　　　表6-5

港口名称(中文)	港口名称(英文)	港口代码	经纬度	时差
布里斯班	BRISBANE	AUBNE	27°27′S　153°4′E	+10:00

布里斯班港位于该国东部昆士兰州东南布里斯班河下游。港区分布在市区东北的布利姆巴及其下游的汉密尔顿、宾肯巴和渔人岛等河道沿岸,从河口至市区航程约22km,最低水深8.8m,万吨海轮可直入。该港建于20世纪70年代后期,是澳大利亚发展最快的集装箱港口。有专用于石油、粮食、煤炭、建材、化肥、蔗糖、普通货物以及液体货装卸的泊位和散装设施。港口由昆士兰铁路线与昆士兰其他地区连接。装卸设备有各种岸吊、集装箱吊、可移式吊、装煤机、装粮机、皮带传送机及滚装设施等。海路北至格拉德斯通314n mile,至汤斯维尔677n mile,至我国香港4139n mile,南达悉尼515n mile,至墨尔本1180n mile。

4. 阿德莱德港

阿德莱德港代码、经纬度如表6-6所示。

阿德莱德港代码、经纬度　　　　　　　　　表6-6

港口名称(中文)	港口名称(英文)	港口代码	经纬度	时差
阿德莱德	ADELAIDE	AUADL	34°51′S　138°30′E	+9:30

阿德莱德港位于南澳大利亚州,圣文森特湾东岸,临南印度洋,是南澳大利亚的矿石及农产品出口港。港口分为港市西北郊-岬角的西北端(外港)和岬角的东南(内港)。该港始建于

1836年,现为澳大利亚东南地区的经济、交通、文化中心和农牧产品的集散中心。外港有8个泊位,内港在外港东角约10km的河口两岸,距市中心12km,沿岸总计有20多个泊位。内外港之间的航道西岸还有散装货装卸区,装卸散糖和液体散货等。全港有30多个泊位,其中20多个是深水泊位。主要进出口货物有矿石、钢材、谷物、水泥、石油、羊皮及杂货等。

港外海路东至墨尔本514n mile,至霍巴特港762n mile,西至怀阿拉港246n mile,至弗里曼特尔港1358n mile。

第三节 新西兰及太平洋岛屿

一、新西兰

1. 地理位置和领土组成

新西兰(New Zealand)是一个太平洋西南部岛国,或称毛利语"奥特亚罗瓦"(Aotearoa),即"长白云之乡"。新西兰国土面积27.05万km^2,两个主要岛屿被库克海峡隔离,与澳大利亚相距约1600km。其南部濒临南极洲,北部则与斐济和汤加两个岛国隔海相望。新西兰人自称Kiwi(鹬鸵,是新西兰的一种特有的鸟类,也是新西兰国鸟)。

2. 自然状况与人口

新西兰全境多山,山地面积占全国面积3/4以上。南岛西部横亘着雄伟的南阿尔卑斯山脉。库克峰海拔3764m,为全国最高峰。山区多冰川和湖泊。西部是丘陵,西南部是高原。北岛东部地势较高,多火山,中部多湖泊。湖的周围为平原,在平原上耸立着高达2797m的鲁阿佩胡火山,是北岛的最高点。

新西兰四面环海,山峦起伏。全境属海洋性温带阔叶林气候。由于受西风影响,西海岸年平均降水量为1000~3000mm,南岛西南沿海地区可达5000mm以上,东海岸仅500mm。附近没有大片陆地影响气候变化,故冬夏季的气温相差甚少,仅10℃左右。北岛的年平均气温大约为15℃,南岛的年平均气温大约为10℃。不同地区的气候特征也各不相同,总的来说,越往北气温越高。北岛气候温和,常年绿草如茵。南岛气温较低,四季景色分明。

矿藏主要有煤、金、铁矿、天然气,还有银、锰、钨、磷酸盐、石油等,但储量不大。石油储量3000万t,天然气储量为1700亿m^3。森林资源丰富,森林面积810万hm^2,占全国土地面积的30%,其中630万hm^2为天然林,180万hm^2为人造林。新西兰渔产丰富,拥有世界第四大专属经济区,200n mile专属经济区内捕鱼潜力每年约50万t。

新西兰人口493万,人口密度15人/km^2(2018年统计)。其中,欧洲移民后裔占67.6%,毛利人占14.6%,亚裔占9.2%,太平洋岛国裔占6.9%。75%的人口居住在北岛。奥克兰地区的人口占全国总人口的30.7%,首都惠灵顿地区的人口约占全国总人口的11%。官方语言为英语和毛利语,通用英语,毛利人讲毛利语。70%的居民信奉基督和天主教。

3. 经济发展概况

新西兰经济发达,属于发达国家。新西兰有着相当高的生活水平,在联合国人类发展指数2017年排名中位居第16位。在过去几十年的发展中,新西兰已成功从一个依靠农业为主的经济形态转型成为具有国际竞争力的工业化自由市场经济国家。

新西兰虽然农业只占其总劳动力的10%,但畜牧业是其经济的基础,农牧产品出口量占其出口总量的50%,羊肉、奶制品和粗羊毛的出口量均居世界第1位。新西兰还是世界上最大的鹿茸生产国和出口国,生产量占世界总产量的30%。工业以农林牧产品加工为主,主要有奶制品、毛毯、食品、酿酒、皮革、烟草、造纸和木材加工等轻工业,产品主要供出口。农业高度机械化,主要农作物有小麦、大麦、燕麦、水果等。新西兰环境清新、气候宜人、风景优美,旅游胜地遍布全国。新西兰的地表景观富于变化,北岛多火山和温泉,南岛多冰河和湖泊。其中,北岛的鲁阿佩胡火山和周围14座火山的独特地貌形成了世界罕见的火山地热异常带。这里分布着1000多处高温地热喷泉。这些千姿百态的沸泉、喷气孔、沸泥塘和间歇泉形成了新西兰的一大奇景。旅游业收入约占新西兰国内生产总值的10%,是仅次于乳制品业的第二大创汇产业。

新西兰经济外贸依存度高,发展对外贸易是新西兰对外政策的主要内容;近9年来新西兰对外贸易情况如表6-7所示。2018年度新西兰主要贸易伙伴按照出口额排名前八位的依次是中国、澳大利亚、美国、日本、韩国、英国、新加坡和马来西亚;按照进口额排名前八位的依次是中国、澳大利亚、美国、日本、德国、韩国、阿联酋、泰国。近年来,新西兰贸易重点已转向亚太地区。

新西兰对外贸易年度统计表　　　　　　　　　　　　　　表6-7

年份(年)	2010	2011	2012	2013	2014	2015	2016	2017	2018
贸易额(亿美元)	620.61	748.43	755.72	790.84	841.23	709.17	698.35	782.00	835.90

资料来源:中华人民共和国商务部国别数据网,2019。

4. 与中国"一带一路"建设合作情况

2017年3月27日,新西兰和中国政府共同签署了关于加强"一带一路"倡议合作的安排备忘录。双方将共同加强合作与交流,以支持"一带一路"倡议,实现两国共同发展的目标。

5. 主要港口

(1)奥克兰港

奥克兰港代码、经纬度如表6-8所示。

奥克兰港代码、经纬度　　　　　　　　　　　　　　表6-8

港口名称(中文)	港口名称(英文)	港口代码	经纬度	时差
奥克兰	AUCKLAND	NZAKL	36°51′S　174°45′E	+12:00

奥克兰港是新西兰最大商港,位于该国北部豪拉基湾西南,港市之北,临太平洋。海路南至陶朗加港130n mile,至纳皮尔港380n mile,至惠灵顿港560n mile,北至旺阿雷港83n mile,

至斐济的苏瓦港1140n mile,至澳大利亚的悉尼港1274n mile,至巴拿马城6510n mile。码头岸线总长约5.5km,共有30多个深水泊位。其中费古逊为该港最大集装箱码头。港内散货装卸有水泥、散糖专用码头,石油码头有2个泊位。除深水泊位外,港内还有一些浅水泊位。输出羊毛、肉类、乳制品、糖,进口铁矿石、原油、粮食等。另外,该港的中文名称与美国的奥克兰港(OAKLAND)相同,使用时注意区别。

(2)惠灵顿港

惠灵顿港代码、经纬度如表6-9所示。

惠灵顿港代码、经纬度　　　　表6-9

港口名称(中文)	港口名称(英文)	港口代码	经　纬　度	时　差
惠灵顿	WELLINGTON	NZWLG	41°17′S　174°46′E	+12:00

惠灵顿港是新西兰首都商港,位于该国北岛南端尼可尔逊湾内,紧靠市区北部,临库克海峡。南至南岛最大经济贸易中心克赖斯特彻奇外港利特尔顿175n mile,西至南岛北端纳尔逊港125n mile,至澳大利亚的悉尼港1233n mile,北至奥克兰港560n mile,至斐济的苏瓦港1476n mile。全港近40个泊位,其中深水泊位20多个。进口石油、煤、粮食、机械和工业产品等,出口木材、工业品和畜产品等。

(3)陶朗阿港

陶朗阿港代码、经纬度如表6-10所示。

陶朗阿港代码、经纬度　　　　表6-10

港口名称(中文)	港口名称(英文)	港口代码	经　纬　度	时　差
陶朗阿	TAURANGA	NZTRG	37°43′S　176°6′E	+12:00

陶朗阿港是新西兰商港,位于该国北岛东北海岸普伦蒂湾西南,港市之东北,临太平洋。北距奥克兰港130n mile,至斐济苏瓦港1240n mile,至中国烟台港5520n mile,西至澳大利亚悉尼港1360n mile,南至惠灵顿港430n mile。全港有10多个深水泊位,年吞吐1200万t以上。主要出口纸浆、纸张、木材、木屑、肉类、乳制品,进口石油、水泥等。

二、太平洋岛屿

1. 概述

根据地理区划,在太平洋岛屿上分布有下面4个地区。

(1)新几内亚

新几内亚面积为81万多km^2,其中新几内亚岛(亦称伊里安岛或巴布亚岛)的面积为78.5万km^2。居民多为美拉尼西亚人和巴布亚人。东部居民讲美拉尼西亚语和皮钦语,西部居民通用马来语。约一半居民信奉基督教。毛克山脉和马勒山脉横贯全岛,海拔达4000m以上。南部的里古-弗莱平原为该岛最大的平原,沿海多沼泽和红树林。东南部沿海地区属热带草原气候,海拔1000m以上地区属山地气候,其余地区属热带雨林气候。高山地区终年积雪。

北半部年平均降水量在3000mm以上,南部1000~2000多毫米。1~4月受热带飓风影响。矿物以金、石油为主,主要产椰子、可可、咖啡、天然橡胶等农产品。

(2)美拉尼西亚

美拉尼西亚意为"黑人群岛",位于西太平洋,赤道同南回归线之间。陆地总面积约15.5万 km^2。居民主要是美拉尼西亚人。当地居民通用美拉尼西亚语,英语为官方语言。主要有俾斯麦群岛、所罗门群岛、圣克鲁斯群岛、新赫布里底群岛、新喀里多尼亚岛、斐济群岛。

(3)密克罗尼西亚

密克罗尼西亚意为"小岛群岛",位于中太平洋,绝大部分位于赤道以北。陆地总面积2584km^2。居民主要是密克罗尼西亚人。主要有马里亚纳群岛、加罗林群岛、马绍尔群岛、瑙鲁岛、吉尔伯特群岛等。群岛分列为两弧,中隔马里亚纳海沟。群岛以珊瑚礁为主,有许多大环礁和礁湖,也有火山岛。属热带雨林气候,高温多雨。加罗林群岛附近是台风源地之一。主产香蕉、甘蔗、椰子和磷酸盐等。

该区域的国家有:

①瑙鲁共和国,位于太平洋中西部,面积21km^2,居民主要为瑙鲁人。瑙鲁为一珊瑚岛,属热带雨林气候。瑙鲁行政管理中心为亚伦。

②基里巴斯共和国,位于瑙鲁东部,面积811km^2,产椰干、磷酸盐和水果等。首都为塔拉瓦。

③密克罗尼西亚联邦,由600多个岛屿组成,面积705km^2,首都为帕利基尔。

④马绍尔群岛共和国,面积为181km^2,首都为马朱罗。

⑤帕劳共和国,面积为458km^2,首都为梅莱凯奥克。

(4)波利尼西亚

波利尼西亚意为"多岛群岛",位于太平洋中部。陆地总面积约2.65万 km^2。居民主要是波利尼西亚人,主要有夏威夷群岛、中途岛、威克岛、图瓦卢群岛、汤加群岛、社会群岛、土布艾群岛、土阿莫土群岛、马克萨斯群岛、纽埃岛、萨摩亚群岛、托克劳群岛、库克群岛、莱恩群岛、菲尼克斯群岛、约翰斯顿岛、瓦利斯群岛、富图纳群岛、皮特凯恩群岛等。该地区由火山岛和珊瑚礁组成。赤道附近各岛属热带草原气候,其他各岛属热带雨林气候。其出产的矿物有磷酸盐、镍、铬等,沿海产珍珠,盛产并出口椰干,还产可可、甘蔗和天然橡胶等。

该区域的国家和地区有:

①汤加王国,位于波利尼西亚的西南部,由约170个岛屿组成,面积747km^2,首都为努库阿洛法。经济以农业为主,主产并出口椰干和香蕉。

②法属波利尼西亚,位于太平洋中南部,主要包括社会群岛、土布艾群岛、土阿莫土群岛、马克萨斯群岛、甘比尔群岛、刀罗蒂里群岛(巴斯群岛)和拉帕岛等。陆地面积4167km^2,首府为帕皮提。

③纽埃(新),位于南太平洋中部。陆地总面积为258km^2,首府为阿洛菲。

④萨摩亚群岛,位于斐济东北,为南太平洋海、空交通的枢纽。主要由乌波卢岛、萨瓦伊岛及图图伊拉岛等13个岛屿和珊瑚礁组成,陆地总面积3144km^2。群岛分东、西两部分,西萨摩亚已经独立,东萨摩亚仍为美国属地。东萨摩亚陆地面积197km^2,出口产品为椰干、香蕉、水果、鱼罐头,首府为帕果帕果。

⑤托克劳群岛(新),又称尤宁群岛,位于萨摩亚群岛以北。陆地面积 12km²,人口 2000。主产椰子、可可、香蕉,首府为法考福。

⑥图瓦卢,位于萨摩亚群岛西北。陆地总面积为 26km²,居民主要为波利尼西亚人。居民多从事椰子种植和捕鱼,首都为富纳富提。

⑦库克群岛(新),位于萨摩亚群岛东面,分南、北两部分。陆地总面积为 240km²。盛产并出口柑橘、椰干、番茄及珍珠贝,还产香蕉、咖啡、木薯、菠萝等,首府为阿瓦鲁阿。

⑧瓦利斯群岛和富图纳群岛(法),位于斐济和萨摩亚群岛间。陆地总面积为 153km²。盛产并出口椰子、薯类、芋头、香蕉,首府为马塔乌图。

⑨皮特凯恩群岛(英),位于土阿莫土群岛东南面,面积 5.2km²,主产水果、鱼类,首府亚当斯敦。

2. 主要港口

(1)莫尔兹比港

莫尔兹比港代码、经纬度如表 6-11 所示。

莫尔兹比港代码、经纬度　　　　　　　　　　表 6-11

港口名称(中文)	港口名称(英文)	港口代码	经纬度	时差
莫尔兹比	PORT MORESBY	PGPOM	9°29′S 147°09′E	+10:00

莫尔兹比港位于巴布亚新几内亚(全称:巴布亚新几内亚独立国)的新几内亚岛南部沿海巴布亚湾东岸的入口处,濒临珊瑚海的西北侧,是巴布亚新几内亚的最大港口,又是该国的首都,是全国政治、经济及文化中心。

港口装卸货物主要用船吊。油船有水下油管供装卸使用。仓库面积约 1 万 m²,集装箱场地达 2.8 万 m²。码头最大可靠 6 万载重吨的油船。主要出口货物有椰干、椰油、橡胶、铜矿石、棕榈油、可可豆和木材等,进口货物主要有机械、纺织品、食品、燃料油及化工产品等。

(2)火奴鲁鲁(檀香山)港

火奴鲁鲁(檀香山)港代码、经纬度如表 6-12 所示。

火奴鲁鲁(檀香山)港代码、经纬度　　　　　　　　　　表 6-12

港口名称(中文)	港口名称(英文)	港口代码	经纬度	时差
火奴鲁鲁(檀香山)	HONOLULU	USHNL	21°18′N 157°52′W	-10:00

火奴鲁鲁(檀香山)港是美国夏威夷州商港,位于夏威夷群岛中部瓦胡岛南,该港的首要作用在于它是太平洋航行中的航站,西北距日本的横滨港 3420n mile,距中国上海 4320n mile,东南距巴拿马城 4680n mile,东北距旧金山 2100n mile,西南距斐济的苏瓦港 2780n mile,距澳大利亚的悉尼 4520n mile。船舶在浩瀚的大洋中航行,能有这块宝地可供避风、补给和应急,实属幸运,因此,素有太平洋十字路口之称。港区在城市之南凹入鞍形的海湾沿岸,湾口有岛屿屏障。

(3)帕皮提港

帕皮提港代码、经纬度如表 6-13 所示。

帕皮提港代码、经纬度　　　　表6-13

港口名称(中文)	港口名称(英文)	港口代码	经纬度	时差
帕皮提	PAPEETE	PFPPT	17°33′S　149°36′W	-10:00

帕皮提港位于南太平洋社会群岛中塔希提岛西北岸,临太平洋马塔维湾,是法属波利尼西亚的最大港口,又是南太平洋上的重要航站。港内能泊3.5万吨级船舶。

主要出口货物为椰油、香草、水果和珍珠贝等,进口货物主要有谷类食品、石油产品、金属制品等。主要贸易对象为法国、美国、新西兰、澳大利亚和新加坡等。

(4)马朱罗港

马朱罗港代码、经纬度如表6-14所示。

马朱罗港代码、经纬度　　　　表6-14

港口名称(中文)	港口名称(英文)	港口代码	经纬度	时差
马朱罗	MAJURO	MHMAJ	7°07′N　171°10′E	+12:00

马朱罗港位于马绍尔群岛(全称:马绍尔群岛共和国)东南部的达拉普岛上,在太平洋西部,东北距夏威夷群岛约2000n mile,是较好的避风和补给港口。

港区主要码头泊位岸线长300m,水深为16.7~18.3m。无岸吊,装卸货物用船吊。环礁东端有"T"形老码头,可泊中、小型船舶,大船锚池水深达40m。主要出口货物有椰干、渔产品、棉花及香蕉等。

【课外活动】

1.分小组,绘制或制作大洋洲某国或地区地图,在地图上标示出主要港口,并在课堂上讨论。

2.使用bing搜索引擎提供的地图,以本章提供的港口英文名称搜索查看港口所在位置。

3.依据网址 http://portfocus.com/index.html 中所提供的亚洲各个国家港口的网址查看区内各港口的最新发展现状。

【阅读建议】

[1] 马肇彭.探险·开拓·交流——航海史话[M].北京:经济科学出版社,1991.

[2] 斯塔夫里阿诺斯.世界通史:从史前史到21世纪(第7版)(修订版)(中文版)(上下册)[M].北京:北京大学出版社,1991.

思考题

1.请写出至少3个开通大洋洲国家和地区航线的航运公司以及所经航线的名称及沿途挂靠的港口。

2.写出下列港口的中文名及其所属国家或地区。

SYDNEY,MELBOURNE,BRISBANE,AUCKLAND,WELLINGTON,TAURANGA,HONOLULU,PAPEETEA,MAJURO。

第七章　非洲海运地理

泛泛杨舟,绋纚维之;泛泛杨舟,载沉载浮,既见君子,我心则休。

——《诗经·小雅》

【知识目标】

1. 解释非洲海运业发展的背景。
2. 描述非洲某港口的概况。
3. 识别非洲主要港口。

【能力目标】

1. 具有根据给出的地图识别非洲主要港口的能力。
2. 具有根据给出的数据分析非洲某国或某地区航运业发展趋势的能力。

【引　　例】

"好望角"的来历

15世纪下半叶,葡萄牙国王若奥二世决定寻找一条通往东方印度的航道,妄图称霸海外,于是在1486年派遣了以著名航海家迪亚士为首的探险队,从葡萄牙出发,沿着非洲西海岸航行,探索开辟通往印度的航道。经过一年多的艰苦航程,当船队由大西洋转向印度洋时,遇到汹涌的海浪袭击,整个船队几乎遭到覆没,迪亚士率少数亲信死里逃生流亡到非洲南端岬角处,丧魂失魄的迪亚士将其登陆的岬角命名为"风暴角",意为让人们永远记住这里风暴巨浪的威力。后来,这支船队返航回国后,迪亚士向国王汇报"风暴角"的历险经过时,国王对这个令人沮丧的名字极为不满,为了急于打通驶向东方的航道和鼓舞士气,国王下令将"风暴角"改名为"好望角",示意闯过这里前往东方就大有希望了。在国王死后的第三年,由葡萄牙航海家达·伽马率领的船队,经历了战狂风斗恶浪的艰苦航程,终于打通了葡萄牙经好望角到达东方的航线。

第一节 概 述

一、概况

非洲是阿非利加洲的简称,位于东半球的西南部,地跨赤道南北,是世界第二大洲。

1. 位置和范围

非洲东濒印度洋,西临大西洋,北隔地中海和直布罗陀海峡与欧洲相望,东北隅以狭长的红海与苏伊士运河紧邻亚洲。大陆东至哈丰角(51°24′E,10°27′N),南至厄加勒斯角(20°02′E,34°51′S),西至佛得角(17°33′W,14°45′N),北至吉兰角(也称本赛卡角)(09°50′E,37°21′N)。面积约3020万km^2(包括附近岛屿),约占世界陆地总面积的20.2%,仅次于亚洲,为世界第二大洲。

2. 地理区域

依据联合国经济和社会事务部统计司的联合国地理方案,把非洲分为北非、撒哈拉以南非洲(撒哈拉以南非洲分为中非、东非、南非、西非),共60个国家和地区。北非包括埃及、苏丹、南苏丹、利比亚、突尼斯、阿尔及利亚、摩洛哥、亚速尔群岛(葡属)、马德拉群岛(葡属)、加那利群岛(西属);东非通常包括埃塞俄比亚、厄立特里亚、索马里、吉布提、肯尼亚、坦桑尼亚、乌干达、卢旺达、布隆迪和塞舌尔;西非通常包括毛里塔尼亚、西撒哈拉、塞内加尔、冈比亚、马里、布基纳法索、几内亚、几内亚比绍、佛得角、塞拉利昂、利比里亚、科特迪瓦、加纳、多哥、贝宁、尼日尔、尼日利亚和圣赫勒拿岛(英属);中非通常包括乍得、中非、喀麦隆、赤道几内亚、加蓬、刚果共和国、刚果民主共和国、圣多美和普林西比;南非通常包括赞比亚、安哥拉、津巴布韦、马拉维、莫桑比克、博茨瓦纳、纳米比亚、南非、斯威士兰、莱索托、马达加斯加、科摩罗、毛里求斯、留尼汪岛(法属)等。

3. 人口与宗教

非洲现有人口12.76亿(2018年数据),仅次于亚洲,居世界第2位,人口分布极不平衡,主要分布在沿海、沿河、沿铁路地带及绿洲地区,尼罗河沿岸及三角洲地区人口密度达1000人/km^2,撒哈拉、纳米布、卡拉哈迪等沙漠和一些干旱草原、半沙漠地带人口密度不足1人/km^2,还有大片的无人区。非洲人口的出生率、死亡率和增长率均居世界各洲的前列。

非洲大多数民族属于黑种人,其余属白种人和黄种人。非洲居民多信奉原始宗教和伊斯兰教,少数人信奉天主教和基督教。

4. 地形

非洲大陆北宽南窄,呈不等边三角形状,南北最长约8000km,东西最宽约7500km,地势比较平坦,明显的山脉仅限于南北两端,全洲平均海拔 750m,海拔 500～1000m 的高原占全洲面积 60% 以上,平原多分布在沿海地带,以刚果民主共和国境内的刚果河河口至埃塞俄比亚高原北部边缘一线为界,东南半部较高,西北半部较低。主要高原有埃塞俄比亚高原、东非高原和南非高原,主要盆地有卡拉哈迪盆地、尼罗河上游盆地、刚果盆地和乍得盆地等,主要山脉有阿特拉斯山脉、德拉肯斯山脉、肯尼亚山和乞力马扎罗山;非洲东部有世界上最大的裂谷带——东非大裂谷。非洲的沙漠面积约占全洲面积 1/3,为沙漠面积最大的一洲。撒哈拉沙漠是世界上最大的沙漠,面积 777 万 km^2;西南部还有纳米布沙漠和卡拉哈迪沙漠。

非洲主要河流有尼罗河、刚果河、尼日尔河、塞内加尔河、沃尔特河、奥兰治河、赞比西河、林波波河、朱巴河等。

5. 气候

非洲的气候特点是高温、少雨、干燥,气候带分布呈南北对称状。赤道横贯中央,气温一般从赤道随纬度增加而降低。全洲年平均气温在 20℃ 以上的地带约占全洲面积 95%,其中一半以上的地区终年炎热,有将近一半的地区有着炎热的暖季和温暖的凉季。埃塞俄比亚东北部的达洛尔年平均气温为 34.5℃,是世界年平均气温最高的地方之一。

非洲降水量从赤道向南北两侧减少,降水分布极不平衡,有的地区终年几乎无雨,有的地方年降水多达 1 万 mm 以上。全洲 1/3 的地区年平均降水量不足 200mm。东南部、几内亚湾沿岸及山地的向风坡降水较多。

6. 自然资源

非洲自然资源非常丰富,矿物资源种类多,储量大。截至 2017 年年底已探明的石油储量和产量分别为 167 亿 t 和 3.86 亿 t,分别占世界总量的 7.5% 和 8.8%,主要分布在北部地中海沿岸国家和西部几内亚湾沿岸;天然气蕴藏丰富,截至 2017 年年底已探明的天然气储量和产量分别为 13.8 万亿 m^3 和 2250 亿 m^3,占世界总量的 7.1% 和 9.0%,主要分布在北部地中海沿岸国家和西部几内亚湾沿岸;截至 2017 年年底已探明的煤炭储量和产量分别约 132.17 亿 t 和 2.72 亿 t,占世界总量的 1.3% 和 3.5%,主要分布在南非、津巴布韦等地;铁矿资源分布在北非、西非等地;黏土矿、磷酸盐、金刚石储量也居世界首位;黄金储量占世界总储量的 2/3,南非是最大的黄金生产国;还有锰、铬、钴、镍、钒、铜、铅、锌、锡、金刚石、铀、石墨、石棉等储量也都很大。

非洲的植物有 4 万种以上。森林面积 6.8 亿 hm^2,占非洲总面积的 23%,绝大部分为阔叶林,主要分布在刚果河流域和几内亚湾沿岸,是世界上热带木材主要产区之一。盛产红木、黑檀木、花梨木、柯巴树、乌木、樟树、栲树、胡桃木、黄漆木、栓皮栎等经济林木。草原面积广大,面积占非洲总面积的 29%,居各洲首位,主要分布在 5°S 以南及 1～17°N 之间,热带经济作物种类繁多,咖啡、花生、棉花、可可、丁香、棕榈油、剑麻、天然橡胶、甘蔗、烟草、油橄榄、茶叶在世界上都占有重要地位。

非洲是世界上著名的天然动物园,动物种属多,有世界重要的自然保护区,为发展旅游业提供了优越的条件,西部和西北部有重要游乐场。渔业资源丰富,盛产沙丁鱼、金枪鱼、鲐鱼等。

非洲大陆海岸线全长3.05万km,海岸比较平直,缺少海湾与半岛,是世界各洲中岛屿数量最少的一个洲,除马达加斯加岛(世界第四大岛)外,其余多为小岛,岛屿总面积约62万km^2,占全洲总面积不到3%。

二、经济发展概况

非洲具有悠久的历史,是世界文明的发祥地之一。15世纪后,欧洲殖民主义者入侵非洲,使非洲生产力遭到严重破坏,阻碍了非洲经济的发展,到第二次世界大战前,除埃及、埃塞俄比亚、利比亚外,全部沦为主要西方国家的殖民地,成为它们的原料供应地和销售市场。国民经济具有典型的殖民性。第二次世界大战后,各国纷纷独立,开始发展民族经济并取得了一定成效,但受宗主国和种族斗争的影响,经济仍处于落后状态。2018年,非洲国内生产总值(不包括南苏丹)为2.34万亿美元,人均国内生产总值为1752美元。2018年非洲主要国家的国内生产总值与人均国内生产总值如表7-1所示。

2018年非洲主要国家的国内生产总值与人均国内生产总值　　　表7-1

国　　家	人均国内生产总值(美元)	国内生产总值(亿美元)	人均国内生产总值在世界上的排名
塞舌尔	16433	15.9	51
毛里求斯	11238	142.2	63
赤道几内亚	10173	133.17	67
博茨瓦纳	8258	186.16	77
加蓬	8029	170.17	78
利比亚	7235	483.2	82
南非	6339	3662.98	89
纳米比亚	5931	145.22	95
阿尔及利亚	4278	1806.89	107
斯威士兰	4139	47.04	110
佛得角	3654	19.87	116
突尼斯	3446	398.61	119
安哥拉	3432	1057.51	120
摩洛哥	3237	1184.95	122
埃及	2549	2508.95	132
加纳	2202	655.56	134
刚果共和国	2147	112.64	136
津巴布韦	2146	310.01	137
吉布提	2050	19.66	138
尼日利亚	2028	3972.7	141

续上表

国　　家	人均国内生产总值(美元)	国内生产总值(亿美元)	人均国内生产总值在世界上的排名
圣多美和普林西比	2001	4.22	143
科特迪瓦	1715	430.07	144
肯尼亚	1710	879.08	145
赞比亚	1539	267.2	148
喀麦隆	1526	385.02	150
塞内加尔	1521	241.3	151
科摩罗	1445	12.03	154
莱索托	1324	27.92	156
毛里塔尼亚	1218	53.66	158
坦桑尼亚	1050	574.37	159
苏丹	977	408.52	161
贝宁	901	103.59	163
马里	901	171.97	164
几内亚	885	109.9	165
几内亚比绍	777	14.58	168
卢旺达	772	95.09	169
埃塞俄比亚	772	843.55	170
布基纳法索	731	144.42	171
乍得	730	113.03	172
冈比亚	712	16.24	173
利比里亚	674	32.49	174
多哥	671	53	175
乌干达	643	274.77	176
刚果民主共和国	561	472.28	177
塞拉利昂	522	40	178
中非	509	23.8	180
索马里	498	74.84	181
莫桑比克	490	144.58	182
马达加斯加	460	121	183
尼日尔	411	92.4	184
马拉维	389	70.65	185
布隆迪	275	30.78	186

采矿业和轻工业是非洲工业的主要产业。黄金、金刚石、铁、锰、磷灰石、铝土矿、铜、铀、锡、石油等的产量都在世界上占有重要地位。轻工业以农畜产品加工、纺织为主。木材工业有一定的基础,制材厂较多。重工业有冶金、机械、金属加工、化学和水泥、大理石采制、金刚石琢磨、橡胶制品等部门。

农业在非洲国家国民经济中占有重要的地位,是大多数国家的经济支柱。非洲的粮食作物种类繁多,有麦、稻、玉米、小米、高粱、马铃薯等,还有特产木薯、大蕉、椰枣、薯芋、食用芭蕉等。非洲的经济作物,特别是热带经济作物在世界上占有重要地位,棉花、剑麻、花生、油棕、腰果、芝麻、咖啡、可可、甘蔗、烟叶、天然橡胶、丁香等的产量都很高。乳香、没药、卡里特果、柯拉、阿尔法草是非洲特有的作物。畜牧业发展较快,牲畜头数多,但畜产品商品率低,经营粗放落后。渔业资源丰富,但渔业生产比较落后,近年来淡水渔业发展较快。

非洲是世界交通运输业比较落后的一个洲,还没有形成完整的交通运输体系。大多数交通线路从沿海港口伸向内地,彼此互相孤立。交通运输以公路为主,另有铁路、海运等方式,海运业占重要地位,航空业发展较快。南非共和国、马格里布等地区是非洲交通运输比较发达的地区。撒哈拉、卡拉哈迪等地区则是没有现代交通运输线路的空白区。

三、中非合作论坛

中非合作论坛是中国和非洲国家之间在南南合作范畴内的集体对话机制,成立于 2000 年。论坛的宗旨是平等互利、平等磋商、增进了解、扩大共识、加强友谊、促进合作。论坛的成员包括中国、与中国建交的 53 个非洲国家以及非洲联盟委员会。

2018 年中非合作论坛在北京举行峰会,发表《中非合作论坛——北京行动计划(2019—2021 年)》,双方将在政治、经济、社会发展、人文、和平安全等各方面继续加深合作。

截至 2015 年,仅以交通基础设施为例,中国在非洲建设了 1046 个成套项目,修建了铁路 2233km、公路 3530km,为改善非洲国家人民生产生活条件和经济发展做出了实实在在的贡献。

【小知识】

红木介绍

中华人民共和国国家标准《红木》(GB/T 18107—2017)规定了 5 属 8 类 29 种木材品种为红木。常见的红木家具木材有:①紫檀:自古以来,紫檀就被认为是最名贵的木材,其质地坚实,且生成速度缓慢,无论是原料或家具上的用材,很难超过一尺。因此大部分的家具都是数块接榫而成,如出现整面板材则是相当珍贵难得的。紫檀的色泽多为紫黑色,几乎不见纹理,但散发出的静穆高贵却是其他木材所难以比拟的。②黄花梨:黄花梨多半出现在明式家具上。黄花梨木质致密,颜色从浅黄到暗棕,纹理或隐或现,生动多变。一般黄花梨家具使用越久,色泽反而越光亮,更适用于现代空间。③鸡翅木:鸡翅木与其他硬木相同,其质地坚实,纹理紫褐色深浅相间,纤细动人。在使用时,其线条流畅,在传统中注入了新意。④酸枝:真正好的酸枝近似紫檀,但光泽与颜色略淡,色泽温润,其产量也较多,常被用于制作家具。

第二节 北 非

一、概况

1. 地理与气候

北非即非洲大陆北部地区,习惯上为撒哈拉沙漠以北广大区域,北隔地中海与欧洲相望,东北部以苏伊士运河、红海与亚洲大陆相连,南部为撒哈拉沙漠,西临太平洋,包括埃及、苏丹、利比亚、突尼斯、阿尔及利亚、摩洛哥、亚速尔群岛(葡属)、马德拉群岛(葡属)等国家和地区。

北非北部地区和尼罗河三角洲地区为典型的亚热带地中海气候,1月平均气温为12℃,7月为26℃;年平均降水量50~200mm。高原地区属大陆性气候,干燥少雨,冬冷夏热。南部撒哈拉地区为热带沙漠气候;沙漠绿洲、高原和沙漠中的盐湖地带自成小气候。

2. 自然资源

北非是世界重要的产油区,利比亚、阿尔及利亚、埃及、苏丹是重要的产油国;铁矿分布在利比亚、埃及与苏丹;磷酸盐主要分布在摩洛哥。2017年北非主要国家已探明石油、天然气资源状况如表7-2所示。

北非主要国家已探明石油、天然气资源状况表　　　　表7-2

国　家	石油储量(亿t)	天然气储量(万亿m^3)
埃及	4	1.8
利比亚	63	1.4
阿尔及利亚	15	4.3

资料来源:《BP世界能源统计2018》。

北非盛产阿尔法草。阿特拉斯山区北坡有栓皮栎以及绿栎、雪松。南部撒哈拉地区约1200种植物,分布零散稀疏,具有旱生的形态特点。苏丹草原植物的覆盖度显著增加,有连木、欧洲夹竹桃、中国枣树、枸杞、洋槐及灌丛和硬质禾本科草类。

3. 人口与民族

北非现有人口约2.37亿(2018年统计),人口分布极不均衡,南部撒哈拉地区人口密度不足1人/km^2,尼罗河地区人口密度高达1700人/km^2。北非民族众多,绝大部分为阿拉伯人,其次是柏柏尔人。

二、北非经济发展状况

北非由于降水稀少,农业生产分布在有水源的地方,如尼罗河流域及沙漠中的绿洲,多属灌溉农业。畜牧业都比较发达,以养羊为主。北非又是目前世界上石油的储量、生产、输出量较多的地区,因此许多北非国家形成了以石油开采为主的工业。同时,养羊为主的畜牧业也为这些国家的工业发展提供了工业原料,形成了以毛纺织工业为主的畜产品加工工业。

1. 农业

北非国家经济以农业为主,农业从业人口占总人口的 30% 左右,农业在国民经济中的比重占 10%~40%,共有耕地 2500 万 hm^2,人均达 0.136hm^2,主要种植棉花、小麦、水稻、玉米等,粮食均不能自给,需要进口。畜牧业发达,主要的畜种有羊、骆驼等。埃及的尼罗河沿岸平原及尼罗河三角洲地区是埃及主要的农业区,其生产的长棉绒是埃及主要的出口商品;阿尔及利亚是世界粮食、奶、油、糖十大进口国之一。利比亚的粮食和畜产品 50% 依靠进口。突尼斯是橄榄油主要生产国之一,产量占世界橄榄油总产量的 4%~9%,橄榄油成为其主要的出口创汇农产品。摩洛哥是非洲第一大产鱼国。

2. 工业

由于长期的殖民统治和外国垄断企业的操纵,大多数北非国家工业基础薄弱,工业以采矿业和轻工业为主,制造业相对落后,工业化水平低。近年来由于石油资源的开采,形成了以石油开采为主的工业。埃及的工业以纺织和食品加工等轻工业为主,工矿业约占国内生产总值的 20%,工业产品出口约占商品出口总额的 60%;阿尔及利亚工业以能源产业为主,占国内生产总值的 55.1%,制造业仅占国内生产总值的 7%,主要部门有磷矿、钢铁、冶金、机械、电力等。利比亚工业以采油业为主,石油是其经济命脉和主要支柱,95% 的收入来自石油,主要的工业部门有石油、石化、建材、电力、采矿、纺织业、食品加工等;摩洛哥工业不发达,主要工业部门有食品加工、采矿、纺织服装、皮革加工、化工医药和机电冶金等,磷酸盐是摩洛哥经济的重要支柱之一,储量为 1100 亿 t,约占世界储量的 75%,手工业在国民经济中占重要位置,主要产品有毛毯、皮革制品、金属加工品、陶瓷和木制家具等。苏丹工业基础薄弱,主要工业部门有石油、纺织、制糖、制革、食品加工、制麻、烟草和水泥等。近年来苏丹政府积极调整工业结构,重点发展石油、纺织、制糖等。突尼斯工业以磷酸盐为原料的化工业和石油开采业为主,纺织业在轻工业中居首位。

3. 旅游业

北非旅游资源丰富,具有发展旅游业的条件,旅游业是北非国家主要的外汇收入来源,主要的景点有金字塔、狮身人面像、卢克索神庙和阿斯旺高坝等。

4. 对外贸易

对外贸易在北非六国经济中占有重要地位,但由于北非各国的主要输出商品是农矿初级产品和劳动密集型产品,进口粮食、机械、电器等产品,绝大部分国家存在着贸易逆差,近年来由于石油的开采,贸易逆差逐步减小,主要的贸易对象是西方工业国和阿拉伯国家。随着中国对非洲地区贸易的开展,近年来对北非贸易额也逐年增加,中国向北非出口主要有机电产品、纺织服装、肠衣、烟草等,进口的主要有大理石、钢材、亚麻、棉花、聚乙烯等。2017年北非主要国家贸易统计如表7-3所示。

2017年北非主要国家贸易统计(单位:亿美元)　　　表7-3

国　　家	对外贸易额	出口额	进口额	对华贸易额	从华进口	对华出口
埃及	833.8	250.4	583.3	80.6	73.9	6.7
阿尔及利亚	807.2	347.6	459.6	90.0	83.1	6.9
摩洛哥	686.7	245.4	441.3	43.3	40.3	3.0

5. 与中国"一带一路"建设合作情况

截至2019年4月30日,北非国家中已同中国签订共建"一带一路"合作文件的国家有埃及、苏丹、利比亚、突尼斯、阿尔及利亚和摩洛哥。在"一带一路"背景下的中国与北非国家经贸合作将大有可为。

三、北非交通运输业

北非国家的交通运输业发展不平衡,埃及、突尼斯是交通运输业比较发达的国家,利比亚是目前北非六国中唯一没有铁路的国家,南部撒哈拉地区是现代交通的空白区;公路总长50.13万km,铁路总长2.47万km,商船共764艘。

由于北非有丰富的石油和天然气资源,北非的管道运输发达,主要通往欧洲和地中海沿岸港口。

北非六国海岸线总长9720km,直布罗陀海峡是通往地中海的门户,苏伊士运河连接了地中海和红海,是欧洲通往亚洲地区的捷径,在国际航运中具有重要的战略意义。

1. 苏伊士运河

苏伊士运河是连通欧、亚、非三大洲的主要国际海运航道,连接红海与地中海,使大西洋、地中海与印度洋连接起来,大大缩短了东西方航程,与太平洋—巴拿马运河航线相比,货物从新加坡经苏伊士运河到纽约的航线距离缩短了19%。从波斯湾通过苏伊士运河驶往鹿特丹,航线距离比绕道好望角缩短了42%,因此是一条在国际航运中具有重要战略意义的海运航道,每年承担着全世界10%的海运贸易。

苏伊士运河北起埃及地中海的塞得港,南到埃及红海的陶菲克港,全长173km,河面平均宽度为135m,平均深度为13m。苏伊士运河从1859年开凿到1869年竣工,运河开通后,英法两国就垄断苏伊士运河公司96%的股份,每年获得巨额利润。1956年7月26日,埃及将苏伊士运河公司收归国有后,在1976—1980年间、1993年、1996年及2014年进行了4次拓宽和加深,使苏伊士运河的通航能力得到极大提高,目前可通过满载25万t或空载40万t的巨轮,亚欧两洲海运货物的80%和全世界油轮的25%以上通过这条运河。

苏伊士运河是埃及仅次于侨汇和旅游的第三大外汇收入来源。自1975年6月重新启用到2000年6月的25年里,共为埃及征收的船只过境税达300亿美元,在2014年达54.5亿美元。

2. 主要港口

(1) 亚历山大港

亚历山大港代码、经纬度如表7-4所示。

亚历山大港代码、经纬度　　　　　　　　　　表7-4

港口名称(中文)	港口名称(英文)	港口代码	经 纬 度	时 差
亚历山大	ALEXANDRIA	EGALY	31°09′N　29°53′E	+2:00

亚历山大港位于埃及北部沿海尼罗河口,在阿拉伯湾东岸入海处,濒临地中海的东南侧,是埃及最大的港口。亚历山大港分东、西港,港外有两道防波堤和狭长的法罗斯岛作屏障。西港为深水良港,全港面积达 $6km^2$ 以上,港区主要码头有60个,岸线长10143m。最大水深为10.6m,包括煤炭、粮食、木材及石油等专用码头。装卸设备有各种岸吊、浮吊、抓斗吊、集装箱龙门吊、运输车及拖船等,港区仓库的容量有3万t,码头最大可停靠4万t的船舶。主要出口货物为棉花、矿石、水果、糖浆、盐、纺织品、粮谷、轮船、棉纱、黏土及农产品等,进口货物主要有钢铁、汽车、茶叶、咖啡、木材、轻重型机械、烟草及工业品等。埃及每年有80%～90%的外贸货物都经本港中转。

(2) 塞得港

塞得港代码、经纬度如表7-5所示。

塞得港代码、经纬度　　　　　　　　　　表7-5

港口名称(中文)	港口名称(英文)	港口代码	经 纬 度	时 差
塞得港	PORT SAID	EGPSD	31°14′N　32°16′E	+2:00

塞得港位于埃及东北沿海苏伊士运河的北口,濒临地中海的东南侧,是埃及的第二大港,也是世界最大的煤炭和石油储存港之一,是澳大利亚、新西兰及南亚与地中海各港之间的转口港,也是尼罗河三角洲东部所产棉花及稻谷的输出港。1997年埃及开始兴建东塞得港,2004年建成启用,主要处理集装箱货物。目前塞得港主要出口货物为棉花、卷烟、皮革、棉籽及盐等,进口货物主要有机械、食品、煤、酒、建材、石油制品、金属制品及黄麻等。

(3) 苏伊士港

苏伊士港代码、经纬度如表7-6所示。

苏伊士港代码、经纬度　　　　　　　　　　表7-6

港口名称(中文)	港口名称(英文)	港口代码	经 纬 度	时 差
苏伊士	SUEZ	EGSUZ	29°58′N　32°33′E	+2:00

苏伊士港位于红海苏伊士湾顶端,苏伊士城的东南和西南,是埃及商港和运河中转港。港口由易卜拉欣港、马拉基卜码头、新城油港区、阿达比亚码头等组成。易卜拉欣港在运河出入

口西岸的陶菲克小岛西南,由突堤码头围成南北港池,船舶从西南入港,有10多个水深7.4~12.19m的泊位,是苏伊士港最主要的货物装卸区,有堤岸与苏伊士城连接。马拉克卜码头在运河出入口东岸,岸线长640余米,前沿水深8.8m,码头上亦有铁路通达,这里用于客轮和货船停靠。新城油港区位于市区西南防波堤内陆岸,有6个泊位。阿达比亚码头在油港之南约10km的苏伊士湾西岸,能适应4艘吃水8.3m的船只停靠。

(4) 的黎波里港

的黎波里港代码、经纬度如表7-7所示。

的黎波里港代码、经纬度 表7-7

港口名称(中文)	港口名称(英文)	港 口 代 码	经 纬 度	时 差
的黎波里	TRIPOLI	LYTIP	32°54′N 13°13′E	+2:00

的黎波里港位于利比亚地中海岸西北,所在城市为利比亚首都的黎波里市,是利比亚最大的商港,全国80%的货物由该港进出。主要出口货物为石油,主要进口货物为粮食、机械、建材、运输设备、电器、化工设备等。贸易对象国是德国、西班牙、法国、英国、土耳其等。

(5) 突尼斯港

突尼斯港代码、经纬度如表7-8所示。

突尼斯港代码、经纬度 表7-8

港口名称(中文)	港口名称(英文)	港 口 代 码	经 纬 度	时 差
突尼斯	TUNIS	TNTUN	36°49′N 10°18′E	+1:00

突尼斯港位于突尼斯东北沿海突尼斯湖口,在突尼斯湾的西南岸,濒临突尼斯海峡的西侧,是突尼斯的最大港口。该港装卸设备有各种岸吊、可移式吊、浮吊、拖船及滚装设施等,港区有粮库容量为3万t,仓库面积约1.2万m^2,码头最大可靠2万载重吨的船舶,年货物吞吐量约400万t。主要出口货物为磷酸盐、石油、橄榄油及纺织品等,进口货物主要有粮食、机械及工业原料等。

(6) 苏丹港

苏丹港代码、经纬度如表7-9所示。

苏丹港代码、经纬度 表7-9

港口名称(中文)	港口名称(英文)	港 口 代 码	经 纬 度	时 差
苏丹港	PORT SUDAN	SDPZU	19°37′N 037°14′E	+2:00

苏丹港位于苏丹东北红海岸,码头分布在海湾的东岸和南岸,码头线总长2446m,码头上均有铁路相连,东岸是杂货、集装箱、客运等码头区,南岸为谷物、石油、煤炭等散货码头区。全港年吞吐量400万t左右,进口粮食、石油、煤、食糖、工业品、百货等,出口阿拉伯树胶、棉花、芝麻、花生等产品。

(7) 卡萨布兰卡港

卡萨布兰卡港代码、经纬度如表7-10所示。

卡萨布兰卡港代码、经纬度 表7-10

港口名称(中文)	港口名称(英文)	港口代码	经纬度	时差
卡萨布兰卡	CASABLANCA	MACAS	33°26′N 07°37′W	+0:00

卡萨布兰卡港位于摩洛哥西北沿海,濒临大西洋的东侧,是摩洛哥的最大港口,有铁路可通往国内主要城镇及矿区。港区主要码头泊位有44个,岸线长达7km,最大水深12m。装卸设备有各种岸吊、可移式吊、塔吊、浮吊、叉车、跨运车、拖船及滚装设施等。油码头最大可泊6万t的油船。主要出口货物为磷酸盐、柑橘、渔产类、铅锌矿及农产品等,进口货物主要有粮食、钢铁、木材、水泥、煤炭、石油、机械及电子产品等。

(8)萨菲港

萨菲港代码、经纬度如表7-11所示。

萨菲港代码、经纬度 表7-11

港口名称(中文)	港口名称(英文)	港口代码	经纬度	时差
萨菲	SAFI	MASFI	32°19′N 09°12′W	+0:00

萨菲港位于摩洛哥西海岸的中部,濒临大西洋的东侧,是摩洛哥的矿石出口港,有铁路专线可直达矿区。港区主要码头有9个,岸线长2410m,最大水深为12m。装卸设备有各种岸吊、汽车吊、浮吊、龙门塔吊、输送带及拖船等,库场面积为1.8万m^2,粮仓容量约2.4万t。主要出口货物除磷矿、锰矿及重晶石外,还有化肥、沙丁鱼及农产品等,主要进口货物有水泥、木材、成品油、建材、粮食、液氨及硫磺等。

(9)蓬塔德尔加达港

蓬塔德尔加达港代码、经纬度如表7-12所示。

蓬塔德尔加达港代码、经纬度 表7-12

港口名称(中文)	港口名称(英文)	港口代码	经纬度	时差
蓬塔德尔加达	PONTA DELGADA	PTPDL	37°50′N 25°30′W	-1:00

蓬塔德尔港位于大西洋亚速尔群岛(葡属)圣格米尔岛,是亚速尔群岛中最繁忙的港口。

第三节 西 非

一、概况

1.范围及国家组成

西非指非洲西部地区,通常被认为是非洲大陆南北分界线和向西凸起部分的大片地区,北起撒哈拉沙漠,与摩洛哥、阿尔及利亚、利比亚相邻,东至乍得、喀麦隆,南临几内亚湾,西临大西洋,包括毛里塔尼亚、西撒哈拉、塞内加尔、冈比亚、几内亚、几内亚比绍、佛得角、塞拉利昂、利比里亚、科特迪瓦、加纳、多哥、贝宁、尼日利亚和加那利群岛(西属)等非洲西部大西洋和几内亚湾沿岸国家及马里、尼日尔、布基纳法索3个内陆国家。

2. 自然状况

(1)气候

西非西北部、北部、东北部热带沙漠性气候,干旱炎热,高温少雨,是世界上最热的地区之一,最高气温达50℃。中部为热带草原气候,分旱季和雨季,年平均气温在26~30℃。大西洋沿岸和几内亚湾沿岸为热带雨林气候和热带季风气候。

(2)矿产资源

西非矿产资源丰富,涵盖了世界上主要的矿产资源,但分布不均匀,主要的矿产资源有石油、天然气、铁、铜、锌、磷酸盐、黄金、钻石、铀、铝矾土、锰、石灰石等。石油、天然气资源主要分布在沿几内亚湾一带,尼日利亚、毛里塔尼亚、科特迪瓦、贝宁是非洲石油生产国,其中尼日利亚是非洲第一大石油生产国,也是世界第十二大石油生产国;铁矿储量约250亿t,主要分布在毛里塔尼亚、科特迪瓦、几内亚;磷酸盐储量约32亿t,主要分布在尼日尔、多哥、毛里塔尼亚、科特迪瓦等国;科特迪瓦探明储量锰储量4900万t,居世界第3位;西非还是世界主要的黄金、钻石产区,加纳是世界主要的黄金和钻石生产国;尼日利亚是西非唯一的产煤国,储量约27.5亿t。

(3)森林资源

西非森林资源丰富,主要集中在大西洋沿岸和几内亚沿岸,森林覆盖率达13.88%,几内亚、塞拉利昂、利比里亚等国盛产红木、黑檀木等名贵木材。

(4)人口与民族

西非总面积641万km^2,现有人口约3.81亿(2018年统计),平均人口密度41.5人/km^2,人口分布极不平衡,北部撒哈拉地区不足1人/km^2,人口主要集中在沿海地区。

西非是世界上民族构成最复杂的地区,民族、种族众多,种族冲突已成为阻碍国家经济发展的阻力,主体民族有阿拉伯族、柏柏尔族、摩尔族、沃洛夫族、颇尔族、曼丁族、马林凯族、黑非族等。

西非宗教主要为伊斯兰教、基督教、天主教、拜物教、原始宗教等,宗教冲突与种族冲突纠集在一起,是造成地区冲突的主要原因之一。

二、西非经济发展概况

西非由于长期遭受殖民统治,独立后仍受原宗主国的控制和影响,种族斗争不断,经济发展缓慢,经济结构单一。联合国2018年公布的世界上50个最不发达国家中西非国家占了12个,是世界上经济最不发达的地区,经济上对外依赖严重。

1. 农业

农业在西非各国国民经济中占有重要意义,各国农业产值占国内生产总值的比重较高。

西非现有耕地总面积 1.87 亿万 hm^2,实际已耕面积不足 9000 万 hm^2,生产效率低下,主要农作物有水稻、豆类、麦类、香蕉、可可、咖啡、棉花、花生、甘蔗、橡胶、棕榈油等。粮食均不能自给,绝大部分国家粮食依赖进口,是世界上主要的粮食进口地区;西非还是可可、咖啡的原产地;绝大部分国家有发展畜牧业的良好条件,主要的畜种有羊、骆驼、牛等;沿海国家渔业资源丰富,主要有邦加鱼、金枪鱼、黄花鱼、青鱼和大虾等。

2. 工业

西非国家工业基础薄弱,几乎没有一个国家形成现代工业体系,工业化水平低,以采矿业和农畜牧业加工为主。毛里塔尼亚工业以畜产品加工和渔产品加工为主,采矿业主要开采铁矿;塞内加尔工业有一定的基础,主要是农产品加工、食品、化工、纺织、皮革、炼油、汽车装配、建材工业等,主要集中在首都达喀尔附近;冈比亚主要工业有农产品加工、食品及塑料容器生产等;几内亚比绍工业以农产品和食品加工为主,从业人口只占总人口的1%;几内亚工业以采矿业为主,另有农产品和食品加工、纺织、家具等;佛得角基本无制造业,以农产品和水产品加工及制衣、制鞋为主;塞拉利昂主要有采矿、建筑、食品加工、制鞋、石油提炼等工业;利比里亚工业不发达,主要有采矿及日用品生产等工业;科特迪瓦的传统工业是食品加工业,石油能源工业在近年增长速度很快;加纳工业以金、锰、铝矾土矿产开采、木材加工为主,附有纺织、冶金、电力、金属加工、制造、建筑等;多哥工业基础薄弱,主要工业门类有采矿、农产品加工、纺织、皮革、化工、建材等;贝宁工业以食品工业、纺织业、非金属工业和化工业为主,由于没有炼油厂,石油全部用于出口;尼日利亚工业主要以能源工业、采矿业、纺织和食品加工为主,是非洲第一大产油国,也是西非唯一的产煤国,能源工业是其国民经济的支柱。

3. 服务业

西非各国拥有丰富的旅游资源,服务业以旅游业为主,但发展也极不平衡,有些国家虽然拥有丰富的旅游资源,但由于国内种族冲突,旅游资源的利用率不高,旅游业发展较好的国家有冈比亚、加纳、多哥、贝宁等,著名的旅游城市有瓦拉塔、班班朱、阿布贾等。

三、西非对外贸易

西非各国间外贸发展极不平衡,除石油输出国外,许多国家长期外贸逆差,外债负担不断加重,形成对发达国家经济的严重依赖。从进出口商品结构来看,主要输出单一性农矿初级产品,这些产品为国民经济的重要来源和经济支柱。主要输出的商品有原油、铜、锰、铝矾土等多种有色金属及磷酸盐等非金属矿,咖啡、可可、花生、糖、棉花、畜产品等农畜产品,进口商品多为各种机械设备和运输设备、粮食等。长期以来,西非国家粮食大多依赖进口,如毛里塔尼亚和佛得角85%的粮食依赖进口。

西非各国的贸易对象主要是西方发达国家,特别是与原宗主国的贸易关系密切。我国与西非各国间的贸易近年来得到了较大的发展,贸易额不断增加。2017年我国与西非国家经济共同体15国整体贸易额达353.5亿美元,其中,我国对西共体出口292.3亿美元,我国自西共体进口61.2亿美元。

四、与中国"一带一路"建设合作情况

截至2019年4月30日,西非国家中已同中国签订共建"一带一路"合作文件的国家有毛里塔尼亚、塞内加尔、冈比亚、马里、几内亚、佛得角、塞拉利昂、利比里亚、科特迪瓦、加纳、多哥、尼日利亚。未来在基础设施和工业园区建设等领域中国与西非各国将深入合作,经贸关系将进一步发展。

五、西非交通运输业

西非是世界交通运输业比较落后的地区,至今还未形成完整的交通运输体系,各类设施技术标准零乱落后,多数交通线路自农牧矿产区伸向海港,国内地区之间、各国之间缺乏干线联系,彼此相互孤立,交通十分不便,且货物运输呈单向流动,现代运输方式与落后的运输方式并存。科特迪瓦是西非交通运输业比较发达的国家。

目前西非地区有铁路1.15万km,营运水平低下;公路有40.6万km;海运业在世界占重要地位,大宗海运输出货物主要原油、矿产品和农林畜产品,输入工业制品和粮食,所以西非海运业的特点是国外运输大大超过国内运输,装船量大大超过卸船量。

科特迪瓦是海运业发达的国家,其98%的货运运输量由海运完成;尼日利亚海运量超过亿吨。

利比里亚是世界上第二大方便旗籍国家,根据利比里亚海事局统计数据,目前,利比里亚籍船只注册数量超过4100艘,总吨位超过1.5亿t,占全球商船总数的13%,船舶登记收入成为其重要的外汇收入。使用方便旗的主要好处有管理比较松;税费比较低(因为商船是以盈利为目的);航区基本没有限制,可以绕开某些国家某些时候的禁航令和禁运令,所以世界上不少船公司的船舶选择悬挂方便旗。

西非地区的主要港口介绍如下。

1. 努瓦克肖特港

努瓦克肖特港代码、经纬度如表7-13所示。

努瓦克肖特港代码、经纬度 表7-13

港口名称(中文)	港口名称(英文)	港口代码	经纬度	时差
努瓦克肖特	NOUAKCHOTT	MRNKC	18°02′N 16°02′W	+0:00

努瓦克肖特港位于毛里塔尼亚,濒临太平洋,是毛里塔尼亚最大的商港,年吞吐能力90万t,主要出口货物为铁矿砂和渔产品等,主要进口货物为能源与矿产机械设备等。

2. 明德卢港

明德卢港代码、经纬度如表7-14所示。

第七章 非洲海运地理

明德卢港代码、经纬度　　　　　　　　　　　表 7-14

港口名称(中文)	港口名称(英文)	港 口 代 码	经 纬 度	时 差
明德卢	MINDELO	CVMIN	16°53′N　25°00′W	−1:00

明德卢港位于佛得角群岛明德罗岛，是佛得角最大的商港，最大吃水 10.97m，能停靠 10 万吨级货轮和 30 万吨级油轮，主要出口货物为制成衣和鞋类，主要进口货物为燃料、粮食等。

3. 班朱尔港

班朱尔港代码、经纬度如表 7-15 所示。

班朱尔港代码、经纬度　　　　　　　　　　　表 7-15

港口名称(中文)	港口名称(英文)	港 口 代 码	经 纬 度	时 差
班朱尔	BANJUL	GMBJL	13°20′N　16°42′W	+0:00

班朱尔港位于冈比亚河口，濒临大西洋，是冈比亚最大的商港，最大吃水 8.23m，主要出口货物为农产品和渔产品等，主要进口货物为粮食、机械产品等。

4. 达喀尔港

达喀尔港代码、经纬度如表 7-16 所示。

达喀尔港代码、经纬度　　　　　　　　　　　表 7-16

港口名称(中文)	港口名称(英文)	港 口 代 码	经 纬 度	时 差
达喀尔	DAKAR	SNDKR	14°40′N　17°26′W	+0:00

达喀尔港位于佛得角半岛，是塞内加尔最大的商港，也是西非第二大港口，年吞吐能力 700 万 t，主要出口货物为磷酸盐、花生及制品、渔产品等，主要进口货物为机械、粮食、石油、日用消费品等。

5. 比绍港

比绍港代码、经纬度如表 7-17 所示。

比绍港代码、经纬度　　　　　　　　　　　表 7-17

港口名称(中文)	港口名称(英文)	港 口 代 码	经 纬 度	时 差
比绍	BISSAU	GWOXB	11°40′N　15°36′W	+0:00

比绍港位于热巴河河口的比绍岛，濒临大西洋，是几内亚比绍最大的商港，年货物吞吐量 50 万 t，主要出口货物为农产品和渔产品等，主要进口货物为粮食、燃料、机械产品等。

6. 科纳克里港

科纳克里港代码、经纬度如表 7-18 所示。

科纳克里港代码、经纬度　　　　　　　　　　　　　　　表 7-18

港口名称(中文)	港口名称(英文)	港 口 代 码	经 　 纬 　 度	时 　 差
科纳克里	CONAKRY	GNCKY	09°31′N　13°43′W	+0:00

科纳克里港位于几内亚西南沿海的通博岛,濒临大西洋,是几内亚的最大海港,又是铝土矿的输出港,也是西非的最大海港之一。港区主要码头泊位有 9 个,岸线长 1904m,最大水深 11m,年货物吞吐能力 800 万 t,主要出口货物有铝矾土、铁矿石和香蕉等,进口货物主要有石油、机械、大米及日用品等。

7. 弗里敦港

弗里敦港代码、经纬度如表 7-19 所示。

弗里敦港代码、经纬度　　　　　　　　　　　　　　　表 7-19

港口名称(中文)	港口名称(英文)	港 口 代 码	经 　 纬 　 度	时 　 差
弗里敦	FREETOWN	SLFNA	08°30′N　13°14′W	+0:00

弗里敦港位于塞拉利昂西北沿海罗克尔河口南岸,濒临大西洋,是塞拉利昂的最大海港。港区主要码头泊位有 8 个,岸线长 1100m,最大水深约 12m,码头最大可靠 4.6 万载重吨的油船,集装箱吞吐量为 9 万 TEU。主要出口货物为钻石、黄金、铁矿、可可、咖啡、铝土及棕榈果等,进口货物主要有棉制品、粮食、机械、石油、水泥、汽车、烟叶及运输设备等。

8. 蒙罗维亚港

蒙罗维亚港代码、经纬度如表 7-20 所示。

蒙罗维亚港代码、经纬度　　　　　　　　　　　　　　　表 7-20

港口名称(中文)	港口名称(英文)	港 口 代 码	经 　 纬 　 度	时 　 差
蒙罗维亚	MONROVIA	LRMLW	06°20′N　10°50′W	+0:00

蒙罗维亚港位于利比里亚西部梅苏拉多半岛之北布什罗德岛西海岸,是利比里亚最大的商港,水深 14m,可允许 10 万吨级船进港停泊,年吞吐能力已超过 1000 万 t,主要出口货物为铁矿石、橡胶等农矿产品,主要进口有石油、燃料、粮食、百货、机械等。

9. 阿比让港

阿比让港代码、经纬度如表 7-21 所示。

阿比让港代码、经纬度　　　　　　　　　　　　　　　表 7-21

港口名称(中文)	港口名称(英文)	港 口 代 码	经 　 纬 　 度	时 　 差
阿比让	ABIDJAN	CIABJ	05°18′N　04°00′W	+0:00

阿比让港位于科特迪瓦埃布里耶潟湖东端,濒临几内亚湾,是科特迪瓦最大的商港,也是布基纳法索的中转港,是西非最大的集装箱港口,2013 年货物吞吐量达 2144.6 万 t。主要出口货物为咖啡、可可、香蕉、木材、矿产品等,主要进口货物为石油、粮食、百货、机械等。

中国交通建设集团有限公司于 2013 年参与该港的扩建项目。

10. 特马港

特马港代码、经纬度如表 7-22 所示。

特马港代码、经纬度　　　　　　　表 7-22

港口名称(中文)	港口名称(英文)	港 口 代 码	经 纬 度	时 差
特马	TEMA	GHTEM	05°38′N　00°01′E	+0:00

特马港濒临几内亚湾,是加纳最大的港口,也是布基纳法索的货物中转港和非洲最大的人工港,共有 12 个泊位,港内建有可储 2 万个 TEU 的堆场,8 个散、杂货仓库和 1 个海关保税仓库,年吞吐能力 500 万 t,主要出口货物为木材、铝矾土、锰砂矿等,主要进口货物为石油、粮食等。

11. 洛美港

洛美港代码、经纬度如表 7-23 所示。

洛美港代码、经纬度　　　　　　　表 7-23

港口名称(中文)	港口名称(英文)	港 口 代 码	经 纬 度	时 差
洛美	LOME	TGLFW	06°08′N　01°17′E	+0:00

洛美港位于多哥西南海岸,濒临几内亚湾,是多哥最大的商港,也是西非的深水良港,同时是西非沿海重要的商品集散地,又是西非内陆国家对外贸易的货物转运点。主要出口货物为棉花、磷酸盐、咖啡等,主要进口货物为石油制品、粮食、机械设备等。2018 年货物吞吐量达 2211.7 万 t,集装箱吞吐量为 139.6 万 TEU。

我国招商局控股港口有限公司于 2012 年收购该港集装箱码头 50% 股份。

12. 科托努港

科托努港代码、经纬度如表 7-24 所示。

科托努港代码、经纬度　　　　　　　表 7-24

港口名称(中文)	港口名称(英文)	港 口 代 码	经 纬 度	时 差
科托努	COTONOU	BJCOO	06°20′N　02°32′E	+1:00

科托努港位于贝宁南部沿海的诺奎湖口,濒临贝宁湾的北侧,是贝宁的最大海港。港区主要码头泊位有 5 个,岸线长 1280m,最大水深 11m,库场面积 8 万 m²,另有集装箱堆场 6.5 万 m²,有铁路直接延伸至码头装卸,码头最大可停靠 4 万载重吨的船舶。主要出口货物为花生、棉花、棕油及棕仁等,主要进口货物有纺织品、机器设备、食品及燃油等。

13. 阿帕帕港

阿帕帕港代码、经纬度如表 7-25 所示。

阿帕帕港代码、经纬度　　　　　　　表 7-25

港口名称(中文)	港口名称(英文)	港 口 代 码	经 纬 度	时 差
阿帕帕	APAPA	NGAPP	06°25′N　03°25′E	+1:00

阿帕帕港位于几内亚湾北部尼日利亚西南海岸的拉各斯潟湖口,由阿帕帕港区、伊多港区和阿特拉斯湾等组成,是尼日利亚最大的商港,也是西非最大的港口之一。主要出口货物为石油、可可、棕榈仁、橡胶、锡等,主要进口货物为粮食、机械、运输设备等。

第四节 东 非

一、概况

1. 范围及国家组成

东非是指非洲东部濒临印度洋的部分,包括厄立特里亚、索马里、吉布提、肯尼亚、坦桑尼亚、塞舌尔等非洲东部印度洋沿岸国家和埃塞俄比亚、乌干达、卢旺达、布隆迪4个内陆国家。

2. 自然状况

(1) 气候

东非临近红海和印度洋,地处赤道南北,大陆地形以高原为主,主要有埃塞俄比亚高原和东非高原,形成了多种不同的气候。临近红海地区呈现热带沙漠气候,终年高温,干燥少雨;西部内陆地区以热带草原气候为主,干季和湿季交替明显,湿季时闷热多雨,干季时干旱少雨,年平均降水量750~1000mm;大陆临近印度洋地区为热带季风气候,全年高温,年平均气温在20℃以上,夏季降水量大,冬季降水明显减少,年平均降水量1500~2000mm;沿海岛屿呈热带雨林气候,高温多雨,年平均气温26℃,年平均降水量2000mm以上。

(2) 矿产资源

东非矿产资源丰富,主要有磷酸盐、石灰石、铁、铜、锡、锰、纯碱、绿柱石、石膏、铝、锌、铌、钍、镍、钨、钡、钽、铈、煤、黄金、钻石及少量的石油、天然气,但分布不均,坦桑尼亚是东非矿产资源比较丰富的国家,吉布提和塞舌尔则是矿产资源贫乏的国家。东非已开采的矿产资源主要有绿柱石、石膏、磷酸盐及黄金、钻石等。

(3) 森林资源

东非森林资源丰富,平均森林覆盖率为21.8%,森林覆盖率较高的国家有坦桑尼亚、卢旺达、塞舌尔等,其中坦桑尼亚盛产安哥拉紫檀、乌木、桃花心木等名贵木材,乌干达出产硬质木。

(4) 人口与民族

东非现有人口4.23亿(2018年统计),人口分布极不均衡,主要分布在沿印度洋地带及埃塞俄比亚高原和沿铁路地带,且以高出生率和高死亡率著称。

东非是世界上民族构成最复杂的地区之一,民族、种族众多,种族冲突已成为阻碍国家经济发展的阻力,主体民族有阿拉伯族、柏柏尔族、黑非族等。

东非宗教主要有伊斯兰教、基督教、天主教、拜物教、原始宗教等,宗教冲突与种族冲突纠集在一起,是造成地区冲突的主要原因之一。

二、东非经济发展概况

东非是当代经济最不发达的地区之一,2018 年联合国公布的最不发达国家中东非占了 8 个,除肯尼亚经济结构较健全外,其余国家经济结构单一,以农畜牧业为主,生产力低下,工农业基础薄弱,粮食生产除个别国家能自给外,主要依赖进口。东非各国旅游资源丰富,旅游收入是主要的外汇收入来源。

1. 农业

农业在除塞舌尔和吉布提外的东非各国经济中占有重要地位,是其国民经济的支柱,农业占国内生产总值的比例较大。东非地区现有耕地 4233.8 万 hm^2,以种植业为主,主要的粮食作物为谷类、麦类、玉米、高粱等,主要的经济作物有花生、咖啡、棉花、剑麻、亚麻、茶叶、烟草、恰特草、乳香、没药、除虫菊等,其中肯尼亚的花卉出口是其重要的外汇来源。除厄立特里亚和塞舌尔外的东非各国牲畜业发达,牲畜数量多,但畜产品商品率低,经营口粗放落后。东非渔业资源丰富,但渔业生产仍停留在手工操作阶段,商品率较低。

2. 工业

东非国家除肯尼亚建立了较健全的工业体系外,其他国家均未形成健全的工业体系,工业基础薄弱,形成了以农畜产品加工、食品加工和采矿业等为主的工业体系,结构单一。

3. 服务业

东非各国服务业以旅游业为主,旅游资源丰富,有东非大裂谷、阿克苏姆大石碑、拉利贝拉岩石教堂、塞伦盖蒂国家公园、乞力马扎罗雪山、恩格罗火山口、桑给巴尔岛、马塞马拉国家公园、蒙巴萨、尼罗河源头、马埃岛、普拉兰岛、拉迪格岛、伯德岛等著名的旅游胜地。

2017 年赴坦桑尼亚游客约 120 万人次,外汇收入为 24.3 亿美元,同比增长 9%,占 GDP 的 5%;塞舌尔则以旅游业作为其国民经济的支柱,2017 年入境游客总人数约为 35 万人次,增长 15%,旅游外汇收入 4.83 亿美元,占 GDP 的 32.5%。

4. 与中国"一带一路"建设合作情况

截至 2019 年 4 月 30 日,东非国家中已同中国签订共建"一带一路"合作文件的国家有埃塞俄比亚、索马里、吉布提、肯尼亚、坦桑尼亚、乌干达、卢旺达、布隆迪、塞舌尔。在基础设施建设,特别是铁路项目建设中取得了令人瞩目的成绩。例如:在肯尼亚修建的蒙内铁路——连接东非最大港口蒙巴萨和肯尼亚首都内罗毕,而肯尼亚与坦桑尼亚、乌干达、卢旺达、布隆迪和南苏丹等东非 5 国接壤,东非国家很多物资都是从肯尼亚运输过来,可以说蒙内铁路成了东非铁路网的"咽喉要道",它的建成推进区域铁路一体化,助力东非经济腾飞。在埃塞俄比亚和吉布提修建的亚吉铁路,是一条以货运为主、客货列车共线运行的横跨非洲两国的骨干铁路,西起埃塞俄比亚首都亚斯亚贝巴,途经重要城市阿达玛、德雷达瓦,东到吉布提港,是"一带一路"的标志性成果。

三、东非对外贸易

对外贸易在东非各国经济中占有重要地位,但由于东非各国出口的商品为单一性的农矿初级产品,进口粮食、日用品、机械、电器等产品,在对外贸易中造成了严重的贸易逆差。主要的贸易对象为东部和南部非洲国家及欧盟、美国、中国、阿拉伯国家等。

四、东非交通运输业

东非是现代交通运输业较落后的地区,除肯尼亚和坦桑尼亚建立了较健全的交通运输网外,其他国家则以公路运输为主,但索马里、塞舌尔、卢旺达、布隆迪无铁路运输。东非现有公路近45万km,承担了东非约70%的货运量;现有铁路1.07万km。东非水运业发达,沿海国家的港口除了承担其国际国内运输外,还为内陆国家转运货物,是内陆国家的货物中转港和集散地。

东非大陆海岸线全长6148km(不包括岛屿海岸线),主要港口介绍如下。

1. 马萨瓦港

马萨瓦港代码、经纬度如表7-26所示。

马萨瓦港代码、经纬度　　　　表7-26

港口名称(中文)	港口名称(英文)	港口代码	经　纬　度	时　差
马萨瓦	MASSAWA	ERMSW	15°43′N　39°28′E	+3:00

马萨瓦港位于厄立特里亚北部红海沿岸,是厄立特里亚第二大港口,也是埃塞俄比亚进出口货物的中转港和集散地,拥有6个泊位,主要出口货物为农矿产品等,主要进口货物为工业制成品、食品饮料、石油、化工产品等。

目前,中国港湾建设(集团)总公司赢得在厄立特里亚城市马萨瓦建设新海港的合约。

2. 阿萨布港

阿萨布港代码、经纬度如表7-27所示。

阿萨布港代码、经纬度　　　　表7-27

港口名称(中文)	港口名称(英文)	港口代码	经　纬　度	时　差
阿萨布	ASSAB	ERASA	13°01′N　42°44′E	+3:00

阿萨布港位于厄立特里亚东南沿海阿萨布湾内,濒临曼德海峡的西北角,是厄立特里亚最大的港口,也是其对外联系的重要口岸,又是埃塞俄比亚进出口货物的中转港和集散地。主要出口货物为棉籽、芝麻、咖啡、盐及干鱼等,主要进口货物为石油、钢铁、机械、棉织品及建材等。

3. 吉布提港

吉布提港代码、经纬度如表7-28所示。

吉布提港代码、经纬度　　　　　　　　　　　表 7-28

港口名称(中文)	港口名称(英文)	港 口 代 码	经 纬 度	时 差
吉布提	DJIBOUTI	DJJIB	11°36′N　43°08′E	+3:00

吉布提港位于亚丁湾西端吉布提东面的岬角上,是吉布提的自由港,又是埃塞俄比亚的中转港,也是东非最大的海港之一,拥有 15 个泊位,其中 13 个为深水泊位,包括 1 个 20 万吨级输油码头和 1 个集装箱码头,可停靠 4 万吨级的货轮和 14 万吨级的油轮。2016 年非集装箱货物吞吐量达 652 万 t,集装箱吞吐量 98.7 万 TEU。主要出口货物为食盐、牲畜、皮张等,主要进口货物为食品饮料、机械、电器、卡特草、运输设备、石油产品、金属制品、纺织品、鞋类等。

目前,中国正在建设吉布提保障基地新码头,为我国海军在亚丁湾、索马里的护航编队提供后勤保障,以便更好地承担国际责任,履行国际义务,保护中国合法利益。另外,我国招商局控股港口有限公司收购了该港合营公司 23.5% 的股权,经营该港的集装箱码头。

4. 摩加迪沙港

摩加迪沙港代码、经纬度如表 7-29 所示。

摩加迪沙港代码、经纬度　　　　　　　　　　表 7-29

港口名称(中文)	港口名称(英文)	港 口 代 码	经 纬 度	时 差
摩加迪沙	MOGADISCIO	SOMGQ	02°02′N　45°20′E	+3:00

摩加迪沙港位于索马里南部印度洋沿岸,主要出口货物为牲畜、皮革、乳香、没药、树胶等,主要进口货物为粮食、工业品、百货等。

5. 蒙巴萨港

蒙巴萨港代码、经纬度如表 7-30 所示。

蒙巴萨港代码、经纬度　　　　　　　　　　表 7-30

港口名称(中文)	港口名称(英文)	港 口 代 码	经 纬 度	时 差
蒙巴萨	MOMBASA	KEMBA	04°04′S　39°40′E	+3:00

蒙巴萨港位于印度洋西侧肯尼亚东南沿海蒙巴萨岛上,是肯尼亚最大的港口,也是东部非洲主要的货物中转港,有铁路桥与海堤和大陆相连,肯尼亚、乌干达的大部分外贸物资及卢旺达、坦桑尼亚、扎伊尔东部、苏丹南部的部分货物由此中转,特别是此港有了蒙内铁路的支持,货物吞吐量大幅提升。港区共有万吨级泊位 21 个,集装箱泊位 4 个,最大水深 13.5m,最大能停靠 6.5 万吨级的船舶。主要出口货物为象牙、皮张、纤维、棉花、茶叶、椰干、木材、糖浆、肉类及奶制品等,主要进口货物为机械、车辆、纺织品、粮食、建材、食品、糖及工业品等。

6. 坦噶港

坦噶港代码、经纬度如表 7-31 所示。

坦噶港代码、经纬度　　　　　　　　　表7-31

港口名称(中文)	港口名称(英文)	港口代码	经纬度	时差
坦噶	TANGA	TZTGT	05°03′S　039°07′E	+3:00

坦噶港位于印度洋西侧坦桑尼亚东北沿海的坦噶湾内,濒临奔巴海峡西侧,是坦桑尼亚第二大港口,以输出剑麻为主。港区拥有泊位3个,最大水深17m,主要出口货物为剑麻、木材、茶叶、金鸡纳树皮、兽皮、木丝绵、咖啡等,主要进口货物为食品、机械、石油、金属制品、饮料等。

7. 桑给巴尔岛港

桑给巴尔岛港代码、经纬度如表7-32所示。

桑给巴尔岛港代码、经纬度　　　　　　　　　表7-32

港口名称(中文)	港口名称(英文)	港口代码	经纬度	时差
桑给巴尔岛	ZANZIBAR	TZZNZ	06°09′S　039°11′E	+3:00

桑给巴尔岛港位于印度洋西侧坦桑尼亚东北沿海桑给巴尔岛的西海岸中部,濒临桑给巴尔海峡的东侧,是坦桑尼亚主要港口之一,也是世界上最大的丁香输出港。港区主要码头泊位有4个,最大水深9m,可停靠3万吨级的船舶,主要出口货物为丁香、椰干、皮张、树胶、椰子油、红树皮、海藻及海贝等,主要进口货物为食品、建材、五金、烟叶、酒及肥皂等。

8. 达累斯萨拉姆港

达累斯萨拉姆港代码、经纬度如表7-33所示。

达累斯萨拉姆港代码、经纬度　　　　　　　　　表7-33

港口名称(中文)	港口名称(英文)	港口代码	经纬度	时差
达累斯萨拉姆	DAR ES SALAAM	TZDAR	06°50′S　39°18′E	+3:00

达累斯萨拉姆港位于印度洋西侧坦桑尼亚东部沿海达累斯萨拉姆湾,是坦桑尼亚最大的商港,也是赞比亚的物资中转站,有铁路与坦桑尼亚内陆及赞比亚沟通。港区拥有泊位11个,最大水深11.5m,可停靠3万吨级的散货船和3.6万吨级的油轮,年货物吞吐量达1000万t,主要出口货物为剑麻、茶叶、棉花、豆饼、木材、咖啡、铜、油籽等,主要进口货物为钢铁、棉制品、食品、机械、石油、车辆等。

9. 维多利亚港

维多利亚港代码、经纬度如表7-34所示。

维多利亚港代码、经纬度　　　　　　　　　表7-34

港口名称(中文)	港口名称(英文)	港口代码	经纬度	时差
维多利亚	PORT VICTORIA	SCPOV	04°27′S　56°06′E	+4:00

维多利亚港位于印度洋西侧岛国塞舌尔马埃岛,是塞舌尔唯一的港口,是国际航海活动重要的中继站,也是重要的渔港和椰子、肉桂、香草和腌鱼的集散地。港区最大吃水9.79m,码头分商业和渔业码头两部分。主要出口货物为鱼、椰干、肉桂皮等,主要进口货物为机械、车辆、日用品、食品、石油等。

第五节 南部非洲

一、概况

1. 范围及国家组成

南部非洲指非洲南部国家,包括安哥拉、纳米比亚、南非、莫桑比克、马达加斯加、科摩罗、毛里求斯、留尼旺岛(法属)、圣赫勒拿岛(英属)与阿森松岛(英属)等太平洋和印度洋沿海国家和岛屿及赞比亚、津巴布韦、马拉维、博茨瓦纳、斯威士兰、莱索托等内陆国家。

2. 自然状况

(1) 气候

南部非洲沿海地区为热带海洋性气候,年平均气温在 22~32℃,年平均降水量在 1500mm 以上,其他地区大部分为热带草原气候,干湿两季明显,年平均气温 22℃,年平均降水量在 800~1200mm 之间。

(2) 矿产资源

南部非洲国家除科摩罗、毛里求斯、莱索托外矿产资源丰富,马达加斯加等国有"矿产博物馆"之称,主要的矿产资源有钻石、黄金、铂、锰、钒、铬、钛、铁、锆石、蛭石、锑、铀、锌、铜、锑、氟石、煤、铅、钽、钨、石英、宝石、水晶、石墨、镍、铝矾土、云母、银、锂、铌、石油、天然气等。

煤炭资源主要分布在南非、莫桑比克一带,南非 2017 年煤储量在 98.93 亿 t,是非洲煤的重要生产国和出口国;金矿主要分布在南非,南非的黄金储量在 3.6 万 t,是世界上最大的黄金生产国和出口国;钻石主要分布在南非、纳米比亚、马达加斯加、博茨瓦纳、莱索托一带。

(3) 森林资源

南部非洲森林资源丰富,以天然林为主,且品种多,经济价值高,盛产乌木、红木、檀木、香木、桃花心木等名贵木材。

(4) 人口与民族

南部非洲总人口约 1.97 亿(2018 年统计),主要集中在沿海地带及沿铁路一带。纳米比亚和博茨瓦纳是人口密度最低的国家,每平方千米不足 3 人,毛里求斯是人口密度最高的国家,每平方千米超过 600 人。南非是人口最多的国家。

南部非洲也是世界上民族最多的地区之一,主要宗教有天主教、基督教、伊斯兰教、印度教、原始宗教等,主要人种有黑人、欧洲裔白人、阿拉伯白人、有色人及亚裔等,民族矛盾、种族矛盾、宗教矛盾纠集在一起,往往成为地区冲突的导火索,阻碍了本地区的经济发展。近年来,地区冲突有所缓和,经济得到了一定的发展。

3. 南部非洲经济发展概况

南部非洲是非洲大陆经济发展较好的地区之一,但地区内经济发展不平衡,南非是非洲经济最发达的国家,莫桑比克、马达加斯加、安哥拉、赞比亚、马拉维、科摩罗、莱索托属于2018年联合国公布的最不发达国家之列。

(1) 农业

南部非洲由于地处热带草原气候,有发展农牧业的良好气候条件,农业在南部非洲各国国民经济中占有重要地位,现有耕地约1.87亿hm^2,人均1.3hm^2,但由于生产基础和生产方式落后,粮食大都不能自给,依赖进口。主要粮食作物有玉米、水稻、小麦、土豆、木薯等,主要经济作物有咖啡、剑麻、甘蔗、棉花、花生、烟草、花卉等。

南部非洲畜牧业发达,但生产力和商品率低,多以游牧或半游牧方式为主,经营粗放,主要畜种有牛、羊等。莱索托是非洲著名的马海毛产地,博茨瓦纳有75%的人口从事畜牧业。

南部非洲沿海国家渔业资源丰富,但生产方式落后,产量低,主要经济鱼类有鳕鱼、金枪鱼、海虾、龙虾、鳟鱼、牡蛎、红鱼、青鱼、海参等。

(2) 工业

南部非洲虽拥有丰富的资源,但工业化水平低。工业以轻工业为主,多以农畜产品加工和纺织业为主,重工业主要有冶金、机械、金属加工、化学、水泥、大理石采制、金刚石琢磨、橡胶制品等部门,机械化程度和生产能力低下,制造业在国民经济中的所占比例低。南非是非洲唯一加工业发达的国家,机械和食品是最大的两个部门,对主要工业品的自给很重视,因此冶金、化工、煤、炼油、原子能、电子工业初具规模,但工业品仍需大量进口,先进技术装备多依赖西方发达国家提供。安哥拉则以石油和钻石开采为主,2017年石油开采量达167.4万桶/日。毛里求斯是生产蔗糖的单一经济岛国。

(3) 服务业

南部非洲服务业以旅游业为主,凭借其丰富的旅游资源发展旅游业,旅游业成为其主要外汇收入来源之一。

(4) 南部非洲对外贸易

对外贸易在南部非洲国家经济中占有重要地位,除安哥拉、赞比亚、博茨瓦纳3个石油输出国和钻石输出国及南非外,其余国家都存在着巨大的外贸逆差,随着外债负担不断加重,形成了对发达国家的严重依赖,阻碍了民族经济的发展。

从进出口商品结构来看,主要输出单一性的农矿初级产品,为国民经济的重要来源和经济支柱,主要有原油、钻石、黄金、铝、铜、咖啡、棉花、木材、糖、烟草、椰干、畜产品等,进口商品多为各种机械设备、运输设备、粮食等。

南部非洲的贸易对象主要是西方发达国家,特别是与原宗主国的贸易关系更密切。近年来南部非洲国家之间的内部贸易增多。中国目前与南部非洲地区的多个国家有贸易关系。

(5) 与中国"一带一路"建设合作情况

截至2019年4月30日,南部非洲国家中已同中国签订共建"一带一路"合作文件的国家有赞比亚、津巴布韦、莫桑比克、纳米比亚、南非、马拉维。中国将与上述各国在能源、航空、交通运输、港口和机场建设等领域开展合作。其中,埃塞俄比亚的斯亚贝巴城市轻轨线路项目由中国中铁股份有限公司于2012年1月开工建设,于2015年9月正式通车。作为非洲大陆首条正式投入运营的现代化城市轻轨,该轻轨的开通将大大提高亚的斯亚贝巴居民的出行效率,从而带动整个城市经济的发展。另外,中国公司也参与了南部非洲有关国家的港口经营和建设项目,具体见下面港口介绍。

4.南部非洲交通运输业

南部非洲国家交通运输以公路运输为主,现有公路118.6万km,铁路5.85万km,海岸线总长1.17万km。

二、南非

1.地理位置和领土组成

南非位于非洲大陆最南端,位于南纬22°~35°、东经17°~33°之间,国土总面积121.9万km^2。南非北面接壤纳米比亚、博茨瓦纳和津巴布韦,东北毗邻莫桑比克和斯威士兰。莱索托是南非国中国,被南非领土所包围。位于开普敦东南1920km大西洋上的爱德华王子岛及马里昂岛亦为南非领土。南非东、南、西三面濒临印度洋和大西洋,扼两大洋交通要冲,地理位置十分重要。

2.自然状况与人口

南非大部分属暖温带气候,年平均气温10~24℃。6~8月为冬季。

南非三面环海,拥有150万km^2海洋专属经济区和3900km海岸线,沿海及近海水域石油和天然气储量预计分别达到90亿桶和110亿桶当量。南非矿产资源非常丰富,是世界五大矿产资源国之一,其矿产素以种类多、储量大、产量高而闻名于世,拥有号称世界第二富含矿产的地质构造。目前,南非已探明储量并开采的矿物有70余种,总价值约2.5万亿美元。

据统计,南非的铂族金属、锰矿石、铬矿石、铝硅酸盐、黄金、钻石、氟石、钒、蛭石、锆族矿石、钛族矿石等多种矿产的储量、产量和出口量均居世界前列,甚至在世界总量中所占比重超过了50%。但因油气资源缺乏,南非能源主要依靠煤炭资源,石油、天然气主要依赖进口,部分采用生物能源、煤变油技术、核能、太阳能和风能。

南非主要的农业资源是家禽、牛羊肉、玉米、水果等,其种植的柑橘品质上乘,是世界著名果汁品牌的主要原料。南非是世界第七大葡萄酒生产国,年出口额在2亿美元以上。南非培育的波尔山羊是享誉世界的肉用山羊品种。南非羊毛、葡萄酒、鸵鸟产品等产量均居世界前列。

南非总人口为5772万(2018年统计),其中女性2955万。非洲人种约占总人口的80.8%,达4566万,白种人449万,占比8%。

3.当代南非的经济发展概况

1)宏观经济

南非经济最初以农牧业为基础。19世纪下半叶钻石和黄金的发现大大促进了经济发展,采矿业成为支柱产业。20世纪制造业发展迅速,1945年其产值超过采矿业。经过一个半世纪的矿业开发和工业化进程,南非已经建成世界领先的矿业和门类比较齐全的制造业以及现代化农业,拥有相当完备的金融体系和基础设施。

2) 产业

(1) 农牧渔业

南非农业较发达。可耕地约占土地面积的13%,但高质量土地仅占可耕地面积的22%。农业、林业、渔业就业人数约占人口的6%,其产品出口收入占非矿业出口收入的15%。2015年下半年以来影响南非农业生产的旱情明显缓解,2017年农、林、牧、渔业增加值达到752亿兰特,占GDP的2.4%。南非盛产花卉、水果、红酒等,是全球第九大羊毛生产国,各类罐头食品、烟、酒饮料等畅销海外。2017年南非玉米产量翻了一番,达到1649.8万t,比2016年增长112%。

(2) 采矿业

矿业是南非国民经济的支柱产业之一。铂金产量全球居首。铂金、黄金、煤炭出口分列全球第二、三、六位。资源出口占南非出口总额的30%。南非采矿机械、选矿技术设备、矿井通信和安全保障技术、矿产品冶炼和加工技术均名列世界前茅,其深井开采技术输出到南美、澳大利亚、加拿大和欧洲,南非矿业公司也已打入欧洲、拉美和非洲各国市场。2017年,矿业增加值2343亿兰特,占GDP的7.5%。

(3) 制造业

2017年南非制造业增加值3840亿兰特,占当年GDP总额的12.3%。南非制造业门类齐全,技术先进。主要工业部门有钢铁、金属制品、化工、运输设备、机器制造、食品加工、纺织、服装等。冶金和机械工业是南非制造业的支柱。近年来,纺织、服装等缺乏竞争力的行业萎缩,汽车制造、农产品加工等新兴出口产业发展较快。南非政府于2010年启动了新产业政策行动计划,力图改变经济增长模式,提升制造业竞争力,并积极推动经济特区和工业园区发展。

南非位居世界汽车工业大国行列,是全球汽车及零部件制造和进出口主要国家之一,宝马、戴姆莱—克莱斯勒、大众、丰田、福特等跨国公司均在南非建立生产基地。南非汽车制造商协会发布数据显示,受降息和汽车销售商加大促销力度等因素刺激,2017年南非新车销售55.8万台,同比增长1.8%。

(4) 旅游业

南非拥有极为丰富的自然和人文旅游资源,是世界著名旅游度假胜地,是非洲接待国际游客最多的国家。旅游业是当前南非发展最快的行业,增速在全球列第3位,产值约占GDP的9%,从业人员达140万。南非的旅游设施完善,有700多家大宾馆,2800家中小旅馆及10000多家餐馆。旅游点主要集中于东北部和东南沿海地区。生态旅游与民俗旅游是南非旅游业两大最主要的增长点。

世界经济论坛2017年旅游竞争力报告显示,南非在136个经济体中名列第53位。据南非统计局数据显示,2017年全年赴南非旅游的国外旅客为3129万人次。2016年全年赴南非旅游的中国游客数量为11.7万人次,同比增长近4成;2017年到访南非的中国游客为9.7万人,同比下降了17%,造成下滑的主要原因是南非严苛的签证制度。

(5)对外贸易

南非是"金砖国家"之一,经贸发展迅速。据南非政府部门统计,2017 年南非贸易总额约 2.29 万亿兰特,其中出口 11845.4 亿兰特,进口 11068.3 亿兰特,贸易顺差 777 亿兰特。矿产品、贵金属及制品和运输设备是南非的主要出口商品;进口方面,机电产品、矿产品和化工产品是南非的前三大类进口商品。南非主要的出口贸易伙伴是中国、德国、美国、英国和日本等;南非主要的进口贸易伙伴是中国、德国、美国、沙特阿拉伯和印度等。近 9 年来南非对外贸易年度统计如表 7-35 所示。

南非对外贸易年度统计表 表 7-35

年份(年)	2010	2011	2012	2013	2014	2015	2016	2017	2018
贸易额(亿美元)	1615.23	1967.10	1888.22	1838.35	1908.84	1673.63	1518.01	1726.14	1875.51

资料来源:中华人民共和国商务部国别数据网,2019。

(6)交通运输业

南非是南部非洲交通运输系统最完善的国家,铁路总长 3.4 万 km,位于非洲各国之首,公路总长 75.5 万 km,海路与非洲、欧洲、亚洲及中东、南美等近 40 个国家通航。苏伊士运河未开通前,绕经南非的好望角航线是沟通中西方的要道;苏伊士运河开通后,该航线的重要性虽然已经下降,但从大洋洲和非洲东南部前往大西洋仍需由此通过,由波斯湾驶向欧美的巨型油船满载时也必须使用本航线。

南非共有商船约 990 艘,吨位 75.5 万 t,年港口吞吐量约 12 亿 t。南非国家运输集团国家港务局负责管理港口。主要港口分别是理查兹贝、德班、东伦敦、伊丽莎白港、莫塞尔贝、开普敦和萨尔达尼亚湾港。德班港是非洲最繁忙、集装箱吞吐量最大的港口,理查兹贝港则是南非最大的煤炭出口港。

三、南部非洲地区的主要港口

1. 路易港

路易港代码、经纬度如表 7-36 所示。

路易港代码、经纬度 表 7-36

港口名称(中文)	港口名称(英文)	港口代码	经 纬 度	时 差
路易港	PORT LOUIS	MUPLU	20°09′S 57°30′E	+4:00

路易港位于印度洋岛国毛里求斯西北沿海,是毛里求斯最大的海港,也是毛里求斯进出口货物的唯一门户,地处南大西洋和印度洋之间的航运要冲,是南印度洋重要的海底电缆站和国际航运的重要停靠站。港区主要码头泊位有 8 个,岸线长 1355m,最大水深 11m,最大可停靠 4 万载重吨的船舶。主要出口货物为糖、茶叶、酒、纤维、糖浆、姜等,进口货物主要有煤、铁、棉花、粮食及陶瓷等。

2. 塔马塔夫(图阿马西纳斯)港

塔马塔夫(图阿马西纳斯)港代码、经纬度如表 7-37 所示。

塔马塔夫(图阿马西纳斯)港代码、经纬度 表7-37

港口名称(中文)	港口名称(英文)	港 口 代 码	经 纬 度	时 差
塔马塔夫 (图阿马西纳斯)	TAMATAVE (TOAMASINA)	MGTMM	18°09′S 49°25′E	+9:00

塔马塔夫(图阿马西纳斯)港位于印度洋西海岸,马达加斯加东部沿海黑斯特角和丹尼阿角之间的一个小湾内,是马达加斯加的最大港口,也是马达加斯加农副产品的集散中心。港区主要码头泊位有5个,岸线长1020m,最大水深约10m,最大可停靠5万载重吨的油轮,年货物吞吐能力约500万t。主要出口货物为咖啡、丁香、石墨、渔产品、云母、铬矿、剑麻、花生及甘蔗等,进口货物主要有机械、石油、车辆、药品、大米及日用消费品等。

目前该港吞吐能力已呈现饱和状态,扩建工程正式启动,中国交通建设集团有限公司已获得此项目的商务合同。

3. 贝拉港

贝拉港代码、经纬度如表7-38 所示。

贝拉港代码、经纬度 表7-38

港口名称(中文)	港口名称(英文)	港 口 代 码	经 纬 度	时 差
贝拉	BEIRA	MZBEW	19°46′S 34°50′E	+2:00

贝拉港位于印度洋西海岸莫桑比克河口,濒临莫桑比克海峡的西南侧,是莫桑比克的第二大港,也是津巴布韦、赞比亚及马拉维的主要转口港之一。港区主要码头泊位有10个,岸线长1670m,最大水深为9.6m,有货棚面积3.3万m²,露天堆场可堆存矿石约20万t,码头均有铁路线可直接装卸,货物年吞吐能力为500万t,主要出口货物为云母、铝、锌、粗炼铜、烟草、茶叶、玉米、棉花、兽皮、剑麻等,进口货物主要有木材、化肥、机械、棉纺织品、建筑材料、小麦、汽油及铁轨等。

4. 马普托港

马普托港代码、经纬度如表7-39 所示。

马普托港代码、经纬度 表7-39

港口名称(中文)	港口名称(英文)	港 口 代 码	经 纬 度	时 差
马普托	MAPUTO	MZMPM	25°59′S 32°35′E	+2:00

马普托港位于印度洋西海岸,莫桑比克东南沿海圣埃斯皮里图河口,地处马普托湾的西岸,濒临印度洋的西南侧,是莫桑比克的最大海港,也是津巴布韦、南非及斯威士兰等国的货物中转站,扼印度洋、南大西洋的航道要冲,地理位置重要。港区主要码头泊位有11个,岸线长3275m,最大水深为12.8m。主要出口货物为煤、铁、石棉、铬、锰、玉米、蔗糖、水果、剑麻及棉花等,进口货物为木材、化肥、燃料、机械及粮食等。

目前,由中国港湾建设(集团)总公司率领的国际财团,已在该港投资10亿美元进行扩建工程项目,希望进一步扩大该港的货物吞吐量,并为邻近国家提供更好的中转服务。

5. 理查兹贝港

理查兹贝港代码、经纬度如表7-40所示。

理查兹贝港代码、经纬度　　　　　　　表7-40

港口名称(中文)	港口名称(英文)	港 口 代 码	经 纬 度	时 差
理查兹贝	RICHARDS BAY	ZARCB	28°48′S　32°06′E	+2:00

理查兹贝港位于印度洋西南海岸,是南非最大的煤炭输出港。港区水深19m,允许吃水17.3m,载重量15万吨级的船舶靠泊。主要出口货物为煤炭、磷酸矿石、铁矿石等,进口货物主要为铝矾土、原油等。

6. 德班港

德班港代码、经纬度如表7-41所示。

德班港代码、经纬度　　　　　　　表7-41

港口名称(中文)	港口名称(英文)	港 口 代 码	经 纬 度	时 差
德班	DURBAN	ZADUR	29°53′S　31°02′E	+2:00

德班港位于印度洋西南海岸,南非东部沿海德班湾的北侧岸,是南非最大的集装箱港。港区有露天堆场,可存20万t货物,糖库容量达52万t。主要出口货物为锰矿、钢材、黄金、煤炭、铁矿、糖、花生、玉米、羊毛、皮张、柑橘及生铁等,进口货物主要有小麦、机械、化肥、原油、交通设备、纺织品、木材、纸张、茶叶及化工产品等。2021年集装箱吞吐量达243.03万TEU,世界排名第81位。

7. 东伦敦港

东伦敦港代码、经纬度如表7-42所示。

东伦敦港代码、经纬度　　　　　　　表7-42

港口名称(中文)	港口名称(英文)	港 口 代 码	经 纬 度	时 差
东伦敦	EAST LONDON	ZAELS	33°02′S　27°55′E	+2:00

东伦敦港位于印度洋西南海岸,南非东南沿海布法罗河口,是南非的主要港口之一。港区有露天货场3.5万m²,玉米仓容为7.6万t,集装箱堆场达3万m²,货棚面积达1.2万m²,年货物吞吐能力500万t,主要出口货物为玉米、羊毛、皮张、水果、矿砂、石棉及杂货等,进口货物主要有石油及其制品、粮食、木材、汽车及建材等。

8. 伊丽莎白港

伊丽莎白港代码、经纬度如表7-43所示。

伊丽莎白港代码、经纬度　　　　　　　表7-43

港口名称(中文)	港口名称(英文)	港 口 代 码	经 纬 度	时 差
伊丽莎白	PORT ELIZABETH	ZAPLZ	33°57′S　25°37′E	+2:00

伊丽莎白港位于印度洋西南海岸,南非东南沿海阿尔戈阿湾的西南岸,是南非主要港口之一。港区有矿砂堆场容量达 35 万 t,集装箱堆场面积达 22 万 m²,仓库及货棚面积达 4.4 万 m²,码头最大可停靠全长 251m,吃水 11.6m 的船舶。主要出口货物为锰砂、铁砂、水果、羊毛、皮张、石棉、玉米、罐头及杂货等,进口货物主要有石油、汽车、木材、机械、纺织品、橡胶、玻璃、钢材、铁路器材及粮食等。

9. 开普敦港

开普敦港代码、经纬度如表 7-44 所示。

开普敦港代码、经纬度　　　　　　　　表 7-44

港口名称(中文)	港口名称(英文)	港 口 代 码	经　纬　度	时　差
开普敦	CAPE TOWN	ZACPT	33°55′S　18°26′E	+2:00

开普敦港位于大西洋东南海岸,南非西南沿海桌湾的南岸入口处,是南非的主要港口之一。始建于 1652 年,是南非第二大城市,也是欧洲沿非洲西海岸通往印度洋及太平洋的必经之路。主要出口货物为羊毛、皮张、酒、干鲜果、饲料、蛋品、玉米、鱼油及矿砂等,进口货物主要有木材、机械、小麦、汽车、纺织品、原油及杂货等。

10. 萨尔达尼亚湾港

萨尔达尼亚湾港代码、经纬度如表 7-45 所示。

萨尔达尼亚湾港代码、经纬度　　　　　　　表 7-45

港口名称(中文)	港口名称(英文)	港 口 代 码	经　纬　度	时　差
萨尔达尼亚湾	SALDANHA BAY	ZASDB	33°02′S　17°58′E	+2:00

萨尔达尼亚湾港位于大西洋东南海岸南非圣马丁角东南小海湾中,是南非铁矿石输出港,有铁路连接内陆交通网及矿区。最大可靠泊吃水 23m、载重量为 25 万吨级的船舶,主要出口货物铁矿石,主要进口货物为原油。

11. 鲸湾港(沃尔维斯港)

鲸湾港(沃尔维斯港)代码、经纬度如表 7-46 所示。

鲸湾港(沃尔维斯港)代码、经纬度　　　　　表 7-46

港口名称(中文)	港口名称(英文)	港 口 代 码	经　纬　度	时　差
鲸湾港(沃尔维斯港)	WALVIS BAY	NAWVB	22°57′S　14°30′E	+1:00

鲸湾港(沃尔维斯港)位于大西洋东海岸纳米比亚西海岸中部,是纳米比亚最大的商港。港区有 8 个泊位,码头岸线总长 1367m,前沿水深 10m 以上。主要出口货物为铅、锌、铜等精矿产品,主要进口货物为石油、机械、百货等。

12. 罗安达港

罗安达港代码、经纬度如表 7-47 所示。

罗安达港代码、经纬度　　　　　　　　表 7-47

港口名称(中文)	港口名称(英文)	港 口 代 码	经　纬　度	时　差
罗安达	LUANDA	AOLAD	08°48′S　13°15′E	+1:00

　　罗安达港位于大西洋东海岸安哥拉西海岸北部的本戈湾的东南岸,是安哥拉最大海港,港区有仓库容积 4 万 m³,水深达 16.7m,最大可泊 5 万载重吨的油船。主要出口货物为咖啡、玉米、糖、豆、木材、盐、花生、棕榈油及锰矿等,进口货物主要有机械、石油制品、汽车、棉织品、麻袋、酒、水泥及药品等。

【课外活动】

1. 分小组,绘制或制作欧洲某国或地区地图,在地图上标示出主要港口,并在课堂上讨论。
2. 使用 bing 搜索引擎提供的地图,以本章提供的港口英文名称搜索查看港口所在位置。
3. 依据网址 http://portfocus.com/index.html 中所提供的欧洲各个国家和地区港口的网址查看区内各港口的最新发展现状。
4. 上网搜索相关资料,列出 600 多年前明朝郑和七下西洋时所到达过的非洲地点和在当地所进行的主要活动。

【阅读建议】

[1] 马肇彭.探险·开拓·交流——航海史话[M].北京:经济科学出版社,1991.
[2] 斯塔夫里阿诺斯.世界通史:从史前史到21世纪(第7版)(修订版)(中文版)(上下册)[M].北京:北京大学出版社,1991.

思考题

1. 国家主席习近平于 2018 年 7 月 19 日至 24 日对阿联酋、塞内加尔、卢旺达和南非进行了国事访问,并于 7 月 27 日至 28 日对毛里求斯进行了友好访问,其中访问的 4 个非洲国家分别位于非洲的西部、东部、南部和印度洋地区。依据本章内容和其他资料分别了解中非合作重要意义及上述国家的主要资源和其中的沿海国家的主要港口。
2. 了解船舶悬挂方便旗的意义和世界上主要的方便旗船舶注册地。
3. 苏伊士运河在国际航运中有何重要意义?
4. 依据各船公司的船期表,写出能挂靠下列港口的船公司名称。
CAPE TOWN,DURBAN,LOME,MOMBASA。
5. 写出下列港口的中文名及其所属国家。
BANJUL, BISSAU, ABIDJAN, LAGOS, DJIBOUTI, MOGADISCIO, DAR ES SALAAM, VICTORIA,EAST LONDON,PORT ELIZABETH。

第八章 世界大宗干散货运输

刳木为舟,剡木为楫,舟楫之利,以济不通,致远以利天下。

——《易经》

【知识目标】

1. 了解煤、矿、粮等大宗干散货地理分布状况。
2. 掌握煤、矿、粮等大宗干散货贸易航线状况。

【能力目标】

1. 根据给定的发货地和接货地选择最经济航线操作。
2. 具有根据给出的数据分析大宗干散货未来航运走向的能力。

【引　　例】

世界最高水平散粮进出口港——大连北良新港

大连北良新港位于大连湾东侧,港区面积百余万平方米,由20座筒仓、总储量60万t的国家粮食储备库和由130余座筒仓、可存储40万t粮食的港口中转库组成,二者左右依山矗立;10万吨级的小麦泊位和5万吨级、3万吨级两个玉米泊位及两个万吨级多用途泊位依次排列;世界一流水平的装卸船机及全套自动化进出仓、装卸车、输送、计量检验、熏蒸设备和火车专用线及专用粮车井然有序地点缀其间,开阔的港池内自然水深14m,全年不淤不冻。北良港装卸船现在均由主控室电脑控制自动完成。过去十几个昼夜连轴干才能卸完的一艘5万t小麦船,如今只需要40小时;原来1周左右才能装满的一艘3万t玉米船,现在不到10个小时即可完成,费用还能省一半。北良港1小时能卸船2000t,装船4000t,年吞吐量能力1100多万吨。粮食可以从类似油罐车样的新型散粮专用车直接上船或入库,也可由船上直接装车或入库,还可以由这条船直接换装到另一条船上。

北良港技术水平世界第一,仓储和装卸规模远东第一,其建成对我国散粮运输系统的建立和粮食流通方式的现代化将起到积极的示范和促进作用,有利于降低进口粮食运费,促进粮食转口贸易。

大宗货物主要指粮食、农业原料,矿物原料中的石油、成品油、液化燃气、矿石产品等,工业产品中的钢铁、水泥等。而大宗干散货(固体散货)指由颗粒、晶体或较大块状物质组成的混合物,其组成成分均匀,并且不用任何包装容器就可装船运输的货物,即上述大宗货物中除石油、成品油、液化燃气和钢铁外的货物。其中,矿石产品包括煤炭、铁矿石、磷矿石、铝矾土、锰、铜矿、锡矿、金矿、云母、石棉、水晶石、铅、锌、银等许多种类。

海运因其具有运量大、运输成本低、运费低廉和连续性高等特点,特别适用于承担量大、运距长、对时间无特殊要求的大宗干散货,可以显著减少运输投资和运输费用,能充分体现海运优势。而煤炭、铁矿石和粮食的运输占世界海运总量大部分比例。因此,本章主要讨论这三类货物的生产、贸易与航线。

第一节　煤炭生产、贸易、航线

一、煤炭资源的分布

作为世界上最丰富的矿物资源之一,煤炭的分布极具广泛性,而就各国所在的特定环境而言,又具有极大的不平衡性。

从地理分布的总的特点来看,北半球的煤炭资源比南半球的资源丰富,而位于北纬30°~70°之间地带上的国家地区,是拥有世界含煤带最丰富的地理区域,该地理区域上煤炭的含量占世界煤炭蕴含总量的70%以上。

根据《BP世界能源统计2018》,2017年年底世界煤炭可采储量居首位的是美国,可采储量为2509亿t,占世界煤炭可采储量的24.2%。位居第2位的是俄罗斯,煤炭可采储量达1604亿t,占总量的15.5%。排在第3位的是澳大利亚,煤炭可采储量为1448亿t,占世界总量的14.0%。中国排名第4位,可采储量为1388亿t,占世界总量的13.4%。

二、煤炭的生产与贸易

影响煤炭生产的因素有很多,主要包括以下几方面。

1. 煤炭的自然分布状况及开采条件是影响世界煤炭生产的主要因素

所谓开采条件是指煤炭资源的自然地理和经济地理状况。自然地理状况主要包括煤田的资源赋存、品位质量、地质构造条件等;而经济地理状况包括煤田的地理位置、运输设施、煤炭利用情况等。

世界各国的开采条件有很大不同,条件比较好的是美国和澳大利亚,排在第2位的是欧洲,而亚洲的煤炭由于地质构造比较复杂,所以开采条件与美国、澳大利亚和欧洲相差许多。美国和澳大利亚的煤炭资源赋存都比较理想,美国的阿巴拉契亚煤田,60%的煤炭产量出自露天煤矿,平均开采深度为90m。而中国的乌鲁木齐煤田和准格尔煤田,现阶段很难进行大规模开采,主要是由于煤矿埋藏深度超过千米,且资源赋存位于西北地区,离工业消费用户远,地理位置不利。

2. 经济的需求是刺激煤炭生产最直接、最根本的原因

对煤炭的需求来自工业生产过程中的消耗和居民生活消费。工业生产过程中的煤炭消费主要有以下几个方面。

(1) 发电厂用煤炭提供热能和电能

据世界煤炭业协会2012年统计,中国81%的发电厂依靠煤炭发电。而目前我国燃烧煤炭几乎相当于全世界其他国家的总和。

(2) 钢铁冶炼

钢铁工业是煤炭重要的消费者,在2014年世界煤炭消费的总量中15%是由钢铁冶炼消费的。钢铁业的原钢、粗钢都需要煤炭。

(3) 用作化工原料

用煤炭可以生产化肥、医药、染料等,同时,煤炭还可以用于轻工业部门中的陶瓷生产、纺织、食品加工等。

此外,生活用煤每年也有一定的需求。

3. 能源的消费结构和发展趋势,对煤炭的生产将产生一定的影响

由于能源的使用在一定条件下具有可替代性,能源消费结构发生改变时,对不同的能源,需求量随之改变,继而影响到生产量。油气和煤炭同为重要能源,如果用油气作为能源消费主流,那么对油气的需求量将上升,而煤炭的消费水平将下降。

20世纪60年代以前,能源消费以煤炭为主,煤炭生产量的增长幅度较大。20世纪40年代中期世界煤炭生产量只有15亿t,而到了20世纪50年代末,煤炭生产量已增长到25.17亿t,在20世纪50年代的10年里,年平均增长率为3.5%。到了20世纪60年代,情形发生变化,能源消费主流转向油气,对石油的需求大增,20世纪50年代煤炭生产的旺盛势头出现滑落,年平均增长率降到1.5%,20世纪60年代末期时的煤炭生产量为29.93亿t。

20世纪70年代以来发生了两次石油危机,世界石油贸易量骤减,煤炭的地位有所回升,20世纪70年代和80年代的煤炭生产量平均增长率比60年代的1.5%提高了近1个百分点,分别为2.4%和2.3%。20世纪90年代初期,世界煤炭生产量已达到47亿t。2000—2013年世界煤炭生产量年均复合增速高达4.41%,近年来全球煤炭产业深度调整,世界煤炭产量自2014年开始加速下降,2014—2016年世界煤炭产量分别为81.98亿t、79.61亿t、74.60亿t,同比增速分别为-0.93%、-2.89%、-6.29%。世界上产煤国家很多,但煤炭生产量分布很不均衡,绝大部分生产量集中在以下国家——亚洲的中国、印度、朝鲜、印度尼西亚、日本、韩国、泰国、哈萨克斯坦;欧洲的德国、俄罗斯、波兰、乌克兰、希腊、保加利亚、捷克、匈牙利、法国、西班牙、英国、罗马利亚;北美洲的美国、加拿大;大洋洲的澳大利亚、新西兰;非洲的南非、津巴布韦;拉丁美洲的哥伦比亚、巴西。

根据国际能源署公布的数据,中国2016年的煤炭产量为34.1亿t,占当年全球煤炭总产

量的45.7%,居世界第一。煤炭的净进口量也是全世界最大的,为2.56亿t。

按不同的生产规模,可以将煤炭生产国分为3个层次:第一个层次是年生产量保持在10亿t左右的国家,只有中国和美国属于第一个层次;第二个层次是年生产量为1~3亿t左右的国家,德国、俄罗斯、波兰、澳大利亚、印度、南非位居其中;第三个层次是指年煤炭生产量为1亿t的国家,主要包括英国、捷克、希腊、加拿大、哈萨克斯坦等。

如果按洲计算,亚洲是产煤量最多的地区,欧洲位居第2位,第3位是北美洲,大洋洲、非洲、拉丁美洲依次排在其后。

三、煤炭的海上贸易航线

煤炭的海运贸易量占煤炭国家贸易量的90%左右。世界上最大的煤炭海运出口国是印度尼西亚,其次是澳大利亚和俄罗斯。煤炭海运进口地主要集中在远东的中国、日本、印度和韩国,欧洲的德国和英国,其他国家和地区进口份额较小。

煤炭是大宗干散货中运量最大的货种,其主要航线有以下几条。

1. 印度尼西亚—中国、日本、韩国等东北亚航线

这条航线是流量最大的煤炭海运线路,它连接了世界第一大煤炭输出国印度尼西亚和世界上煤炭进口最多的中国,是最典型的煤炭国际贸易航线之一。该航线最明显的特点是其流量是所有航线中最大的,运距较短。

2. 澳大利亚—中国、日本、韩国等远东航线

由澳大利亚的东南海岸北上流向中国、日本、韩国等远东地区,该航线是远东地区进口煤炭的重要航线。航线平均运距为4007n mile。

3. 澳大利亚—欧洲大陆、地中海及其他欧洲国家航线

该航线货流量占澳大利亚出口货流量的15%左右,占欧洲全部进口煤炭货流量的13%左右。该航线流量不太大,但运距长。

4. 北美—欧洲航线

该航线从美国、加拿大东海岸经大西洋到欧洲,或从西海岸过巴拿马运河到欧洲(船型受巴拿马运河限制),这是欧洲煤炭进口的重要航线,该航线流量是欧洲进口煤炭流量中的最大部分。

5. 北美—远东(中国、日本、韩国等)航线

北美出口到远东国家的煤炭海运量占这些国家和地区全部进口量的20%左右,占北美出口煤炭流量的40%左右(指海运,不包含大湖运输量)。

整个远东地区是北美煤炭出口的重要贸易伙伴。这条航线不但流量大,而且运距长,所以实现的货物周转量大。

6. 北美—南美洲航线

该航线航程短，流量不大。

7. 南非—南美洲航线

南非出口的煤炭海运到南美洲的航线，主要运抵国是智利。

8. 南非—远东(印度)航线

南非到印度的平均运距为4674n mile，南非对印度的煤炭海运贸易量占南非海运全部出口量的30%，远比南非出口到南美洲及其他国家地区的量大。

9. 南美洲加勒比地区—欧洲

对南美加勒比地区来说，对欧洲的出口，是其海运煤炭出口总量的73%，所以欧洲是它的重要出口地，该航线的平均运距为4238n mile。

10. 中国—日本、远东地区航线

此航线是中国煤炭海运出口到日本和远东其他国家地区。

11. 中国—欧洲航线

该航线货流量占我国煤炭出口总量较小比例。

以上是一些煤炭国家贸易的重要航线。此外，还有一些航线，例如西欧到欧洲其他国家的航线、南非到南美的航线等，这些航线中有的运距较长，但国际海运贸易比较小。在这些航线上一些主要的运煤港有中国的秦皇岛、烟台、天津，澳大利亚的纽卡斯尔，南非的理查兹贝港，美国的巴尔的摩港，加拿大的温哥华港和巴西的图巴朗港等。

四、我国沿海煤炭卸货港及运输航线

1. 我国主要沿海煤炭卸货港

我国主要沿海煤炭卸货港有防城港、钦州港、湛江港、广州港、泉州港、福州港、宁波舟山港、上海港、大连港和营口港。

2. 我国煤炭进口航线

我国煤炭进口主要通过海上运输完成，主要煤源区包括东南亚(印度尼西亚、越南)、大洋洲(澳大利亚)、远东(俄罗斯、朝鲜)、非洲(南非)、北美洲(加拿大、美国)，因此主要运输航线如下。

(1) 东南亚—中国

东南亚的煤炭来源主要是印度尼西亚和越南，经由南海海域抵达西南沿海各港口进行煤

炭接卸，或经台湾海峡向北航线抵达长三角地区进行煤炭接卸。因为印度尼西亚是我国目前最主要的煤炭进口地，该航线上的煤炭运输量巨大，但因为航道及港口条件的限制，好望角型船难以在该航线进行运营。

(2) 大洋洲—中国

澳大利亚的煤炭出口量位居世界首位，由于澳大利亚煤炭储备丰富，品质优良，种类繁多，并且煤炭产地和煤炭运输港多集中在澳大利亚东部，开采、运输条件便利。其煤炭运输多从所罗门海、珊瑚海进入加罗林群岛，再经日本琉球久米岛运抵中国。

(3) 远东—中国

远东的煤炭海运出口国主要是俄罗斯和朝鲜。随着俄罗斯与中国的煤炭贸易关系愈发紧密，俄罗斯加快了对远东的煤炭出口港口的建设与开发。朝鲜有着丰富的动力煤储备，由于和我国东北接壤，存在着距离优势。

(4) 非洲—中国

南非是我国在非洲的主要煤炭进口国，每年向我国出口的煤炭数量保持稳定，从南非进口的煤炭从南非港口出发，由印度洋进入东南亚海域，再经过马六甲海峡进入我国南海海域，在我国沿海港口进行煤炭接卸。

(5) 北美洲—中国

北美洲的煤炭出口国主要是加拿大和美国，它们都有着丰厚的煤炭储备。加拿大是我国的主要煤炭来源国，其港口条件优越，其中北美到我国最近的港口就位于加拿大。同时，美国是全球煤炭储备最多的国家，大约占全球煤炭储备的25%，随着美国页岩气的有效开发，美国燃气资源得到充足补充，进而对煤炭出口放宽条件。中国从北美进口煤量也逐渐上升，但由于美国西部港口条件的限制，从美国进口的煤炭只有从加拿大或美国东海岸港口起运，经过巴拿马运河运向中国。

第二节 铁矿石生产、贸易、航线

一、世界铁矿石贸易分布

世界铁矿石资源的分布极为广泛，具有很大的不平衡性。位于南美洲巴西的米纳斯吉拉斯州的伊塔比拉"铁山"，是世界储量最大的优质铁矿之一。澳大利亚的西澳大利亚州西部的皮尔巴拉地区，铁矿石总储量上百亿吨。俄罗斯的库尔斯克磁异常区是一个大的铁矿区，矿区面积约12万 km^2，铁矿石储量达近千亿吨，是世界上最大的铁矿区。加拿大的铁矿石储量约300亿吨，主要分布在拉布拉多高原的诺布雷克、魁北克省哈佛圣皮埃尔附近纽芬兰岛和温哥华岛以及加拿大北部的巴芬岛。美国的铁矿石主要分布在苏必利尔湖西南一带，以及阿巴拉契亚山地南端的伯明翰附近，探明储量90多亿吨。中国的铁矿石蕴藏量也是极为丰富的，内蒙古自治区、辽宁和湖北等省都拥有铁矿。印度以乔塔那格浦尔高原为中心的半岛东北部、以克里希那河上游地区为中心的半岛南部和沿海地区都有铁矿资源。

由上述可见,从南美洲到北美洲,从澳洲到亚洲、欧洲等,都有闻名于世的丰富的矿藏资源,铁矿石的分布具有空间的广泛性,但同时又具有局域的不平衡性。从一个国家的角度看,铁矿石的蕴藏量是既定的,不同国家之间的绝对拥有量不同。铁矿石资源分布对铁矿石的生产和国际贸易起着决定性作用。

二、铁矿石的生产与国际贸易量

世界的钢铁工业是对铁矿石生产量最直接、最根本的影响因素。一方面,由于钢铁工业又与汽车业、建筑业等息息相关,宏观经济形势的发展和变化,如2008年金融危机的影响都波及了这些产业,从而对钢铁业产生影响,进而对世界铁矿石的生产和贸易格局产生影响。另一方面,铁矿石的资源分布和生产布局、铁矿石开采技术和装备水平、生产能力、国内和国际市场需求格局、铁矿石生产和贸易依赖的基础性产业的发展变化状况,以及国家、地区乃至世界经济变化速度等,对铁矿石的生产量都有不同程度的影响。

中国是世界第一产钢大国。主要是由于经济的发展,刺激了对钢材的巨大需求,中国有众多钢材生产企业,如宝武钢铁、首钢、鞍钢、沙钢、河钢、太钢、攀钢、包钢和邯钢等,为中国钢铁工业的发展提供了有力的保障。

铁矿石的生产量和国际贸易量之间存在着一定差别,以储量计,拥有最多铁矿石资源的是乌克兰,占比21%;俄罗斯位居第二,占比17%;中国位居第三,占比14%。但中国却是全球最大的铁矿石进口国。而仅拥有全球9%铁矿石资源、全球排名第四的澳大利亚,却成为中国最大的铁矿石供应者。这主要是由于中国生产的铁矿石品位低,杂质含量高。虽然中国是铁矿石生产大国,年产量高达11.5亿t,但中国每年仍需要进口大量铁矿石。据国际钢铁协会所编资料《钢铁统计年鉴》显示,2017年,我国累计进口铁矿石10.754亿t,居世界首位。近年来全球主要国家铁矿石出口量统计如表8-1所示。

全球主要国家铁矿石出口量统计表(单位:万t)　　　　表8-1

国别	年份(年)						
	2011	2012	2013	2014	2015	2016	2017
澳大利亚	46562.5	52405.6	61337.9	75430.2	81052.9	85444.3	87275.1
巴西	33083	32651.5	32963.9	34438.5	36619.4	37396.3	38353.7
南非	5334.3	5400.2	6276.3	6479.9	6525.4	6470.7	6643.2
印度	3915.6	2843.2	1442.6	984.4	421.1	2169.7	2805.7
乌克兰	3412.4	3505.3	3798.6	4083.6	4565.3	3920.3	3740.9
加拿大	3381.2	3447.1	3802.3	4030.1	3686.4	4059.6	4117.4
俄罗斯	2660.9	2546.4	2558	2299.7	2124.1	1854.3	2104
瑞典	2111.5	2285.5	2321.7	2372.6	2009	2272.3	2367.2
印度尼西亚	1388.9	1154.6	2230.8	316.2	313	380.8	199.9
美国	1107.3	1117.9	1104.1	1238.5	815.7	876.1	1060.9
马来西亚	569.7	893.1	1242.8	1161	1326.2	2238.4	2302.6

续上表

国别	年份(年)						
	2011	2012	2013	2014	2015	2016	2017
智利	1030.3	1166.1	1225.4	1412	1412.7	1550.6	1469.6
秘鲁	901.9	908.8	900.6	1152	994.4	968.7	753.8
委内瑞拉	634.1	702.3	380.2	368.3	601.6	537.8	277
墨西哥	490.6	440.6	1010.5	229.1	17.6	4.1	11.4
新西兰	23.3	166.5	197.1	220.1	207.1	321.4	293.1
合计	106607.5	111634.7	122792.8	136216.2	142691.9	150465.4	153775.5

目前,澳大利亚、南美的高品位铁矿石由淡水河谷、力拓和必和必拓公司所垄断,2018年三大公司的净利润总和242.05亿美元。中国在海外拥有的铁矿石开发项目年生产能力已经达到1.5亿t,但是产量太少,中国进口铁矿石中来自中国拥有所有权的项目所占的比例不到10%。同时,国际矿业三巨头在全力推进海外扩张战略,与钢铁企业在全球范围内争夺铁矿石等主要原料的控制权,国际铁矿石市场的贸易集中度将进一步提高,对价格的控制能力将持续增大,垄断地位不断增强。

【小知识】

淡水河谷、力拓和必和必拓公司简介

巴西淡水河谷是世界上最大的铁矿砂生产者和供应者,除了生产铁矿砂、铁矿砂球团、镍、铁合金、铝土矿和高岭土外,近些年还频频涉足物流和能源行业,不断扩展自己的产业领域,在世界范围内形成了难以超越的霸主地位。目前淡水河谷已经是世界上利润率最高的企业,富可敌国。正是由于规模巨大、影响力深远,淡水河谷在铁矿砂等产品的定价方面有着绝对的话语权和决定权,中国一些钢铁公司不得不受制于它,痛苦不堪。

力拓集团(英国、澳大利亚合资)是世界上最大的矿业矿产品供应商之一,世界第二大铁矿石生产商,在勘探、开采和加工矿产资源方面为全球佼佼者,主要产品包括铝、铜、钻石、能源产品(煤和铀)、金、工业矿物和铁矿石等。中国市场对力拓集团具有非常重要的意义,近年力拓的大部分利润都来自中国。

澳大利亚必和必拓是以经营石油和矿产为主的全球著名跨国公司,已发展成为全球第一大资源公司。该公司在全球20个国家开展业务,主要产品有铁矿石、煤、铜、铝、镍、石油、液化天然气、镁、钻石等。其与中国已有百余年的业务关系,包括矿产品和钢材进出口、矿物和海陆石油勘探等。

三、铁矿石海上运输的船型及航线

1. 运输的船型

铁矿石运输的船型可以分为散货船和兼用船(既可以装载原油,也可以装载散货或矿砂的两用船或三用船)两种。

由于货物本身的特性,用于铁矿石海上运输的船舶按照载重吨(DWT)大小分类如下:

①小灵便型散货船(Handysize bulk carrier):指载重量小于3万t的散货船。

②大灵便型散货船(Handymax bulk carrier):指载重量在3万~5万t的散货船。

③巴拿马型散货船(Panamax bulk carrier):指在满载情况下可以通过巴拿马运河的最大型散货船。过老船闸时,船舶总长不超过294.1m,型宽不超过32.3m,吃水不超过12.0m。根据需要,调整船舶的尺度、船型及结构来改变载重量,该型船载重量一般在6万~7万t。过新船闸时,船舶总长不超过366m,型宽不超过49m,吃水不超过15.2m,载重量约为18万t。

④好望角型散货船(Capesize bulk carrier):指载重量在15万t左右的散货船,该船型由于尺度限制不可能通过巴拿马运河和苏伊士运河,需绕行好望角或合恩角,所以也称为海岬型船。由于苏伊士运河拓宽工程完成,近年苏伊士运河当局已放宽通过运河船舶的吃水限制,该型船多可满载通过。

⑤超大型散货船(Very Large Ore Carrier,VLOC):指载重量20万t以上的散货船,仅用于煤炭和铁矿石的远距离运输,主要为北美、澳大利亚、远东航线煤炭运输服务。铁矿石主要为南美、澳大利亚至日本、中国及远东、地中海和欧洲地区运输服务,由于油轮双壳化的趋势,很多VLCC(Very Large Crude Oil Carrier)改造成VLOC,运输铁矿石。

⑥淡水河谷型散货船(Valemax/Chinamax):指载重量40万t的散货船,船舶总长360m,型宽65m,吃水22m。该船型是巴西淡水河谷公司专门打造的,仅用于将巴西铁矿石运往世界各地,特别是中国。

2. 主要铁矿石国际贸易航线

(1)澳洲—中国航线

中国是铁矿石生产大国,但由于国内经济发展的需求以及铁矿石本地品质较差等多方面因素,中国每年仍需进口大量铁矿石。澳洲—中国航线是铁矿石运输的重要国际贸易航线之一。

(2)澳洲—远东其他国家航线

除中国,澳洲向远东地区其他国家(除中国外)的铁矿石出口也是重要的贸易航线。日本是铁矿石进口量最多的国家之一,向日本输出铁矿石最多的国家是澳大利亚。日本从澳洲进口的铁矿石约是日本全部进口量的50%左右。从澳大利亚的悉尼到日本的横滨海上距离为4450n mile,船型以5万载重吨以上的大型专用散货船为主。

(3)澳洲—欧洲航线

这条航线流量比较小,但运距长。

(4)巴西—中国航线

巴西是仅次于澳大利亚的铁矿石出口国,巴西对中国的出口贸易量不如澳大利亚对中国的多,这条航线的运距远比澳洲—中国的长。

(5)巴西—远东其他国家航线

巴西出口铁矿石到远东其他国家(除中国外)的航线,平均运距为11591n mile。

(6)巴西—欧洲航线

巴西铁矿石出口贸易中,有不少是出口到欧洲大陆国家、地中海周边国家和欧洲其他国家。对于欧洲铁矿石进口国来讲,与巴西的贸易有地理位置上的优势,这条航线运距短,加之巴西的铁矿石品质优良,是欧洲进口铁矿石的较好选择。

(7)斯堪的纳维亚半岛—欧洲航线

该航线贸易量占斯堪的纳维亚半岛国家出口铁矿石到欧洲其他国家总量的3/4。

(8)斯堪的纳维亚半岛—远东航线

该航线是斯堪的纳维亚半岛国家出口铁矿石的第二大航线。

(9)西非—欧洲航线

西非作为出口国家,主要出口对象为欧洲。

(10)非洲(南非、东非)—欧洲、远东航线

东非、南非出口到欧洲的铁矿石占东非、南非铁矿出口总量的40%左右,该航线流量小,运距居中。东非、南非出口到中国、远东其他国家的铁矿石占总出口量的一半以上,这两条航线是非洲铁矿石出口的主要航线。

(11)北美—欧洲、美国、中国及远东其他国家航线

该航线以加拿大为主要出口国,航线货流量占世界海运铁矿石流量的6%。

(12)印度—中国航线

2010年后,随着印度着力发展本国钢铁业,为满足国内需求,通过提高关税、铁路运费等措施限制铁矿石出口,中国进口印度铁矿石数量大幅降低。该航线运距近,平均运距在3900n mile左右。

除上述比较典型的航线外,还有许多铁矿石海上运输航线,例如亚洲—欧洲航线、澳大利亚—美国航线、南美太平洋沿岸—日本及远东地区其他国家航线等。能否形成铁矿石国际贸易航线,主要取决于进出口双方的空间地理位置、港口、航道和船舶等物质技术基础条件。

四、我国铁矿石的卸货港

①北方地区:青岛、天津、大连、营口、秦皇岛、日照、烟台和连云港等。
②华东及长江沿线地区:宁波舟山、上海、南通、南京和镇江港等。
③华南地区:防城港、湛江和广州港等。

第三节 粮食生产、贸易、航线

一、粮食生产概述

粮食是人类最基本的生活资料,世界上绝大多数国家和地区仍以粮食作为主食。林业和渔业的发展也离不开粮食,畜牧业的发展更是主要依靠粮食作为饲料。在全世界将近

15亿hm²的耕地中,粮食作物的播种面积占50%以上。发展中国家的大多数农民从事粮食生产,也就是说,粮食生产是他们的主要任务,而粮食生产占用了世界劳动力总数的30%。

世界粮食生产的总趋势是产量不断增加,尤其是第二次世界大战以后,世界粮食生产发展较快,人均粮食产量也有所增加。其中在1950—1971年的21年中,世界粮食总产量几乎翻了一番,被称为粮食生产的"黄金时代"。世界人口增长也很快,由1950年的25亿增至2018年的75亿多,但可以看出,从全世界讲,粮食的增长速度还是超过了人口的增长速度。

当今,世界粮食生产具有3个明显的特点。

1. 地区分布的不平衡性

若以洲为单位,亚洲产量最大,约占世界粮食总量的40%,其次是欧洲和北美洲。这3个洲合起来的产量占到世界总产量的90%左右。若以国家为单位,粮食产量的悬殊状况亦十分突出,其中以中国、美国、俄罗斯、印度和法国产量最多,它们产量的总和占世界粮食总产量的60%以上。

2. 粮食生产水平地域差异悬殊

在这点上,发达国家与发展中国家的对比尤为突出。据资料统计,占世界人口26%左右的发达国家,由于其农业生产技术较为先进,使用大机器、实行区域专业化生产,集约化程度又较高,因此生产的粮食总量占世界粮食总产量的50%以上;而占世界总人口74%左右的发展中国家,生产的粮食总量却不足世界粮食总产量的50%。在发达国家,粮食平均亩产约为305kg,年人均粮食产量达725kg,而发展中国家的粮食亩产仅125多千克,年人均产量也只有240多千克。假如以个别国家论,差异的显著性更加明显,如在北美的加拿大,常年人均粮食达2000kg左右,而在广大的非洲国家中,尤其是东非和中非等不少国家,人均量实际只有100多千克。

3. 粮食生产与人口分布在地区上的一致性

一般来说,人口稠密地区,也就是粮食的集中产区和产量居多地区。例如西欧、东亚、东南亚、北美等地区。但是各大洲和各个国家与地区的人口数量和粮食产量的对比关系是不一致的,而且差别很大。如果按人口平均计算,粮食产量最高的是北美洲和大洋洲,那里的"新大陆"温带草原地区成为世界上最重要的余粮区。欧洲的人均粮食产量也较高,而拉丁美洲和亚洲的人均粮食产量却很低,非洲是世界最低的。

另外,粮食商品性差距也很大,在一些国家,如美国、加拿大、澳大利亚、法国和阿根廷等,是世界上粮食商品率最高的几个国家。而广大发展中国家,大多是自产自销,商品率极低,有一些国家则不能自给足,需大量进口。

世界粮食作物的种类很多,其中最重要的是小麦、大米和玉米。三者合计占世界全部粮食作物收获面积的70%和总产量的80%,被誉为世界的"三大主粮"。其他的粮食作物还有大麦、燕麦、黑麦、粟类以及薯类等多种,但其播种面积和产量均不大。

二、小麦的生产与分布

小麦是世界粮食作物中最重要的一种,其收获面积大约占世界粮食总收获面积的32%,产量占世界粮食总产量的31%左右,是世界上种植面积最大、地区分布最为广泛的粮食作物。它的贸易量和使用范围也是首屈一指的。据统计,全世界将近30%的人口是以小麦为主食,小麦贸易量约占世界粮食总贸易量的50%,因此小麦素有"世界性粮食作物"的美称。

小麦的产量增长较快,在1948—1952年间,世界小麦的平均年产量约为1.7亿t,到1962年增至2.4亿t,1980年增至4.44亿t,到1996年增至5.81亿t,到2018年则增至7.28亿t。在这期间,小麦产量增长可以分为两个阶段:20世纪50年代主要依靠扩大种植面积来增加产量;进入60年代以后,则以提高单位面积产量为主。可以预计,今后世界小麦生产的发展趋势将以提高单位面积产量为主。

小麦的种植范围广泛,但相对又较集中。除南极大陆外,小麦生产遍布世界各大洲,但生产的地区集中性明显,大多集中于温带草原地区,即北纬25°~55°和南纬25°~40°的地带。具体而言,世界小麦的生产主要集中分布在四大地带,其中北半球有3个,南半球有1个。北半球的三大地带是:①自西欧平原到东欧平原的南部,一直延伸到西伯利亚平原的南部,再向东到中国的东北平原、华北平原和长江中下游平原。②西起地中海沿岸,向东经过土耳其、伊朗,至印度河和恒河平原。③北美洲中部的大平原。这三大地带的小麦产量约占世界小麦总产量的90%以上。南半球的小麦带是一个不连续的生产带,起自南非,向东经澳大利亚的南部至南美洲的阿根廷、圭亚那和巴西南部的潘帕斯平原。

按国家而言,世界上小麦的主要生产国家和地区为中国、俄罗斯、欧盟、美国、印度、加拿大、澳大利亚和阿根廷,这8个国家和地区的总产量约占世界总产量的80%。其中美国、加拿大、澳大利亚、阿根廷和法国以商品小麦为主,五国出口量占世界小麦总出口量的90%。

三、大米的生产和贸易

大米是仅次于小麦的世界第二大粮食作物,种植面积估计约占世界粮食作物种植面积的20%,产量约占世界粮食总产量的25%。

世界大米的生产和分布有以下特点:

①分布既广泛又集中。大米原产于热带和亚热带地区,后经人类的长期栽种培育,对环境的适应性逐步得以加强,故世界上各大洲目前都有种植,分布相当广泛。但是喜温耐热、喜水耐湿毕竟是其基本生态特征之一,所以高温多雨、雨热同季、人口稠密的东亚、东南亚和南亚等地区是世界大米生产的集中地区。亚洲地区大米产量占世界大米总产量的90%左右。其中,中国、印度、印度尼西亚、孟加拉国、泰国、日本、缅甸和巴基斯坦是大米主要生产国。除亚洲外,还有地中海沿岸的意大利、法国和西班牙等国家,北美洲的美国和南美洲的巴西等国家虽种植面积不大,但单位面积产量较高,也是大米的主产区。

②世界大米生产的总产量虽然较大,但作为商品粮销售的比例很小,一般只占世界粮食贸易总量的5%~6%,所以,大米是以就地消费为主的消费品。目前,世界上大米的主要出口国有泰国、越南、美国、巴西等,主要大米进口国有中国、印度尼西亚、日本和马来西亚等国家。

四、玉米的生产与分布

玉米由于其生长时对环境要求不高,可以广泛种植。而且玉米的产量较高,特别是第二次世界大战以后,科学实验取得突破性进展,杂交玉米出现,使单产水平提高很快。并且随着世界畜牧业的迅速发展,玉米作为饲料,需求量大增,所以世界各地普遍重视玉米栽培种植,使玉米产量增长较快,由1960—1961年度的1.98亿t,增长到2018—2019年度的约10.52亿t。

和小麦、大米相似,玉米生产分布也是既广泛又集中。夏季高温多雨,全年生长期较长的区域是玉米生长的理想地带。目前,世界上玉米大集中产区为:①美国玉米带。即美国的谷物饲料与牲畜产区,位于该国北纬40°~50°之间,是世界上著名的玉米专业化生产地带,产量约占全世界玉米总量的40%。②中国玉米生产区,主要位于华北平原。③欧洲南部平原地区,西起法国,经意大利、塞尔维亚、斯洛文尼亚、克罗地亚、黑山、波斯尼亚和黑塞哥维那、北马其顿、匈牙利,到罗马尼亚,延伸范围较少。若以国家和地区为单元,玉米的主要生产国及地区有美国、中国、东欧地区、巴西、俄罗斯、欧盟各国、阿根廷、南非等国家,其产量总和占世界总产量的80%以上。

玉米作为商品粮食进入国际贸易市场,时间要晚于小麦和大米等粮食品种,但其增长速度较快,贸易地位逐年提高。据统计,20世纪60年代初期,玉米国际贸易量只有2000万t左右,但近年来玉米的国际贸易量已达到1亿t左右。美国是世界上最大的玉米出口国,占世界总出口量的70%以上。

五、世界粮食贸易与主要航线

1. 世界粮食的消费

世界粮食消费量存在着地区差异性。亚洲是粮食消费量最大的地区,约占世界粮食消费量的40%多。其次是欧洲(包括俄罗斯的欧洲部分),粮食消费量约占世界的30%。北美洲居第3位,约占世界粮食总消费量的20%。非洲和拉丁美洲的消费量较小,约各占世界总消费量的5%~6%。大洋洲最少,粮食消费量仅占世界的1%。造成世界上各大洲和各个地区粮食消费量多少不一、差异巨大的基本原因有3个方面:①人口的多寡。②消费水平的不同。③生活水平的差异。比如在亚洲,粮食消费量庞大,占世界的比重最大,根本原因在于其人口众多,约占世界人口的60%。又如北美洲,虽然人口数量只占世界总人口数的6%,而粮食消费却约占世界的13%,其主要原因是该洲的消费水平与生产发展水平都较高。

20世纪50年代,世界人均年消费量是280kg,80年代达到370kg,进入90年代已达380kg以上。世界上各个国家与地区之间人均消费水平的差距也有一定的缩小,但到目前为止,差距仍然很大,最高的北美洲,人均年消费量达到800多千克,而最少的非洲大陆,人均年消费量仅200kg。以个别国家而论,差距更为悬殊,北美的加拿大是世界之冠,人均粮食年消费量有1000多千克,而非洲地区是世界粮食消费水平最低的地区,仅100多千克。

第二次世界大战后,世界的人均粮食消费水平有了很大的提高,但各大洲提高的速度各不相同,欧洲提高最快,其次是大洋洲,再次是亚洲、非洲、拉丁美洲地区。

2. 世界粮食贸易

历史上出口粮食的国家很多,除少数发达国家外,还有俄罗斯、东欧和相当多的亚非拉国家和地区。第二次世界大战后很长一段时间,这种传统的贸易结构发生了很大的变化,俄罗斯、东欧国家由于长期奉行重工轻农的经济政策,国内农业生产问题很多,由粮食出口国变为进口国,亚洲和非洲的一些发展中国家和地区由于受资金和技术的限制,农业生产增长缓慢。而人口增长又过快过多,粮食增长赶不上人口的增长,也由出口国转为进口国,还有一些土地资源有限的国家,如日本等国经济发达,生活水平高,食物构成以肉食产品为主,畜牧业高度发展,饲料粮进口增加很快。与此相反,美国、加拿大、澳大利亚等国在世界历史出口贸易中所占比重日益增加,某些欧洲国家,如法国、瑞典、丹麦、匈牙利等国,由于现代化科学技术在农业上的广泛应用,粮食生产发展很快,也先后进入粮食出口国行列。所以形成了少数发达国家基本垄断了世界粮食出口贸易的局面。近年来,美、加、法、澳控制了世界粮食出口的80%,其中美国一家的粮食出口就占世界粮食出口的40%左右,为当代世界粮食出口贸易的最大垄断者。从世界粮食进口情况看,以国家分,主要有俄罗斯、日本、波兰、意大利、西班牙、荷兰、德国和葡萄牙以及发展中国家和地区的中国、韩国、巴西、墨西哥、伊朗、埃及和印度等。

世界粮食贸易从第二次世界大战后到20世纪70年代的增长很快,战后初期,每年投入到国际市场的粮食数量是4000多万吨,到1960年达到1.98亿t,平均年递增约5%。到20世纪80年代后,世界粮食贸易数量变化不大,基本上在1.80~2.2亿t范围内变化,而且变化的原因主要与气候有关。

从世界粮食的主要品种小麦、玉米和大米本身的贸易来看,表现为以下几个特点。

(1) 世界小麦进出口贸易相对集中

小麦是世界粮食贸易的最大品种,一般约占世界粮食贸易的50%,占小麦产量的20%左右。据联合国粮农组织统计,2017—2018年度世界小麦出口贸易量为1.8亿t,其中美国、欧盟(主要为法国)、加拿大、澳大利亚和阿根廷出口的小麦数量接近世界总出口量的90%。值得一提的是,这几个国家的小麦生产几乎完全建立在对外销售的基础上,出口是这几个国家小麦生产的生命线。因此,每当这几个国家小麦丰收,库存充裕时,国际市场上小麦的出口贸易战就会非常激烈。与出口相比,世界小麦的进口贸易显得相对比较分散,但进口量较大的国家,如中国和俄罗斯等的进口量变化对世界小麦市场的影响也是很大的。

(2) 世界玉米贸易受多种因素影响,需求弹性大

世界粗粮贸易中65%以上是玉米,玉米贸易一般占世界粮食贸易的30%左右,占玉米产量的13%左右。美国玉米产量的30%,阿根廷产量的60%,南非产量的20%和泰国产量的70%以上都用于出口,这4个国家基本上垄断了世界玉米的出口贸易,尤其是美国,其玉米出口占世界玉米出口总量的70%左右,它的玉米供应对世界玉米市场起着决定性作用。世界玉米主要进口国为日本、俄罗斯、墨西哥和韩国,这些国家的进口量占世界总进口量的50%以上。因为玉米主要用于饲料,它的需求直接来自饲养业,而饲养业的兴衰又与经济的发展、人

们的收入水平和状况密切相关,此外,玉米的需求还取决于其他饲料,如大豆、多种油籽饼、木薯、鱼粉等的供应情况。根据美国农业部发布的2012—2016年世界玉米贸易数据,玉米贸易的主要特点表现如下:

①世界玉米贸易量在波动中稳步增长。2012—2016年,世界玉米贸易量从1亿t增加至1.46亿t,增长44.98%。贸易量占生产量的比重在年度之间呈现较大波动的同时,也呈现出了长期递增的微弱趋势。

②世界主要玉米国家的贸易对象在逐步增加,然而对于各主要国家来说,所面临的玉米贸易对象基本上是固定的,如美国玉米主要出口伙伴为日本、韩国、墨西哥等国家,日本进口的主要伙伴为美国,然而阿根廷、巴西玉米主要贸易对象由南美洲国家开始向其他区域转移,且这种转移幅度有加大的趋势。

③美国、巴西、阿根廷、乌克兰和俄罗斯这5国在2012—2016年,年度平均出口量合计为1.12亿t,占世界平均总出口量的86.24%,对于世界玉米出口的波动起主导作用,但是美国玉米出口的影响在逐步减弱,巴西、阿根廷的作用在逐步增强。

(3)大米贸易量稳定,向量少质优方向发展

世界大米产量仅有很少一部分进入国际市场,2017—2018年度为4690万t左右,约占世界大米产量的9%。泰国是世界上最主要的大米出口国,其次是美国和越南,中国也出口部分大米,这4个国家出口量占出口贸易的75%以上。进口贸易主要集中在亚非两洲,特别集中在东南亚和北非地区。另外,大米不同于其他粮食品种,世界上绝大多数国家都由政府直接经营大米的进出口贸易,这就决定了世界大米的垄断性很强,保护主义色彩浓厚。

3. 粮食贸易主要航线

世界粮食的贸易主要通过海运来进行,而且海运量和海运周转量的数额都非常巨大。
世界上粮食主要贸易航线为:

①美国、加拿大—远东(中国、日本、韩国)的北太平洋航线。从美国墨西哥湾口岸、北美西海岸、加拿大西海岸至中国、日本和韩国各港,是世界上最繁忙的粮食运输航线,粮食运量及周转量都是最大的一条航线。

②美国、加拿大—西欧、地中海航线。从美国墨西哥湾、五大湖区到西欧、地中海地区各港,是美国、加拿大向西欧、东欧和俄罗斯输出粮食的主要航线。

③澳大利亚—近远东、印度洋航线。该航线是澳大利亚南方粮食输出港向亚洲各国输出粮食主要航线。

④南美—欧洲航线。该航线是阿根廷粮食输出航线。

⑤美国墨西哥湾—非洲航线。

⑥澳大利亚—欧洲航线。

六、我国主要散粮的接卸港

我国主要散粮的接卸港由北向南有营口、大连、天津、青岛、日照、南通、上海、宁波舟山、广州和湛江港。

【课外活动】
依据世界钢铁协会所提供的《钢铁统计年鉴》(http://www.worldsteel.org),按各国各地区铁矿石进出口量排出世界铁矿石主要贸易航线的排名。

思考题

1. 试总结世界煤炭、粮食、铁矿石贸易状况。
2. 试分析我国铁矿石航线运输的影响因素。
3. 列出我国进口铁矿石和煤炭的主要卸货港。
4. 列出世界煤炭主要贸易航线。
5. 列出世界粮食主要贸易航线。
6. 列出世界铁矿石主要贸易航线。

第九章 世界大宗液体货物运输

舟师识地理,夜则观星,昼则观日,阴晦则观指南针。

——《朱彧·萍洲可谈》

【知识目标】

1. 解释石油和天然气的消费与航运业发展的关系。
2. 掌握世界石油贸易与石油生产、消费的关系。
3. 描述石油和天然气的主要分布区域。
4. 识别石油和天然气的主要产地。

【能力目标】

具有依据石油和天然气的消费情况,分析石油和液化天然气海运市场变化的能力。

【引 例】

页岩气及其开采

页岩气是主体位于暗色泥页岩或高碳泥页岩中,以吸附或游离状态为主要存在方式的聚集天然气。随着能源需求的日益攀升和常规油气资源的不断消耗,油气供需矛盾日益突出,油气勘探开发领域从常规油气向非常规油气跨越是石油工业发展的必然趋势。页岩气在全球资源量达 $4.56 \times 10^{14} m^3$,相当于煤层气与致密砂岩气资源量的总和,为当前世界常规天然气探明总储量的 2.46 倍,广泛分布于北美、中亚和中国、中东和北非、拉丁美洲、俄罗斯等地区。页岩气清洁、环保、低污染,具有热电联产利用率高的特点,在现有的技术经济条件下展示出了巨大的潜力,受到各个国家和石油公司的高度重视。通常有效的开采方式为水平井和分段压裂法。

第一节　石油生产、贸易、航线

一、世界石油市场供需形势

1. 世界石油探明储量

石油是世界消费量最大的基础经济资源,石油价格的波动,必将引起基础资源整体性价格的波动,形成商品和服务价格上的波动,引发相应的经济和金融效应,牵动地缘政治、经济和金融运行机制发生调整。从全球范围来看,随着地质勘探技术的提高,石油的蕴藏量不断增加,据《BP世界能源统计2018》统计,截至2017年年底,全球探明石油储量1.697万亿桶,按照2017年产量水平,这足够满足世界50.2年的产量。2017年年底世界各地区石油探明储量如表9-1所示。

2017年年底世界各地区石油探明储量　　表9-1

地区	探明储量(亿桶)	占世界比例(%)	储产比(%)
中东	8077	47.6	70.0
欧洲及欧亚大陆	134	0.8	10.4
非洲	1265	7.5	42.9
中南美洲	3301	19.5	125.9
北美洲	2261	13.3	30.8
亚太	480	2.8	16.7
独联体国家	1449	8.5	27.8
世界总计	16966	100.0	50.2
其中:经合组织	2426	14.3	27.8
非经合组织	14540	85.7	57.9
石油输出国组织	12188	71.8	84.7
非石油输出国组织	4778	28.2	24.6
欧盟	48	0.3	9.0

资料来源:《BP世界能源统计2018》。

世界主要产油地区如下:

①波斯湾地区。该地区油田规模最大,储量丰富,产量高,运输条件优越,是输出量最多、经济效益最好的产油区,主要分布在沙特阿拉伯、伊拉克、科威特、伊朗、阿拉伯联合酋长国、卡塔尔、巴林、阿曼等8个国家。

②北美地区。集中在美国南部墨西哥湾沿岸、加利福尼亚大陆与沿海、阿拉斯加州大陆与

近海及加拿大南部阿尔伯达省。

③拉丁美洲的墨西哥与委内瑞拉沿海地区。

④俄罗斯的伏尔加—乌拉尔地区、西伯利亚地区。

⑤英国与挪威沿海的北海地区。

⑥北非地中海沿岸的阿尔及利亚、利比亚、突尼斯、埃及。

⑦西非几内亚湾沿海平原与近海地区。

⑧东南亚地区的印度尼西亚、马来西亚、文莱。

⑨中国陆地与浅海大陆架。

2. 石油产量

2017年全球石油产量达9264.9万桶/日，较2016年增长0.7%，全球石油产量增加了60万桶/日，连续两年低于历史平均水平。美国和利比亚增产最多，沙特阿拉伯和委内瑞拉减产最多。美国的石油产量的涨幅连续3年在非石油输出国组织产油国中雄踞榜首，随着陆上页岩油产量的持续强劲增长，美国的石油产量达到了1998年以来的最高水平，为1305.7万桶/日。2017年全球各地区原油产量如表9-2所示。

2017年全球各地区原油产量　　　　　　　　　　　　　　表9-2

地　区	产量（万桶/日）	比上年增减(%)	占世界比例(%)
中东	3159.7	-0.8	34.1
欧洲	351.9	-1.3	3.8
北美洲	2011.2	4.3	21.7
非洲	807.2	5.0	8.7
亚太	787.9	-2.1	8.5
中南美洲	718.2	-3.2	7.8
独联体国家	1428.8	0.9	15.4
世界总计	9264.9	0.7	100.0
其中：经合组织	2390.1	3.3	25.8
非经合组织	6874.8	-0.2	74.2
石油输出国组织	3943.6	-0.4	42.6
非石油输出国组织	5321.3	1.5	57.4
欧盟	146.4	-1.3	1.6

资料来源：《BP世界能源统计2018》。

3. 石油消费

从全球范围看，石油消费量最大的国家是美国，其次是中国、印度等国家和地区。2017年，全球石油消费增长1.8%，达到9818.6万桶/日，涨幅为170万桶/日，连续第3年超过10年平均增速（1.2%）。中国和美国贡献了最多的增量。这使石油再次成为化石燃料中全球消费涨幅最小的化石能源。中国再次成为全球石油消费增长的最大来源。2017年石油消费居世界前8位的国家如表9-3所示。

2017年石油消费居世界前8位的国家 表9-3

排 名	国 家	消费量(万桶/日)	比上年增长(%)	占世界比例(%)
1	美国	1988.0	1.0	20.2
2	中国	1279.9	4.0	13.0
3	印度	469.0	2.9	4.8
4	日本	398.8	-1.1	4.1
5	沙特阿拉伯	391.8	-0.5	4.0
6	俄罗斯	322.4	1.0	3.3
7	巴西	301.7	0.1	3.1
8	韩国	279.6	0.9	2.8

资料来源:《BP世界能源统计2018》。

二、国际石油市场主导力量

1. 石油输出国组织

石油输出国组织(Organization of the Petroleum Exporting Countries,OPEC)是第三世界主要石油生产国为维护共同经济利益,协调成员国的石油政策,反对国际石油垄断资本的掠夺和控制而建立的国际性经济组织,简称"欧佩克"。由伊拉克、伊朗、科威特、沙特阿拉伯和委内瑞拉的代表于1960年10月举行的马格达会议上宣布成立,总部设在日内瓦,1965年9月,总部迁至维也纳。

目前,OPEC成员国有14个,即阿尔及利亚、安哥拉、刚果、厄瓜多尔、赤道几内亚、加蓬、伊朗、伊拉克、科威特、利比亚、尼日利亚、沙特阿拉伯、阿联酋和委内瑞拉。

OPEC的宗旨是为协调和统一成员国的石油政策,以维护各成员国的石油利益;设法确保国际石油市场的稳定;确保生产国获得稳定的收入,有效地向消费国供应石油,并使他们在石油业的投资中得到公平的收入。

OPEC在成立后的50多年的时间里,大部分都扮演着世界石油市场的主角,这种局面还会继续出现,这是由于:

①OPEC(主要是中东国家)拥有世界石油储量的3/4以上,是世界石油的长期来源。

②尽管OPEC产量目前只占世界产量的40%左右,贸易量只占世界石油贸易的60%左右,但控制着市场的边际供应量,当市场供应紧张时,有能力控制市场。

③OPEC能力受制于其他力量和自身的团结。

2. 国际能源署

国际能源署(International Energy Agency,IEA)是石油消费国政府间的经济联合组织,于1974年由16个工业国发起成立。它是工业国针对OPEC而建立的能源组织,成立的目的是缓和石油供应中断产生的影响和避免油价暴涨,目前有38个成员国,总部设在巴黎。

IEA自成立后,在国际石油市场上未能发挥很多作用,但它提出了战略石油储备的概念,这对于切断IEA国家石油供应的企图,具有威慑力。

3. 美国

美国是世界上最大的石油消费国,因此石油对其影响巨大。1986年以后,尤其在海湾战争后,美国加强了对世界石油市场的控制能力,除直接与中东国家对话外,美国对世界石油市场的影响是比较间接的,具体表现在:

①美国拥有世界上最发达的石油现货市场和期货市场,其市场形势对世界石油市场有很大的影响。

②近年来,美国政府加强了非OPEC产油国的合作,开辟新的海外石油市场,以削弱OPEC国家对市场的影响。

③加强了对OPEC国家的分化瓦解。

④运用石油储备,影响石油市场。

⑤鼓励和支持国内油田开发,特别是页岩油的开采。

4. 欧盟和日本

和美国相比较,欧盟和日本对世界石油市场的影响力较弱,因此其在采取直接对话、加强与美国保持合作的同时,在国内加强替代能源和节能技术的开发,支持和鼓励本国石油公司进行海外石油合作,增加石油供应渠道等,以减少对进口石油的依赖。

5. 非OPEC产油国

从历史看,非OPEC产油国在世界石油市场的作用有限,但对石油市场仍有一定影响。20世纪80年代初,由于非OPEC国家石油产量增长过快,造成了世界石油市场供过于求的局面,而正是由于非OPEC产油国对OPEC限产倡议的不合作态度,最终导致油价的暴跌。1999年4月,OPEC限产措施得到了非OPEC产油国墨西哥和挪威的配合,从而使油价上涨。

6. 跨国石油公司

随着OPEC的崛起,跨国石油公司对国际石油市场的控制能力削弱,但其影响力仍不容忽视,这是因为:

①大的跨国石油公司均为西方国家的公司,是这些国家石油政策的执行者,如海外经营、商业储备等,甚至在特殊时期,能得到政府的支持。

②这些公司占据着石油工业销售市场的大部分份额,加上一体化的经营机制,具有较强的抗拒市场风险和削弱OPEC政策冲击的能力。

③近年来,跨国石油公司掀起了新一轮的兼并重组浪潮,其实力更加强大。

三、石油贸易

石油贸易是指以石油作为贸易对象的商业活动。

1. 世界石油贸易的基本形势

石油资源的不均衡分布以及石油产地与消费地的分离是国际石油贸易产生的根本原因。当前全球石油储量的1/2、产量的1/3位于中东地区,但该地区石油消费量仅占全球总量的1/10。另外,当前亚太地区石油消费已达到全球石油消费总量的1/3以上,但2017年该地区石油储量和产量仅占全球的2.8%和8.5%。亚太石油需求、北美石油供应增长将共同促进世界原油重心进一步东移。从需求来看,中长期内亚太地区仍将是世界石油需求增长的主要来源,但该地区石油资源有限、供应能力不足,为满足自身需求发展,同时随着该地区炼油行业的进一步扩张,预计亚太地区原油和石油贸易总规模均将进一步扩大,全球主要石油资源地均将瞄准亚洲市场,努力加大对亚洲的石油出口。2017年世界石油主要出口地区和出口国如表9-4所示。

2017年世界石油主要出口地区和出口国统计(单位:万桶/日)　　　　表9-4

地区或国家	出口量	地区或国家	出口量
中东(除沙特阿拉伯)	1568	亚太地区(除日本)	764.1
沙特阿拉伯	823.8	美国	554
俄罗斯	861.1	加拿大	420

资料来源:《BP世界能源统计2018》。

2. 石油贸易的特点

①1950—1979年,石油贸易随着石油工业的成长,发展迅速。原油贸易量以年均8.6%的速度增长,1979年达到16.8亿t。

②20世纪80年代,和国际石油市场形势相对应,石油贸易出现了波动,原油贸易量出现了下降。

③20世纪80年代末以来,石油贸易出现了逐年上升的趋势。

④石油贸易包括原油和成品油贸易。原油是主要的贸易产品,占总量的75%以上,世界原油产量的50%左右进入贸易领域。

⑤石油是国际贸易中的最大宗的商品。

⑥国际石油贸易具有很强的垄断性。

⑦原油贸易依赖于庞大的运输系统和各种运输手段。

⑧原油和成品油价格波动大,定价方法、手段灵活。

3. 石油贸易方式

石油贸易方式有长期供应合同、现货贸易、准现货贸易和期货贸易等。就目前的国际石油市场来说,以现货价格为基础的长期合同和现货交易是世界石油市场的主要交易方式。

四、石油运输

1. 石油运输方式

石油运输方式主要有海上油轮运输、管道运输、河运、铁路运输、公路运输等。

2. 石油运输的特点

①石油运输的要求来自石油生产地和世界石油消费地的分离。
②运输成本在原油成本中占相当大的比重。
③石油运输往往需要特定的容器,由此推动了管道运输的发展,但技术和经济的风险限制了管道的普遍应用。
④油轮运输和管道运输是石油运输的主要方式,如果需要大量运输石油,应使两者结合起来。

3. 油轮运输

(1) 历史与现状

1886年,第一艘使用船体隔舱来储存油料的船舶"GLUCRAUF"问世,标志着油轮运输的出现,也标志着石油工业国际化的开始。此后,油轮运输业一直由石油运输公司和独立船主共同垄断。第二次世界大战后,随着石油工业的成长,油轮运输也得到了很大发展,油轮规模与油轮运输需求同步增长,到1959年出现了10万~20万吨级的油轮。1967年苏伊士运河关闭,VLCC开始出现。1975年中东战争期间,由于苏伊士运河两次关闭,油轮不得不绕经好望角,往返航程增加了10000多海里,促使该航线的油轮向大吨位的方向发展。1977年55万吨级的超级油轮出现。

1974年后,世界经济发展速度和经济结构变化大大影响了航运业,石油运输量在1979—1983年期间逐年下降。据统计,1974年原油的海运量为13.61亿t,到了1984年降到9.50亿t,同期成品油海运量由0.64亿t上升到2.78亿t。石油贸易的变化导致20万吨级以上大型油轮过剩。20世纪80年代末,油轮运输业随着世界石油贸易恢复增长而逐步稳定。

在船舶大型化的发展过程中,由于受到港口和航道的限制,发展了浅吃水、大载重吨的船型。

(2) 油轮的类型

用于石油海上运输的船舶按照载重吨(DWT)大小分类如下:

①灵便型油轮(Handymax Tanker):指载重吨在1万~5万吨级的油轮。该型油轮吃水较小,能进出世界众多港口,具有灵便、通用的特点。
②巴拿马型油轮(Panamax Tanker):指载重吨在6万~7.5万吨级的油轮。受巴拿马运河的限制,该型船舶总长不超过274.32m,船宽不超过32.30m,最大容许吃水12.04m。
③阿芙拉型油轮(Aframax Tanker):指载重量在8万~12万吨级的油轮。该型油轮设计吃水一般控制在12.20m,可以停靠大部分北美港口,并可获得最佳经济性,一般又被称为"运

费型船"或"美国油轮"。

④苏伊士运河型油轮(Suezmax Tanker):指载重量在12万~20万吨级、满载状况下可以通过苏伊士运河的油轮。其允许吃水不超过17m。该船型以装载100万桶原油为设计载重量,因此又被称为"百万桶级油轮"。

⑤好望角型油轮(Capesize Tanker):多指载重量在15万吨级以上的油轮。由于吃水及尺度限制不可能通过苏伊士运河,需绕行好望角海峡,所以称作好望角型。

⑥超级油轮(Very Large Crude Oil Carrier,VLCC):指载重量在20万~30万吨级的巨型油轮。

⑦超级巨型油轮(Ultra Large Crude Oil Carrier,ULCC):指载重量在30万吨级以上的超大型油轮。

(3)当前油轮供给状况的新特点

①油轮需求的增长量减少。由于石油需求流向变化减少了美国及西欧诸国对中东石油的输入,使平均运距缩短;沟通红海与地中海的SUMED输油管的通过能力提高,使阿拉伯湾产油地到西北欧和北美的运距缩短。同时伊拉克—土耳其输油管的重新开通,导致了对西向VLCC型油轮的需求减少。VLCC型油轮的需要量因受港口消沉及装运量的限制等许多原因,今后也将减少。但是,由于亚洲的石油需求激增,今后东向VLCC型油轮将呈现上升趋势。

②欧美大石油公司的自有油轮船队正在减少。自20世纪90年代以来,西方石油公司所拥有的油轮船队吨位大大减少,主要原因有两个:一是他们注重主业,力图提高主业利润率,减少自有船队规模;二是因石油生产国大力发展其石油运输业,订造了不少新船,加之独立油轮船东投机性地订造新船,旧船拆解率又低,使这段时期的油运市场运力过剩,利润率不高,大石油公司无意订造新船。

③油轮经营广泛采用长期运输合同的特征正在发生变化。长期以来,油轮经营者通常是采取期货市场,与大货主签订长期的运输合同,以保证自己能有稳定的货源,减少市场波动的影响。而那些大货主也可以用签订长期运输合同来保证一定的运输能力,以满足其日益扩大的生产规模和稳定的石油运输环节的费用支出。目前的油运市场正在变成分散和短期市场,货主与油轮公司的关系对抗多于合作,一是因为油轮现货和短期市场灵活性大,货主们可以避免分担航运业的资本风险;二是目前的油价还不是很高,保持一些缓冲性的库存不会造成很大的经济损失。这种情况使大货主没有和油轮公司形成伙伴关系的紧迫感。

④国际油运公司将面临更严峻的经营局面。这里主要指国际海事组织(IMO)在1993年颁发了双层结构油轮规则的实施条款。IMO于1994年11月底的18届大会通过了关于船舶安全营运管理的A741(18)号文件,即《国际安全管理规则》(ISM Code)以及美国的OPA'90(1990美国油污法)、克莱法案(Clay Bill)和吉本斯法(Gibbons Bill)对航运经营者,尤其是对油轮经营者都有影响。这些规则或法规将为从事国际油运的公司,尤其是与美国有油运业务交往的船公司制造甚为严峻的困难局面,使其经营风险增大,成本上升。

4. 管道运输

管道运输是石油运输的重要方式,截至2018年,世界油气管道总长度超过240万km,其中50%以上在美国和俄罗斯。美国油气管道干线总长度70万km,其货物周转量占石油货物总量的51%。

管道运输的特点：
①能长期稳定地运送石油和天然气,适应不同客户需要。
②大口径、长距离高压输送,货运量大。
③易于实现系统自动控制运行。
④风险小、安全性高。
⑤具有一定规模的货运量,运输成本比其他运输方式要低。
⑥资源占用少,劳动生产率高。

世界著名的管道有友谊输油管道(鞑靼斯坦共和国阿尔梅季耶夫斯克—波兰、德国或匈牙利)、阿拉斯加输油管道(美国)、科洛尼尔成品油管道系统(美国)、乌连戈伊—中央输气系统(俄罗斯)、亚姆堡—中央输气系统(俄罗斯)。

五、主要石油航线

北美、西欧、东亚和南亚是世界上主要的原油进口地,而中东则是世界最大的原油输出地。正是由于这种供需结构导致了4条石油运输主航线的诞生,即中东—北美航线、中东—西欧航线、中东—日本航线和中东—亚太地区航线。

1. 中东—北美航线

从中东运往北美的石油绝大部分是从好望角绕行到北美的,由于运输距离较长,因此从运输成本考虑,5万吨级以下的小型油轮承运机会较小。其次在大于5万吨级的油轮中,5万～10万吨级的油轮占整个油运量的绝大部分,15万～20万吨级油轮及VLCC各占市场的1/4,即5万～10万吨级的油轮是该航线上的主力军。究其原因,主要是因为该吨级内的Aframax型油轮在该航线上具有一定优势,其设计吃水为12.19m,可到美国大多数港口,而且其港口使用费比其他同吨级范围内的油船低,从降低成本的角度考虑,船公司大多愿意采用该船型。

2. 中东—西欧航线

在中东—西欧航线上,大于20万吨级的超大型油轮在该航线中所占比例较大,约占50%左右,5万～10万吨级的油轮约占25%,10万～20万吨级的油轮所占比例不到20%,即VLCC等超大型油轮在该航线上占绝对主导地位。从中东的波斯湾到达欧洲的西海岸的最经济、最快捷的航线莫过于波斯湾—苏伊士运河—地中海—大西洋航线,而在该航线上5万～15万吨级的油轮以Suezmax型为主导,因为Suezmax型油轮的设计吃水就是以苏伊士运河的最大通航能力为标准设计的。20万吨级以上的超大油轮随北海石油产量的递减及欧洲大陆对石油需求的增加而发展起来,即欧洲对中东石油的依赖性增加为VLCC运输提供了广泛的市场。同时,欧洲大陆众多的天然良港也为VLCC的营运创造了客观条件。5万吨级以下的小型油轮以其适应性强、装卸快捷方便等特点,成为经营该航线的油轮船队的"调节剂",起到了充当主航线的"喂给线"的作用,从而为国家众多、港口状况不一的欧洲大陆提供了最佳服务。

3. 中东—日本航线

日本作为世界经济最为发达的国家之一,其石油进口量巨大,而且进口石油中的90%以上是从中东进口的,因此,中东—日本的石油运输航线就更显重要。在该航线中VLCC占绝对优势,约占全部运力的75%,主要原因是:

①日本炼油工业发达,对原油的需求量大,同时,日本对成品油的需求也大。

②由于日本与中东的地理位置关系较特殊,其运距长,航行时间也较长。因此,买方通常希望在短时间内收到大批量的石油以便统一加工,这也就造成了经营该航线的船队将油轮定位在VLCC等超大油轮船型上。

③在货源充足的情况下,VLCC等超大型油轮本身的特点为单位运输成本较低,因此,为追求规模效应,经营该航线的船队也就以VLCC等大型油轮作为首选。

④东南亚的一些国家,例如新加坡等就禁止大型油轮通过马六甲海峡,因此,对10万~20万吨级的油轮来讲,不可能取道马六甲海峡以降低成本,即10万~20万吨级的油轮在该航线中不具有经济性。

4. 中东—亚太(含印度)地区航线

进入20世纪80年代后,东亚和南亚地区的石油需求量随这些国家经济的发展而迅速增加,而中国则从1993年起成为一个纯石油进口国,2017年更是世界进口量第一的国家。在整个亚太地区(日本除外)的石油需求中,大致可分为中东—中国、中东—韩国、中东—南亚、中东—东南亚4条航线。

(1)中东—中国航线

具体见下述六中介绍。

(2)中东—韩国航线

韩国作为亚洲经济的后起之秀,其对石油的需求量也一直很大。在其石油运输业务中,VLCC所占的比例一直很大。韩国经济与日本经济在很多地方都有相似性,因此,该航线比中东—日本航线上VLCC配备比例略低一些,5万~10万吨级的中小型油轮配备比例略高一些,这与韩国的石油量与韩国港口自然条件受限有关。

(3)中东—南亚航线

南亚地区的主要石油进口国为印度和巴基斯坦,而这两个国家与中东的地理位置相对其他地区来讲,其海运里程较短,又无海峡和运河等地理屏障,因此对VLCC等超大型油轮的需求量不大,而低租价的5万~15万吨级的油轮却有一定的市场。

(4)中东—东南亚航线

20世纪70年代后,东南亚地区的经济开始飞速发展,同时炼油业也成为该地区的工业支柱之一,其对石油的需求量迅速增加。1999年以后,该地区普遍开始了新一轮的经济发展,对石油的需求量也随之增加,在该航线中,由于无运河也无须绕航,因此5万~10万吨级的油轮占绝对优势。

除上述石油航线外,还有北非—中海、西非—北美、加勒比地区—北美等石油航线。

六、我国沿海原油卸货港及运输航线

1. 我国主要沿海原油卸货港

（1）宁波舟山港

该港油港地处我国大陆海岸线中部，是南北和长江"T"形结构的交汇点上的深水良港，自然条件得天独厚，内外辐射便捷，向外直接面向东亚及整个环太平洋地区。港内水深、流顺、风浪小，进港航道水深 18.2m 以上，25 万~30 万 t 船舶可乘潮进出港。

（2）大连港

该港位于中国东北部辽东半岛东南沿海，濒临渤海海峡的北侧。其原油码头主要位于鲇鱼湾的新港区，有原油码头 1 座，共计 2 个泊位，最大吃水深度可达 17.5m。2009 年新建 30 万吨级原油码头投入使用，使泊位长度达到 446m，吃水深度达到 27m。大连港油品码头公司现拥有泊位 17 个，年通过能力 5800 万 t，油品总储存能力 318 万 m^3。

（3）营口港

该港现有泊位 7 个，储罐共 104 座，总罐容 62.5 万 m^3。其仙人岛码头泊位总长 502m，可停靠 30 万吨级油轮。

（4）天津港

该港拥有 4 个石化专用码头，分别为 30 万吨减载、4 万吨级、5 万吨级和 8 万吨级，年设计吞吐能力为 2039 万 t，泊位长 468m，前沿水深可达 25m。天津港是国内油港最先采用"一托二"双泊位设计的港口，拥有各类油罐，总容量达 100 万 m^3 以上。

（5）青岛港

该港位于山东半岛胶州湾畔，滨海黄海，是国内最大的进口原油中转基地，其油码头坐落在黄岛新港区，共有 5 个泊位，最大水深可达 22m，最大靠泊能力 30 万吨级。青岛港拥有全国最大的油罐群，有 45 座原油储存罐，储油能力可达 265 万 m^3，最大装卸能力为 1.2 万 m^3/时。

（6）广州港

该港位于珠江、东江、西江和北江的汇合处，现有 2 个可停靠 5 万吨级油轮的码头泊位，码头前沿水深可达 10.5m，年设计通过能力 350 万 t，有 3 万吨级浮筒 7 个，15 万吨级船舶锚地 3 个，300 万吨级船舶锚地 1 个。

（7）惠州港

该港油码头位于南中国海大亚湾马鞭洲岛，该岛是华南地区原油中转最大的油码头之一，它是广石化、中海壳牌惠州、中海炼化惠州原油基地。此岛自进港航道从南向北依次布置 4 个码头泊位。其中，中海炼化原油码头可接卸 5 万~30 万吨油轮，中海壳牌原料码头可接卸 15 万吨油轮，华德原油码头可接卸 15 万~30 万吨油轮。

（8）茂名港

该港位于广东省西南部的茂名，背靠大西南、濒临南海水域，是国内能源储存、中转基地，由水东港区、博贺港区和北山岭港区组成。位于北山岭港区的原油码头最大可停靠 30 万吨级的油轮,并拥有全国最大的 25 万吨级单点系泊原油接卸系统,原油储罐的总容量超过 120 万 m³。

(9)湛江港

该港素以天然深水良港著称,其东接珠三角、西临北部湾、背靠大西南、华南及中南,西向东南亚,处于连接南北半球、沟通太平洋的中心位置,是通往东南亚、非洲、欧洲和大洋洲海上航程最短的港口。湛江港拥有全国第一座 30 万吨级原油码头,前沿水深达到 18.5m。

2. 我国原油进口航线

目前我国原油进口主要来自中东、非洲、南美、东南亚等国家。中东主要包括沙特阿拉伯、伊朗、阿曼和伊拉克;非洲主要包括苏丹和安哥拉;南美主要包括委内瑞拉和巴西;东南亚主要包括印度尼西亚、泰国等。因此,我国原油进口航线主要有以下 4 条。

(1)中东—中国

中东航线是从波斯湾沿岸产油国港口出发,经霍尔木兹海峡以及阿曼海、阿拉伯海、印度洋,经科伦坡后向东南分两路,一路经龙目海峡北上至中国,另一路经马六甲海峡至中国。由于马六甲海峡水深限制为 21m,因而禁止 ULCC 和 VLCC 通过,这两类油轮需绕道印度尼西亚经龙目海峡,该海峡水深达 30.5m。

(2)非洲—中国

非洲航线从非洲沿岸的油港出发,经亚丁湾进入印度洋,经科伦坡后向东南分两路,一路经龙目海峡北上至中国,另一路经马六甲海峡至中国。该航线受苏伊士运河的满载吃水和最大船宽的限制,最大可通过 21 万吨级满载油轮。非洲的主要原油出口国是位于西非沿岸的安哥拉及位于东北非沿岸的苏丹。

(3)拉丁美洲—中国

拉丁美洲是继中东之后,又一个蕴藏丰富原油的地区。委内瑞拉是拉丁美洲地区最大的产油国,也是世界上排名靠前的原油出口国。每年委内瑞拉向中国出口原油 400 万 ~ 1000 万 t,使委内瑞拉位居中国石油进口来源国前 5 名。

(4)东南亚—中国

东南亚航线是从东南亚的油港出发,经中国南海,抵达华南各卸油港,或者经过台湾海峡北上抵达中国境内各个卸油港。但是,近些年因为东南亚地区原油产量的下降导致对我国出口量下降。

七、油轮船队

世界油轮船队是世界上最大的一类船队,截至 2018 年,世界油轮载重吨为 5.61 亿 DWT,占世界商船队总吨位的比重为 29.2%,同比增长 4.74%。

从船舶吨位的比例来看,不稳定的伊朗局势促使亚洲寻求西非等地的补充资源,因而拉长了运距,促进船舶大型化。从船型方面看,20 万吨级以上的大型油轮 VLCC 是船队的主力船型,该船型也是世界原油运输的主力船型。随着国际海事组织和欧盟淘汰单壳油轮法案的修订和实施,老旧单壳油轮依规则将加快退役,世界原油船队将朝着年轻化的方向发展。中国油轮船船队情况见第一章介绍。

第二节 天然气生产、贸易、航线

天然气是从地底油气田中开采获得的碳氢化合物和非碳氢化合物的混合气体,不同的油气田开采的天然气成分不同。一般而言,甲烷占主要成分,占体积的70%~95%,另含有少量的乙烷、丙烷、丁烷和统称为天然气液的重质烃,以及少量非烃物,如水、二氧化碳、氮、硫化氢以及其他非烃杂质。天然气作为一种绿色、环保的清洁能源,可广泛作为发电、石油化工、机械制造、玻璃陶瓷、汽车、集中空调的燃料或原料,主要存在于油田、天然气田和煤层中。

自1691年英格兰的Clayton首次对煤进行了蒸馏,促使燃气工业诞生。1821年在美国宾夕法尼亚发现了气田,之后陆续在其他州发现气田,而后其他国家也相继发现了气田。随着世界各地不断发现天然气田,天然气也逐步进入开采阶段,第二次世界大战后,天然气工业也得到了迅速发展,发展最快的国家是苏联、美国和荷兰。到1966年美国共发现油气田4395个,本土48个州全部使用天然气。到1970年,苏联的天然气探明储量达29.4万亿m^3。1970年天然气在世界能源的消费中的比重由1950年的10.8%上升到20.8%,1970年后在苏联、中东、欧洲北海、北非、北美、亚太地区相继发现了大型天然气田,天然气的储量从1970年的39万亿m^3上升到2017年的193.5万亿m^3,产量也由1.33万亿m^3上升到3.68万亿m^3。

一、世界天然气市场供需形势

1. 世界天然气探明储量

2017年世界天然气探明储量为193.5万亿m^3,世界第一天然气大国俄罗斯储量为35.0万亿m^3,占世界总量的18.1%,其次是中东的伊朗(33.2万亿m^3,17.2%)和卡塔尔(24.9万亿m^3,12.9%),这3个天然气大国拥有了世界天然气储量的48.2%。在亚太地区,天然气主要集中在中国(5.5万亿m^3,2.8%)、澳大利亚(3.6万亿m^3,1.9%)、印度尼西亚(2.9万亿m^3,1.5%)和马来西亚(2.7万亿m^3,1.4%)。2017年年底世界各地区天然气探明储量如表9-5所示。

2017年年底世界各地区天然气探明储量　　　　表9-5

地　区	探明储量(万亿m^3)	占世界比例(%)	储产比(%)
中东	79.1	40.9	119.9
欧洲	3.0	1.5	12.2
非洲	13.8	7.1	61.4
中南美洲	8.2	4.2	45.9

续上表

地 区	探明储量(万亿 m³)	占世界比例(%)	储产比(%)
北美洲	10.8	5.6	11.4
亚太	19.4	10.1	31.8
独联体国家	59.2	30.6	72.6
世界总计	193.5	100.0	52.6
其中:经合组织	17.8	9.2	13.6
非经合组织	175.6	90.8	74.2
欧盟	1.2	0.6	10.0

资料来源:《BP世界能源统计2018》。

2. 世界天然气产量

2017年全球天然气产量增加了1310亿 m³,上升4%,几乎是10年前平均值的2倍。俄罗斯增长最多(460亿 m³),其次是伊朗(210亿 m³)。2017年年底世界各地区天然气产量如表9-6所示。

2017年年底世界各地区天然气产量　　　　　　　表9-6

地 区	产量(亿 m³)	比上年增减(%)	占世界比例(%)
中东	6599	4.9	17.9
欧洲	2419	1.7	6.6
非洲	2250	9.0	6.1
中南美洲	1790	0.4	4.9
北美洲	9515	1.0	25.9
亚太	6075	5.0	16.5
独联体国家	8155	6.2	22.1
世界总计	36803	4.0	100.0
其中:经合组织	13136	2.4	35.7
非经合组织	23668	4.9	64.3
欧盟	1178	-3.1	3.2

资料来源:《BP世界能源统计2018》。

3. 世界天然气消费量

2017年天然气消费量增长了960亿 m³,上升3%,是2010年以来的最快增速。消费增长主要来自中国(310亿 m³)、中东(280亿 m³)、欧洲(260亿 m³)。美国的天然气消费下降了1.2%(110亿 m³)。2017年天然气消费居世界前8位的国家如表9-7所示。

2017年天然气消费居世界前8位的国家　　　　　　　　　　　表9-7

排　名	国　家	消费量(亿 m³)	比上年增长(%)	占世界比例(%)
1	美国	7395	-1.2	20.1
2	俄罗斯	4248	1.4	11.6
3	中国	2404	15.1	6.6
4	伊朗	2144	6.8	5.8
5	日本	1171	0.8	3.2
6	加拿大	1157	6.0	3.2
7	沙特阿拉伯	1114	6.1	3.0
8	德国	902	6.5	2.5

资料来源:《BP世界能源统计2018》。

4. 中国对天然气需求

中国天然气需求激增成为拉动全球天然气消费增长的最主要因素。中国天然气消费年增速超过15%,约占全球天然气消费增长的1/3。主要背景是2013年国务院印发《大气污染防治行动计划》,该计划确定了未来5年空气质量改善的目标。随着期限临近,我国政府在2017年春天针对北京、天津和周边26个城市出台了一系列能源替换政策措施,鼓励工业和住宅用户进行"煤改气"或"煤改电",以实现环保目标,而多数用户选择了"煤改气"使得天然气需求激增。

另据海关总署2018年6月23日发布的数据,我国2018年前5个月天然气进口总量达到了3490万t,而根据日本财务省数据,同期日本天然气进口量为3450万t,我国天然气2018年内累计进口量超越日本,成为世界上最大天然气进口国。

5. 天然气工业发展简述

①天然气由过去作为石油勘探开发的附产物,发展到现在作为一种主要能源成为单独勘探开发的对象。

②由过去从油田火炬中大量烧掉,发展到现在高效集中储存和综合利用。

③由过去开关阀门的简单操作发展到现在生产和运输的全过程计算机管理。

④跨国输气管线逐年增加,实现了国际或洲际管线的联网。

⑤液化天然气技术的发展及液化天然气船(LNG)海运量的增加,进一步促进了天然气贸易的发展。

⑥天然气在世界能源消费结构中所占的比重稳步增长。

天然气的产量和消费量将继续保持增长势头,随着天然气在能源结构中的比重不断增加,天然气将取代石油,成为主要能源。

二、天然气贸易及趋势

1. 天然气贸易的特点

①天然气的优势:清洁能源、使用方便、综合经济效益高、价格有竞争力。
②天然气贸易分为管道天然气贸易和液化天然气贸易两种形式。目前两者的比例约为3∶1。
③液化天然气贸易首次出现是在1964年,随着天然气液化技术和运输技术的发展而成为跨海天然气贸易不可替代的形式。
④天然气贸易以长期合同为主,供应地点集中,现有的现货交易市场还只是区域性的。
⑤天然气贸易及管道和液化天然气贸易年平均增长速度为5%以上。

2. 天然气贸易趋势与现状

(1) 天然气贸易趋势
①天然气贸易量占产量的比重将不断增加。
②天然气贸易形式仍以管道为主,但液化气比例将会上升。
③天然气贸易范围将更加广泛。
④天然气贸易以长期合同为主,价格波动不大。
(2) 天然气贸易现状
2016年与2017年的天然气贸易情况如表9-8所示。

2016年与2017年的天然气贸易(单位:10亿 m³)　　　　表9-8

国　家	2016年				2017年			
	管道天然气进口	液化天然气进口	管道天然气出口	液化天然气出口	管道天然气进口	液化天然气进口	管道天然气出口	液化天然气出口
美国	79.5	2.4	58.6	4.3	80.7	2.2	66.1	17.4
加拿大	21.1	0.3	79.5	—	24.0	0.4	80.7	—
墨西哥	37.5	5.9	—	—	42.1	6.6	—	—
特立尼达和多巴哥	—	—	—	14.3	—	—	—	13.4
其他中南美洲国家	16.2	15.6	16.2	6.4	15.4	13.8	15.4	5.8
法国	32.2	9.1	—	1.5	33.5	10.8	—	1.0
德国	95.6	—	9.1	—	94.8	—	7.1	—
意大利	60.5	5.9	—	—	53.8	8.4	—	—
荷兰	36.8	1.3	46.8	0.9	40.9	1.6	43.3	0.8
挪威	—	—	109.4	6.0	—	—	109.2	5.8
西班牙	15.5	13.8	0.6	0.2	14.4	16.6	0.1	0.1
土耳其	36.9	7.8	0.6	—	42.8	10.9	0.6	—

续上表

国家	2016 年				2017 年			
	管道天然气进口	液化天然气进口	管道天然气出口	液化天然气出口	管道天然气进口	液化天然气进口	管道天然气出口	液化天然气出口
英国	35.2	11.0	9.7	0.6	39.4	7.2	10.8	0.3
其他欧洲国家	94.8	7.9	13.9	1.3	103.7	10.2	21.6	0.2
俄罗斯	18.1	—	200.1	14.6	18.9	—	215.4	15.5
乌克兰	10.5	—	—	—	13.3	—	—	—
其他独联体国家	29.3	—	68.5	—	30.1	—	67.5	—
卡塔尔	—	—	18.5	107.2	—	—	18.4	103.4
其他中东国家	25.8	13.7	8.0	18.8	22.2	13.0	12.5	19.1
阿尔及利亚	—	—	38.1	15.8	—	—	36.4	16.6
其他非洲国家	8.3	10.7	8.6	30.0	7.6	8.2	8.7	38.9
澳大利亚	6.4	0.1	—	59.2	5.8	—	—	75.9
中国	36.0	35.9	—	—	39.4	52.6	—	—
印度	—	23.6	—	0.1	—	25.7	—	—
日本	—	113.6	—	—	—	113.9	—	—
印度尼西亚	—	—	8.2	22.2	—	—	8.0	21.7
韩国	—	45.7	—	0.1	—	51.3	—	0.1
其他亚太地区国家	18.1	32.5	20.0	53.4	17.7	40.0	18.8	57.2
世界总计	714.4	356.7	714.4	356.7	740.7	393.4	740.7	393.4

资料来源:《BP 世界能源统计 2018》。

3. 液化天然气运输

液化天然气(LNG)是气田开采出来的天然气,经过脱水、脱酸性气和重质烃类,然后压缩、膨胀、液化而成。LNG 为 −160℃的超低温液体,气化至常温、常压有约 840kJ/kg 冷热放出,LNG 接收终端的冷热可用于空气分离、冷热发电、冷冻仓库等。液化后的 LNG,其体积只有液化前的 1/600,利用 LNG 船运方式已成为目前运送天然气的主要方式。

(1)世界 LNG 船运的主要航线

①澳大利亚—东北亚航线。

②印度尼西亚—东北亚航线。

③卡塔尔—东北亚或南亚或欧洲航线。

④俄罗斯—东北亚航线。

⑤特立尼达和多巴哥—欧洲航线。

⑥阿尔及利亚—东北亚或南亚航线。

⑦美国—东北亚或欧洲航线。

(2)LNG 船的分类

用于 LNG 海上运输的船舶按照载货舱容大小分类如下:

①小型 LNG 船:指载货舱容 10 万 m³ 以下的 LNG 船。主要适用于中、短距离运输,其特点为运量大、经济效益高、运输灵活和营运周期短。

②中型 LNG 船:指载货舱容介于 12.5 万 m³ 与 16.5 万 m³ 之间的 LNG 船。

③大型 LNG 船:指载货舱容在 21 万 m³ 左右的 LNG 船,也称为 Q-Flex 型 LNG 船。

④超大型 LNG 船:指载货舱容在 26 万 m³ 左右的 LNG 船,也称为 Q-Max 型 LNG 船。

中型以上 LNG 船的特点:运输量大、投资成本高及技术要求和可靠性要求高。

2008 年 4 月,上海沪东中华造船(集团)有限公司交付了中国自主建造的第一艘 LNG 船"大鹏号",其载货舱容为 14.7 万 m³ 就属于中型 LNG 船。

【课外活动】

搜索网络视频网站,观看中央电视台拍摄的大型纪录片《超级工程》第一季中的第五集《超级 LNG 船》。分小组讨论中国建造者们在建造世界上造价最为昂贵的货运轮船及难度最大的民用船只过程中是如何克服种种艰难困苦,最后取得成功的。体会中国制造和中国创造的魅力。

思考题

1. 主要的石油运输航线有哪些?
2. 搜索有关资料,写出中国石油进口的国家和地区。
3. 在中国进口石油运输中,主要卸油港和航线有哪些?
4. 天然气出口的主要国家有哪些?
5. 液化天然气运输的主要航线有哪些?

附录1 世界港口及内陆点(按地名英文名称字母排序)

附表1-1

序号	港口名(英文)	港口名(中文)	所属国家/地区	所属地区和水域
1	Aalborg	奥尔堡	丹麦	西北欧波罗的海
2	Aalesund	奥勒松	挪威	北欧挪威海
3	Aarhus	奥胡斯	丹麦	西北欧波罗的海
4	Abadan	阿巴丹	伊朗	西亚海湾
5	Aberdeen	阿伯丁	英国	西欧北海
6	Abidjan	阿比让	科特迪瓦	西非几内亚湾
7	Abu Dhabi	阿布扎比	阿联酋	西亚海湾
8	Acajutla	阿卡胡特拉	萨尔瓦多	中美太平洋
9	Acapulco	阿卡普尔科	墨西哥	中美太平洋
10	Accra	阿克拉	加纳	西非几内亚湾
11	Adelaide	阿得莱德	澳大利亚	大洋洲印度洋
12	Aden	亚丁	也门	西亚阿拉伯海
13	Agadir	阿加迪尔	摩洛哥	北非大西洋
14	Agana	阿加尼亚	美属关岛	东南亚西太平洋
15	Alexandria	亚历山大	埃及	东非地中海
16	Algeciras	阿尔赫西拉斯	西班牙	南欧地中海
17	Algiers	阿尔及尔	阿尔及利亚	北非地中海
18	Amsterdam	阿姆斯特丹	荷兰	西欧北海
19	Ancona	安科纳	意大利	南欧地中海
20	Annaba	安纳巴	阿尔及利亚	北非地中海
21	Antofagasta	安托法加斯塔	智利	南美太平洋
22	Antwerp	安特卫普	比利时	西欧北海
23	Apapa	阿帕帕	尼日利亚	西非几内亚湾
24	Apia	阿皮亚	萨摩亚	大洋洲太平洋
25	Aqaba	亚喀巴	约旦	西亚红海
26	Arica	阿里卡	智利	南美太平洋

附录1　世界港口及内陆点（按地名英文名称字母排序）

续上表

序号	港口名(英文)	港口名(中文)	所属国家/地区	所属地区和水域
27	Arkhangelsk	阿尔汉格尔斯克	俄罗斯	北欧巴伦支海
28	Aseb(Assab)	阿萨布	厄立特里亚	东非红海
29	Ashdod	阿什杜德	以色列	西亚地中海
30	Athens	雅典	希腊	南欧地中海
31	Atlanta	亚特兰大(内陆点)	美国	北美佐治亚州
32	Auckland	奥克兰	新西兰	大洋洲太平洋
33	Avonmouth	阿芬默斯	英国	西欧爱尔兰海
34	Bahia Blanca	布兰卡港	阿根廷	南美大西洋
35	Bahrain	巴林	巴林	西亚波斯湾
36	Balboa	巴尔博亚	巴拿马	中美太平洋
37	Baltimore	巴尔的摩	美国	北美大西洋
38	Banana	巴纳纳	刚果(金)	中非大西洋
39	Bandar Abbas	阿巴斯港	伊朗	西亚波斯湾
40	Bandar Khomeini	霍梅尼港	伊朗	西亚波斯湾
41	Bandar Seri Begawan	斯里巴加湾港	文莱	东南亚南海
42	Bangkok	曼谷	泰国	东南亚南海
43	Banjarmaisn	马辰	印度尼西亚	东南亚爪哇海
44	Banjul(Bathurst)	班珠尔	冈比亚	西非大西洋
45	Bar	巴尔	黑山	南欧地中海
46	Barcelona	巴塞罗那	西班牙	南欧地中海
47	Barranquilla	巴兰基亚	哥伦比亚	南美加勒比海
48	Basra	巴士拉	伊拉克	西亚波斯湾
49	Bassein	勃生	缅甸	东南亚孟加拉湾
50	Bata	巴塔	赤道几内亚	西非几内亚湾
51	Beira	贝拉	莫桑比克	东非印度洋
52	Beirut	贝鲁特	黎巴嫩	西亚地中海
53	Belawan	勿拉湾	印度尼西亚	东南亚南海
54	Belem	贝伦	巴西	南美大西洋
55	Belfast	贝尔法斯特	英国	西欧爱尔兰海
56	Belize City	伯利兹城	伯利兹	中美加勒比海
57	Belmopan	贝尔莫潘(内陆点)	伯利兹	中美
58	Benghazi	班加西	利比亚	北非地中海
59	Berbera	柏培拉	索马里	东非印度洋
60	Bergen	卑尔根	挪威	北欧挪威海
61	Berne	伯尔尼(内陆点)	瑞士	中欧

续上表

序号	港口名(英文)	港口名(中文)	所属国家/地区	所属地区和水域
62	Bilbao	毕尔巴鄂	西班牙	西欧比斯开湾
63	Birkenhead	伯肯黑德	英国	西欧爱尔兰海
64	Bissau	比绍	几内亚比绍	西非大西洋
65	Bizerta(Bizerte)	比塞大(滨泽特)	突尼斯	北非地中海
66	Boma	博马	刚果(金)	中非大西洋
67	Bombay	孟买	印度	南亚阿拉伯海
68	Bordeaux	波尔多	法国	西欧比斯开湾
69	Boston	波士顿	美国	北美大西洋
70	Boston	波士顿	英国	西欧爱尔兰海
71	Bourgas	布尔加斯	保加利亚	南欧黑海
72	Bremen	不来梅	德国	中欧北海
73	Bremenhaven	不来梅港(不来梅哈芬)	德国	中欧北海
74	Brest	布雷斯特	法国	西欧大西洋
75	Bridgetown	布里奇顿	巴巴多斯	中美加勒比海
76	Brindisi	布林迪西	意大利	南欧地中海
77	Brisbane	布里斯班	澳大利亚	大洋洲太平洋
78	Bristol	布里斯托尔	英国	西欧爱尔兰海
79	Buenaventura	布埃纳文图拉	哥伦比亚	南美太平洋
80	Buenos Aires	布宜诺斯艾利斯	阿根廷	南美大西洋
81	Burnie	伯尼	澳大利亚	大洋洲太平洋
82	Busan	釜山	韩国	东亚日本海
83	Bushire	布什尔	伊朗	西亚波斯湾
84	Butterworth	巴特沃斯	马来西亚	东南亚南海
85	Cabinda	卡宾达	安哥拉	西非大西洋
86	Cadiz	加的斯	西班牙	西欧地中海
87	Cagliari	卡利阿里	意大利	撒丁岛地中海
88	Cai Mep	盖梅港	越南	东南亚南海
89	Calcutta	加尔各答	印度	南亚孟加拉湾
90	Callao	卡亚俄	秘鲁	南美太平洋
91	Cam Pha	锦普	越南	东南亚北部湾
92	Cambridge	坎布里奇	美国	北美大西洋
93	Cape Town	开普敦	南非	西非大西洋
94	Caracas	加拉加斯	委内瑞拉	南美加勒比海
95	Cardiff	加的夫	英国	西欧爱尔兰海
96	Cartagena	卡塔赫纳	西班牙	南欧地中海

附录1 世界港口及内陆点（按地名英文名称字母排序）

续上表

序号	港口名(英文)	港口名(中文)	所属国家/地区	所属地区和水域
97	Cartagena	卡塔赫纳	哥伦比亚	南美加勒比海
98	Cayenne	卡宴	法属圭亚那	南美大西洋
99	Cebu	宿务	菲律宾	东南亚南海
100	Charleston	查尔斯顿	美国	北美大西洋
101	Charlotte	夏洛特	美国	北美大西洋
102	Charlotte Amalie	夏洛特阿马利亚	美属维尔京群岛	中美加勒比海
103	Chennai(Madras)	金奈(马德拉斯)	印度	南亚孟加拉湾
104	Chiba	千叶	日本	东亚东京湾
105	Chicago	芝加哥(湖港)	美国	北美密歇根湖
106	Chimbote	钦博特	秘鲁	南美太平洋
107	Chittagong(Chattogram)	吉大港	孟加拉国	南亚孟加拉湾
108	Chongjin(Seishin)	清津	朝鲜	东亚日本海
109	Christchurch	克赖斯特彻奇	新西兰	大洋洲太平洋
110	Christiansted	克里斯琴斯特德	美属维尔京群岛	中美加勒比海
111	Churchill	丘吉尔	加拿大	北美哈得逊湾
112	Cienfuegos	西恩富戈斯	古巴	中美加勒比海
113	Cirebon	井里汶	印度尼西亚	东南亚爪哇海
114	Cleveland	克利夫兰(湖港)	美国	北美伊利湖
115	Coatzacoalcos	夸察夸尔科斯	墨西哥	中美加勒比海
116	Cochin	柯钦	印度	印度阿拉伯海
117	Colombo	科伦坡	斯里兰卡	南亚阿拉伯海
118	Colon	科隆	巴拿马	中美加勒比海
119	Columbus	哥伦布(内陆点)	美国	北美
120	Conakry	科纳克里	几内亚	西非大西洋
121	Constanta(Constantza)	康斯坦察	罗马尼亚	南欧黑海
122	Copenhagen	哥本哈根	丹麦	北欧波罗的海
123	Corinto	科林托	尼加拉瓜	中美太平洋
124	Cork	科克	爱尔兰	西欧大西洋
125	Cotonou	科托努	贝宁	西非几内亚湾
126	Cristobal	克里斯托瓦尔	巴拿马	中美加勒比海
127	Crotone(Crotona/Kroton)	克罗托内	意大利	南欧地中海
128	Cruz Grande	克鲁斯格兰德	智利	南美太平洋
129	Cumana	库马纳	委内瑞拉	南美加勒比海
130	Dacca	达卡(内陆点)	孟加拉国	南亚孟加拉湾
131	Dakar	达喀尔	塞内加尔	西非大西洋

续上表

序号	港口名(英文)	港口名(中文)	所属国家/地区	所属地区和水域
132	Dalian	大连	中国	东亚黄海
133	Dallas	达拉斯(内陆点)	美国	北美(得克萨斯州)
134	Damietta	达米埃塔	埃及	北非地中海
135	Dammam	达曼	沙特阿拉伯	西亚波斯湾
136	Danang	岘港	越南	东南亚南海
137	Dar El Beida	达尔贝达	摩洛哥	北非大西洋
138	Dar Es Salaam	达累斯萨拉姆	坦桑尼亚	东非印度洋
139	Darwin	达尔文	澳大利亚	大洋洲阿拉弗拉海
140	Detroit	底特律(湖港)	美国	北美休伦湖
141	Djibouti	吉布提	吉布提	东非红海
142	Doha	多哈	卡塔尔	西亚波斯湾
143	Dongguan	东莞	中国	东亚南海
144	Douala	杜阿拉	喀麦隆	西非几内亚湾
145	Dover	多佛尔	英国	西欧北海
146	Dubai	迪拜	阿联酋	西亚波斯湾
147	Dublin	都柏林	爱尔兰	西欧爱尔兰海
148	Dunedin	达尼丁	新西兰	大洋洲太平洋
149	Dunkirk	敦刻尔克	法国	西欧北海
150	Durban	德班	南非	非洲印度洋
151	Durres	都拉斯	阿尔巴尼亚	南欧亚得里亚海
152	Dusseldorf	杜赛尔多夫(河港)	德国	西欧莱茵河
153	East London	东伦敦	南非	非洲印度洋
154	Edmonton	埃德蒙顿(内陆点)	加拿大	北美
155	Ensenada	恩塞纳达	墨西哥	中美太平洋
156	Felixstowe	费利克斯托	英国	西欧北海
157	Fort de France	法兰西堡	法属马提尼克岛	中美加勒比海
158	Fos	福斯	法国	南欧地中海
159	Frankfurt	法兰克福(河港)	德国	西欧莱茵河
160	Fredericia	腓特烈西亚	丹麦	北欧波罗的海
161	Fredrikstad	弗雷德里克斯特德	挪威	北欧波罗的海
162	Freeport	弗里波特	巴哈马	北美大西洋
163	Freetown	弗里敦	塞拉利昂	西非大西洋
164	Fremantle	弗里曼特尔	澳大利亚	大洋洲印度洋
165	Fukuoka	福冈	日本	东亚太平洋
166	Fukuyama	福山	日本	东亚太平洋

续上表

序号	港口名(英文)	港口名(中文)	所属国家/地区	所属地区和水域
167	Funafuti	富纳富提	图瓦卢	大洋洲太平洋
168	Funchal	丰沙尔	葡属马德拉群岛	西非大西洋
169	Fuzhou	福州	中国	东亚东海
170	Gdansk	格但斯克	波兰	中欧波罗的海
171	Gdynia	格丁尼亚	波兰	中欧波罗的海
172	Geelong	吉朗	澳大利亚	大洋洲太平洋
173	Gela	杰拉	意大利	南欧地中海
174	Gemlik	格姆利克	土耳其	西亚地中海
175	Genoa(Genova)	热那亚	意大利	南欧地中海
176	Georgetown	乔治敦	圭亚那	南美大西洋
177	Georgetown	乔治敦	马来西亚	东南亚南海
178	Georgetown	乔治敦(内陆点)	美国	北美墨西哥湾
179	Georgetown	乔治敦	圣文森特和格林纳丁斯	中美大西洋
180	Georgetown	乔治敦	加拿大	北美大西洋
181	Ghent	根特	比利时	西欧北海
182	Gibraltar	直布罗陀	英属直布罗陀	西欧地中海
183	Gijon	希洪	西班牙	南欧比斯开湾
184	Gioia Tauro	焦亚陶罗	意大利	南欧地中海
185	Glasgow	格拉斯哥(内陆点)	英国	西欧苏格兰
186	Gothenburg	哥德堡	瑞典	北欧波罗的海
187	Grangemouth	格兰杰默斯	英国	西欧北海
188	Guadalajara	瓜达拉哈拉(内陆点)	墨西哥	中美
189	Guam	关岛	美属马利亚纳群岛	东亚太平洋
190	Guangzhou	广州	中国	东亚南海
191	Guayaquil	瓜亚基尔	厄瓜多尔	南美太平洋
192	Guaymas	瓜伊马斯	墨西哥	北美加利福尼亚湾
193	Gwadar	瓜达尔	巴基斯坦	南亚阿拉伯海
194	Hai Kou	海口	中国	东亚南海
195	Haifa	海法	以色列	西亚地中海
196	Haiphong	海防	越南	东南亚北部湾
197	Hakata	博多	日本	东亚日本海
198	Hakodate	函馆	日本	东亚日本海
199	Ha Long	下龙	越南	东南亚南海
200	Halifax	哈利法克斯	加拿大	北美大西洋
201	Halmstad	哈尔姆斯塔德	瑞典	北欧北海

续上表

序号	港口名(英文)	港口名(中文)	所属国家/地区	所属地区和水域
202	Hamburg	汉堡	德国	中欧北海
203	Hamilton	汉密尔顿(内陆点)	加拿大	北美大西洋
204	Hamilton	汉密尔顿	英属百慕大群岛	北美大西洋
205	Hanoi	河内(内陆点)	越南	东南亚北部湾
206	Haugesund	豪格松	挪威	北欧北海
207	Havana	哈瓦那	古巴	中美加勒比海
208	Helsingborg	赫尔辛堡	瑞典	北欧波罗的海
209	Helsingor	赫尔辛格	丹麦	北欧北海
210	Helsinki	赫尔辛基	芬兰	北欧波罗的海
211	Hiroshima	广岛	日本	亚洲太平洋
212	Ho Chi Minh City	胡志明市	越南	东南亚南海
213	Hobart	霍巴特	澳大利亚	澳大利亚太平洋
214	Hodeidah(Al Hudaydah)	荷台达	也门	西亚红海
215	Honolulu	火奴鲁鲁	美国	北美太平洋
216	Hong Kong	香港	中国	亚洲南海
217	Honiara	霍尼亚拉	所罗门群岛	大洋洲太平洋
218	Horta	奥尔塔	葡属亚速尔群岛	西非大西洋
219	Houston	休斯敦	美国	北美墨西哥湾
220	Huangpu	黄埔	中国	东亚南海
221	Hull	赫尔	英国	西欧北海
222	Hungnam	兴南	朝鲜	东亚日本海
223	Ilo	伊洛	秘鲁	南美太平洋
224	Immingham	伊明厄姆	英国	西欧北海
225	Incheon(Inchon)	仁川	韩国	东亚黄海
226	Iquique	伊基克	智利	南美太平洋
227	Iskenderun	伊斯肯德伦	土耳其	西亚地中海
228	Istanbul	伊斯坦布尔	土耳其	西亚地中海
229	Izmir	伊兹密尔	土耳其	西亚地中海
230	Jacksonville	杰克逊维尔	美国	北美大西洋
231	Jakarta(Djakarta)	雅加达	印度尼西亚	东南亚爪哇海
232	Jebel Ali	杰贝阿里(阿里山)	阿联酋	西亚波斯湾
233	Jeddah	吉达	沙特阿拉伯	西亚红海
234	Johannesburg	约翰内斯堡(内陆点)	南非	南非
235	Johore Bahru	柔佛巴鲁(新山)	马来西亚	东南亚南海
236	Kagoshima	鹿儿岛	日本	亚洲太平洋

续上表

序号	港口名(英文)	港口名(中文)	所属国家/地区	所属地区和水域
237	Kakinada(Cocanada)	卡基纳达	印度	南亚孟加拉湾
238	Kaliningrad	加里宁格勒	俄罗斯	东欧波罗的海
239	Kanazawa	金泽	日本	亚洲日本海
240	Kandla	坎德拉	印度	南亚阿拉伯海
241	Kansas City	堪萨斯城(内陆点)	美国	北美(堪萨斯州)
242	Kaohsiung	高雄	中国	东亚太平洋
243	Karachi	卡拉奇	巴基斯坦	南亚阿拉伯海
244	Kavieng	卡维恩	巴布亚新几内亚	大洋洲太平洋
245	Kawasaki	川崎	日本	亚洲太平洋
246	Keelung	基隆	中国	东亚太平洋
247	Kholmsk	霍尔姆斯克	俄罗斯	北亚日本海
248	Khor Fakkan	豪尔法坎	阿联酋	西亚阿拉伯海
249	Khorramshahr	霍拉姆沙赫尔	伊朗	西亚波斯湾
250	Kiel	基尔	德国	中欧波罗的海
251	Kiev	基辅(内陆点)	乌克兰	东欧
252	King Abdullah Port	阿卜杜拉国王港	沙特阿拉伯	西亚红海
253	Kingston	金斯敦	牙买加	中美加勒比海
254	Kismayu	基斯马尤	索马里	东非印度洋
255	Kobe	神户	日本	东亚太平洋
256	Kokura	小仓	日本	东亚日本海
257	Koper	科佩尔	斯洛文尼亚	南欧亚得里亚海
258	Kota Kinabalu	哥打基纳巴卢	马来西亚	东南亚南海
259	Kotka	科特卡	芬兰	北欧芬兰湾
260	Kuala Lumpur	吉隆坡(内陆点)	马来西亚	东南亚
261	Kuantan	关丹	马来西亚	东南亚南海
262	Kuching	古晋	马来西亚	东南亚南海
263	Kudat	古达	马来西亚	东南亚南海
264	Kure	吴港	日本	东亚太平洋
265	Kuwait	科威特	科威特	西亚波斯湾
266	Kwangyang	光阳	韩国	东亚太平洋
267	La Coruna	拉科鲁尼亚	西班牙	南欧大西洋
268	La Guaira	拉瓜伊拉	委内瑞拉	南美加勒比海
269	La Paz	拉巴斯	墨西哥	北美加利福尼亚湾
270	La Plata	拉普拉塔	阿根廷	南美大西洋
271	La Rochelle	拉罗谢尔	法国	西欧比斯开湾

续上表

序号	港口名(英文)	港口名(中文)	所属国家/地区	所属地区和水域
272	La Spezia	拉斯佩齐亚(斯培西亚)	意大利	南欧地中海
273	Labuan	拉布安(纳闽)	马来西亚	东南亚南海
274	Lae	莱城	巴布亚新几内亚	大洋洲太平洋
275	Laem Chabang	林查班	泰国	东南亚南海
276	Lagos	拉各斯	尼日利亚	西非几内亚湾
277	Las Palmas	拉斯帕尔马斯	西属加纳利群岛	西非大西洋
278	Latakia(Lattakia)	拉塔基亚	叙利亚	西亚地中海
279	Launceston	朗塞斯顿(内陆点)	澳大利亚	大洋洲
280	Lautoka	劳托卡	斐济	大洋洲太平洋
281	Lazaro Cardenas	拉扎罗卡尔德纳斯	墨西哥	中美太平洋
282	Le Havre	勒阿弗尔	法国	西欧大西洋
283	Leghorn(Livorno)	里窝那	意大利	南欧地中海
284	Lianyungang	连云港	中国	东亚黄海
285	Libreville	利伯维尔	加蓬	中非几内亚湾
286	Limassol	利马索尔(来梅索斯)	塞浦路斯	西亚地中海
287	Lindi	林迪	坦桑尼亚	东非印度洋
288	Lisbon	里斯本	葡萄牙	西欧大西洋
289	Liverpool	利物浦	英国	西欧爱尔兰海
290	Lome	洛美	多哥	西非几内亚湾
291	London	伦敦	英国	西欧北海
292	Londonderry	伦敦德里	英国	西欧爱尔兰海
293	Long Beach	长滩	美国	北美太平洋
294	Los Angeles	洛杉矶	美国	北美太平洋
295	Luanda	罗安达	安哥拉	南非大西洋
296	Lubeck	吕贝克	德国	中欧波罗的海
297	Lyttelton	利特尔顿	新西兰	大洋洲太平洋
298	Macao(Macau)	澳门	中国	东亚南海
299	Madang	马丹	巴布亚新几内亚	大洋洲南太平洋
300	Madrid	马德里(内陆点)	西班牙	南欧
301	Mahe	马希	印度	南亚孟加拉湾
302	Mahajanga	马哈赞加	马达加斯加	东非印度洋
303	Makasar(Makassar)	望加锡	印度尼西亚	东南亚苏拉威西海
304	Malabo(Santa Isabel)	马拉博	赤道几内亚	西非几内亚湾
305	Malacca	马六甲	马来西亚	东南亚南海
306	Malaga	马拉加	西班牙	南欧地中海

续上表

序号	港口名(英文)	港口名(中文)	所属国家/地区	所属地区和水域
307	Male	马累	马尔代夫	南亚印度洋
308	Malindi	马林迪	肯尼亚	东非印度洋
309	Malmo	马尔默	瑞典	北欧波罗的海
310	Malta	马耳他	马耳他	南欧地中海
311	Manama(Al Manama)	麦纳麦	巴林	西亚波斯湾
312	Manaus	马瑙斯	巴西	南美大西洋
313	Manchester	曼彻斯特(内陆点)	英国	西欧
314	Manila	马尼拉	菲律宾	东南亚南海
315	Manta	曼塔	厄瓜多尔	南美太平洋
316	Manzanillo	曼萨尼约	墨西哥	中美太平洋
317	Manzanillo(P)	曼萨尼约角	巴拿马	中美加勒比海
318	Maputo	马普托	莫桑比克	东非印度洋
319	Mar del Plata	马德普拉塔	阿根廷	南美大西洋
320	Maracaibo	马拉开波	委内瑞拉	南美加勒比海
321	Marseilles	马赛	法国	南欧地中海
322	Massawa	马萨瓦	厄里特利亚	东非红海
323	Matadi	马塔迪	刚果(金)	中非大西洋
324	Matanzas	马坦萨斯	古巴	中美墨西哥湾
325	Mazatlan	马萨特兰	墨西哥	中美太平洋
326	Melbourne	墨尔本	澳大利亚	大洋洲太平洋
327	Memphis	孟菲斯(内陆点)	美国	北美
328	Menado	万鸦老	印度尼西亚	东南亚苏拉威西海
329	Mersin	梅尔辛	土耳其	南欧地中海
330	Messina	墨西拿	意大利	南欧地中海
331	Mexico City	墨西哥城(内陆点)	墨西哥	中美
332	Miami	迈阿密	美国	北美大西洋
333	Middlesbrough	米德尔兹布勒	英国	西欧北海
334	Midland	米德兰(内陆点)	美国	北美墨西哥湾
335	Milford Haven	米尔福德港	英国	西欧爱尔兰海
336	Mindelo	明德卢	佛得角	西非大西洋
337	Miri	米里	马来西亚	东南亚南海
338	Mobile	莫比尔	美国	北美墨西哥湾
339	Mogadiscio	摩加迪沙	索马里	东非印度洋
340	Moji	门司	日本	东亚太平洋
341	Mokha	幕哈	也门	西亚红海

续上表

序号	港口名(英文)	港口名(中文)	所属国家/地区	所属地区和水域
342	Mokpo	木浦	韩国	东亚黄海
343	Mukalla(Al Mukalla)	穆卡拉	也门	西亚亚丁湾
344	Mombasa	蒙巴萨	肯尼亚	东非印度洋
345	Monrovia	蒙罗维亚	利比里亚	西非几内亚湾
346	Monterrey	蒙特雷	墨西哥	中美加勒比海
347	Montevideo	蒙得维的亚	乌拉圭	南美大西洋
348	Montreal	蒙特利尔(河港)	加拿大	北美圣劳伦斯河
349	Moscow	莫斯科(内陆点)	俄罗斯	东欧
350	Mostaganem	穆斯塔加奈姆	阿尔及利亚	北非地中海
351	Moulmein	毛淡棉	缅甸	东南亚印度洋
352	Mozambique	莫桑比克	莫桑比克	东非印度洋
353	Mumbai	孟买	印度	南亚阿拉伯海
354	Murmansk	摩尔曼斯克	俄罗斯	北欧巴伦支海
355	Muscat	马斯喀特	阿曼	西亚阿曼湾
356	Mutsamudu	穆察穆杜	科摩罗	东非印度洋
357	Nagasaki	长崎	日本	东亚太平洋
358	Nagoya	名古屋	日本	东亚太平洋
359	Naha	那霸	日本	东亚太平洋
360	Nakhodka	纳霍德卡	俄罗斯	东亚日本海
361	Nampo	南浦	朝鲜	东亚黄海
362	Nanjing	南京(河港)	中国	东亚长江
363	Nantes	南特	法国	西欧大西洋
364	Nantong	南通(河港)	中国	东亚长江
365	Naoetsu	直江津	日本	东亚日本海
366	Napier	纳皮尔	新西兰	大洋洲太平洋
367	Naples	那不勒斯	意大利	南欧地中海
368	Nassau	拿骚	巴哈马	北美大西洋
369	Nauru	瑙鲁	瑙鲁	大洋洲太平洋
370	Nelson	纳尔逊	新西兰	大洋洲塔斯曼海
371	New Amsterdam	新阿姆斯特丹	圭亚那	南美大西洋
372	New Haven	纽黑文	美国	北美大西洋
373	New Orleans	新奥尔良	美国	北美墨西哥湾
374	New Plymouth	新普利茅斯	新西兰	大洋洲塔斯曼海
375	New York	纽约	美国	北美大西洋
376	Newark	纽瓦克(内陆点)	美国	北美(新泽西州)

附录1 世界港口及内陆点（按地名英文名称字母排序）

续上表

序号	港口名(英文)	港口名(中文)	所属国家/地区	所属地区和水域
377	Newcastle	纽卡斯尔	英国	西欧北海
378	Newcastle	纽卡斯尔	澳大利亚	大洋洲塔斯曼海
379	Newport	纽波特	英国	西欧大西洋
380	Nhava Sheva (Jawaharlal Nehru)	哈瓦舍瓦（加瓦拉尔·尼赫鲁）	印度	南亚阿拉伯海
381	Nicosia(Lefkosia)	尼科西亚(内陆点)	塞浦路斯	西亚地中海
382	Niigata	新潟	日本	东亚日本海
383	Ningbo	宁波	中国	东亚东海
384	Norfolk	诺福克	美国	北美大西洋
385	Noro	诺劳鲁	所罗门群岛	大洋洲太平洋
386	Nouakchott	努瓦克肖特	毛里塔尼亚	西非大西洋
387	Noumea	努美阿	法属新喀里多尼亚	大洋洲太平洋
388	Novorossiysk	诺沃罗西斯克(新罗西斯克)	俄罗斯	东欧黑海
389	Nukualofa	努库阿洛法	汤加	大洋洲南太平洋
390	Oakland	奥克兰	美国	北美太平洋
391	Odessa	敖德萨	乌克兰	东欧黑海
392	Oran	奥兰	阿尔及利亚	北非地中海
393	Oranjestad	奥腊涅斯塔德	荷属阿鲁巴	中美加勒比海
394	Osaka	大阪	日本	东亚太平洋
395	Oslo	奥斯陆	挪威	北欧波罗的海
396	Otaru	小樽	日本	东亚日本海
397	Oulu	奥鲁	芬兰	北欧波的尼亚湾
398	Owendo	奥文多	加蓬	西非几内亚湾
399	Padang	巴东	印度尼西亚	东南亚印度洋
400	Pago Pago	帕果帕果	美属东萨摩亚	大洋洲南太平洋
401	Paita	派塔	秘鲁	南美太平洋
402	Palembang	巴邻旁(巨港)	印度尼西亚	东南亚南海
403	Panama City	巴拿马城	巴拿马	中美太平洋
404	Papeete	帕皮提	法属波利尼西亚	大洋洲南太平洋
405	Paramaribo	帕拉马里博	苏里南	南美大西洋
406	Paranagua	巴拉那瓜	巴西	南美大西洋
407	Penang	槟城	马来西亚	东南亚南海
408	Perth	珀斯	澳大利亚	大洋洲印度洋
409	Perth	珀斯(内陆点)	英国	西欧苏格兰
410	Philadelphia	费城	美国	北美大西洋

续上表

序号	港口名(英文)	港口名(中文)	所属国家/地区	所属地区和水域
411	Phnom Penh	金边(内陆点)	柬埔寨	东南亚
412	Phoenix	菲尼克斯(内陆点)	美国	北美(亚利桑那州)
413	Piraeus	比雷埃夫斯	希腊	南欧地中海
414	Ploce	普洛切	克罗地亚	南欧地中海
415	Plymouth	普利茅斯	英属蒙特塞拉特岛	中美加勒比海
416	Pointe a Pitre	皮特尔角	法属瓜德罗普岛	中美加勒比海
417	Pointe des Galets	加勒茨角	法属留尼汪岛	东非印度洋
418	Pointe Noire	黑角	刚果(布)	西非大西洋
419	Ponce	蓬塞	美属波多黎各	中美加勒比海
420	Pondicherry	本地治里	印度	南亚孟加拉湾
421	Pontianak	坤甸	印度尼西亚	东南亚南海
422	Port Adelaide	阿得莱德港	澳大利亚	大洋洲印度洋
423	Port Castries	卡斯特里港	圣卢西亚	中美加勒比海
424	Port Chalmers	查尔默斯港	新西兰	大洋洲太平洋
425	Port Elizabeth	伊丽莎白港	南非	西非大西洋
426	Port Harcourt	哈科特港	尼日利亚	西非几内亚湾
427	Port Kembla	肯布拉港	澳大利亚	大洋洲太平洋
428	Port Klang	巴生港	马来西亚	东南亚南海
429	Port Limon	利蒙港	哥斯达黎加	中美加勒比海
430	Port Louis	路易港	毛里求斯	东非印度洋
431	Port Moresby	莫尔兹比港	巴布亚新几内亚	大洋洲太平洋
432	Port of Spain	西班牙港	特立尼达和多巴哥	中美加勒比海
433	Port Rashid	拉希德港	阿联酋	西亚波斯湾
434	Port Said	塞得港	埃及	北非地中海
435	Port Stanley	斯坦利港	马尔维纳斯群岛	中美大西洋
436	Port Sudan	苏丹港	苏丹	北非红海
437	Port Suez	苏伊士港	埃及	北非红海
438	Port Sultan Qaboos (Mina Qabus)	卡布斯港	阿曼	西亚阿拉伯海
439	Port Victoria	维多利亚港	塞舌尔	东非印度洋
440	Port Vila	维拉港	瓦努阿图	大洋洲太平洋
441	Port – Au – Prince	太子港	海地	中美加勒比海
442	Portland	波特兰	美国	北美太平洋
443	Porto Novo	波多诺伏	贝宁	西非几内亚湾
444	Portsmouth	朴次茅斯	英国	西欧大西洋

续上表

序号	港口名(英文)	港口名(中文)	所属国家/地区	所属地区和水域
445	Praia	普拉亚	佛得角	西非大西洋
446	Puerto Cabello	卡贝略港	委内瑞拉	南美加勒比海
447	Puerto Caldera	卡尔德拉港	哥斯达黎加	中美太平洋
448	Puerto Quetzal	克特萨尔港(夸特扎尔港)	危地马拉	中美太平洋
449	Punta Arenas	蓬塔阿雷纳斯	智利	南美太平洋
450	Puntarenas	蓬塔雷纳斯	哥斯达黎加	中美太平洋
451	Qingdao	青岛	中国	东亚黄海
452	Quebec	魁北克	加拿大	北美圣劳伦斯河
453	Rabat	拉巴特	摩洛哥	北非大西洋
454	Rabaul	拉包尔港	巴布亚新几内亚	大洋洲太平洋
455	Rangoon	仰光	缅甸	东南亚印度洋
456	Ravenna	拉韦纳	意大利	南欧地中海
457	Recife	累西腓	巴西	南美大西洋
458	Reunion	留尼汪	法属留尼汪	东非印度洋
459	Reykjavik	雷克雅未克	冰岛	北欧大西洋
460	Riga	里加	拉脱维亚	东欧波罗的海
461	Rijeka	里耶卡	克罗地亚	南欧亚得里亚海
462	Rio De Janeiro	里约热内卢	巴西	南美大西洋
463	Rio Grande	里奥格兰德	巴西	南美大西洋
464	Rizhao	日照	中国	东亚黄海
465	Rostock	罗斯托克	德国	中欧波罗的海
466	Rotterdam	鹿特丹	荷兰	西欧大西洋
467	Sakaiminato	境港	日本	东亚日本海
468	Sakata	酒田	日本	东亚日本海
469	Salalah	塞拉莱(萨拉拉)	阿曼	西亚阿拉伯海
470	Salvador	萨尔瓦多	巴西	南美大西洋
471	San Antonio	圣安东尼奥	智利	南美太平洋
472	San Diego	圣迭戈	美国	北美太平洋
473	San Fernando	圣费尔南多	特立尼达和多巴哥	中美加勒比海
474	San Francisco	三藩市(旧金山)	美国	北美太平洋
475	San Jose	圣何塞(内陆点)	哥斯达黎加	中美
476	San Juan	圣胡安	美属波多黎各	中美加勒比海
477	San Juan del Sur	南圣胡安	尼加拉瓜	中美太平洋
478	San Lorenzo	圣洛伦索	洪都拉斯	中美太平洋
479	Sao Tome	圣多美	圣多美和普林西比	西非几内亚湾

续上表

序号	港口名(英文)	港口名(中文)	所属国家/地区	所属地区和水域
480	Sandakan	山打根	马来西亚	东南亚苏禄海
481	Sandwich	桑德威奇	英国	西欧北海
482	Santa Cruz	圣克鲁斯	西属加纳利群岛	西非大西洋
483	Santa Cruz del Sur	南圣克鲁斯	古巴	中美加勒比海
484	Santiago de cuba	圣地亚哥	古巴	中美加勒比海
485	Santo	圣图	瓦努阿图	大洋洲太平洋
486	Santo Domingo	圣多明各	多米尼加	中美加勒比海
487	Santos	桑托斯	巴西	南美大西洋
488	Savannah	萨凡纳	美国	北美大西洋
489	Savona	萨沃纳	意大利	南欧地中海
490	Seattle	西雅图	美国	北美太平洋
491	Semarang	三宝垄	印度尼西亚	东南亚爪哇海
492	Shanghai	上海	中国	东亚东海
493	Sharjah	沙迦	阿联酋	西亚波斯湾
494	Shekou	蛇口	中国	东亚南海
495	Shimizu	清水	日本	东亚太平洋
496	Shuidong	水东	中国	东亚东海
497	Sibu	泗务(内陆点)	马来西亚	东南亚(东马)
498	Sihanoukville	西哈努克城	柬埔寨	东南亚南海
499	Singapore	新加坡	新加坡	东南亚南海
500	Skikda	斯基克达	阿尔及利亚	北非地中海
501	Sofiya	索非亚(内陆点)	保加利亚	东欧
502	Songkhla	宋卡	泰国	东南亚南海
503	Southampton	南安普敦	英国	西欧大西洋
504	Split	斯普利特	克罗地亚	南欧地中海
505	Sri Racha	是拉差	泰国	东南亚南海
506	St. Denis	圣但尼	法属留尼汪	东非印度洋
507	St. George's	圣乔治	格林纳达	中美加勒比海
508	St. George's	圣乔治	英属百慕大群岛	北美大西洋
509	St. John	圣约翰	加拿大	北美大西洋
510	St. John's	圣约翰斯	安提瓜和巴布达	中美加勒比海
511	St. Lawrence	圣劳伦斯	加拿大	北美大西洋
512	St. Louis	圣路易斯(内陆点)	美国	北美(密苏里州)
513	St. Petersburg	圣彼得堡	俄罗斯	东欧芬兰湾
514	St. Thomas	圣托马斯	美属维尔京群岛	中美加勒比海

附录1 世界港口及内陆点（按地名英文名称字母排序）

续上表

序号	港口名(英文)	港口名(中文)	所属国家/地区	所属地区和水域
515	Stavanger	斯塔万格	挪威	北欧挪威海
516	Stockholm	斯德哥尔摩	瑞典	北欧波罗的海
517	Suez	苏伊士	埃及	东非红海
518	Sur	苏尔	黎巴嫩	西亚地中海
519	Surabaya	泗水(苏腊巴亚)	印度尼西亚	东南亚爪哇海
520	Suva	苏瓦	斐济	大洋洲太平洋
521	Swansea	斯旺西	英国	西欧爱尔兰海
522	Sydney	悉尼	澳大利亚	大洋洲太平洋
523	Szczecin	什切青	波兰	中欧波罗的海
524	Tacoma	塔科马	美国	北美太平洋
525	Taichung	台中	中国	东亚太平洋
526	Taipei	台北	中国	东亚太平洋
527	Takoradi	塔克拉迪	加纳	西非几内亚湾
528	Tallin	塔林	爱沙尼亚	东欧波罗的海
529	Tamatave(Toamasina)	塔马塔夫(图阿马西纳)	马达加斯加	东非印度洋
530	Tampa	坦帕	美国	北美墨西哥湾
531	Tampico	坦皮科	墨西哥	中美墨西哥湾
532	Tanjung Perak	丹绒佩拉	印度尼西亚	东南亚爪哇海
533	Tanjung Priok	丹戎不碌	印度尼西亚	东南亚爪哇海
534	Tanga	坦噶	坦桑尼亚	东非印度洋
535	Tanger Med	丹吉尔地中海港	摩洛哥	北非地中海
536	Tangier	丹吉尔	摩洛哥	北非地中海
537	Tanjung Pelepas	丹戎帕拉帕斯	马来西亚	东南亚南海
538	Taranto	塔兰托	意大利	南欧地中海
539	Tarawa	塔拉瓦	基里巴斯	大洋洲太平洋
540	Tartous	塔尔图斯	叙利亚	西亚地中海
541	Tauranga	陶朗加	新西兰	大洋洲太平洋
542	Tawau	斗湖	马来西亚	东南亚南海
543	Tel Aviv	特拉维夫(内陆点)	以色列	西亚
544	Tema	特马	加纳	西非几内亚湾
545	Thamesport	泰晤士港	英国	西欧北海
546	Thessaloniki	塞萨洛尼基	希腊	南欧地中海
547	Tianjin	天津	中国	东亚黄海
548	Tijuana	蒂华纳	墨西哥	中美太平洋
549	Timaru	提马鲁	新西兰	大洋洲太平洋

续上表

序号	港口名(英文)	港口名(中文)	所属国家/地区	所属地区和水域
550	Tokuyama	德山	日本	东亚日本海
551	Tokyo	东京	日本	东亚东京湾
552	Toliara(Tulear)	图莱亚尔	马达加斯加	东非印度洋
553	Tomakomai	苫小牧	日本	东亚太平洋
554	Toronto	多伦多(湖港)	加拿大	北美安大略湖
555	Toulon	土伦	法国	南欧地中海
556	Toyama	富山	日本	东亚日本海
557	Trabzon	特拉布宗	土耳其	西亚黑海
558	Trieste	的里雅斯特	意大利	南欧地中海
559	Trincomalee	亭可马里	斯里兰卡	南亚孟加拉湾
560	Tripoli	的黎波里	利比亚	北非地中海
561	Trujillo	特鲁希略	秘鲁	南美太平洋
562	Tsuruga	敦贺	日本	东亚日本海
563	Tumaco	图马科	哥伦比亚	南美太平洋
564	Tunis	突尼斯	突尼斯	北非地中海
565	Turku	图尔库	芬兰	北欧芬兰湾
566	Tuticorin	杜蒂戈林	印度	南亚孟加拉湾
567	Ulsan	蔚山	韩国	东亚日本海
568	Umm Said	乌姆赛义德	卡塔尔	西亚波斯湾
569	Ushuaia	乌斯怀亚	阿根廷	南美大西洋
570	Vaasa	瓦萨	芬兰	北欧波的尼亚湾
571	Valencia	巴伦西亚	西班牙	南欧地中海
572	Valletta	瓦莱塔	马耳他	南欧地中海
573	Valona	发罗拉	阿尔巴尼亚	南欧地中海
574	Valparaiso	瓦尔帕莱索	智利	南美太平洋
575	Vancouver	温哥华	加拿大	北美太平洋
576	Varna	瓦尔纳	保加利亚	东欧黑海
577	Venice	威尼斯	意大利	南欧地中海
578	Veracruz	韦拉克鲁斯	墨西哥	中美加勒比海
579	Victoria	维多利亚	塞舌尔	东非印度洋
580	Vila	维拉港	瓦努阿图	大洋洲太平洋
581	Visby	维斯比	瑞典	北欧波罗的海
582	Vladivostok	符拉迪沃斯托克(海参崴)	俄罗斯	东亚日本海
583	Vostochnyy(Vostochniy)	东方港	俄罗斯	东亚日本海
584	Walvis Bay	鲸湾港(沃尔维斯湾)	纳米比亚	西非大西洋

续上表

序号	港口名(英文)	港口名(中文)	所属国家/地区	所属地区和水域
585	Wellington	惠灵顿	新西兰	大洋洲太平洋
586	Wenzhou	温州	中国	东亚东海
587	Wewak	韦瓦克	巴布亚新几内亚	大洋洲太平洋
588	Wilhelmshaven	威廉港	德国	中欧北海
589	Willemstad	威廉斯塔德	荷属安的列斯	中美加勒比海
590	Wismar	维斯马	德国	西欧波罗的海
591	Wonsan	元山	朝鲜	东亚日本海
592	Xiamen	厦门	中国	东亚东海
593	Yalta	雅尔塔	乌克兰	东亚黑海
594	Yantai	烟台	中国	东亚黄海
595	Yingkou	营口	中国	东亚黄海
596	Yogyakarta(Jogjakarta)	日惹	印度尼西亚	东南亚印度洋
597	Yokohama	横滨	日本	东亚东京湾
598	Zanzibar	桑给巴尔	坦桑尼亚	东非印度洋
599	Zhanjiang	湛江	中国	东亚南海
600	Zhuhai	珠海	中国	东亚南海

附录2 2021年世界港口集装箱吞吐量100强

附表2-1

排名	港口名称(英文)	港口名称(中文)	所属国家	备 注
1	SHANGHAI	上海	中国	
2	SINGAPORE	新加坡	新加坡	
3	NINGBO-ZHOUSHAN	宁波-舟山	中国	
4	SHENZHEN	深圳	中国	
5	GUANGZHOU	广州	中国	
6	QINGDAO	青岛	中国	
7	BUSAN	釜山	韩国	
8	TIANJIN	天津	中国	
9	HONG KONG	香港	中国	
10	ROTTERDAM	鹿特丹	荷兰	
11	DUBAI	迪拜	阿联酋	
12	PORT KLANG	巴生港	马来西亚	
13	XIAMEN	厦门	中国	
14	ANTWERP	安特卫普	比利时	
15	TANJUNG PELEPAS	丹戎帕拉斯	马来西亚	
16	LOS ANGELES	洛杉矶	美国	
17	KAOHSIUNG	高雄	中国	
18	LONG BEACH	长滩	美国	
19	NEW YORK/NEW JERSEY	纽约/新泽西	美国	
20	HAMBURG	汉堡	德国	
21	LAEM CHABANG	林查班	泰国	
22	HO CHI MINH CITY	胡志明市	越南	
23	COLOMBO	科伦坡	斯里兰卡	
24	TANGER MED	丹吉尔地中海港	摩洛哥	
25	TAICANG	太仓	中国	
26	TANJUNK PRIOK	丹戎不碌	印度尼西亚	

续上表

排名	港口名称(英文)	港口名称(中文)	所属国家	备注
27	MUNDRA	蒙德拉	印度	
28	HAI PHONG	海防	越南	
29	JAWAHARLAL NEHRU	加瓦拉尔·尼赫鲁	印度	此港还有另外一个名称哈瓦舍瓦,见第三章第四节
30	SAVANNAH	萨凡纳	美国	
31	VALENCIA	瓦伦西亚	西班牙	
32	CAI MEP	盖梅港	越南	
33	PIRAEUS	比雷埃夫斯	希腊	
34	YINGKOU	营口	中国	
35	RIZHAO	日照	中国	
36	LIANYUNGANG	连云港	中国	
37	BREMEN/BREMERHAVEN	不来梅/不来梅港	德国	两个港口为临近港,已组建为一个港口集团
38	MANILA	马尼拉	菲律宾	
39	COLON	科隆	巴拿马	此港在有关船公司的船期表中显示的挂靠港也表示为 COLON FREE ZONE(科隆自由贸易区)
40	JEDDAH	吉达	沙特阿拉伯	
41	SANTOS	桑托斯	巴西	
42	ALGECIRAS	阿尔赫西拉斯	西班牙	
43	PORT SAID	塞得港	埃及	
44	QINZHOU	钦州	中国	
45	SALALAH	塞拉莱	阿曼	
46	TOKYO	东京	日本	
47	TANJUNG PERAK(SURABAYA)	丹绒佩拉(泗水)	印度尼西亚	
48	SEATTLE/TACOMA	西雅图/塔科马	美国	也称为 NORTHWEST SEAPORT ALLIANCE(西北海港联盟)
49	FELIXSTOWE	费利克斯托	英国	
50	VANCOUVER	温哥华	加拿大	
51	DALIAN	大连	中国	
52	YANTAI	烟台	中国	
53	BALBOA	巴尔博亚	巴拿马	
54	BARCELONA	巴塞罗那	西班牙	
55	VIRGINIA	弗吉尼亚	美国	
56	HOUSTON	休斯顿	美国	
57	ABU DHABI	阿布扎比	阿联酋	

续上表

排名	港口名称(英文)	港口名称(中文)	所属国家	备注
58	DONGGUAN	东莞	中国	
59	MANZANILLO	曼萨尼约	墨西哥	
60	INCHEON	仁川	韩国	
61	CARTAGENA	卡塔赫纳	哥伦比亚	
62	FUZHOU	福州	中国	
63	TANGSHAN	唐山	中国	
64	CHITTAGONG	吉大港	孟加拉国	此港已改名为 CHATTOGRAM
65	GIOIA TAURO	焦亚陶罗	意大利	
66	LONDON	伦敦	英国	
67	NANJING	南京	中国	
68	LE HAVRE	勒阿佛尔	法国	
69	MARSAXLOKK	马尔萨什洛克	马耳他	
70	AMBARLI	阿姆巴利	土耳其	
71	MELBOURNE	墨尔本	澳大利亚	
72	YOKOHAMA	横滨	日本	
73	KOBE	神户	日本	
74	KING ABDULLAH PORT	阿卜杜拉国王港	沙特阿拉伯	
75	SYDNEY	悉尼	澳大利亚	
76	CHARLESTON	查尔斯顿	美国	
77	NAGOYA	名古屋	日本	
78	GENOA	热那亚	意大利	
79	CALLAO	卡亚俄	秘鲁	
80	OAKLAND	奥克兰	美国	
81	DURBAN	德班	南非	
82	OSAKA	大阪	日本	
83	JIAXING	嘉兴	中国	
84	GUAYAQUIL	瓜亚基尔	厄瓜多尔	
85	YEOSU GWANGYANG	丽水光阳	韩国	
86	GDANSK	格但斯克	波兰	
87	MERSIN	梅尔辛	土耳其	
88	TAIPEI	台北	中国	
89	ST PETERBURG	圣彼得堡	俄罗斯	
90	ZHUHAI	珠海	中国	
91	NANTONG	南通	中国	
92	HAIKOU	海口	中国	

附录2 2021年世界港口集装箱吞吐量100强

续上表

排名	港口名称(英文)	港口名称(中文)	所属国家	备注
93	KINGSTON	金斯敦	牙买加	
94	TAICHUNG	台中	中国	
95	IZMIT	伊兹米特	土耳其	
96	LOME	洛美	多哥	
97	QUANZHOU	泉州	中国	
98	SOUTHAMPTON	南安普敦	英国	
99	SAN ANTONIO	圣安东尼奥	智利	
100	JINZHOU	锦州	中国	

参 考 文 献

[1] 中华人民共和国国家标准 GB/T 7407—2015 中国及世界主要贸易港口代码[S].北京:中国标准出版社,2016.
[2] 中华人民共和国国家标准 GB/T 15514—2015 中华人民共和国口岸及相关地点代码[S].北京:中国标准出版社,2016.
[3] 土晶,唐丽敏.海运经济地理[M].大连:大连海事大学出版社,2001.
[4] 竺仙如.国际贸易地理[M].4 版.北京:对外经济贸易大学出版社,2009.
[5] 张培林.运输经济地理[M].北京:中国建材工业出版社,1998.
[6] 王长勇,温闯,于艳莉.国际航运经济地理[M].大连:大连海事大学出版社,1999.
[7] 陆琪.世界海运地理[M].上海:上海交通大学出版社,2011.
[8] 郑平.中国地理[M].北京:五洲传播出版社,2006.
[9] 程多祥.世界地图[M].成都:成都地图出版社,2006.
[10] 周敏.世界港口交通地图集[M].北京:中国地图出版社,2013.
[11] 彭德清.中国航海史(现代航海史)[M].北京:人民交通出版社,1989.
[12] Informa Law from Routledge. LLOYD'S OF MARITIME ATLAS OF WORLD PORTS AND SHIPPING PLACES. 30th ed. London:Lloyd's Marine Intelligence Unit. 2018.
[13] United States. National Geospatial-Intelligence Agency. WORLD PORT INDEX. 26th ed. Springfield:National Imagery and Mapping Agency. 2017.
[14] HKSG Media Ltd. Index of Ports[J]. HONG KONG LOGISTICS, 2019(08):15-19.
[15] 中华人民共和国商务部国别报告. https://countryreport.mofcom.gov.cn/.
[16] 联合国人口统计年鉴. http://esa.un.org/unpp.
[17] 澳大利亚统计局. http://www.ausstats.abs.gov.au/.
[18] 新西兰统计局. http://www.stats.govt.nz/.
[19] 韩国统计局. http://kostat.go.kr/.
[20] 美国中央情报局.世界实用手册(2019 年版). https://www.cia.gov/library/publi-cations/the-world-factbook/.